Biblioteca de Derecho Penal y Procesal Penal

Carlos Pérez del Valle
(Director)

Carlos Antonio Agurto Gonzáles
Sonia Lidia Quequejana Mamani
Benigno Choque Cuenca
(Coordinadores Generales)

Rafael S. Jiménez Tapia
Magister en Políticas Anticorrupción y Compliance Internacional
(Universidad de Salamanca)
Especialista en investigación financiera y recuperación de activos
(Universidad de Granada)
Miembro de la Comunidad de Conocimiento en recuperación de activos
(Bassel Institute on Governance)

Emilio J. Urbina Mendoza
Doctor en Derecho (Universidad de Deusto)
Profesor del Doctorado en Derecho de la Universidad Católica Andrés Bello
Miembro de la Comunidad de Conocimiento en recuperación de activos
(Bassel Institute on Governance)

EL COMISO AUTÓNOMO Y LA EXTINCIÓN DE DOMINIO EN LA LUCHA CONTRA LA CORRUPCIÓN

Ediciones Olejnik

Título: El comiso autónomo y la extinción de dominio en la lucha contra la corrupción

Primera edición, 2020
ISBN: 978-1-63625-531-6,
Editorial Jurídica Venezolana, Caracas
Colección Biblioteca Allan R. Brewer-Carías
Instituto de Investigaciones Jurídicas
de la Universidad Católica Andrés Bello, No. 3.

Segunda edición en Ediciones Olejnik: 2021
ISBN: 978-956-407-059-9

Huérfanos 611, Santiago - Chile
E-mail: contacto@edicionesolejnik.com
Web site: http://www.edicionesolejnik.com

Diseño de Carátula: Ena Zuñiga
Diagramación: Luis A. Sierra Cárdenas

Impreso en Argentina 2021 Printed in Argentina

ÍNDICE

CAPÍTULO CUARTO: LA EXTINCIÓN DE DOMINIO

CAPÍTULO QUINTO: EL COMISO AUTÓNOMO Y LA EXTINCIÓN DE DOMINIO. PAUTAS PARA SU FUTURA RECEPCIÓN EN VENEZUELA

LISTA DE ABREVIATURAS

ANC	Asamblea Nacional Constituyente (Venezuela)
BOE	Boletín Oficial de Estado (España)
CEC	Código de Enjuiciamiento Criminal (Venezuela)
CIDH	Comisión Interamericana de los Derechos Humanos
CoIDH	Corte Interamericana de los Derechos Humanos
CNUCTISS	Convención de las Naciones Unidad contra el tráfico Ilícito de Estupefacientes y Sustancias Sicotrópicas
CNUCDOT	Convención de las Naciones Unidas contra la Delincuencia Organizada Trasnacional
COPP	Código Orgánico Procesal Penal (Venezuela)
CPC	Código de Procedimiento Civil (Venezuela)
CPE	Código Penal Español
CPI	Corruption perception index
CRBV	Constitución de la República Bolivariana de Venezuela
DLE	Diccionario de la Lengua Española
DRAE	Diccionario de la Real Academia Española
GO	Gaceta Oficial Ordinaria (Venezuela)
GOE	Gaceta Oficial Extraordinaria (Venezuela)
LEC	Ley de Enjuiciamiento Civil (España)
LECrim	Ley de Enjuiciamiento Criminal (España)
LCC	Ley contra la Corrupción (Venezuela)
LERAPC	Ley de Recuperación de Activos producto de la Corrupción (Venezuela)
LMEDO	Ley Modelo sobre Extinción de Dominio
LOCDOFT	Ley Orgánica contra la Delincuencia Organizada y Financiamiento del Terrorismo (Venezuela)
LOD	Ley Orgánica de Drogas (Venezuela)
LOJCA	Ley Orgánica de la Jurisdicción Contencioso Administrativa (Venezuela)
LOSPP	Ley Orgánica de Salvaguarda del Patrimonio Público (Venezuela)

OCDE97	Convención para Combatir el Cohecho de Servidores Públicos Extranjeros en Transacciones Comerciales Internacionales de la Organización de Cooperación y Desarrollo Económico
TEDH	Tribunal Europeo de los Derechos Humanos
TER	Teoría de la Elección Racional
TSJ/SC	Tribunal Supremo de Justicia/Sala Constitucional (Venezuela)
TSJ/SCC	Tribunal Supremo de Justicia/Sala de Casación Civil (Venezuela)
TSJ/SPA	Tribunal Supremo de Justicia/Sala Político-Administrativa (Venezuela)
TSJ/SCP	Tribunal Supremo de Justicia/Sala de Casación Penal (Venezuela)
UNCAC	Convención de las Naciones Unidas contra la Corrupción (Convención de Mérida 2003)
UNODC	Oficina de las Naciones Unidas contra la Droga y el Delito

NOTA PARA LA EDICIÓN IBEROAMERICANA

¿QUÉ HA ACONTECIDO CON EL COMISO AUTÓNOMO Y LA EXTINCIÓN DE DOMINIO DURANTE LA PANDEMIA DE COVID-19 EN 2021?

En diciembre de 2020, gracias al patrocinio de la FUNDACIÓN EDITORIAL JURÍDICA INTERNACIONAL INC y el apoyo académico del Dr. ALLAN R. BREWER-CARÍAS, apareció publicada nuestra obra *El comiso autónomo y la extinción de dominio en la lucha contra la corrupción*. El libro es el resultado de varios años de trabajo y estudio sobra una institución calificada como «heterodoxa» para cualquier sistema jurídico constitucional moderno, en especial, para la dogmática penal heredada del constitucionalismo liberal. Se procedió a la sistematización de dos términos (Comiso autónomo - Extinción de dominio) que a la vista pudieran resultar similares pero que en el fondo encierran sus diferencias epistemológicas que todavía no han sido resueltas del todo, más allá de la preferencia o acogida en la «jurisprudencia de intereses» muy presente Europa y con menos raigambre en América Latina.

En esta oportunidad -retribuyendo a la EDITORIAL OLEJNIK la presente edición Iberoamericana- es necesario formular al lector cuatro advertencias para la mejor comprensión y aprovechamiento del contenido abordado. Tras casi año y medio de haberse declarado una cuarentena y confinamiento global por el Covid-19, tanto el comiso autónomo como la extinción de dominio ha mantenido su pulso en varias naciones como instrumento que ha reorientado la lucha contra la corrupción. También -vale la pena destacar- ha cernido un delicado compás para la crítica y polémica, donde las marchas y contramarchas de la jurisprudencia constitucional incrementan día a día el copioso cúmulo informativo para su análisis y comprensión, e inclusive, «luminosas incomprensiones».

Como refleja la expresión castiza «ha corrido mucha agua bajo el puente», también varios acontecimientos se han suscitado tras diez (10) meses de haberse publicado nuestra monografía en la versión internacional incardinada en la nueva colección de la «*Biblioteca Dr. Allan R. Brewer-Carías del Instituto de Investigaciones Jurídicas de la Universidad Católica Andrés Bello*» con sede en Caracas. Por ello, formulamos estas admoniciones para que el lector -sobre todo el iberoamericano- entienda que esta edición no sustituye a la anterior sino que la complementa.

El primer llamamiento al consultante se circunscribe a la puesta en funcionamiento oficial, este año, de la denominada FISCALÍA EUROPEA (*European Public Prosecutor's Office - EPPO*). Su principal competencia es la investigación y persecución de los delitos de fraude, corrupción, blanqueo de dinero y evasión fiscal en materia de IVA acaecidos en el espacio comunitario (Reglamento Interno, octubre de 2020). Como órgano especializado ya ha manifestado algunos criterios sobre el tratamiento del *comiso autónomo* (Decomiso) como oficialmente prefieren los europeos abordar el concepto, de conformidad con la Convención de Mérida (UNCAC) y en la Directiva 2014/42/UE.

España ha recepcionado la citada Fiscalía en su legislación interna, al publicarse en el BOE la Ley Orgánica 9/2021 del 1 de julio donde se crea una delegación de la Fiscalía Europea. Lo más resaltante de la nueva vindicta pública comunitaria, es la dotación de las más amplias competencias para adoptar decisiones relativas a investigaciones financieras complejas sin que deba rendir cuentas, o esperar la diligencia -o negligencia-, de otros órganos de la Unión Europea o de las estructuras estatales de sus Estados miembros encargadas de investigaciones patrimoniales por casos de corrupción. Esta extensa capacidad de desenvolvimiento eliminará cualquier empacho relacionado con la interpretación judicial penal «ortodoxa» que muchas veces obstruyen la aplicación correcta del decomiso, como lo explicamos tanto en la edición internacional como la que usted se encuentra revisando en este momento.

La segunda nota cruza el Atlántico para centrarse en América Latina. Como hemos explicado, en la región se ha asumido notablemente el concepto de *extinción de dominio* para hacer referencia al comiso autónomo. Su creación proviene de la legislación agraria colombiana de 1936 donde por primera vez se empleó el concepto de extinción de dominio. En 1991, tras una crisis sistémica, el constituyente neogranadino ponderó la necesidad de otorgarle rango constitucional y erradicar el execrable -y anacrónico- concepto de la confiscación. Desde entonces, la jurisprudencia de la Corte Constitucional de Colombia ha modelado la figura, que tras seis lustros, sigue sorprendiendo en su heurística pretoriana tanto a propios como a extraños.

En la senda marcada por la jurisdicción constitucional colombiana se aprobó la Ley Modelo sobre Extinción de Dominio, que cumple este año, su primera década. Así, tras la iniciativa del *Programa de Asistencia Legal para América Latina y el Caribe de la Oficina de las Naciones Unidas*, durante el lapso que corre entre 2011 y 2021, varios países han adoptado la extinción de dominio en sus respectivas legislaciones como explicamos en el capítulo cuarto de este libro. Ahora bien, los diez meses transcurridos de 2021 se ha topado con dos grandes decisiones en México y Ecuador, de sus respectivos tribunales constitucionales, que replantean algunos tópicos sensibles de la extinción de dominio que no pueden obviarse por las consecuencias sobre el resto de Estados que la han incorporado de forma reciente o estiman hacerlo (Vgr. Panamá).

La primera de las sentencias correspondió al Ecuador. La Corte Constitucional, mediante un dictamen de fecha 17 de marzo de 2021 (Nº 1-21-OP/21), con ponencia de la magistrada Daniela Salazar Marín procedió a la revisión de las objeciones por «inconstitucionalidad» planteadas por el entonces Presidente de la República, Lenín Moreno Garcés, respecto a varios artículos del *Proyecto de Ley Orgánica de Extinción de Dominio*. Sin adentrarnos en esta nota sobre los méritos de la decisión, la Corte Constitucional procedió al análisis «textualista» de varios elementos esenciales que configuran la extinción de dominio: *definición de la actividad «ilícita»;* la *naturaleza retrospectiva de la acción;* y, el carácter *imprescriptible* de la misma.

Los términos propuestos por el máximo juez constitucional ecuatoriano seguramente perfilarán una separación de los criterios influyentes en América Latina, casi todos, provenientes de la experiencia colombiana. Sin entrar a valorar sobre la pertinencia o no de esta línea autónoma marcada por el Ecuador, sí podemos adelantar dos efectos prácticos que esperamos su pronta corrección -o minimización- en relación a la futura discusión de las bondades o contratiempos de la extinción de dominio en el subcontinente. Primero, no puede dejarse asentado definitivamente las consideraciones sobre la inconveniencia del carácter de imprescriptibilidad de la acción de extinción de dominio haciendo alusión al mero proceso *subsuntivo* de la regla anulada con el precepto del texto constitucional. La Corte dejó muy en claro que la imprescriptibilidad de una acción proviene de una excepción contemplada en la propia Constitución «(...) *en sentido formal; de otras fuentes del bloque de constitucionalidad, como aquellas derivadas del cumplimiento de obligaciones internacionales en materia de derechos humanos; o, de otras razones legítimas establecidas en la ley* (...)» (Párrafo 46, pág. 11 del Dictamen Nº 1-21-OP/21).

Esta interpretación constitucional pudiera ser válida si estamos ante el tratamiento de una institución clásica de la dogmática jurídica occidental, como por ejemplo, las acciones penales o patrimoniales de naturaleza constitutiva donde la inacción prolongada y cierta, destruye cualquier probabilidad de ejercer el derecho subjetivo complementario en razón del principio constitucional de la seguridad jurídica. Ahora bien, si extendiéramos este criterio, entonces, serían también inconstitucionales otras acciones del Derecho civil clásico de tipo declarativas, como por ejemplo, la simulación o inclusive las acciones para condenar el enriquecimiento sin causa (enriquecimiento ilícito como se le conoce en otros ordenamientos civiles) heredadas del Código de Napoleón.

En el caso de la simulación, casi todas las legislaciones civiles establecen una prescripción de la acción contadas desde el momento en que se descubre la intención real (oculta) de los contratantes, no desde la fecha cierta en que aparece el documento simulado. Esta previsión tiene sentido ya que si la parte afectada conoce el acto simulado y no ejerce la acción en el plazo razonable, se le castiga por la negligencia. Así, también el Estado puede sufrir por la falta de diligencia en perseguir los bienes cuyo origen ilícito es incuestionable. Por tanto, el concepto de imprescriptibilidad no sólo debe responder al argumento de la excepción prevista expresamente en el texto de la Constitución, sino también, a la naturaleza de la acción procesal abordada en el análisis constitucional.

Segundo, la Corte evaluó la constitucionalidad -mediante un sistema de control preventivo de ley, parecido a la anómala *Loi Ècrim* francesa- bajo los cánones de interpretación clásica apegadas a los valores tradicionales presentes en el sistema jurídico liberal. No queremos presentarnos como defensores de nuevos modelos constitucionales ni mucho menos como apologistas del basilisco neoconstitucionalismo que tantos problemas ha introducido en la región. Más bien queremos reforzar las convicciones sobre la seguridad jurídica tan necesaria para consolidar la institucionalidad en la frágil América Latina, pero, cuando un juez constitucional aborda instituciones «heterodoxas» su análisis no puede hacerse con métodos hermenéuticos «ortodoxos». Ya sabemos que muchas de estas decisiones responden más a los denominados intereses «quídam» que a genuinos compromisos para combatir la corrupción.

Dejando de lado la decisión ecuatoriana, el segundo hito jurisprudencial-constitucional provino de la SUPREMA CORTE DE LA NACIÓN MEXICANA con motivo a la nulidad parcial contra el *Decreto-Ley Nacional de Extinción de Dominio* (Diario Oficial de la

Federación de fecha 09 de agosto de 2019), presentado por la Comisión Nacional de Derechos Humanos de la nación azteca (acción de inconstitucionalidad nº 100/2019). En fecha 21 de junio de 2021, la Corte, tras la deliberación, anunció la nulidad parcial de los artículos relacionados al uso o destino lícito de los bienes vinculados al «hecho ilícito», así como el concepto de «procedencia ilícita», que también fue abordada en por la Corte Ecuatoriana.

Para el momento en que cerramos esta edición, todavía no ha sido publicada la sentencia completa que esgrime el análisis constitucional al Decreto-ley. Lo que sí podemos exponer es que la decisión tendrá un ámbito de influencia en países de Centroamérica donde la extinción de dominio ha sido aplicada con fuerza y determinación. Es el caso de El Salvador y Guatemala, cuya jurisprudencia constitucional previa han moldeado una extinción de dominio modélica, e inclusive, con criterios originales que en nada debe envidiar a las concepciones construidas pretorianamente por Colombia o a las directrices de los diferentes órganos de las Naciones Unidas que trabajan en la región. No olvidemos que la extinción de dominio afecta intereses que no pueden ser defendidos por esquemas clásicos de un proceso penal, sino, desde la autonomía de los bienes en relación independientemente si el «titular aparente» es culpable o no en la esfera criminal. He allí el gran mérito de separación entre la «ilicitud» del bien y la «culpabilidad» de su aparente propietario.

La tercera advertencia ya no se precisa en la cúspide del Poder Judicial Iberoamericano sino en las instancias jurisccionales más accesibles al ciudadano y que muchas veces son consideradas erróneamente «impropias» para un análisis académico sobre una institución. Ejemplo de ello representa la prolífica jurisprudencia de extinción de dominio emitida por las autoridades judiciales del Perú en primera y segunda instancia. En reciente trabajo de la Procuraduría General del Estado (Perú) conjuntamente con el Basel Institute on Governance, fue publicado un *Compendio de Jurisprudencia de extinción de dominio* (Depósito Legal Biblioteca Nacional del Perú nº 2021-05425). Su *corpus* incorpora el texto integral de 63 sentencias dictadas por las Salas de Apelaciones de Arequipa, La Libertad y Lima, así como, por los juzgados en primera instancia de esas ciudades y otras de la extensa geografía peruana.

Lo resaltante del compendio estriba en el esfuerzo por ir construyendo las buenas prácticas en relación a la acción de extinción dominio, que desde la base, perfila un coherente discurso jurisprudencial en casos tan exiguos como el origen ilícito de un vehículo usado hasta la delincuencia financiera de corte corporativo, aislada y esporádicamente descubierta. El Perú ha encontrado el pulso a la extinción de dominio con un talante propio, tan igual como va dibujándose en el horizonte jurídico la jurisprudencia salvadoreña y guatemalteca de las cuales la comunidad jurídica iberoamericana debe aprender. Las grandes experiencias no descienden precisamente por la emisión de un único fallo de un órgano judicial ubicado en el pináculo del sistema constitucional, sino, en la convicción de cientos de decisiones consolidadas a lo largo de la cartografía jurisdiccional de cada nación.

La cuarta y última advertencia, es la referencia a Venezuela en el capítulo quinto del libro, así como las remisiones al Derecho venezolano que aparecen en el capítulo primero, que es el régimen del país de origen de quienes suscriben la presente obra. En esta edición iberoamericana hemos minimizado este punto, centrando más que todo en el último capítulo la experiencia venezolana de haber incorporado la extinción de dominio en el proyecto de Ley de Recuperación de Activos producto de la Corrupción de 2017 que aguarda su promulgación para hacerlo

Derecho válido. Por lo pronto sólo es un proyecto de ley que se encuentra en las fases finales para convertirse en fuente normativa. En la edición internacional de 2020, podrá el lector encontrar más detalles sobre Venezuela y los desafíos que aguardan a nuestra nación caribeña donde las paradojas de la Gran Corrupción han mermado su capacidad institucional en todos los frentes como nación moderna.

Finalmente queremos expresar nuestra gratitud al Profesor ALLAN R. BREWER-CARÍAS, a la EDITORIAL JURÍDICA VENEZOLANA y a EDICIONES OLEJNIK por esta oportunidad iberoamericana direccionada al auditorio jurídico hispanoparlante en una obra sistematizadora. También, nuestra deferencia para el profesor GILMAR SANTANDER ABRIL quien lleva más de cuatro lustros dedicado a la difusión y evolución de las instituciones que aborda el presente libro. Gracias al profesor SANTANDER hemos podido ingresar en la COMUNIDAD DE CONOCIMIENTO del BASEL INSTITUTE ON GOVERNANCE, donde semanalmente compartimos la experiencia internacional sobre las buenas prácticas en el comiso autónomo y la extinción de dominio.

NOTA INTRODUCTORIA

LAS NORMAS CONTRA LA DELINCUENCIA ECONÓMICA: ¿NUEVA BABELIA NORMATIVA?

A finales de la década de los 80 del siglo pasado cuando el orbe vislumbraba el fin de los grandes bloques divididos por el telón de acero, una nueva concepción global dinamizada sembraría desconocidas formas de organizar los espacios societarios, los Estados y el propio comportamiento del ciudadano promedio que se abría hacia una época de plenitud económica expansiva, quizá nunca vista hasta el momento[1]. Aparece el fenómeno conocido como *sociedad postindustrial*[2], y con ella, los aspectos negativos que había erradicado el Derecho moderno, como es la interdicción de la arbitrariedad[3]. De esta manera, dicho modelo societario también facilitaría la incubación de embriones antijurídicos que poco a poco postrarían la vieja cartografía institucional, ésta última, heredada de la modernidad y los esquemas sociales del bienestar de la posguerra, bosquejada en la clásica obra de J. FOURASTIÉ[4].

Problemas propios de la expansión económica de los mercados desregularizados[5], más allá de las fronteras estatales, facturaría también conductas delictuales con propósitos económicos cual espejo de las corporaciones trasnacionales[6]. La delincuencia organizada, por utilizar un mote extendido en la literatura especializada[7], aprendió a surcar sus antiguas fronteras, usando los meca-

---

1 Véase SALOTR I VIVEZ, S. y MUÑOZ HAEDO, R (Coord). 2007, *El estado del bienestar en la encrucijada*, Universidad de Alicante, Alicante. MANTILLA VALBUENA, S.C. 2008, «Más allá del discurso hegemónico: narcotráfico, terrorismo y narcoterrorismo en la era del miedo y la seguridad global», *Papel político*, Nº 1, Vol. 13, págs. 227-259.

2 Para más detalles, véase TOURAINE, A. 1969, *La sociedad postindustrial*, Ariel, Barcelona. GÖSTA KNUD, J.E.A. 1994, «El estado de bienestar en la sociedad postindustrial», *Debats*, Nº 49, págs. 56-61. Cohen, D. 2007, *Tres elecciones sobre la sociedad postindustrial*, Katz Editores, Madrid.

3 Sobre el particular, véase POLAINO NAVARRETE, M. y POLAINO-ORTS, M. 2001, *Fundamentos dogmáticos del moderno derecho penal*, Editorial Porrúa, México D.F. SCHÜNEMANN, B. Y SILVA SÁNCHEZ, J.M. 1991, *El sistema moderno del derecho penal: cuestiones fundamentales: estudios en honor de Claus Roxin en 50º aniversario*, Editorial Tecnos, Madrid. HASSEMER, W. 1992, «Rasgos y crisis del Derecho Penal moderno», *Anuario de derecho penal y ciencias penales*, Tomo 45, Fasc/Mes 1, págs. 235-250.

4 FOURASTIÉ, J. 1979, *Les Trente Glorieuses, ou la révolution invisible de 1946 à 1975*, Fayard, París.

5 Véase BERNALDO DE QUIRÓS, L. 2000, «Liberalización, desregulación y mercado», *Cuadernos de derecho judicial*, nº 12, págs. 221-238.

6 Véase BECK, U. 2000, *La democracia y sus enemigos*, Editorial Paidós Ibérica, Barcelona.

7 Sobre el particular, véase ANGUITA OLMEDO, C. 2010, «La delincuencia organizada, un asunto interior de la Unión Europea: concepto, características e instrumentos para su neutralización», *Revista*

nismos que la globalización y sus procesos conexos facilitarían el apalancamiento al nuevo modelo económico de mercados sin fronteras y sin limitación alguna[8]. En resumidas cuentas, usando la terminología de Urlich Beck, estamos en presencia de la dimensión quimérica de la *sociedad del riesgo global*[9].

Dentro de este complejo enramado de viejos problemas con nuevos ropajes, uno de los campos sometidos a tensiones por encima de su propias bases dogmáticas e históricas, -robustas e incuestionables- es el Derecho[10]. Desde la introducción del constitucionalismo a finales del siglo XVIII y su constante evolución hasta nuestros días, el talante garantista ha marcado el compás referencial en la dogmática penal para la elaboración de todas las soluciones en Derecho, siempre pensando que los problemas criminales respondían a dinámicas también estáticas, basadas en la experiencia del control estatal del crimen. Con la globalización, la criminalidad económica, aprovecha sus más delicados resortes para proliferar y tecnificarse, partiendo que ésta última optimiza todos los mecanismos globalizadores para su reproducción y mixtificación hasta formas insospechadas. De allí que, sea necesario dar respuestas «globales» a problemas «globales»[11].

Este núcleo protector de las garantías de los derechos fundamentales, ha sido el límite por excelencia del legislador penal en su actividad de ponderación de la realidad[12]. No puede concebirse ningún mecanismo, concepto o procedimiento del Derecho penal sin que obligatoriamente pase por la criba de los derechos fundamentales. Ahora bien, como ha determinado la doctrina, muchas veces estos principios, si no se coordinan a nivel internacional, terminan por concebirse como focos de propagación de paraísos jurídico-penales, en razón que, la propia delincuencia económica ha encontrado las formas para apropiarse del sistema estatal y hasta de moldear el *ius puniendi* de muchos Estados[13].

Española de Relaciones Internacionales, N° 2, Págs. 152-172. García Collantes, A. 2014, «Delimitación conceptual de la delincuencia organizada», *Derecho y Cambio Social,* N° 37, págs. 1-19. Pérez Cepeda, A.I. (Dir.) 2016, *Política criminal ante el reto de la delincuencia trasnacional,* Universidad de Salamanca, Salamanca. Contreras López, M.E. 2006, «Análisis de la Convención de las Naciones Unidas contra la Delincuencia Organizada Trasnacional», *Letras jurídicas: revista de los investigadores del Instituto de Investigaciones Jurídicas de la Universidad de Valencia,* N° 13, Págs. 143-163. Torres Buelvas, J.E. 2019, «Zonas grises y delincuencia organizada transnacional: desafíos para la soberanía del Estado en América Latina», *Revista Vía Iuris,* N° 27, págs. 318-349.

8 Véase Williamson, J. 1994, *The Political Economy of Policy Reform,* Institute for International Economics, Washington D.C. Clift, J. 2003, «Más allá del Consenso de Washington», *Finanzas & Desarrollo,* Vol. 40, N° 3, págs. 9-35. George, S. y Wolf, M. 2002, *La globalización liberal. A favor y en contra,* Editorial Anagrama, Barcelona.

9 Beck, U. 2002, *La sociedad del riesgo global,* Siglo XXI, Madrid.

10 Véase Martínez-Carrasco Pignatelli, C. 2002, *Postmodernidad y Derecho Público,* Centro de Estudios Políticos y Constitucionales, Madrid, pags. 59-67.

11 Sáinz-Cantero Caparrós, J. 2019, *Criminalidad organizada y delitos económicos,* Guía de clases Master Derecho Penal Económico Internacional-IAEU, Madrid, pág. 5.

12 Véase Atienza, M. 2010, «A vueltas con la ponderación», *Anales de la Cátedra Francisco Suárez,* N° 44, págs. 43-59.

13 Baste recordar el caso del jefe del Cártel de Medellín en la década de los 80 del siglo pasado, Pablo Escobar Gavidia, en el cual, «concertó» con el Estado colombiano el establecimiento de una prisión (área de Envigado - Colombia) construida con dineros del narcotráfico, para confinarlo con privilegios. La prisión se transformó en una suerte de espacio vigilado donde proseguía la dirección de sus negocios del narcotráfico. Este es un ejemplo destacable de la capacidad de la delincuencia económica de postrar a los Estados si éstos últimos deciden enfrentarlos desde las ópticas tradicionales y de forma unilateral.

Este modelo protectorio tiene su fundamento en el concepto de ley, que como bien lo expresó el catedrático EDUARDO GARCÍA DE ENTERRÍA, «(...) *definía un orden abstracto de justicia con pretensión de estabilidad y permanencia, sobre el cual los sujetos podrían planificar sus vidas con seguridad y certidumbre, conociendo de antemano el límite de libertad que la Ley les protegía y el alcance exacto de la sumisión al Poder Público* (...)»[14]. Esa noción fue permeada por las múltiples manifestaciones que sobrepasaron la capacidad legislativa para prever esquemas eficientes, donde se incluye, aquellos diseñados para el combate contra el delito sea cual sea su revelación o tipología.

Esta incapacidad estatal ha hecho proliferar reglamentaciones más allá de nuestras fronteras. Anualmente se aprueban y suscriben tratados, convenciones, protocolos anexos, memorándums de intención, borradores de los grupos de seguimiento y toda una geografía documental del *Ius Cogens*, donde pareciera construirse una nueva *babelia terminológica* sobre la delincuencia organizada. Todo se maximiza hacia dimensiones nunca vistas, donde las escuelas del Derecho penal participan, dejando siempre en las conferencias, sus posturas, polémicas y otras expresiones que construyen una nueva torre de babel lingüística. A la dinámica normal se le adicionó el Covid-19, que, tras la migración forzada del sistema económico analógico al digital, también, las formas de criminalidad hacen de lo suyo en una suerte de criminalidad económica 2.0. Esta es quizá una de las razones de peso para la puesta en funcionamiento definitivo, -y acelerada- de la nueva FISCALÍA EUROPEA (*European Public Prosecutor's Office - EPPO*)[15].

---

[14] GARCÍA DE ENTERRÍA, E. 1999, *Justicia y seguridad jurídica en un mundo de leyes desbocadas*, Editorial Civitas, Madrid, pág. 50.

[15] La FISCALÍA EUROPEA fue una iniciativa que se remonta al año 2013, cuando la Comisión Europea presentó una propuesta para sus países miembros. No será sino hasta el año 2017 cuando el Consejo Europeo, tras la falta de unanimidad sobre el acuerdo, se apeló a los márgenes decisorios previstos en los Tratados que sitúan en más o menos nueve Estados miembros para poder entablar una cooperación reforzada. En octubre de 2017 el Consejo aprobó el Reglamento (UE) 2017/1939 del Consejo, de 12 de octubre de 2017, por el que se establece una *cooperación reforzada* para la creación de la Fiscalía Europea, entrando en vigencia el 20 de noviembre de ese año al publicarse en el *Diario Oficial de la Unión Europea* [Art. 120.1] [DOUE nº L283 de fecha 31 de octubre de 2017]. El propio Reglamento establece que para el funcionamiento pleno de la Fiscalía [Art. 120.2], ocurriría cuando «(...) La Fiscalía Europea asumirá las funciones de investigación y ejercicio de la acción penal que le otorga el presente Reglamento a partir de una fecha que se determinará mediante una decisión de la Comisión sobre una propuesta del Fiscal General Europeo una vez que se cree la Fiscalía Europea. La decisión de la Comisión se publicará en el Diario Oficial de la Unión Europea. La fecha que deberá fijar la Comisión no será anterior a tres años después de la entrada en vigor del presente Reglamento (...)» (subrayado nuestro). El 14 de octubre de 2019 fue designada como Fiscal General Europea la rumana LAURA CODRUȚA KÖVESI, quien hasta la fecha prosigue en el cargo. Luego del nombramiento, las presiones tributarias por evasión aceleraron el funcionamiento de dicha fiscalía como lo indica el propio Consejo de Europa en sus comunicados de prensa: «(...) Los países de la UE **perdieron en 2018 unos 140 000 millones de euros de ingresos en concepto de impuesto sobre el valor añadido** (IVA) como consecuencia del fraude transnacional. Las cifras correspondientes a 2020 podrían ser superiores, debido a los efectos de la pandemia de COVID-19 en la economía de la UE. Los Estados miembros también han comunicado que en 2015 se utilizaron indebidamente unos 638 millones de euros de los fondos estructurales de la UE. Antes de que la Fiscalía Europea entrara en funcionamiento, *las autoridades nacionales tenían competencia exclusiva para la investigación de este tipo de delitos, pero los medios de que disponían a tal fin eran limitados, ya que sus competencias se detienen en las fronteras nacionales*. A su vez, los órganos de la UE que precedieron a la Fiscalía Europea en este ámbito —la Oficina Europea de Lucha contra el Fraude (OLAF), la Agencia de la Unión Europea para la Cooperación Policial (Europol) y la Agencia de la Unión Europea para la Cooperación Judicial Penal (Eurojust)— no podían iniciar diligencias de investigación penal ni incoar procedimientos penales en los Estados miembros. La Fiscalía Europea tiene por objeto

Visto este introito, uno de los flagelos resaltados en esta sociedad del riesgo global, está relacionada con las diferentes manifestaciones de la delincuencia económica, ramificada en tres líneas troncales: *la corrupción, la delincuencia organizada y el narcotráfico.* El problema ha sido más enmarañado como para ser resuelto con una sistemática integral de la legislación punitiva y sus jueces penales aplicadores, para que de esta manera, limite sus tentáculos y efectos sociales. Ya no es tan solo la concentración de definiciones clásicas sobre corrupción, tráfico de drogas, políticas antimafia, que pueda enmarcarse en ese esquema de modernidad jurídica clásica donde la problemática social se resolvía con una eficiente reforma intrasistémica de la legislación, la modernización de los órganos policiales y el fortalecimiento del Poder judicial.

Sobre el fortalecimiento del Poder judicial de los Estados no basta con precisar programas que implique una mejora profesional, económica y hasta dogmática de los jueces. También hay que ir más allá. Específicamente en las herramientas hermenéuticas del sentenciador. Poco puede hacer un juez honesto -según los cánones deontológicos tradicionales- si al abordar la *extinción de dominio* -o el *comiso autónomo* en los casos europeos- desconoce -incluso con ceguera invencible- que no sólo existe un proceso único de interpretación clásica de la ley. También se incluyen aspectos propios de la teoría de la argumentación y otros mecanismos «heterodoxos» para enfrentar problemas hermenéuticos también «heterodoxos»[16]. Aunado a ello

corregir estas carencias y contribuir por tanto a combatir los delitos que afectan al presupuesto de la UE. (...)» (negrillas originales del comunicado, cursivas nuestras) Véase: Consejo de Europa. *Fiscalía Europea.* En: https://www.consilium.europa.eu/es/policies/eppo/ [Consulta: 11 de junio de 2021]. Para más detalles de la nueva Fiscalía Europea, véase González-Cano, M.I. 2019, «Fiscalía Europea y represión del fraude contra los intereses financieros de la Unión Europea», en: Rodríguez-García, N., González-Castell, A.C. y Rodríguez-López, F. *Corrupción: Compliance, Represión y Recuperación de Activos,* Tirant Lo Blanch, Valencia, pág. 153-185.

16 La teoría de la interpretación jurídica contemporánea (hermenéutica jurídica), a diferencia de la clásica, otorga al juez las denominadas potestades hermenéuticas para la resolución de las *litis* bajo su dirección procesal. Estas facultades de corte interpretativo podemos agruparlas en lo que se conoce como el «pentágono hermenéutico»:

Hermenéutica jurídica

El juez en nuestros días no sólo puede interpretar y aplicar, entendiendo el primer concepto como aplicación a secas de la ley y el segundo como técnica de subsunción entre una norma general a un hecho fáctico. Eso es lo que la teoría clásica había reducido al juzgador como la «*bouche qui prononce les paroles de la loi, des être inanimés, qui n'en peuvent modérer ni la force ni la regueur*» (Montesquieu, *De l'Esprit des los,* Libro XI, Capítulo VI, 1748), también en su sentido clásico, véase Betti, E. 1971, *Interpretaziones della legge e degli atti giuridici,* Editorial Giuffré, Milán. Hoy, además de estas facultades, también el juez puede apartarse de la interpretación y aplicación como método, para centrarse en la argumentación o bien en casos más extremos (vgr. enfrentamiento entre derechos fundamentales) ponderar cuál de las normas en aparente confrontación es la más «idónea» para justificar la decisión. Para más detalles, véase Alexy, R. 1993, *Teoría de la Argumentación jurídica,* Centro de Estudios Constitucionales, Madrid. Atienza, M. 2006, *El Derecho como argumentación,* Editorial Ariel, Barcelona. Beltrán, M. 1989, *Originalismo e interpretación. Dworkin Vs. Bork: una polémica constitucional,* Editorial Civitas, Madrid. Eco, U. 2000, *Los límites de la interpretación,* Editorial Lumen, Barcelona. Gadamer, H.G. 1993, *Verdad y método,* Ediciones Sígueme, Salamanca. Gascón Abellán, M. 1993, *La técnica del precedente y la argumentación racional,* Editorial Tecnos, Madrid. Linfante Vidal, I. 1999, *La interpretación jurídica en la teoría del Derecho contemporáneo,* Centro habría que repedagogizar dogmáticamente al sentenciador sobre cómo debería encuadrar instituciones o conceptos que ni son de naturaleza penal en puridad ni son civiles en la noción del civilismo jurídico occidental[17]. He allí uno de los reales problemas para entender los nuevos mecanismos en la lucha contra la corrupción de esta criminalidad económica empresarial 2.0.

La corrupción es una *lacra*[18] cada vez más tecnificada que no sólo afecta y se asocia al mal funcionamiento de las administraciones públicas[19], sino, que se ha convertido en uno de los más abyectos mecanismos para generar y perpetrar la pobreza[20], al punto que basta con verificar los índices internacionales más reputados de percepción sobre corrupción (*Corruption perceptions index*)[21] y compararlos con el rendimiento económico de los países con la calificación más baja para comprobar una relación directa entre el enquistamiento corrupto y el pobre desempeño de las economías, niveles de crecimiento y eficiencia del Estado[22].

La *delincuencia organizada* también como línea troncal, es tanto una «empresa criminal» como una «criminalidad en la empresa»[23] donde lo determinante para la consecución de utilidades de origen ilícito, es su capacidad orgánica donde se aprovechan todas las técnicas existentes tanto de planificación, determinación de merca-

---

de Estudios Políticos y Constitucionales, Madrid. PERELMAN, CH. 1974, *Interpretación jurídica*, Centro de Estudios de Filosofía del Derecho de la Universidad del Zulia, Maracaibo. URBINA MENDOZA, E.J. 2002, «Ética de la Interpretación jurídica», *Revista Táchira Siglo XXI*, nº 22, págs. 7-203. VIEHWEG, TH. 1963, *Tópica y jurisprudencia*, Editorial Taurus, Madrid. WRÓBELWSKI, J. 2001, *Constitución y teoría general de la interpretación*, Editorial Civitas, Madrid. ZAGREBELSKI, G. 2008, *Principios y votos. El Tribunal Constitucional y la política*, Editorial Trotta, Madrid.

17 En estos casos puede apelarse a la fórmula alemana del «tercer género», mejor conocido como una solución «intermedia» hasta tanto el auditorio jurídico pueda consensuar sobre nuevas instituciones o conceptos que es imposible de calificarlos como «puros» vistos desde cada una de las ramas de la dogmática jurídica. En el caso del comiso autónomo y la extinción de dominio, podremos observar, a lo largo de la presente obra las dificultades para los autores abordados, su encuadramiento como una institución puramente civil o puramente penal. Para más detalles véase VERGARA BLANCO, A. 2014, «Sistema y autonomía de las disciplinas jurídicas. Teoría y técnica de los «núcleos dogmáticos», *Revista Chilena de Derecho*, Nº 3, Vol 41, págs. 957-991.

18 USLANER, E. M. 2003, «Confianza y corrupción: sus repercusiones en la pobreza». En: *Capital social y reducción de la pobreza en América Latina y el Caribe: en busca de un nuevo paradigma*, CEPAL, Santiago de Chile, pág. 229.

19 SALINAS JIMÉNEZ M. DEL MAR y SALINAS JIMÉNEZ, J. 2007, «Corrupción y actividad económica: una visión panorámica», *Hacienda Pública Española/Revista de Economía Pública*, Nº 180, pág. 110.

20 USLANER, E.M. *Ob. cit.*, pág. 231-232.

21 El *Corruption perceptions index* (índice de percepción de la corrupción), es un documento elaborado anualmente por la ONG *International Transparency* a los efectos de aglutinar indicadores objetivos sobre incidencia de la corrupción país por país. En el informe correspondiente al 2019 (CPI 2019), observamos que los países calificados como de mayor corrupción en el ranking (Libia, Corea del Norte, Afganistán, Guinea Ecuatorial, Sudán, Venezuela, Yemen, Siria, Sudán del Sur y Somalia), existe un muy mal desempeño económico. Nosotros queremos hacer referencia a Venezuela, donde nos hemos desempeñado como asesor de la Comisión Permanente de Contraloría de la Asamblea Nacional (Parlamento nacional venezolano). De forma gráfica descendimos de la casilla nº 168 (2018) hasta la nº 176 (2019), sitiándonos como una de las naciones más corruptas del planeta. Véase www.transparency.org/cpi. Para el caso venezolano, véase Transparencia Internacional, Capítulo Venezuela https://transparencia.org.ve/venezuela-es-el-pais-mas-corrupto-en-america-y-el-caribe-segun-el-indice-de-percepcion-de-la-corrupcion-2019/

22 FERNÁNDEZ DÍAZ, A. 2010, «Nuevas aportaciones a la economía de la corrupción», *Revista española de control externo*, Vol. 12, nº 36, pág. 151.

23 SÁINZ-CANTERO CAPARRÓS, J. *Ob. cit.*, pág. 6-7.

dos y ejecución de resoluciones criminales[24]. Inclusive, descubren y otean sistemáticas de superación de errores en sus prácticas cuando se vuelven ineficientes, incluyendo una suerte de «anticompliance», cual *compliance* pero a la inversa que muchos lo han denominado el «noncompliance»[25]. El hecho de instrumentalizar el sistema económico nacional para obtener cualquier tipo de ganancias a cualquier costo o bien, «insertándose en el propio sistema económico como un sujeto más de mercado y las relaciones económicas»[26]; terminan por crear un entramado criminal de difícil erradicación por métodos tradicionales u ortodoxos, pues, de hacerlo, también se corre el riesgo de fragmentar o debilitar al sistema económico perjudicando a vastos sectores de la población que poseen nula relación con la delincuencia.

La tercera manifestación de la criminalidad económica, con peso y alcance de las dos mencionadas en los párrafos precedentes, está vinculada al *narcotráfico*. Además de ser un flagelo económico por sus ramificaciones y penetración en casi todas las estructuras del sistema financiero occidental[27], es calificada como un problema que afecta directamente a la salud pública. Es una potencial forma organizacional que amén de lo indicado, afecta directamente sobre el porvenir de las sociedades, en razón que, los grupos etarios más susceptibles de transformarse en víctimas, se ubican en las edades más tempranas de la vida humana que son la reserva del futuro. Las drogas son, de esta forma, el más peligroso enemigo de la juventud y del porvenir de cualquier nación.

Visto así las magnitudes de la corrupción, la delincuencia organizada y el narcotráfico, y la más clara preocupación global sobre sus avances o retrocesos, se han concebido y aprobado sendos tratados internacionales, algunos subcontinentales como la pionera Convención Interamericana contra la Corrupción (1996)[28], la Convención para Combatir el Cohecho de Servidores Públicos Extranjeros en Transacciones Comerciales Internacionales de la Organización de Cooperación y Desarrollo Económico (OCDE97)[29]; y, los relativos al combate contra el tráfico de

---

24 Ciertamente la llamada «corrupción 2.0» abandona cualquier consideración política tradicional para operar bajo los estándares empresariales más destacados en los mercados. Esta tecnificación ha obligado a revisar no sólo las políticas anticorrupción tradicionales, sino a releer los procesos de acuerdos corruptos desde la óptica del corruptor. Para más detalles, véase Fernández-Ajenjo, J.A. 2011, «El control interno y el control externo en la lucha contra la corrupción: su nuevo papel en el entorno de la gobernanza y la accountability», *Cuenta con IGAE*, Nº 27, pág. 9.

25 El *noncompliance*, como apunta Ontiveros Alonso es el «(...) hecho de no cumplir con lo debido, sino también el intento de simular que se cumple, lo que en ocasiones puede ser más grave que el incumplimiento mismo (...)» Véase Ontiveros Alonso, M. 2020, «Noncompliance», en: Rodríguez-García, N. y Rodríguez-López, F. *Compliance y justicia colaborativa en la prevención de la corrupción*, Tirant Lo Blanch, Valencia, pág. 14-15.

26 Sáinz-Cantero Caparrós, J. *Ob. cit.*, pág. 6-7.

27 Véase United Nations Office on Drug and Crime. 2017, *World Drug Report 2017*, UNODC, Washington DC. El informe global, dividido en 5 bloques, especifica el estado para la fecha sobre este terrible fenómeno que se tecnifica, transformándose en uno de los principales aportes financieros para otras empresas criminales organizadas.

28 La Convención Interamericana ha sido adoptada por todos los países de la región, salvo razones históricas, la República de Cuba. Venezuela adaptó el tratado en la *Ley Aprobatoria de la Convención Interamericana Contra la Corrupción*, publicada en Gaceta Oficial de la República de Venezuela (G.O.), nº 36.211 de fecha 22 de mayo de 1997.

29 Ha sido la proyección de la globalización la que ha catapultado una institución que era parte integrante del Derecho angloamericano desde 1977 con la *Ley de Prácticas Corruptas en el Extranjero* de los Estados Unidos de América. En 1997, la OCDE decide aprobar el Convenio para combatir el Cohecho, el cual, ha tenido una relevancia práctica inusitada. Para más detalles, véase Rodríguez

drogas regionales, protocolos marcos e iniciativas desde los años 70, también socio-económicos por la propia OCDE[30].

Sin embargo, los de mayor peso en la materia se circunscriben a tres: la CONVENCIÓN DE LAS NACIONES UNIDAS CONTRA LA CORRUPCIÓN (UNCAC 2003)[31], la CONVENCIÓN DE LAS NACIONES CONTRA EL TRÁFICO ILÍCITO DE ESTUPEFACIENTES Y SUSTANCIAS SICOTRÓPICAS (CNUCTISS 1988)[32] y la CONVENCIÓN DE LAS NACIONES UNIDAS CONTRA LA DELINCUENCIA ORGANIZADA TRASNACIONAL (CNUCDOT 2000)[33]. Además, sus análisis y activa actualización, opera en múltiples niveles que se distribuyen entre los instrumentos normativos estatales[34], organización administrativa, contralora, procedimientos, interdisciplinariedad y hasta a nivel conceptual con la inclusión de un lenguaje tecno-especializado para su descripción[35]. En pocas palabras, una *Babel conceptual-normativa* que día a día gana espacios hacia los cielos legislativos, edificando un piso adicional en la medida que evoluciona la materia y se superespecializa la jerga usual dentro de estos campos.

GARCÍA, N. 2010, «La corrupción de funcionario público extranjero en el derecho penal chileno a la luz del Convenio de la OCDE de 1997: aspectos procesales», en *Chile en el club de los países desarrollados,* CHEYRE, J.E., OLIVARES TRAMÓN, J.M. y RODRÍGUEZ GARCÍA, N. (Coord.), Ediciones de la Pontificia Universidad Católica de Chile, Santiago de Chile, págs. 115-144. ARIAS RODRÍGUEZ, J.M. 2012, «Algunas reflexiones sobre la política anticorrupción en la Unión Europea», *Diario La Ley,* Nº 7989. DÍAZ ROMERO, C. 2017, «Normativa internacional en la lucha contra el fraude y la corrupción: Metodología y herramientas», *Revista internacional de transparencia e integridad,* nº 5. BERDUGO GÓMEZ DE LA TORRE, I. 2019, «El soborno internacional: Normas, obstáculos y propuestas», *Derecho & Sociedad,* nº 52, pág. 165-181.

30 La OCDE comenzó, en la década de los años 70 del pasado siglo, a la puesta en práctica de códigos deontológicos para las compañías multinacionales. El texto lleva por título *Líneas Directrices de la OCDE para empresas multinacionales.* Según explica CARMEN BENITO, todo se originó por los escándalos sobre corrupción que comenzaban a sobredimensionarse en los Estados Unidos y que desembocarían en la única ley anticorrupción de alcances globales como es la *Foreign Corrupt Practices Act* (1977), que hicimos mención en la nota de página anterior. Para más detalles véase, BENITO SÁNCHEZ, C.D. 2008, «Análisis de las principales iniciativas supranacionales en la lucha contra la corrupción», *Iustitia,* nº 6, págs. 15-16.

31 En España fue ratificada la Convención según Ley 12434/2003, publicado en el Boletín Oficial de Estado (BOE) en fecha 19 de julio de 2006. En Venezuela, su adaptación al Derecho interno operó con la sanción y promulgación de la *Ley Aprobatoria de la Convención de las Naciones Unidas contra la Corrupción,* publicada en la Gaceta Oficial de la República Bolivariana de Venezuela (G.O.), nº 38.192 de fecha 23 de mayo de 2005.

32 En España fue ratificada la Convención según Instrumento de ratificación, publicado en el Boletín Oficial de Estado (BOE), núm. 270, de fecha 10 de noviembre de 1990. En Venezuela, se adaptó en la *Ley Aprobatoria de la Convención de las Naciones Unidas Contra el Tráfico Ilícito de Estupefacientes y Sustancias Psicotrópicas,* publicada en Gaceta Oficial de la República de Venezuela (G.O.), nº 34.741 de fecha 21 de junio de 1991.

33 En España fue ratificada la Convención según instrumento de ratificación, publicado en el Boletín Oficial de Estado (BOE), núm. 233 de fecha 29 de septiembre de 2003. En Venezuela, su integración a la legislación nacional ocurrió con la *Ley Aprobatoria de la Convención de las Naciones Unidas contra la Delincuencia Organizada Trasnacional,* publicada en Gaceta Oficial de la República Bolivariana de Venezuela (G.O.), nº 37.357 de fecha 4 de enero de 2002.

34 Se hace referencia al marco legal de cada país al respecto. En el caso venezolano, relacionado al tema de la corrupción, no sólo existe la Ley Aprobatoria de la Convención de la ONU (UNCAC 2003), sino también, la Ley Contra la Corrupción (G.O. Extraordinario nº 5.637 de fecha 07 de abril de 2003) y la Ley Orgánica Contra la Delincuencia Organizada y Financiamiento al Terrorismo (G.O. nº 39.912 de fecha 30 de abril de 2012).

35 Véase BARQUÍN SANZ, J. 2018, «Lenguaje y derecho: nota sobre el uso del idioma por los penalistas», *Revista de Derecho, Empresa y Sociedad (REDS),* Nº 13, págs. 106-121.

Esta nueva forma global de combate es la conclusión del cambio de enfoque operado en los años 90 del siglo pasado. Desde entonces se abandonó la concepción que corrupción era un problema sociológico; las drogas como un tema ligado a pequeños contrabandistas; y, la delincuencia organizada, como tradiciones ancestrales pseudo-prusianas (nobleza negra) o de «cosa nostra» (clima cultural siciliano). Además, no podemos dejar pasar la data económica preocupante relacionada a la criminalidad económica. Por ejemplo, la corrupción genera anualmente, según el Banco Mundial, el equivalente al 5% del PIB global, unos 3,5 billones de dólares[36]. Una cifra que además de ser escandalosa, muestra de manera gráfica la gravedad del fenómeno corrupto. Ni se diga del negocio de las drogas, que según terminología propia de organizaciones globales contra este flagelo, ya hablan abiertamente de una «*economía del narcotráfico*»[37] donde están en juego un aproximado anual de 320.000 millones de dólares americanos. Es decir, según la ONU, el 0,9% del PIB global.

Precisamente la presente edición iberoamericana, tan igual como la internacional publicada en diciembre de 2020[38], buscan incardinarse dentro del nuevo universo lingüístico contra la delincuencia económica que afecta directamente los conceptos tradicionales no sólo de la dogmática penal, sino también del significado de definiciones, términos y otros vocablos de larga tradición Iberoamérica, pero, proyectando desde la singularidad del llamado *comiso autónomo,* así como, de una institución con raigambre continental como es la *extinción de dominio,* ésta última, con más de tres décadas consagradas a nivel constitucional, como en efecto, se precisa en la Constitución colombiana de 1991, sin contar, con las recientes aprobaciones legislativas y jurisprudenciales en México, El Salvador, Guatemala, Perú y Ecuador.

Uno de los instrumentos tradicionalmente pétreos del Derecho penal, como es el *comiso,* una vez introducido al nuevo universo planteado *ut supra,* adquiere otras dimensiones, características, e inclusive, una naturaleza jurídica dual. Buscamos describir esta nueva dimensión del *comiso* tanto en su operatividad en los países que lo han consagrado, así como, los obstáculos de naturaleza dogmático-constitucional para su cristalización[39], en el marco de procesos cada vez más convincentes como la expansión del Derecho penal[40]. Además, vista la reimplantación de sutiles formas

36 Fernández Díaz, A. *Ob. cit.*, pág. 150.

37 Véase Organización de Estados Americanos. 2013, *El problema de las drogas en las Américas: Estudios. La economía del narcotráfico,* Servicio de Publicaciones de la OEA, Washington D.C. También, véase De la Dehesa, G. 2018, «El gran negocio del narcotráfico», En: *Diario El País,* Madríd, edición del 9 de febrero de 2018 [https://elpais.com/economia/2018/02/08/actualidad/1518088355_153674.html]

38 Sobre las particularidades de ambas ediciones, véase *ut supra,* «Nota para la edición iberoamericana». Ambos libros forman parte de una arquitectura sistematizadora del comiso autónomo como de la extinción de dominio, representando la primera parte de una obra compuesta por otros ejes temáticos enlazados del combate contra la corrupción.

39 Vale la pena destacar lo precisado por el Tribunal Constitucional del Estado Plurinacional de Bolivia sobre la esencia misma de la extinción de dominio y sus posibles mixtificaciones que no pueden ser aceptada bajo ninguna condición por la legislación estatal. En Consulta Constitucional nº 002/2013 de fecha 19/04/2013 (Expediente nº 02073-2012-05-CCP), con ponencia del Magistrado Macario Lahor Cortez Chávez, el máximo intérprete de la Constitución se pronunció sobre el proyecto de Ley de Extinción de Dominio de Bienes a favor del Estado, presentado por el entonces Presidente de la nación altiplánica, Juan Evo Morales Ayma. Dictaminó el Tribunal varios aspectos de enfoque heterodoxo sin violentar los principios constitucionales sobre los cuales se edifica el Estado de Derecho. Es más, el dictamen de la consulta de constitucionalidad previa censuró que el proyecto de ley haya considerado que la naturaleza de la extinción de dominio sea «administrativa», pues, la extinción de dominio por muy de avanzada que sea, no puede ser vehículo para quebrar principios rectores del Estado de Derecho, siendo uno de ellos, la «reserva judicial». En efecto, expresó el

del estado de policía (*polizeistaat*), para enfrentar la pandemia del Covid-19[41], el Derecho penal termina aglutinando la sociedad con el recurso de *ius puniendi*.

El *comiso* es una institución de larga data en la legislación penal[42] y administrativa[43] Iberoamericana, que sufrirá transformaciones en su naturaleza jurídica dado el nuevo marco global de lucha contra la criminalidad organizada donde más que

---

Tribunal: «(...) Entonces, la acción de extinción de dominio, no puede darse a través de un procedimiento administrativo, por el carácter de la acción y dada la connotación en la afectación a derechos individuales de las personas; ya que, esa *«naturaleza administrativa» no asegura que se cumplan estándares mínimo inherentes a la garantía del debido proceso, porque la «naturaleza administrativa» de un proceso, pone a éste en manos de autoridades de esta naturaleza, con total ausencia de probidad, que no garantizan independencia ni imparcialidad, por su vinculación a funciones que son propias del Órgano Ejecutivo, quien en las acciones de extinción de dominio podría aparecer como juez y parte, en evidente concentración de funciones, lo que indudablemente lesionaría derechos y garantías constitucionales* (...)» (cursivas nuestras). Pasamos a transcribir algunos párrafos del citado dictamen constitucional, donde, sobresale su ratio ya que: «(...) surge la necesidad de establecer mecanismos, que prescindiendo de la persecución penal, *aunque sin sustituirla*, permitan actuar directamente sobre bienes de procedencia ilícita, decomisándolos y previo un debido proceso, declarar su extinción a favor del Estado (...)» (cursivas nuestras). Además, -y prosigue el fallo- el fundamento no está en las geografías del Derecho penal sino: «(...) En consecuencia, la acción de extinción de dominio de bienes, halla sustento constitucional en el derecho a la propiedad privada, a partir de que ésta debe cumplir una función social y para gozar de protección, el uso que se haga de ella no debe ser perjudicial al interés colectivo; de donde la «propiedad» adquirida por medios ilícitos o ilegítima, no puede merecer protección constitucional, por lo que al no configurar un derecho digno de protección, el Estado puede declarar legítimamente su extinción, dando prevalencia así al interés general sobre el particular. (...)» (subrayado original). Po otra parte, el análisis sobre la perniciosa igualdad entre actividades económicas lícitas e ilícitas, violentaría ese mismo «(...) respeto e igualdad entre todos que se proclama como bases del Estado, pasa por el reconocimiento y la protección al trabajo honrado y la persecución y castigo de las actividades ilícitas, ya que estas últimas, *de manera desleal compiten con la generación de la riqueza legítima, por lo que de no tomarse acciones de lucha frontal contra la generación de riqueza ilegítima, importaría colocar a la riqueza lícita y a la riqueza ilícita en un plano de igualdad, otorgando resquicios para que la riqueza mal habida pueda consolidarse o inclusive sanearse, generando así inequidad en la generación, distribución y redistribución del producto social, cuando en un Estado Constitucional de Derecho, especialmente en el Estado Plurinacional Comunitario que estamos empeñados en construir en la búsqueda del vivir bien, únicamente la riqueza que sea legítima puede hallar cobijo y protección.* (...)» (cursivas nuestras).

40 Al respecto, Silva Sánchez, J.M. 2011, *La expansión del Derecho penal. Aspectos de la Política criminal en las sociedades postindustriales,* Euro Editores, Buenos Aires, págs. 10-208.

41 Véase González Agudelo, G. 2020, «La crisis sanitaria como pretexto para el debate público sobre funciones, formación y profesionalidad de la policía», *Revista Electrónica de Estudios Penales y dela Seguridad: REEPS,* Nº 6. Sánchez Ferriz, R. 2020, «Reflexiones constitucionales desde el confinamiento», *Actualidad jurídica iberoamericana,* Nº Extra 12, 2, págs. 16-23. Piga Rivero, A. y Alfonso Galán, M.T. 2020, «Consideraciones éticas y médico legales sobre la pandemia COVID 19 en España», *Actualidad del derecho sanitario,* Nº 280, págs. 446-451.

42 Al respecto, véase Mendoza Troconis, J.R. 1988 *Curso de derecho penal venezolano: parte general,* Empresa El Cojo, Caracas, 12 edición. Matallín Evangelio, A. (Dir.) Górriz Royo, E. (Coord.). 2015, *Comentarios a la reforma del Código Penal de 2015,* Tirant lo Blanch, Valencia. Aguado-Correa, T. 2000, *El comiso,* Edersa, Madrid. Lorenzo Salgado, J.M. 2019, *Directiva 2014/42/UE sobre el embargo y el decomiso de los instrumentos y del producto del delito y la extensión al blanqueo en 2015 del comiso ampliado, previsto inicialmente para la criminalidad organizada transnacional,* en: Souto, M.A. (Coord.) y Sánchez Stewart, N. (Coord.) *VI Congreso Internacional sobre prevención y represión del blanqueo de dinero,* Tirant lo Blanch, Valencia, págs. 585-588. Manzanares Samaniego, J.L. 1983, *Las penas patrimoniales en el Código Penal Español. Tras la Ley Orgánica 8/1983,* Bosch Casa Editorial, S.A, Barcelona, págs.251-253.

43 Vale la pena destacar que los principales ingresos fiscales de las nacientes repúblicas americanas provenía de la actividad aduanera. Es allí donde la figura del comiso tuvo repercusiones importantes en el incipiente Derecho de las ex colonias de la América Hispana, una vez consumada la

penalizar severamente esta lacra con penas privativas de libertad, se conciben y elucidan instrumentos eficaces de lucha donde el coste esperado por el delincuente sea mayor que las ganancias racionalmente previstas[44].

Así las cosas, el *comiso tradicional* o también conocido como «directo», está asociado, históricamente, como un mecanismo «accesorio» para extinguir los atributos del derecho de propiedad sin indemnización estatal alguna[45], en razón de la comisión de otros hechos punibles para quienes son condenados como culpables en un juicio penal. La idea o noción generalizada común discurre precisamente entre las fronteras del Derecho administrativo sancionador y el Derecho penal[46], como en efecto, sigue siendo así en Iberoamérica. Inclusive, se formulan tesis autorizadas e influyentes - como apunta el reputado profesor SANTANDER ABRIL- por las cuales se propone abiertamente «emancipar el comiso del proceso penal»[47], éste último, territorialidad adjetiva clásica y epistemológica de la temática central de la dogmática penal.

¿Cuándo comenzamos a enfrentar al *comiso* o la *extinción de dominio* con esta babelia normativa-global en la lucha contra la delincuencia económica, y más precisamente, anticorrupción?. La respuesta comienza cuando ubicamos a nivel *metaestatal* la lucha contra estos flagelos, concretándolas en las Convenciones Internacionales y toda la cartografía de documentos normativos vinculantes para los Estados. En casos especiales, como ocurre en Colombia, en su propia Constitución de 1991 se fundamenta esta institución (art. 34), o bien en México, donde se reformó la Constitución (art. 22) para incorporar varias adiciones, incluyendo, el carácter constitucional de la acción de extinción de dominio y los casos donde procede[48].

---

independencia. Al respecto, véase MOYA MILLÁN, E.J. 2003, *Elementos de finanzas públicas y derecho tributario,* Mobil-Libros, Caracas. BARONI UZCÁTEGUI, R. 2004, *Consideraciones acerca del procedimiento administrativo aplicable para la imposición de la pena de comiso de mercancías,* en: PARRA ARANGUREN, F. (Dir.). *Ensayos de Derecho Administrativo. Libro homenaje a Nectario Andrade Labarca,* Ediciones del Tribunal Supremo de Justicia, Caracas, Vol. I. ARAUJO, A. E. y SALOMÓN DE PADRÓN, M. 1981, *Estudio comparativo entre la nacionalización y la reserva, la expropiación, la confiscación, la requisición y el comiso.* En. AAVV. *Archivo de Derecho Público y Ciencias de la Administración. El Régimen Jurídico de las Nacionalizaciones en Venezuela, Homenaje del Instituto de Derecho Público al Prof. Antonio Moles Caubet.* Instituto de Derecho Público de la Facultad de Derecho de la Universidad Central de Venezuela, Caracas, Vol 3 (1972-1979). MATTAR DE ABOUHAMAD, G. y CHIOSSONE, T. 1984, *Sanciones Penales y Administrativas en la Legislación Venezolana,* Instituto de Ciencias Penales y Criminológicas, Caracas. GÓMEZ TOMILLO, M., JAVATO MARTÍN, A. M., TAPIA BALLESTEROS, P. 2012, *Límites entre el derecho sancionador y el derecho privado: daños punitivos, comiso y responsabilidad patrimonial derivada de infracciones administrativas,* Lex Nova, Madrid. ZAMORA MANZANO, J.L. 2009, *Algunos aspectos sobre el régimen fiscal aduanero en el derecho romano: reglamentación jurídica del portorium, control de mercancías y comiso por fraude fiscal.* Dykinson, Madrid.

44 MARCH POQUET, J.M. 2017, «Economía Pública y corrupción. Una ordenación de las propuestas anticorrupción», *Revista de Economía Pública, Social y Cooperativa,* Nº 91, pág. 272.

45 Véase ARAUJO, A. E. y SALOMÓN DE PADRÓN, M. 1981, *Estudio comparativo entre la nacionalización y la reserva, la expropiación, la confiscación, la requisición y el comiso.* En. AAVV. *Archivo de Derecho Público y Ciencias de la Administración. El Régimen Jurídico de las Nacionalizaciones en Venezuela, Homenaje del Instituto de Derecho Público al Prof. Antonio Moles Caubet.* Instituto de Derecho Público de la Facultad de Derecho de la Universidad Central de Venezuela, Caracas, Vol 3 (1972-1979), pág. 151.

46 SILVA SÁNCHEZ, J.M. *Ob. cit.,* págs. 131-143.

47 Véase SANTANDER ABRIL, G. 2017, *La emancipación del comiso del proceso penal: su evolución hacia la extinción de dominio y otras formas de comiso ampliado,* En: AAVV. *Combate del Lavado de Activos desde el Sistema Judicial,* Ediciones de la Organización de Estados Americanos (OEA) - Departamento contra la Delincuencia Organizada Trasnacional, Washington D.C., 5ta edición, págs. 425-503.

48 **Artículo 22.** Quedan prohibidas las penas de muerte, de mutilación, de infamia, la marca, los azotes, los palos, el tormento de cualquier especie, la multa excesiva, la confiscación de bienes y

A manera descriptiva, y cronológica, el *comiso* autónomo es abordado, de forma abierta dentro del contexto de la delincuencia económica internacional, en los siguientes instrumentos normativos internacionales más relevantes:

* LA CONVENCIÓN INTERAMERICANA CONTRA LA CORRUPCIÓN, que incidentalmente lo aborda de la siguiente manera:

«(...)

ARTÍCULO XV

Medidas sobre bienes

1. De acuerdo con las legislaciones nacionales aplicables y los tratados pertinentes u otros acuerdos que puedan estar en vigencia entre ellos, los Estados partes se prestarán mutuamente la más amplia asistencia posible en la identificación, el rastreo, la inmovilización, la confiscación y el decomiso de bienes obtenidos o derivados de la comisión de los delitos tipificados de conformidad con la presente Convención, de los bienes utilizados en dicha comisión o del producto de dichos bienes.

2. El Estado Parte que aplique sus propias sentencias de decomiso, o las de otro Estado Parte, con respecto a los bienes o productos descritos en el párrafo anterior, de este artículo, dispondrá de tales bienes o productos de acuerdo con su propia legislación. En la medida en que lo permitan sus leyes y en las condiciones que considere apropiadas, ese Estado Parte podrá transferir total o parcialmente dichos bienes o productos a otro Estado Parte que haya asistido en la investigación o en las actuaciones judiciales conexas. (...)»

* La CONVENCIÓN DE LAS NACIONES UNIDAS CONTRA EL TRÁFICO ILÍCITO DE ESTUPEFACIENTES Y SUSTANCIAS SICOTRÓPICAS (CNUCTISS 1988), lo determina:

---

cualesquiera otras penas inusitadas y trascendentales. Toda pena deberá ser proporcional al delito que sancione y al bien jurídico afectado.
No se considerará confiscación la aplicación de bienes de una persona cuando sea decretada para el pago de multas o impuestos, ni cuando la decrete la autoridad judicial para el pago de responsabilidad civil derivada de la comisión de un delito. Tampoco se considerará confiscación el decomiso que ordene la autoridad judicial de los bienes en caso de enriquecimiento ilícito en los términos del artículo 109, la aplicación a favor del Estado de bienes asegurados que causen abandono en los términos de las disposiciones aplicables, ni de aquellos bienes cuyo dominio se declare extinto en sentencia. *Párrafo reformado DOF 27-05-2015, 14-03-2019*
La acción de extinción de dominio se ejercitará por el Ministerio Público a través de un procedimiento jurisdiccional de naturaleza civil y autónomo del penal. Las autoridades competentes de los distintos órdenes de gobierno le prestarán auxilio en el cumplimiento de esta función. La ley establecerá los mecanismos para que las autoridades administren los bienes sujetos al proceso de extinción de dominio, incluidos sus productos, rendimientos, frutos y accesorios, para que la autoridad lleve a cabo su disposición, uso, usufructo, enajenación y monetización, atendiendo al interés público, y defina con criterios de oportunidad el destino y, en su caso, la destrucción de los mismos. *Párrafo adicionado DOF 14-03-2019*
Será procedente sobre bienes de carácter patrimonial cuya legítima procedencia no pueda acreditarse y se encuentren relacionados con las investigaciones derivadas de hechos de corrupción, encubrimiento, delitos cometidos por servidores públicos, delincuencia organizada, robo de vehículos, recursos de procedencia ilícita, delitos contra la salud, secuestro, extorsión, trata de personas y delitos en materia de hidrocarburos, petrolíferos y petroquímicos. *Párrafo adicionado DOF 14-03-2019*
A toda persona que se considere afectada, se le deberá garantizar el acceso a los medios de defensa adecuados para demostrar la procedencia legítima del bien sujeto al procedimiento. Párrafo adicionado DOF 14-03-2019 Artículo reformado *DOF 28-12-1982, 03-07-1996, 08-03-1999, 09-12-2005, 18-06-2008* (subrayado nuestro)

«(...)

Artículo 1

Definiciones

Salvo indicación expresa en contrario, o que el contexto haga necesaria otra interpretación, las siguientes definiciones se aplicarán en todo el texto de la presente Convención:

(...) Omisis (...)

f) Por «decomiso» se entiende la privación con carácter definitivo de algún bien por decisión de un tribunal o de otra autoridad competente (...) Omisis (...)

Artículo 5

Decomiso

(...) Omisis (...)

7. Cada una de las Partes considerará la posibilidad de invertir la carga de la prueba respecto del origen lícito del supuesto producto u otros bienes sujetos a decomiso, en la medida en que ello sea compatible con los principios de su derecho interno y con la naturaleza de sus procedimiento judiciales y de otros procedimientos. (...)»

* La CONVENCIÓN DE LAS NACIONES UNIDAS CONTRA LA DELINCUENCIA ORGANIZADA TRANSNACIONAL (CNUCDOT 2000):

«(...)

Artículo 12. Decomiso e incautación

(...) Omisis (...)

7. Los Estados Parte podrán considerar la posibilidad de exigir a un delincuente que demuestre el origen lícito del presunto producto del delito o de otros bienes expuestos a decomiso, en la medida en que ello sea conforme con los principios de su derecho interno y con la índole del proceso judicial u otras actuaciones conexas. (...)»

* La CONVENCIÓN DE LAS NACIONES UNIDAS CONTRA LA CORRUPCIÓN (UNCAC 2003), contempla en su artículo 54 lo siguiente:

«(...) Artículo 54. Mecanismos de recuperación de bienes mediante la cooperación internacional para fines de decomiso.

1. Cada Estado parte, a fin de prestar asistencia judicial recíproca conforme a lo dispuesto en el artículo 55 de la presente Convención con respecto a bienes adquiridos mediante la comisión de un delito tipificado con arreglo a la presente Convención o relacionados con ese delito, de conformidad con su derecho interno:

(...) Omisis (...)

c) Considerará la posibilidad de adoptar las medidas que sean necesarias para permitir el decomiso de esos bienes sin que medie una condena, en casos en que el delincuente no pueda ser enjuiciado por motivo de fallecimiento, fuga o ausencia, o en otros casos apropiados. (subrayado nuestro) (...)»

El texto de los tratados va sufriendo una evolución sustancial como pudo observarse en las transcripciones que preceden. En el esfuerzo interamericano, se introduce el comiso como medidas sobre bienes, transfiriendo a las legislaciones en la puerta hacia el *comiso autónomo*. En cuanto a los Convenios referidos sobre drogas y delincuencia organizada citados, se muestra a favor de la concepción tradicional del *comiso*, aunque, *el llamamiento a la inversión de la carga probatoria* es un primer indicio de sus intenciones[49] por modificar aspectos sustanciales del comiso vinculados a la temática probatoria[50], que implica tradicionalmente una condenatoria penal *a priori*.

Será en la UNCAC 2003, donde prácticamente se observa un salto cualitativo de capital importancia en la redacción del precepto, tendiente a la modificación de la noción tradicional del *comiso*, cuando expresa y literalmente concibe «*decomisar bienes sin que medie condena*» lo que a simple vista colide frontalmente con una de sus típicas características como es la *accesoriedad*, vinculada a una condena penal confirmada tras la aplicación del sistema de recursos procesales contra una sentencia. Inclusive la propia UNCAC 2003 sugiere la esencia misma del concepto de *extinción de dominio*, como es la demostración de la licitud del origen propietario[51].

Hasta el momento debemos formularnos algunas interrogantes que seguramente, respetado lector, usted se habrá cuestionado, tales como: ¿podríamos aceptar introducir reformas dentro de las legislaciones de países tributarios del *civil law*, tipificando el *comiso autónomo* o la *extinción de dominio* -dependiendo de la política criminal interna- con el sólo aval de las Convenciones? ¿Sólo el hecho -como argumento *ad baculum*- de su aceptación como figura en un tratado adoptado por nuestros países podría considerarse fundamento válido? ¿Acaso no habría otras fundamentaciones teóricas que no colidan con los principios y garantías del Derecho penal clásico? ¿Y qué sucedería si una legislación interna se acoge tanto al comiso sin condena como a la extinción de dominio, de forma simultánea? ¿Es viable esta última hipótesis?

Para un análisis poco mesurado luce sencillo establecer una nueva modalidad de *comiso* o *extinción de dominio* sólo fundamentado en un instrumento internacional o en la LEY MODELO SOBRE EXTINCIÓN DE DOMINIO, salvo el caso de Colombia que lo ha contemplado con rango constitucional desde 1991, o México que también lo incluyó en una de las reformas de su texto fundamental (2017). Sin embargo, no ha operado de forma mecánica por la probable -y hasta algunos casos evidente- resistencia no

---

49 Sobre este particular, la jurisprudencia constitucional de Bolivia (Dictamen 0002/2013, de fecha 19/04/2013, caso: *Constitucionalidad de Ley de Extinción de Dominio de Bienes a favor del Estado*) considera más bien que tanto CNUCTISS 1988 como CNUCDOT 2000, sí hacen referencia al comiso sin condena cuando aborda el comiso tradicional. En igual sentido, la SALA DE LO CONSTITUCIONAL DE LA CORTE SUPREMA DE JUSTICIA DE EL SALVADOR (sentencia 146-2014/107-2017), hace lo propio al vincular ambos tratados como «catálogo» del comiso autónomo.

50 DELGADO LÓPEZ, L.M. 2006, «El comiso en los delitos relativos al tráfico de drogas», *Manuales de formación continuada*, nº 37, págs. 281-366.

51 Artículo 31.8 UNCAC 2003. «(...)» Artículo 31. Embargo preventivo, incautación y decomiso: (...) Omisis (...) 8. Los Estados Parte podrán considerar la posibilidad de exigir a un delincuente que demuestre el origen lícito del presunto producto del delito o de otros bienes expuestos a decomiso, en la medida en que ello sea conforme con los principios fundamentales de su derecho interno y con la índole del proceso judicial u otros procesos (...)».

sólo en el plano técnico-lingüístico, sino bajo los principios constitucionales de presunción de inocencia y garantías a la propiedad[52]. Es por ello que el objeto del

[52] Al respecto, véase Blanco Cordero, I. 2017, «El debate en España sobre la necesidad de castigar penalmente el enriquecimiento ilícito de empleados públicos», *Revista Electrónica de Ciencia Penal y Criminología,* N° 19-16, págs. 1-35. Llama la atención la polémica suscitada en Costa Rica con la incorporación de la Ley 19.571 contentiva de la *Ley Especial Extinción de Dominio,* de fecha 10 de diciembre de 2015. Según el criterio de la Defensa Pública de Costa Rica, fue una iniciativa con una «(...) nefasta señal más de la expansión del poder represivo del Estado (...)». Sobre la polémica véase Natalia, D. 2019, «Extinción de dominio: una facultad abusiva», *Diario La República,* San José de Costa Rica en: https://www.larepublica.net/noticia/extincion-de-dominio-una-facultad-abusiva [Consulta: 10 de agosto de 2020]. Expresa la columnista lo siguiente: «(...) *Pocas veces se ha visto, con tan buenos ojos, la violación del Estado de Derecho, como el apoyo que ha recibido el proyecto de ley 19.571 «Ley Especial de Extinción de Dominio; el cual, a primeras luces, pareciera un mecanismo legítimo para perseguir los bienes de origen o destino ilícito, a través de una vía judicial. Sin embargo, según criterio de la Defensa Pública de noviembre del año pasado, esta iniciativa es «...una señal más de la expansión del poder represivo del Estado...»Menciona en su respuesta que «...ante la idea de luchar contra el crimen organizado se obliga a los Estados a tomar medidas que adelantan y amplían esas intromisiones, antes reservadas a la previa demostración de la existencia de un delito y del correlativo comiso limitado al uso o procedencia de los bienes de dicha actividad, certeramente demostrada.»*

En otras palabras, el proyecto permite que a una persona se le puedan decomisar sus bienes, aún cuando haya sido absuelta, por otro tribunal, por el delito que se le señala. Esto bajo el argumento de que sus bienes fueron obtenidos de forma ilícita, sin pruebas que lo confirmen. La iniciativa parte de la presunción de culpabilidad del sospechoso, algo totalmente contrario a nuestro sistema jurídico. Esto ha sido advertido también por gran cantidad de reconocidos juristas como Fabián Volio, Francisco Castillo González, Patricia Vargas González, Alfredo Chirino Sánchez, Erick Gatgens Gómez, Javier Llobet Rodríguez, José Manuel Arroyo Gutiérrez y Álvaro Burgos Mata (...)». La jurisprudencia constitucional de Honduras, específicamente, en la sentencia del caso *Christopher Reyes Gómez y Ana María Hernández Cambar Vs. Decreto Legislativo nº 27-2010 contentivo de la Ley de Privación de Dominio de Bienes de Origen Ilícito,* de la Sala de lo Constitucional de la Corte Suprema de Justicia de Honduras, de fecha 14/11/2013, se refirió a un término que pudiera generar discordias para la terminología tradicional. La Sala precisó sobre la denominada «presunción de ilicitud», estableciendo que: «(...) **CONSIDERANDO (15)**: Que el impetrante en el Tercer Motivo de inconstitucionalidad, alega la infracción directa del artículo 90 de la Constitución de la República y aduce para ello que el artículo 7 de la Ley de Privación de Dominio de Bienes de Origen Ilícito, establece la Presunción de Ilicitud, misma que según él vulnera la Presunción de Inocencia del artículo 89 de la Constitución de la República, alegatos respecto de los cuales esta Sala deviene en señalar que también la referida ley contempla en el articulo **6**, el Principio del Licitud, que establece que los bienes solo serán reconocidos como legales y lícitos ***«cuando el titular del dominio acredite que su derecho ha sido originado o adquirido a través de los medios o mecanismos compatibles con el ordenamiento jurídico»***, articulo este que en relación con lo señalado en el artículo **7** de la citada ley no contraviene el Estado de Inocencia, porqué cuando se habla en este ultimo de *Presunción de Ilicitud,* esto esta referido a las *sospechas e indicios,* sobre el origen de determinados bienes y que dan pie para iniciar la investigación respectiva, evidentemente la ley da margen al o los propietarios de los bienes bajo sospecha para que puedan acreditar la licitud de los mismos, situación que es compatible con lo apuntado por la Convención de las Naciones Unidas Contra el Tráfico Ilícito de Estupefacientes y Sustancias Psicotrópicas, que en su artículo **7**, señala que cada una de las partes considerará la posibilidad de invertir la carga de la prueba, respecto del origen lícito del supuesto producto u otros bienes sujetos a decomiso, también establece dicha normativa internacional que la implementación de la inversión de la carga de la prueba se hará en la medida en que ello sea compatible con los principios del derecho interno de cada país suscriptor y con la naturaleza de sus procedimientos judiciales y demás. En ese orden de ideas y siendo que Honduras es un Estado de Derecho, y que por lo tanto deviene obligado a garantizar a sus habitantes la seguridad jurídica, es entonces procedente que el mismo cuente con un instrumento jurídico moderno que respetando las garantías y derechos no solo establecidos en nuestra carta magna y los Tratados Internacionales, regule de forma eficiente todas aquellas situaciones que tengan que ver con uno de los más grandes flagelos que hoy en día abate a nuestra sociedad, señalado lo anterior esta Sala de lo Constitucional no encuentra que el artículo 7 de la referida ley entre en contradicción con el principio de inocencia constitucional. Por otro lado presente ensayo estriba en estudiar las principales manifestaciones del llamado *comiso autónomo*, así como, figuras conexas de otras legislaciones como es el caso de la *extinción de dominio*, y su fundamentación dentro de las medidas globales contra la delincuencia económicas, específicamente, como una forma de *sanción alternativa y complementaria* más allá que la simple concreción de un nuevo tipo penal especial.

Para comprender mucho mejor este libro, hemos optado por asumir el diseño metodológico propio del método dogmático y comparativo, específicamente, de las legislaciones análogas de España, Colombia, Perú, México, Honduras, Guatemala, El Salvador, y en menor medida Venezuela[53], escrutando alguna revisión de dispositivos normativos equivalentes del sistema angloamericano e interamericano, bajo la óptica del marco global de los tres convenios sobre delincuencia económica mas sobresalientes hasta la fecha: UNCAC 2003, CNUCDOT 2000 y CNUCTISS 1988. Además, debemos resaltar el valor de la iniciativa que lleva por título LEY MODELO SOBRE EXTINCIÓN DE DOMINIO, como un empuje del *Programa de Asistencia Legal para América Latina y el Caribe de la Oficina de las Naciones Unidas contra la Droga y el Delito* (UNODC). Este año la Ley Modelo cumple 10 de haber sido publicada como punto de partida para la naciente legislación sobre extinción de dominio latinoamericana.

Manteniendo el esquema de la edición internacional de nuestra obra, publicada el año pasado, el presente libro está dividido en cinco capítulos que facilitarán al lector la comprensión de una institución de naturaleza dual como es el *comiso*, ahora, presentado con el predicado de «autónomo» y por supuesto, la *extinción de dominio*. Así, tenemos:

I. El marco jurídico-internacional de la lucha contra la delincuencia organizada como fundamento de las modificaciones de las instituciones del Derecho penal tradicional.

II. El fundamento teórico para los cambios en los delitos económicos: *la tesis del Derecho penal a dos velocidades en el marco de la globalización*.

III. La transformación del *comiso* tradicional en autónomo como forma alternativa para sancionar delitos económicos, más específicamente, delitos de corrupción en el marco globalizado.

IV. La *extinción de dominio* como institución análoga al *comiso* autónomo, creación original de la dogmática latinoamericana.

V. Breve referencia al *comiso* autónomo y la *extinción de dominio en* su recepción por la futura legislación venezolana sobre la materia.

---

cabe recordar que la Sala ha dejado sentada su posición en cuanto que el debido proceso consignado en el artículo **90** de nuestra carta magna, encaja en el llamado derecho a la jurisdicción, mismo que no se agota con el solo acceso de las partes al Tribunal, sino que se desarrolla durante toda la secuela del proceso en persecución de la sentencia o resolución que resuelva la pretensión, así pues para que exista la posibilidad de defensa y debido proceso, tiene que haber *proceso*, lo que presupone disponer del acceso al órgano judicial o administrativo para que administre justicia; es evidente que en el caso que nos ocupa el Decreto **27-2010,** no hace sustracción alguna del proceso, con lo cual no se provoca la vulneración del debido proceso (...)» (negrillas, cursivas y subrayado original de la sentencia).

[53] Como hemos apuntado en la nota para la presente edición iberoamericana, las remisiones más específicas y prolíficas sobre Venezuela pueden consultarse en la edición internacional de este libro publicado en diciembre de 2020 gracias a la Editorial Jurídica Venezolana. En el capítulo V de la presente obra, hemos formulados unos esbozos para Venezuela y el futuro de la recepción de la extinción de dominio.

Comenzaremos el estudio del marco internacional de la lucha contra la delincuencia económica 2.0, más específicamente, a las formas por las cuales delitos, figuras o procedimientos son reinterpretados por los instrumentos multilaterales emblemáticos, como es el caso de la Convención de las Naciones Unidas contra la Corrupción (Mérida 2003) y sus antecesoras sobre delincuencia organizada y drogas. Asimismo, dada la importancia que reviste para el espacio comunitario europeo, analizaremos la *Directiva 2014/42/UE* aprobada por Europa donde contempla la temática del comiso autónomo, así como, lo previsto en el *Convenio de Estrasburgo* de 1999. A ello sumaremos en esta edición, algunos ejes relacionados al papel de la Fiscalía Europea y el *comiso sin condena*.

Toda esta actividad supranacional es consecuencia de la efectiva batalla contra los peligros que trae consigo la denominada sociedad del riesgo global, donde nuevos bienes jurídicos y la revalorización de otros tradicionales, exigen una respuesta más contundente y protectoria del Derecho penal[54] y el Derecho patrimonial, mejor conocido ahora como Derecho de daños[55]. Sobre este particular, también, queremos advertir preliminarmente que el *comiso autónomo* o la *extinción de dominio* no son comodines para la recuperación automática de bienes producto de la corrupción, pues, está integrado a delicados mecanismos globales que poco a poco va incorporándose en las condiciones culturales de los Estados, siendo sus principales obstáculos, las políticas criminales de los mismos Estados, cuando no sus estamentos jurídicos-profesionales reacios a tomar medidas radicales para luchar contra esta verdadera lacra.

En cuanto a la recuperación de activos, que no abordamos en el presente libro, es importante desmitificar algunas consideraciones sobre la misma. Esta advertencia, reseñada como un *obiter dictum*, implica saber emplear las herramientas que el sistema internacional ofrece. No podemos caer en la irresponsabilidad de confiar que por recuperación de activos tendríamos todo el dinero que ha sido objeto de corrupción durante los últimos 15 años. Tampoco podemos despreciarla y esperar un milagro. Recuperar activos producto de la corrupción requiere tres condiciones objetivas: 1. Una plena identidad, basado en sólidas pruebas indiciarias, sobre los bienes y activos susceptibles de estos procedimientos. 2. Una auditoría e investigación financiera a fondo, que vaya más allá de las indagaciones periodísticas, éstas últimas, por muy acuciosas que hayan sido estructuradas y abordadas, jamás brindarán un alcance real de la corrupción. 3. Una política integral de recuperación, basada no sólo en la designación de expertos para que cumplan dicha misión, sino también, protocolos de actuación, una sincera aplicación de la concurrencia de jurisdicción y una campaña mediática responsable.

Lo anterior, sea por vía de *comiso* autónomo o por *extinción de dominio*, según sea la figura acogida en la legislación de dicho país, requiere de una cooperación responsable y por sobre todo técnicamente entendible. Esto implica la necesaria responsabilidad personal y profesional asumida sobre quienes recaiga dicha misión, no sólo comprendiendo a fondo toda esta babelia conceptual y normativa, sino, que conozcan cómo hacerlo y el momento propicio para solicitarlo. Por ello,

---

54 Silva Sánchez, J.M. *Ob. cit.*, págs. 11-13.

55 Véase De Ángel, R. 2007, «Constitución y derecho de daños», *Estudios de Deusto*, Vol. 55, nº 1, págs. 123-172. También del mismo autor *Derecho de las obligaciones en Europa: algunos rasgos de la evolución en las dos últimas décadas*, J.M. Bosch Editor, Barcelona, 2013.

es necesario entender que tras estos procesos no debe existir ni una *cruzada romántica ni mucho menos un negocio acordado para fabulosas recompensas*.

Retomando el hilo argumental del eje central del presente libro, en cuanto a la *extinción de dominio*, lleva casi 30 años consagrada en la Constitución colombiana, lo cual, ha generado prolífica jurisprudencia de la CORTE CONSTITUCIONAL y el CONSEJO DE ESTADO Colombiano con indudable influencia en el resto del continente. Esta actividad pretoriana no sólo ha moldeado la institución, sino que ha permitido darle un vuelco a las nociones tradicionales sobre la función social de la propiedad y sus requisitos preconfigurativos para que sea un derecho fundamental. La impronta latinoamericana ha concebido, tras la larga experiencia de Colombia, a la creación por parte de la OFICINA DE LAS NACIONES UNIDAS CONTRA LA DROGA Y EL DELITO (UNODC) de la *Ley Modelo sobre Extinción de Dominio* (LMEDO). Esta última, tal como indicamos más arriba, aprobada en 2011 en el marco del *Programa de Asistencia Legal para América Latina y el Caribe*, es un aporte original de la región en la lucha contra el flagelo de la delincuencia económica.

Es indudable que estamos ante una institución que genera polémicas, principalmente, de quienes han cultivado el Derecho penal clásico y sus principios ortodoxos. Sin embargo, debemos estar claro que el combate contra la corrupción no se puede realizar desde las ópticas tradicionalistas, pues, como se estudiará en las sucesivas páginas, las empresas criminales corruptas (criminalidad económica 2.0) se encuentran muchas veces mejor organizadas que los propios órganos constitucionales de la Administración Pública encargados de investigar esta tipología criminal. Inclusive, su capacidad ha sido tan tecnificada, que han logrado sobrepasar al mismísimo Poder Judicial de muchos Estados. Es por ello que urge medidas que enfrenten las ingentes magnitudes de esta criminalidad, cuya capacidad puede lograr destruir las bases socio-económicas de comunidades enteras. Sin más preámbulos, comencemos a desarrollar la temática central del presente ensayo, invitando a los lectores a revisarlo con suma crítica sin dejar de observar el telúrico horizonte.

Caracas, septiembre de 2021.

CAPÍTULO PRIMERO

EL MARCO JURÍDICO-INTERNACIONAL DE LA LUCHA CONTRA LA DELINCUENCIA ORGANIZADA COMO FUNDAMENTO DE LAS MODIFICACIONES DE LAS INSTITUCIONES DEL DERECHO PENAL TRADICIONAL. EL CONTEXTO GLOBAL DE LAS REVOLUCIONES DEL «MAS», Y DE LA EXPANSIÓN SOCIO-ECONÓMICA

La sociedad del riego global, como indicamos en la introducción, nos ha obligado al replanteamiento de las políticas criminales estatales. Éstas últimas, ante el desbordamiento de la nueva delincuencia globalizada (criminalidad económica 2.0) -que es en sí delincuencia económica- se caracteriza por su *objetiva inseguridad*, como lo señala Silva Sánchez[1]. Esto nos obliga a enmarcarnos dentro del sistema jurídico-internacional, donde aparecen instrumentos conceptuales y orgánicos que potencian las políticas criminales nacionales, haciéndolas más eficaces y eficientes. Los Estados-Nación se ven imposibilitados para asumir en exclusiva, cualquier decisión eficaz y eficiente para combatir el crimen económico, que ante la sorprendente capacidad organizativa de sus actores dentro de un ambiente globalizador, cualquier regulación punitiva estatal termina resultando insuficiente[2]. No se puede luchar contra una criminalidad económica 2.0 con esquemas, categorías y funcionarios anclados en la versión 1.0.

De esta forma, desde finales del siglo XX, los Estados han transformado las antiguas organizaciones multilaterales (Vgr. OCDE), consustanciadas con las Naciones Unidas para crear no sólo un marco normativo internacional, de gravitatoria influencia sobre la legislación penal de los Estados. Un enramado orgánico con sus correspondientes grupos de seguimiento marcan, asisten y evalúan al tradicional Derecho penal estatal. No en vano se afirma que las grandes soluciones a

---

1 Silva Sánchez, J.M. 2011, *La expansión del Derecho penal. Aspectos de la Política criminal en las sociedades postindustriales*, Euro Editores, Buenos Aires, págs. 19-20.

2 Silva Sánchez, J.M. 2011, *Ob. cit.*, pág. 86.

los problemas criminales de los Estados, no provendrá de sus mejores mentalidades, sino, de las experiencias compartidas y la vigilancia constante entre Estados a través de grupos, independientemente de la técnica empleada[3].

El contexto de la sociedad del riesgo se centra en lo que Moisés Naím denomina las revoluciones del «mas», «de la movilidad» y de la «mentalidad»[4]. Explica el académico venezolano que luego de la caída de la Unión Soviética, comenzó un proceso de expansión económico de corte liberal y global, diferente al estimulado entre 1946-1975, donde las sociedades procesaron los cambios evidentes de los patrones de consumo, éstos últimos, decisivos sobre el estilo de vida y actitudes políticas, sociales, valóricas y por sobre todo, aspiracionales[5]. Esto trajo consigo una época de abundancia, en la cual, los imaginarios colectivos se apañaron bajo el concepto uniforme de clase media mundial[6], ésta última, el paradigma socio-económico de amplio raigambre. Por ello se dice que es la *Revolución del «Más»*, donde la consolidación económica ha permitido la popularización del consumo masivo y de mejor calidad material que en otras etapas de la historia humana.

Como indica Naím, esta *Revolución del Más*, no sólo consistió en la cantidad, sino también en las mejoras cualitativas que experimenta la vida de la gente[7]. Ahora bien, estas aspiraciones también generan conductas obsesivas sobre tener y mejorar los bienes y condiciones de vida, que junto al *principio de la obsolescencia programada*[8], se suman estándares de consumo tecnológico e informático que a su vez amplían hacia otras áreas de exigencias. Es lo que se denomina las necesidades infinitas incapaces de saciar permanentemente por el mercado, éste último, tensionado por estar de forma obligatoria en expansión ilimitada.

Por ejemplo, antes de la década de los 80 del siglo pasado, el turismo y otras atracciones no era un paradigma del ocio generalizado. Los cánones de pasatiempo social occidentales eran más modestos y respondían al carácter «pastoral» de la sociedad. Con la expansión económica, se popularizó el turismo internacional de clase media, que además de contar cada año con más adeptos, se hacía más asequible a casi todas las capas sociales. Otro aspecto es el caso de las telecomunicaciones. Se observa con especial interés la popularización de los teléfonos inteligentes y otra suerte de *gadget* que facilitan la ampliación de otros comportamientos para consumir. Así, las pautas sociales exigieron al individuo también formar parte de esta revolución. Sin embargo, la base para obtener estos beneficios que es el trabajo legalmente reconocido, no es un bien abundante, como tampoco, la estructura general de sueldos y salarios son capaces de finan-

---

3 Matus Acuña, J.P. 2007, «La política criminal de los Tratados internacionales», *Ius et Praxis,* Vol. 13, nº 1, pág. 270. En este sentido parece apuntalar la visión de la recién puesta en marcha Fiscalía Europea, véase: Consejo de Europa. *Fiscalía Europea.* En: https://www.consilium.europa.eu/es/policies/eppo/ [Consulta: 11 de junio de 2021]

4 Naím, M. 2016, *El fin del poder,* Libros de El Nacional, Caracas, págs. 73-104.

5 Naím, M. 2016, *Ob. cit.,* pág. 76.

6 Véase Sánchez Barricarte, J.J. 2008, *El crecimiento de la población mundial: Implicaciones socioeconómicas, ecológicas y éticas,* Tirant lo Blanch, Valencia.

7 Naím, M. 2016, *Ob. cit.,* págs. 81-82.

8 Vanina Bianchi, L. 2018, «La influencia del principio del consumo sustentable en el combate de la obsolescencia programada, la garantía de los productos durables y el derecho a la información de los consumidores en Argentina», en: *Revista de Derecho Privado,* nº 34, pp. 277-310.

ciar estos modelos de consumo. Pocas naciones en occidente pueden certificar que las remuneraciones legítimas promedio del trabajo asalariado alcanzan para necesidades sostenibles de grupos familiares[9].

La delincuencia económica es una alternativa deleznable, ajena al Derecho, alimentada por esa idea del tener más y más. Es una consecuencia de esta revolución económica que no sólo aparejó mejoras socio-económicas y culturales a la población; sino también, una mega neurosis social, buena parte de ella saciadas por conductas no apegadas al *ius*.

Partiendo de este marco (sociedad del riesgo global, revolución del más y de la movilidad), debemos entender que no debe resultarnos tan difícil introducir modificaciones sobre una institución consolidada tan presente en los ordenamientos penales de España, Colombia, México, y por supuesto, Venezuela. Sin embargo, múltiples factores conllevan a la necesidad de replantear aquellos mecanismos eficientes y eficaces presentes en la legislación penal tradicional para incluirlos en la lucha global contra todas las manifestaciones de la delincuencia económica, donde sobresale el combate contra la corrupción, si lo planteamos no desde la esfera clásica punitiva, sino, como apunta BOEHM Y GRAF, con lecciones de análisis *neo institucional* que incremente los costos de transacción de los acuerdos corruptos[10].

Con nuevas formas y fundamentaciones -quizá la menos prevista por los penalistas clásicos- nos introducimos en el *comiso*, término antecedente inclusive al más reciente de *extinción de dominio*. Tradicional institución, estudiada con detenimiento tanto por el Derecho penal y el Administrativo iberoamericano; el *comiso* ha oteado su transformación inusitada rebasando sus moldes originales que a simple vista era impensable su metamorfosis radical en nuestros días.

Queremos hacer una advertencia preliminar de corte analítico antes de proseguir. Existe una connotación generalizada en la denominada jurisprudencia conceptual[11], relativa a la fusión casi imperceptible entre el núcleo duro (objeto de estudio) de una rama del Derecho con alguna de sus instituciones. Surge así una suerte de *tautología* entre objeto científico y manifestaciones autónomas de la rama que marcan con un profundo predicado, para toda su existencia, conceptos, instituciones y procedimientos, e inclusive, como límite[12].

Esto ha ocurrido con el *comiso, comiso directo* o *comiso tradicional*, pues, en un primer estadio, sus vínculos más evidentes se adicionan como patrimonio epistemológico del Derecho penal cuando sus orígenes poseen más enraizamiento,

---

9 Al respecto, véase FUENTES CASTRO, D. 2007, «Análisis del poder adquisitivo de los asalariados desde la entrada en circulación del euro», en: *Boletín económico de ICE, Información comercial española*, nº 2926, pp. 39-64. También, véase GÓMEZ RUFIÁN, L. 2018, «Evolución de la dinámica salarial en el período 2008-2016. Salarios nominales, poder adquisitivo, coste real del trabajo y revisión de la correlación el salario-ciclo económico», en: *Revista de Información Laboral*, nº 8, pp. 263-309. Para el caso venezolano, véase SUTHERLAND, M. 2019, «Hiperinflación, crisis, trabajo asalariado, poder adquisitivo. Crónica de una ruina anunciada», en: *Cuadernos del Cendes*, nº 100, pp. 35-55.

10 BOEHM, F. y GRAF LAMBSDORFF, J. «Corrupción y anticorrupción: una perspectiva neo-institucional», *Revista de Economía Institucional*, Vol. II, Nº 21, 2009, pp. 61-62.

11 Véase LLOREDO ALIX, L.M. 2013, «Rudolf von Jhering: nuestra tarea (1857). En torno a la jurisprudencia de conceptos: surgimiento, auge y declive», *Eunomía: Revista en Cultura de la Legalidad*, Nº 4, págs. 234-275.

12 Al respecto, véase LUHMANN, N. 1996, *La ciencia de la sociedad*, Anthropos, Barcelona.

en Latinoamérica, con el Derecho administrativo[13], más específicamente, en todo lo referente a las formas de despojo propietario de los particulares y sus bienes por el Estado[14], *sin que medie un interés público* como de suyo ocurre con la expropiación o la confiscación constitucionalmente aceptada[15].

Lo que subyace del interés del legislador moderno en contemplar el *comiso* tradicional, estriba en ese sustrato ético que implica evitar a toda costa que en determinados hechos punibles comprobados, juzgados y sentenciados; el condenado, no pueda hacer uso ni aprovecharse de bienes que de no haberse cometido el ilícito *era imposible su adquisición por vías legítimas*. En pocas palabras, su sello característico de *accesoriedad* tiene fundamento en un *horizonte ético ejemplarizante*, donde los bienes pasan automáticamente a los caudales públicos para satisfacer intereses generales[16].

Sin embargo, en los últimos años, influido directamente por los Tratados y Convenios internacionales, dicha noción de *comiso* se ha multiplicado hasta acuñarse nuevas tipologías y vocablos en diferentes latitudes con expresiones tales como *comiso sin condena, comiso autónomo,* y muchas otras que señalan la sobredimensión del *comiso,* inclusive bajo el término que en apariencia sería analógico pero posee connotaciones más autónomas conceptualmente hablando, como es la *extinción de dominio,* de la cual abordaremos pormenorizadamente en el capítulo cuarto.

Algunos proponen que ello se debe esencialmente a los cambios en la política criminal sobre la tipología de delitos económicos presente más allá de cualquier frontera estatal o territorial, donde más que imponer una pena severa, lo eficaz es privarles de ganancias ilícitamente adquiridas[17].

Otros, siguiendo las orientaciones fundamentales sobre la *economía de la corrupción* explicitada por SUSAN ROSE-ACKERMAN[18], gravitan en los múltiples argumentos que soslayan muchas veces a la única óptica del Derecho penal clásico. En fin, ante fenómenos con *fuerte carga* moral[19], como los juicios de corrupción o los procesos contra las organizaciones delictuales transnacionales -donde las frustraciones procesales y probatorias están a la vuelta de la esquina[20]- lo ideal es apostar por

---

13 LÓPEZ RUÍZ, I. 2004, «El derecho a la defensa y el procedimiento administrativo para imponer la pena de comiso (Reseña jurisprudencial)», *Revista de Derecho Financiero,* N° 2, abril-junio, págs. 298-318.

14 Véase LARES MARTÍNEZ, E. 2001, *Manual de Derecho administrativo,* Ediciones de la Universidad Central de Venezuela, Caracas, págs. 607-623.

15 En el sistema jurídico venezolano, la *confiscación* se encuentra prohibida en el artículo 116 de la Constitución Política vigente (1999, con enmienda de 2009). La única excepción al principio opera cuando «(...) *previa decisión judicial, serán confiscados los bienes provenientes de las actividades relacionadas con los delitos contra el patrimonio público o con el tráfico de estupefacientes* (...)» (Art. 271). Sobre el particular desarrollaremos más adelante los problemas que conlleva asumir la figura del comiso autónomo por las corrientes que propugnan su inconstitucionalidad.

16 Al respecto, véase HERNÁNDEZ-MENDIBLE, V. 2014, *La regulación de los bienes necesarios para la satisfacción del interés general,* en: CANÓNICO SANABRIA, A. *Temas relevantes sobre los contratos, servicios y bienes públicos,* Editorial Jurídica Venezolana, Caracas, págs. 39-71.

17 DÍAZ CABIALE, J.A. 2016, «El decomiso tras las reformas del Código Penal y la Ley de Enjuiciamiento Criminal de 2015», *Revista Electrónica de Ciencia Penal y Criminología,* N° 18-10, págs. 3-4.

18 Al respecto, véase ROSE-ACKERMAN, S. 2010, «The law economics of bribery and extortion», *Annual review of law and social science,* Vol. 6, págs. 217-238.

19 MARCH POQUET, J.M. 2017, «Economía Pública y corrupción. Una ordenación de las propuestas anticorrupción», *Revista de Economía Pública, Social y Cooperativa,* N° 91, pág. 271.

20 BLANCO CORDERO, I. 2017, «El debate en España sobre la necesidad de castigar penalmente el enriquecimiento ilícito de empleados públicos», *Revista Electrónica de Ciencia Penal y Criminología,* N° 19-16, pág. 34.

fórmulas universalizables (vgr. FISCALÍA EUROPEA), que más allá de centrarse en las consecuencias delictivas, oteen los mecanismos más radicales para prevenirlas.

La transición del *comiso* directo, que siempre nos ha acompañado como figura del Derecho penal en los orígenes de este hacia formas más allá de las propias fronteras de esta rama dogmática, es consecuencia directa e indiscutible de este nuevo marco jurídico-internacional donde el término «anacrónico» queda sujeto a interdicción. Tal vez, para una política criminal estatal, una institución, proceso o categoría pueda considerarse «desfasada», más sin embargo, en este nuevo orden internacional siempre existirá el «eterno retorno» de aquello que ha sido instrumento eficaz y eficiente para el combate contra la delincuencia, más propiamente, delincuencia económica. Por ello en esta edición iberoamericana hacemos énfasis en calificar la nueva criminalidad económica como 2.0.

Ahora bien, no queremos centrarnos en que todo se debe a una respuesta que la política criminal estatal ha brindado para enfrentar a la criminalidad económica, sino, revisar la raíz para este salto cualitativo. Tampoco basta contentarse con la aceptación de la tesis impositiva -a secas- de un Tratado internacional (como la UNCAC) o la interaplicación de reglas comunitarias (caso *Directiva 2014/42/UE*) o el CNUCTISS 1988 y la CNUCDOT 2000 y sus múltiples protocolos. Mucho menos, con la fórmula de constitucionalizar la *extinción de dominio* como una tipología *sui generis* del *comiso* autónomo, como en efecto, hizo Colombia en 1991 y México en sus reformas constitucionales sucesivas y puntuales.

No es fácil asumir una respuesta automática ante una transmutación del *comiso* clásico hacia formas como el autónomo, o sencillamente adentrarnos en *extinción de dominio* cuya naturaleza jurídica es diametralmente opuesta a su concepción originaria o matriz, como en su oportunidad explicaremos. Es más, podemos asegurar, que esta sobredimensión le otorga al *comiso* autónomo una naturaleza dual, que se acoplará según las exigencias de su materialización como instrumento efectivo contra la criminalidad de cuello blanco.

Lo que sí somos contestes en este esfuerzo por construir soluciones para desterrar la lacra delincuencial económica, es que el fundamento del *comiso autónomo ha sido rédito del esfuerzo internacional y de la comprensión que su combate debe superar cualquier tentación de focalizarlo en el Derecho penal*. Por ello, no en vano hasta los legisladores nacionales que han dado acogida a estas nuevas figuras, han procurado todos los esfuerzos para saltar las garantías del Derecho penal clásico, como de suyo, luce en la aplicación del *comiso* autónomo o *extinción de dominio*[21].

Con estas líneas previas, buscamos establecer en este primer capítulo los fundamentos de la *conversión y coexistencia* de los nuevos *comisos* con el tradicional, que como explicitamos, va más allá de la mera aplicación de los tratados internacionales o de simple política criminal. Es una respuesta que la dogmática penal otorga para enfrentar nuevos problemas en escenarios telúricos donde el bloque de los

---

21 Véase MONTEMAYOR ACEVES, M.E. 2013, «Confiscación de bienes en el «Pro Roscio» de Cicerón y la ley de extinción de dominio», *Nova tellus: Anuario del Centro de Estudios Clásicos,* Nº 5, págs. 43-65. RESTREPO MEDINA, M.A. 2003, «El régimen jurídico de los bienes incautados por delitos de narcotráfico o en acciones de extinción de dominio desde la perspectiva del análisis económico del Derecho», *Revista Estudios Socio-Jurídicos,* Vol. 5, Nº 2, págs. 242-256.

principios constitucionales y legales terminan siendo inefectivos al momento de abordar la criminalidad, más específicamente, la de corte económico[22].

I. ANTECEDENTES HISTÓRICOS DE LA LUCHA INTERNACIONAL CONTRA LA DELINCUENCIA ECONÓMICA

La delincuencia económica ha estado presente en todas las sociedades, sea de forma subterránea o evidente. La historia de las grandes expansiones vincula siempre a sectores ajenos a la legalidad con inconfundible peso en la economía formal. Basta repasar la historia de piratas y bucaneros ingleses en el Caribe, o los cultivos de amapolas bajo la tolerancia del Imperio Británico, los Soviéticos y la OTAN con respecto a Afganistán. No será sino hasta finales de la década de los ochenta del siglo pasado cuando asuma un protagonismo en la línea pública. Si bien es cierto el tráfico de drogas, la delincuencia organizada y la corrupción eran manifestaciones importantes en occidente[23], la centralidad de su combate ocurre precisamente cuando se desmorona el antiguo bloque soviético.

Eliminada la gran inquietud de posguerra en las naciones del primer mundo como era el enfrentamiento con todo el orbe al este del muro de Berlín, en la década de los 90[24] -sobre todo en la Europa comunitaria- la preocupación por un horizonte de transparencia en las instituciones públicas, marcaron el compás del proyecto común del viejo continente[25]. Era necesario escrutar intrafronteras del mundo occidental de libre mercado, plagado de problemas delictuales que habían sido obviados por la vigilancia a la Unión Soviética y los países del Pacto de Varsovia.

Tal y como señalamos, la *Revolución del más* disparó las necesidades de dinero en el grueso poblacional, que ante el no tan geométrico incremento de los empleos y buenas remuneraciones para satisfacer esos cánones de consumo, se abrió ante la tentación del dinero ilícito. Esto, aunado a las campañas muchas veces financiadas por carteles de la droga, donde se mostraba a las cabezas de estas organizaciones

---

[22] NIEVA FENOLL, J. 2013, «Proceso penal y delitos de corrupción: Algunas bases para la reforma estructural del proceso penal», *In Dret: Revista para el Análisis del Derecho,* Nº 2, págs. BERDUGO GÓMEZ DE LA TORRE, I. 2015, «La respuesta penal internacional frente a la corrupción: consecuencias sobre la legislación española», *Estudios de Deusto,* Vol. 63, Nº 1, págs. 229-265. RODRÍGUEZ GARCÍA, N. 2017, *El decomiso de activos ilícitos,* Aranzadi-Thomson-Reuters, Madrid. SOLETO MUÑOZ, H. y GRANÉ CHÁVEZ, A. 2018, «El proceso penal, mecanismo ineficaz de compensación a la víctima: un estudio de campo», *Revista de Victimología,* Nº 8, págs. 35-80.

[23] Los estudios sobre estas manifestaciones criminales tiene orígenes en los estudios de la criminología de la primera mitad del siglo XX, más específicamente, en la terminología precisada por Edwin Sutherland conocida como «delitos de cuello blanco». Para más detalles, a pesar de haberse publicado la obra en la década de los años 40, existe edición española: SUTHERLAND, E. 1999, *El delito de cuello blanco,* Genealogía del Poder, Madrid.

[24] SÁINZ-CANTERO CAPARRÓS, J. 2019, *Criminalidad organizada y delitos económicos,* Guía de clases Master Derecho Penal Económico Internacional-IAEU, Madrid, pág. 81.

[25] Como indica BENITO SÁNCHEZ, C.B. 2008, *Ob. cit.,* pág. 16, en materia anticorrupción las iniciativas globales comenzaron por las preocupaciones en el seno de la ODCE, pero, que la guerra fría pospusiera como prioridad sino hasta los años 90. Un ejemplo de iniciativa que marcó precedentes pero que no podemos enmarcarlo como un tratado internacional, fue la denominada *Recomendación para combatir el cohecho en las transacciones comerciales internacionales* de fecha 17 de mayo de 1994, adoptada finalmente por el Consejo el 23 de mayo de 1997. A pesar que su objetivo era limitado (combate contra los pagos ilícitos en el comercio internacional), la *Recomendación* fue decisivamente influyente en las futuras iniciativas de los Estados que conforman la OCDE. El otro documento que si bien no era vinculante, pero, decisivo por sus iniciativas, fue la *Recomendación sobre la posibilidad de deducir el cohecho a funcionarios públicos extranjeros,* de fecha 11 de abril de 1996.

criminales como beneficiarias de lujos y otros estándares elevados de bienestar económico, atrayentes para las nuevas generaciones ávidas de recursos para cumplir estos anhelos.

El primer antecedente como acción coordinada por los gobiernos occidentales de manera formal, comprometida, sistemática y no procedente de los organismos del sistema de las NACIONES UNIDAS, tras la caída de la Unión Soviética -como señala SÁINZ-CANTERO- ocurre con la creación del GRUPO DE ACCIÓN FINANCIERA INTERNACIONAL SOBRE EL BLANQUEO DE CAPITALES (mejor conocido por las siglas GAFI)[26] que surge de una reunión de Jefes de Estado y Gobierno en el grupo de los siete países más industrializados (G-7)[27].

Debemos enfatizar que el acelerador de este grupo fue una de las consecuencias del desmoronamiento del antiguo bloque soviético, lo que facilitó que los Estados occidentales reenfocaran sus esfuerzos y presupuestos públicos de seguridad ya no tanto enfilada hacia el antiguo y poderoso rival socialista, sino, contra los enemigos internos que siempre convivieron socialmente como es la delincuencia organizada. La declaración económica suscrita por sus miembros[28], anunció la formación de un grupo especial de expertos financieros, donde, su misión se centraba en evaluar los resultados de la cooperación intergubernamental dirigida a prevenir la utilización del sistema bancario y de las instituciones financieras con el propósito fundamental de blanquear capitales[29].

Lo determinante de este grupo multinacional radicó en el estudio de medidas preventivas, cooperativas, suplementarias y actualizadas permanentemente, donde se establecía nuevas instituciones, procedimientos y conceptos bajo un esfuerzo mancomunado de todas las mentalidades y especialistas más reputados de cada nación participante. Asimismo, se ha encargado en estas cuatro décadas, la introducción dentro de los ordenamientos jurídicos internos de dichas innovaciones, donde, el *comiso*, fue precisamente una de las pioneras[30].

---

26 SÁINZ-CANTERO CAPARRÓS, J. 2019, *Ob. cit.*, pág. 82. También, véase ROLDÁN ALEGRE, J.M. 2000, «La cooperación en materia de lucha contra el blanqueo a nivel internacional: el GAFI (Grupo de Acción Financiera Internacional), *Estudios de Derecho Judicial,* N° 28, págs. 203-212. PRIETO DEL PINO, A. M., GARCÍA MAGNA, D. y MARTÍN PARDO, A. 2010, «La deconstrucción del concepto de blanqueo de capitales», *In Dret: Revista para el Análisis del Derecho,* N° 3, págs. 1-36.

27 The 15th G7 summit, París 14-16 de julio de 1989.

28 Sobre el particular y el desarrollo del Grupo, véase FATF. 2019, *Financial Action Task Force-Thirty years 1989-2019.* [http://www.fatf-gafi.org/publications/fatfgeneral/documents/fatf-30.html].

29 SÁINZ-CANTERO CAPARRÓS, J. 2019, *Ob. cit.*, pág. 82.

30 SÁINZ-CANTERO CAPARRÓS, J. 2019, *Ob. cit.*, pág. 82. Es importante acotar en este punto, que será el *comiso* una de las primeras *Recomendaciones*, específicamente, la cuarta. «(...) **RECOMENDACIÓN 4. Decomiso y medidas provisionales.** Los países deben adoptar medidas similares a las establecidas en la Convención de Viena, la Convención de Palermo y el Convenio Internacional para la Represión de la Financiación del Terrorismo, incluyendo medidas legislativas, que permitan a sus autoridades competentes congelar o incautar y decomisar lo siguiente, sin perjuicio de los derechos de terceros de buena fe: (a) bienes lavados, (b) producto de, o instrumentos utilizados en, o destinados al uso en, delitos de lavado de activos o delitos determinantes, (c) bienes que son el producto de, o fueron utilizados en, o que se pretendía utilizar o asignar para ser utilizados en el financiamiento del terrorismo, actos terroristas u organizaciones terroristas, o (d) bienes de valor equivalente.
Estas medidas deben incluir la autoridad para: (a) identificar, rastrear y evaluar bienes que están sujetos a decomiso; (b) ejecutar medidas provisionales, como congelamiento y embargo, para prevenir manejos, transferencias o disposición de dichos bienes; (c) adoptar medidas que impidan o anulen acciones que perjudiquen la capacidad del Estado para congelar o embargar o recuperar

Desde entonces se han aprobado -en la medida que la lucha contra la delincuencia organizada lo exija- las denominadas *Recomendaciones*[31] sobre los múltiples aspectos que puede revestir la delincuencia organizada. Su carácter no es vinculante, pero, dada la persuasión y versatilidad de las mismas, terminan por ser incorporadas a las legislaciones internas de los Estados en razón de la costumbre que impera dentro del quienes conforman el GAFI.

Los grupos de recomendaciones agrupadas de GAFI se dividen en cuatro tipos[32]. El primero relativas a la *tipificación del delito de blanqueo de capitales y la adopción de medidas provisionales* -sobresaliendo el comiso en nuestro caso-. El segundo y tercero, concentradas en *medidas que deben adoptarse para las instituciones y empresas de diversa corte -financieras y no financieras- y los profesionales liberales para impedir el blanqueo de capitales y financiación del terrorismo*. Por último, el cuarto grupo, dedicado a la *cooperación internacional, la colaboración policial, judicial y administrativa de los Estados* participantes[33].

Luego de la experiencia del GAFI, existen tres antecedentes históricos en cuanto a los fundamentos para las grandes modificaciones, que a nuestro juicio, han contribuido al perfil característico de las nuevas formas jurídicas del *comiso*, surgido no sólo por la concreción de los tratados internacionales. Estos son:

- La *reacción de los Estados*, como conjunto internacional, ante las violaciones de los derechos humanos generados por la delincuencia económica.
- La *tecnificación y especialización de las organizaciones internacionales* para la delincuencia económica, que pudiéramos calificar, como políticas anticorrupción 2.0.
- La polémica surgida al comenzarse aceptar la teoría del «*Estado como víctima*» de la delincuencia económica, tras la introducción desde la ciencia política, del concepto de Estado débil[34] y Estado-fallido o fracasado[35].

---

los bienes sujetos a decomiso; y (d) tomar las medidas de investigación apropiadas.
Los países deben considerar la adopción de medidas que permitan que tales productos o instrumentos sean decomisados sin que se requiera de una condena penal (decomiso sin condena), o que exijan que el imputado demuestre el origen lícito de los bienes en cuestión que están sujetos a decomiso, en la medida en que este requisito sea compatible con los principios de sus legislaciones nacionales.
NOTA INTERPRETATIVA DE LAS RECOMENDACIONES 4 Y 38 (DECOMISO Y MEDIDAS PROVISIONALES). Los países deben establecer mecanismos que permitan a sus autoridades competentes manejar con eficacia y, cuando sea necesario, disponer de, los bienes que se hayan congelado o incautado , o que hayan sido decomisados. Estos mecanismos deben ser aplicables tanto en el contexto de procesos internos, como siguiendo peticiones emanadas de otros países (...)» (subrayado nuestro). https://www.cfatf-gafic.org/es/documentos/gafi40-recomendaciones/410-fatf-recomendacion-4-decomiso-y-medidas-provisionales.

31 Hasta la fecha de cierre de edición del presente ensayo, se han aprobado 40 recomendaciones, las cuales abordan desde la evaluación de riesgos hasta la cooperación internacional. Las relativa al comiso, como se explicó en la nota de página anterior, son las número 4 y 38. Para más detalles, véase: https://www.cfatf-gafic.org/index.php/es/documentos/gafi40-recomendaciones

32 SÁINZ-CANTERO CAPARRÓS, J. 2019, *Ob. cit.*, pág. 82.

33 *Ibid.*

34 Sobre el concepto de Estado-débil, véase JIMÉNEZ PIERNAS, C. 2013, «Estados débiles y Estados fracasados», *Revista española de Derecho internacional,* Vol. 65, nº 2, págs. 11-49. También, véase HERNÁNDEZ BRAVO DE LAGUNA, J.H. 2009, «La Teoría del Estado fallido: Estados débiles, Estados aparenciales y otras formas fallidas de Estado», en: BELTRÁN-TEJERA, E. (Edit.), ALFONSO CARRILLO, J.M. (Edit.), GARCÍA GALLO, A. (Edit.) y RODRÍGUEZ DELGADO, O. (Edit.) *Libro Homenaje al Prof. Dr. Wolfredo Wildpret de la Torre,* Instituto de Estudios Canarios, San Cristóbal de la Laguna (Tenerife), págs. 755-766.

35 Se entiende por Estado fracasado «(...) *frente al estándar del Estado sostenible, aquél que no ejerce un control efectivo y que ha perdido el monopolio del uso legítimo de la fuerza sobre parte de su territorio, porque*

Revisaremos con detenimiento cada uno de ellos por cuanto aportarán relevancia al estudio del *comiso* autónomo y perfilarán mucho mejor la denominada *extinción de dominio.*

1. La violación de los derechos humanos como génesis de los mecanismos internacionales contra la delincuencia económica

El primer antecedente -más remoto y quizá más emblemático- comienza con la transformación del peligro que representa la delincuencia económica en la vida social de los Estados. En la medida que los derechos fundamentales comenzaron a propugnar el principio de la progresividad como signo característico[36] -dentro del constitucionalismo de los derechos diferenciado del político[37]- nuevas manifestaciones de los mismos impregnarían los ordenamientos nacionales hasta transformarlos en la médula central de todo sistema jurídico como indica PECES-BARBA[38]. Inclusive, uno de los indicadores sobre la modernidad de un Estado, estriba directamente en el respeto por los derechos fundamentales de la ciudadanía, sea cual sea la naturaleza del derecho o la afectación a grupos poblacionales identificables o no[39]. Apartarse de los derechos fundamentales si es producto de una política estatal, no en vano es el primer indicador para calificar a dicho Estado como «débil»[40].

Dentro de la evolución propia de los derechos fundamentales en materia penal, aparecen las manifestaciones relativas a los intereses colectivos que solicitan tutela en materia criminal. Como bien destaca MARTÍNEZ MEJÍA:

> «(...) *estos intereses difusos o colectivos representan una ruptura con el paradigma tradicional de la teoría clásica del interés jurídico, y además, a que se trata de una categoría incipiente, cuya incorporación a los ordenamientos internos nacionales se vincula e impulsa con el desarrollo de los derechos humanos de solidaridad o de tercera generación, como el derecho al medio ambiente, a la paz, derecho al patrimonio común de la humanidad, entre otros* (...)»[41] (Cursivas nuestras)

Los derechos fundamentales introducirán también nuevos bienes jurídicos que deben ser protegidos por el Estado, en principio. Pero, ¿qué ocurre cuando los Estados quedan rebasados antes las cada vez más exigentes demandas poblacionales? ¿Cómo tutelarlos cuando en la globalización se transforma el estado del bienestar en una sociedad de sujetos pasivos, donde todos «exigen», como indica SILVA SÁNCHEZ?[42].

---

se desafía o suplanta su autoridad por medios violentos (...)»JIMÉNEZ PIERNAS, C. 2013, *Ob. cit*, pág. 19.

36 Sobre la progresividad véase GUERRERO IRAOLA, J.; GIORDANO, C. J. 2016, «Progresividad o regresividad en materia de derechos económicos, sociales y culturales. Claves para pensar Nuestra América (2015-2019), *Question*, N° 50, Vol 1., págs. 90-97.

37 Véase al respecto, DA SILVA MOREIRA, P. 2019, *Deferencia al legislador: la vinculación del juez a la ley en el Estado constitucional*, Centro de Estudios Políticos y Constitucionales, Madrid.

38 Véase PECES-BARBA MARTÍNEZ, G. 1995, *Curso de derechos fundamentales. Teoría general*, BOE, Madrid.

39 SÁINZ-CANTERO CAPARRÓS, J. 2019, *Ob. cit.*, pág. 82.

40 GONZÁLEZ PONDAL, T.I. 2008, «La responsabilidad del Estado frente a un fallo de la Corte Interamericana de Derechos Humanos», *Revista de responsabilidad civil y seguros: publicación mensual de doctrina, jurisprudencia y legislación*, N° 7, págs. 63-117. GARCÍA COTARELO, R. 2016, *La desnacionalización de España: de la nación posible al estado fallido*, Editorial Tirant Lo Blanch, Valencia. FERNÁNDEZ RUIZ-GÁLVEZ, E. 2009, *¿Estados fallidos o estados en crisis?*, Editorial Comares, Granada.

41 MARTÍNEZ MEJÍA, W. 2007, *Intereses difusos y colectivos en el Derecho penal Ambiental*, Consultado en Red Iberoamericana de Escuelas Judiciales, en: http://www.riaej.com/content/intereses-difusos-y-colectivos-en-el-derecho-penal-ambiental.

42 SILVA SÁNCHEZ, J.M. 2011, *Ob. cit.*, pág. 33.

Los bienes jurídicos al elevarse hasta categorías de bienes colectivos, sus titulares sufren un proceso de trasmutación hasta el punto que toda una República o Reino, independientemente de su forma de gobierno, queda legitimada para acudir a instancias internacionales en su defensa. Ya indicamos que la sociedad del riesgo global implica amenazas jamás experimentadas, como por ejemplo, lo que hoy sucede con el Covid-19, cuando terminó casi todo el 2020 confinando a más de 5000 millones de seres humanos en sus hogares[43], que a pesar de los avances en el proceso de vacunación, todavía luce lejos el horizonte de inmunidad total o la realidad presente antes del 31 de diciembre de 2019.

Al ser *trasnacional* la delincuencia económica, todas las sociedades donde opere las diferentes manifestaciones de este tipo de organizaciones, se encontrarán en la misma situación que sus vecinos, no importando si sus ejércitos poseen la capacidad termonuclear donde este tipo de artilugios se vuelve inerte ante un enemigo interno que vive al igual que un parásito en el torrente sanguíneo[44]. En pocas palabras, al borrar la delincuencia organizada trasnacional, las fronteras estatales también eliminan las barreras jurídicas que impedían el acceso a diferentes jurisdicciones.

Ejemplo de esta situación viene a jugar un papel destacado la puesta en funcionamiento el pasado 1 de junio de 2021, de la denominada FISCALÍA EUROPEA (*European Public Prosecutor's Office - EPPO*). Su función, precisada en el REGLAMENTO (UE) 2017/1939 del Consejo de Europa, de 12 de octubre de 2017, es en sí una iniciativa para la *cooperación reforzada* en las funciones de investigación y ejercicio de la acción penal sobre delitos de fraude, corrupción, blanqueo de dinero y el fraude transfronterizo del Impuesto al Valor Añadido (IVA)[45]. La propia UE reconoció que sin un órgano que supere las fronteras de cada sus miembros (ESPACIO SCHENGEN), seguirían continuando las paralizaciones injustificadas de investigaciones sobre estos delitos, la limitada capacidad organizativa y la a veces odiosa interposición de los «intereses nacionales». Por otra parte, ni la OLAF, ni la Agencia Europea para la Cooperación Policial (EUROPOL) y ni siquiera la EUROJUST, tienen competencias para el ejercicio de la acción penal, así como menos, iniciar investigaciones o diligencias penales por su cuenta.

De esta manera, los derechos fundamentales al ser común en todas las sociedades que no conocen límites ni demarcaciones geográficas, son el primer gatillo para que se eluciden fórmulas también «trasnacionales» para combatir este tipo de delincuencia. En Venezuela, la SALA DE CASACIÓN PENAL DEL TRIBUNAL SUPREMO DE JUSTICIA[46], se ha pronunciado al respecto sobre esta ecuación entre la conculcación de los

---

43 Véase BEECH, H., RUBIN, A.J., KURMANAEV, A. y MACLEAN, R. 2020, «El enigma de la COVID-19: ¿Por qué el virus arrasa en algunos lugares y en otros no?, En: *The New York Times*, edición en español de fecha 5 de mayo de 2020 [https://www.nytimes.com/es/2020/05/05/espanol/mundo/coronavirus-donde-se-propaga-por-que.html]

44 Véase SÁNCHEZ HERRÁEZ, P. 2011, «Guerras de cuarta generación: ¿cambiarán los principios de la guerra?, *Ejército: de tierra español*, Nº 839, págs. 68-75. HARO AYERVE, P. 2019, «La guerra de cuarta generación y las amenazas asimétricas», *Revista Política y Estrategia*, Nº 134, págs. 93-113.

45 Véase: CONSEJO DE EUROPA. *Fiscalía Europea*. En: https://www.consilium.europa.eu/es/policies/eppo/ [Consulta: 11 de junio de 2021].

46 TRIBUNAL SUPREMO DE JUSTICIA/SALA DE CASACIÓN PENAL. Sentencia nº 468 de fecha 21 de julio de 2005 (Caso: *Intervención financiera Banco Comercial Amazonas y el Fondo de Garantía de Depósitos y Protección Bancaria*). Es importante señalar el contexto por el cual la Sala dictó esta decisión, entre muchas otras, vinculadas a las sucesivas crisis bancarias experimentadas en Venezuela (1994, 2002 y 2009). Junto

derechos fundamentales y la extensión de la legitimación procesal para hacerla colectiva en cuanto a los delitos relativos al tráfico de drogas, delincuencia organizada y corrupción. La Sala señaló:

> «(...) La noción del Derecho penal económico responde al concepto de los delitos contra la Economía. El delito económico no sólo se dirige contra intereses individuales sino también contra intereses sociales y supraindividuales (colectivos) de la vida económica, es decir, se lesionan bienes jurídicos colectivos o sociales o supraindividuales de la Economía. El principal bien protegido no es, por tanto, el interés individual de los ahorristas sino el orden económico estatal en su conjunto y la Economía. Esta delincuencia se ve favorecida por la modalidad internacional de cometerla en varios países a la vez. Esto lo favorece la elevada posibilidad económica del delincuente de cuello blanco, quien solo concede valor a los bienes materiales y sufre una avidez en la búsqueda incontrolable del provecho material, así como un egocentrismo que no le permiten desarrollar su efectividad y su apertura a la vida racional
>
> (...) El delincuente de «cuello blanco» ataca la sociedad desde adentro y mientras tanto su prestigio social aumenta, no la ataca desde afuera, como los criminales comunes. Y como lo demuestra el criterio ontológico, el bien jurídico vulnerado, esto es, la Economía nacional, es un bien jurídico de mucho mayor grado que la propiedad, considerada en general (...)»

Como puede verificarse en el fallo, el ataque a la sociedad entera obliga al replanteamiento de todas las instituciones y conceptos del Derecho penal, donde el *comiso* autónomo debe asumir un mayor protagonismo. Este replanteamiento no se formulará desde la óptica liberal del Derecho clásico, sino, desde la esencia misma del estado del social, que ante los ataques de intereses particulares delincuenciales, reacciona para proteger a las propias comunidades políticas, en fin, a la ciudadanía.

2. Las organizaciones especializadas internacionales y la lucha contra la delincuencia económica

Como indicamos en el punto anterior, al ser todos víctimas de la violaciones masivas de derechos humanos por la delincuencia organizada internacional, los Estados a los efectos de preservar su soberanía y evitar así cualquier contaminación política, han decidido la creación de órganos supranacionales de carácter técnico-especializado. En la medida que los fenómenos criminales económicos asumen perspectivas más tecnificadas, también, la respuesta plural y supraestatal se va perfilando mas eficiente.

El GAFI ha sido una de las experiencias pioneras en esta lucha formal de los Estados contra las nuevas formas de delincuencia económico-financiera. Sin embargo, GAFI es un esfuerzo de las naciones industrializadas sin intervención de la ONU, lo que limitaría muchas veces la persuasión de sus reglas en Estados contrarios a los del G-7. La otra organización que ha marcado pautas es la ORGANIZACIÓN PARA LA COOPERACIÓN Y DESARROLLO ECONÓMICO, pero, también se encuentra limitada por

a los delitos bancarios cometidos por los administradores y accionistas de algunos bancos, se le suma la apropiación indebida de los auxilios financieros otorgados por el Estado venezolano para inyectar liquidez a la banca. En nuestro país, quien se encarga de la vigilancia de dicha liquidez y garantía a los depositantes, es el Fondo de Garantía de Depósitos y Protección Bancaria (FOGADE).

los estrictos requisitos para el ingreso de los Estados[47]. El caso de la OCDE97, ejemplo palpable sobre regulaciones pioneras, abrirían camino para nuevos perfiles sobre el *comiso autónomo* vista la interpretación vinculante ocurrida a dicha Convención en noviembre de 1997[48].

Por ello, posteriormente en esta línea temporal de órganos superespecializados multilaterales, surgirá la OFICINA DE LAS NACIONES UNIDAS CONTRA LA DROGA Y EL DELITO (UNODD y en inglés UNODC), creada en 1997. Según explica CONTRERAS LÓPEZ, la UNODD nace de la fusión entre el *Programa de las Naciones Unidas para la Fiscalización* y el *Centro para la Prevención Internacional del Delito*[49]. Su principal mandato es ayudar a los Estados miembros en su lucha contra el tráfico de drogas, la delincuencia organizada y el terrorismo internacional[50].

Aunado a estas oficinas técnicas globales, los cuerpos de soportes policiales también se agrupan en equipos multinacionales, como son la ORGANIZACIÓN INTERNACIONAL DE POLICÍA CRIMINAL (INTERPOL) y la OFICINA EUROPEA DE POLICÍA (EUROPOL). Sobre la INTERPOL podemos señalar que es quizá el esfuerzo internacional policíaco más tecnificado, exitoso y sostenido en décadas. En sus Estatutos, modificados en la 85th reunión de 2017[51], se indica que precisamente sus fines están enmarcados dentro de la DECLARACIÓN UNIVERSAL DE LOS DERECHOS HUMANOS, donde, brindarán la más amplia asistencia recíproca a las autoridades de policía criminal[52] sea en la prevención o la represión de las infracciones de derecho común[53].

---

[47] En efecto, en la actualidad, sólo 38 países conforman la OCDE. El artículo XVI de la Convención de creación de la OCDE de diciembre de 1960 establece cómo puede ingresar un Estado no miembro u organizaciones multilaterales. «(...) El Consejo podrá decidir invitar a cualquier gobierno que esté preparado para asumir las obligaciones de miembro, a adherirse a la presente Convención. Esta decisión debe ser tomada por unanimidad. No obstante, el Consejo puede admitir por unanimidad en un caso particular, la posibilidad de abstención, bien entendido que a pesar de las disposiciones del artículo VI, la decisión se aplica entonces a todos los miembros. La adhesión tiene efecto desde el momento en que se deposita el instrumento de ratificación cerca del gobierno depositario. (...)». Para más detalles véase OCDE en: https://www.oecd.org/acerca/documentos/convenciondelaocde.htm

[48] La OCDE97 contempla varios artículos al comiso (denominado «Decomiso»). En su artículo 3.3 «(...) 3. Cada Parte deberá tomar las medidas necesarias para estipular que el cohecho y el producto de éste de un servidor público extranjero o los bienes cuyo valor corresponda al de ese producto estén sujetos a incautación y decomiso; o sean aplicables sanciones monetarias de efecto comparable. (subrayado nuestro). En los comentarios oficiales a la OCDE97 aprobado el 21 de noviembre de 1997, la propia OCDE interpreta el término «decomiso» sin agregar el predicado de «penal» o «criminal», lo que pudiera entenderse que era posible antes de UNCAC 2003, sólo para miembros de la OCDE, la adopción del comiso autónomo. Veamos qué establece el comentario: «(...) 22. El término «decomiso» incluye la confiscación cuando proceda; y significa la privación permanente de bienes por orden de un tribunal o de otra autoridad competente. Este párrafo es sin perjuicio de los derechos de las víctimas (...)» (subrayado nuestro). Debe destacarse que el «Decomiso», como finalmente asume la jerga de los tratados internacionales al comiso autónomo tras UNCAC 2003, estaba presente en la interpretación vinculante de la OCDE al Convenio contra Cohecho de 1997. El término «privación permanente de bienes por orden de un tribunal o de otra autoridad competente» refleja una amplitud definitoria donde puede darse cabida al comiso autónomo.

[49] CONTRERAS LÓPEZ, R. 2019, *Globalización y Derecho Penal Económico,* Guía de clases Master Derecho Penal Económico Internacional-IAEU, Madrid, pág. 46.

[50] Para más detalles, véase https://www.unodc.org/

[51] Véase I/CONS/GA/1956 (2017). Sobre el procedimiento en Interpol, véase BREWER-CARÍAS, A.R. 2015, *El procedimiento administrativo global ante INTERPOL,* IJSA, San José de Costa Rica.

[52] Artículo 2, a) del *Estatuto de la OIPC-Interpol.*

[53] Artículo 2, b) del *Estatuto de la OIPC-Interpol.*

La EUROPOL, con sede en La Haya, actúa ya desde el plano de los Estados miembros de la Unión Europea. Su misión, es la de recabar, analizar y transmitir distintas informaciones para facilitar las investigaciones de las autoridades nacionales (espacio SCHENGEN) en la lucha contra las formas más graves de delincuencia internacional. Luego de 2002, se creó de su seno, una unidad europea para reforzar la lucha contra las formas graves de delincuencia, denominado EUROJUST, encargada, entre otras funciones tácticas, de la coordinación entre las fiscalías europeas[54].

Lo común entre INTERPOL y EUROPOL, resalta de su compromiso por el resguardo de los derechos fundamentales una vez éstos se ven amenazados por grupos delincuentes cuya capacidad de causar daños en aquéllos son ilimitados, como verdaderos enemigos, en la terminología de JAKOBS en su *Feindstrafrecth*[55]. Ante ello, estos órganos tienen en su raíz fundacional un compromiso por la protección sin límites de los derechos y bienes jurídicos colectivos constantemente lesionados por las diferentes manifestaciones de la delincuencia económica. Para evitar la pérdida de investigaciones por situaciones atinentes a la soberanía estatal, se le adiciona en este 2021, la puesta en funcionamiento pleno de la FISCALÍA EUROPEA, para los casos de lo que hemos denominado la delincuencia económica 2.0, explicitada en las páginas precedentes.

En el marco subcontinental americano, existe la COMISIÓN INTERAMERICANA PARA EL CONTROL DEL ABUSO DE DROGAS (CICAD)[56], como oficina técnica de la ORGANIZACIÓN DE LOS ESTADOS AMERICANOS (OEA). Funciona como órgano consultivo y asesor de la OEA en materia de estupefacientes y sicotrópicos[57], así como de sus Estados miembros[58].

En Asia, la ASOCIACIÓN DE NACIONES DEL SURESTE ASIÁTICO (ASEAN) creada en 1967 y posteriormente ampliada para otras naciones del continente, organizó en 2000 (Bangkok) un Congreso Internacional cuyo fin fue establecer una ASEAN especializada en materia de drogas.

Quizá dentro de estos organismos especializados, los más tecnificados sean los denominados «grupos de seguimiento», encargados de verificar la materialización de los cometidos y competencias contemplados en los documentos internacionales que han creado a los órganos supranacionales.

---

54 http://www.eurojust.europa.eu/pages/home.aspx

55 SILVA SÁNCHEZ, J.M. 2011, *Ob. cit.*, págs. 184-185. Señala Sánchez en relación a la obra de Jakobs lo siguiente: «(...) *el enemigo es un individuo que, mediante su comportamiento, su ocupación profesional o, principalmente, mediante su vinculación a una organización, ha abandonado el Derecho de modo supuestamente duradero y no sólo de manera incidental. En todo caso, es alguien que no garantiza la mínima seguridad cognitiva de su comportamiento personal y manifiesta este déficit a través de su conducta. Las características del Derecho penal del enemigo serían entonces, siempre según Jakobs, la amplia anticipación de la protección penal, esto es, el cambio de perspectiva del hecho pasado a uno venidero; la ausencia de una reducción de pena correspondiente a tal anticipación; el tránsito de la legislación jurídico-penal a la legislación de lucha y el socavamiento de garantías procesales* (...)».

56 http://www.cicad.oas.org/main/default_spa.asp

57 Artículo 19 a. del *Estatuto de la Comisión Interamericana para el control del abuso de Drogas.* Modificado y adoptado el 4 de junio de 1997 por la 27th período ordinario de sesiones de la Asamblea General de la OEA en Lima.

58 Artículo 19 b. del *Estatuto de la Comisión Interamericana para el control del abuso de Drogas.*

59 GLEASON, P. y GOTTSELIG, G. 2004, *Unidades de Inteligencia Financiera. Panorama general,* (traducción de ADRIANA RUSSO y CARLOS VIEL), Fondo Monetario Internacional - Grupo Banco Mundial, Washington D.C., pág. 21.

Entre esos grupos de seguimiento, en materia de delincuencia organizada (lavado de dinero), se concibió el denominado GRUPO EGMONT, creado en 1995 por un grupo de *Unidades de Inteligencia Financiera* (UIF)[59] europeas. Este grupo fue el pionero en la cooperación internacional sobre agencias afines para compartir información, estableciéndose formalmente hasta conformar hoy una unidad compacta y articulada de varias UIF estatales, conocidas como UIF (o FIU en su versión inglesa) EGMONT[60].

En la medida que la lucha contra la delincuencia económica vaya profundizándose en la experiencia adquirida por los Estados desde el 11 de septiembre de 2001, se establecerán organizaciones técnicas supranacionales, las cuales, algunas han formulado observaciones y rasgos característicos sobre la institución que abordamos en este ensayo: *las nuevas manifestaciones del comiso y la extinción de dominio.*

3. El tratamiento al «Estado» como víctima de los delitos económicos y su legitimación para ser defendido en otras jurisdicciones

Como consecuencia de las anteriores expresiones histórico-organizativas supranacionales, subyace una tercera, la cual, no está exenta de polémica por sus mera concepción. Hacemos referencia al nuevo tratamiento que se le dispensa a los Estados individualmente contemplados: *la nueva categoría de víctima.*

Históricamente, desde el siglo XVIII, a los Estados se les concibe como fuentes exclusivas del poder, más específicamente, lo que en jerga constitucional se denomina *Poder Público*[61]. Desde entonces, al ciudadano se le ampara constitucional y legalmente con un arsenal de derechos fundamentales y vías procesales para controlar precisamente ese Estado al que no se le reconocen derechos sino *potestades públicas*[62]. Este ha sido el núcleo duro garantista del discurso que ha construido, sobre todo, el Derecho administrativo contemporáneo[63] sobre el tratamiento que debe dispensársele al delicado equilibro Estado-Ciudadano.

Sin embargo, con la sociedad del riesgo global, aunado al carácter progresivo de los derechos fundamentales; introducen elementos que muchas veces terminan por alterar la ecuación construida en la modernidad jurídica sobre el Poder Público. La delincuencia económica 2.0, al adoptar las reglas propias del mercado, se mimetiza y se mezcla con la sociedad y sus prácticas lícitas, llegando muchas veces a no saber distinguir con relativa facilidad dónde opera una organización criminal en la economía y dónde se encuentra ausente. Como indicamos *ut supra,* no sólo mutan los derechos fundamentales, sino también las fuentes, vías, acciones o abstenciones por las cuales pueden conculcarse.

---

60 GLEASON, P. y GOTTSELIG, G. 2004, *Ob. cit.,* pág. 120. Se entiende como definición de UIF Egmont la siguiente: «Unidad central, nacional, encargada de recibir (y, si lo tiene permitido solicitar), analizar y trasladar a las autoridades competentes, comunicaciones de información financiera. (i) relacionadas con fondos de los que se sospeche un origen delictivo y una posible financiación del terrorismo, o (ii) requeridas por la normativa nacional con el fin de combatir el blanqueo de capitales y la financiación del terrorismo.

61 Al respecto, véase RODRÍGUEZ-ARANA, J. 2011, *Reflexiones sobre el Poder Público,* Andavira, Santiago de Compostela. SEVERO GIANNINI, M. y ORTEGA ÁLVAREZ, L. I. 1991, *El Poder Público: estados y administraciones públicas,* Civitas, Madrid.

62 Véase CORTIÑAS-PELÁEZ, L. 1986, «Teoría general de los cometidos del Poder Público», *Revista de Administración Pública,* nº 111, págs. 51-94.

63 Véase GARCÍA DE ENTERRÍA, E. 1983, *La lucha contra las inmunidades del poder en el Derecho Administrativo,* Aranzadi, Madrid.

Sobre el tratamiento de víctima al Estado, algunas legislaciones han incorporado en su catálogo como sujeto pasivo del delito a los entes públicos. Por ejemplo, sin menoscabo de omitir otra legislación, uno de los pocos países que reconocen esta nueva -y polémica- tendencia en la Victimología es la República del Ecuador. El artículo 441.6 del CÓDIGO ORGÁNICO INTEGRAL PENAL[64], establece:

> «(...) **Artículo 441.- Víctima**.- Se consideran víctimas, para efectos de aplicación de las normas de este Código, a las siguientes personas:
>
> (...) Omisis (...)
>
> 6. El Estado y las personas jurídicas del sector público o privado que resulten afectadas por una infracción. (subrayado nuestro)

En el sistema ecuatoriano, las infracciones son la categoría omnicomprensiva[65] donde se agrupan «delitos» y «contravenciones», muy a diferencia de otros países donde los actos típicos que conllevan sanciones se clasifican en delitos e infracciones, siendo éstas últimas, penas de menor cuantía por la casi inocua gravedad. De esta forma, dilucidada la duda lingüística que pudiera conllevar entender el término «infracción», debe resaltarse la fehaciente disposición del legislador en contemplar que el Estado y todas las personas que conforman el sector público son susceptibles de ser «víctimas» de delitos o contravenciones vinculadas a la delincuencia económica 2.0.

Llegado a determinados puntos, cuando la política criminal estatal es incapaz de enfrentar la delincuencia organizada trasnacional, sea cual sea su versión, sin entrar dentro de las categorías de Estado débil, fallido o fracasado, existen momentos donde dichos Estados se transforman en *víctimas sistemáticas de estas conductas criminales*. Un ejemplo claro fue Colombia en los años 90 del siglo pasado, que se encontraba a merced de los cárteles de la droga[66], o bien, en la actualidad extensas áreas territoriales de México, con la insurgencia de los carteles de Sinaloa y otros de amplia capacidad de fuego y violencia[67]. Si identificamos en nuestros días al Estado como la personificación de la Nación, y ésta es la adhesión de toda la población a ciertos vínculos comunes; no hay duda que al ser atacado el primero por el narcotráfico, *verbi gratia*, **estaría habilitado para conseguir el apoyo de los órganos supranacionales que vendrían en su ayuda**.

---

64 Publicado en el Registro Oficial nº 180, Suplemento, de fecha 10 de febrero de 2014. Sin embargo, según lo dispone la LEY ORGÁNICA REFORMATORIA DEL CÓDIGO ORGÁNICO INTEGRAL PENAL EN MATERIA ANTICORRUPCIÓN, publicada en el Registro Oficial nº 392 de fecha 17 de febrero de 2021, se precisaron reformas al COIP sobre aspectos procesales en los delitos de corrupción.

65 Artículo 19 del Código Orgánico Integral Penal del Ecuador.

66 Al respecto, véase ATEHORTÚA CRUZ, A.L. y ROJAS RIVERA, D.M. 2008, «El narcotráfico en Colombia. Pioneros y capos», *Historia y espacio,* Vol. 4, Nº 31, págs. 13-35. ARRATIA SANDOVAL, E. 2017, «Agendas criminales y procesos de paz en Colombia: El caso de la «donbernabilidad» en Medellín, Nº 130, págs. 57-100. SANDOVAL MESA, J.A. 2011, «instrumentos internacionales de cooperación judicial en materia penal, en la lucha contra los principales agentes de la criminalidad en el derecho colombiano», *Via Inviniendi et Iudicandi,* Vol. 6, Nº 1, págs. 1-32. MONTENEGRO RINCO, L.E. y DURÁN ESTUPIÑÁN, P.A. 2008, «Lucha contra el narcotráfico: transferencia de una experiencia», *Criminalidad,* Vol. 50, Nº 2, págs. 57-70.

67 Véase PÉREZ CABALLERO, J. 2015, *El elemento político en los crímenes contra la humanidad: la expansión de la figura al crimen organizado transnacional y el caso de las organizaciones de narcotraficantes mexicanas en el sexenio 2006-2012,* Dykinson, Madrid. También, IBARRA MORENO, C.E. 2014, «De la inseguridad a la incertidumbre: el desplazamiento forzado interno en el noreste de México», *Trabajo social,* Nº 16, págs. 33-46.

De esta manera, por ejemplo en los casos de corrupción, al verse el Estado y la sociedad postrados ante organizaciones racionales corruptas que operan más allá de las fronteras de dicho Estado, se encontraría habilitada toda la comunidad internacional para perseguir en sus respectivas jurisdicciones aquellos que se han apropiado de los bienes y recursos públicos de forma indebida. El Estado actuaría en otra jurisdicción como «víctima de delitos de lesa humanidad»[68], para que los mecanismos concordados se pongan en acción y de esta manera, proceder a la recuperación de activos. Ahora bien, antes de recuperar, una de las técnicas más eficientes para asegurar bienes de dudoso origen, es precisamente las nuevas formas del *comiso* y que en legislaciones latinoamericanas se les conoce como *extinción de dominio*.

Por ello, sin entrar a la valoración sobre este polémico tratamiento del Estado como víctima de organizaciones criminales altamente tecnificadas, es que surge toda una literatura donde todavía no se concreta una tesis aceptada por la comunidad internacional[69]. Apenas pocos avances que implica al Estado como víctima de la delincuencia económica[70], puede atenderse como ejemplos modélicos sobre el cual debe actuarse.

II. PRINCIPALES CONVENIOS Y TRATADOS INTERNACIONALES PARA COMBATIR LA DELINCUENCIA ECONÓMICA

Vistos los tres (03) antecedentes que facilitaron la creación de los convenios y tratados contra la delincuencia económica que más adelante estudiaremos y que abordan al *comiso autónomo*, debemos hacer referencia a dichos instrumentos internacionales (*ius cogens*) que acometen de forma específica el combate contra la delincuencia globalizada, tautológicamente, identificada como una *delincuencia de naturaleza netamente económica*. Es importante recalcar que los tratados asumen es el vocablo «*decomiso*» y no *extinción de dominio*, razón por la cual, nos ha obligado al diseño del presente ensayo abordando en los tres primeros capítulos el concepto de *comiso* y no de *extinción dominio*. En este punto, también, queremos dejar en claro cuatro advertencias preliminares sobre el papel de dichos tratados sobre el *comiso* autónomo.

En primer lugar, los tratados materializan la señera regla *verba volant, scripta manent*, además de fundamentarse en su piedra angular desde la PAZ DE WESTFALIA: *rebus sic stantibus*[71]. Sus documentos son referencias objetivas sobre las ideas-fuerza, mecanismos, sistemas, procedimientos y aquellas experiencias o tratamientos técnicos de materias para ser reconocida por los Estados firmantes y los no firmantes, así no sea posteriormente transformados en reglas estatales nacionales. Son en princi-

---

68 Véase HASSEMER, W. 1990, «Consideraciones sobre la víctima del delito», *Anuario de derecho penal y ciencias penales*, Tomo 43, Fasc/Mes 1, págs. 241-260. También, LIMA MALVIDO, M. DE LA L. 2006, «Las víctimas del delito y el abuso del poder del terrorismo», *Eguzkilore: Cuadernos del Instituto Vasco de Criminología*, N° 20, págs. 41-74.

69 Véase BOVINO, A. 2004, «La víctima como sujeto público y el Estado como sujeto sin derechos», *Urbe et ius: revista de opinión jurídica*, n° 2, págs. 71-83.

70 Véase MIGUEL ARTEAGA, M.B. de. 2017 «La Mafia Roja: el crimen organizado en Rusia», en: FERNÁNDEZ RODRÍGUEZ, M.; PRADO RUBIO, E.; y MARTÍNEZ PEÑAS, L. (Coord.) *Estudios sobre derechos humanos*, Omnia Mutantur Editores, Segovia, págs. 63-100.

71 Véase AMUNÁTEGUI RODRÍGUEZ, C. de. 2003, *La cláusula «rebus sic stantibus»*, Editorial Tirant Lo Blanch, Valencia. GÓMEZ ROJO, M.A. 2002, «Algunas aportaciones al análisis de la denominada cláusula rebus sic stantibus: teoría de la imprevisión. Especial referencia al derecho comparado e internacional», *Revista Europea de Derecho de la Navegación Marítima y Aeronáutica*, N° 18, págs. 2613-2634.

pio conclusiones y señalamientos categóricos indiscutidos una vez logrado el consenso y suscritos, salvo está, las reservas que puedan formular cada Estado en el marco de los parámetros, principios y regulaciones del Derecho Internacional de los Tratados, como de suyo se le conoce técnicamente a la materia.

En segundo lugar, al contener los mismos definiciones categóricas, dichos documentos internacionales facilitan la consecución de definiciones legales comunes para todos, como ocurre en el caso del *comiso* o «Decomiso», que es otra de las voces más aceptadas sobre la temática, resaltada en las definiciones de todas las convenciones y tratados que estudiaremos. CNUCTISS 1988[72], CNUCDOT 2000[73] y UNCAC 2003[74], contemplan y definen al *comiso* (rectius: *decomiso*) -sobre todo el tradicional- en sus cuerpos normativos, para evitar equívocos sobre la terminología que deben emplear los Estados, más que todo, al momento de requerir cooperación internacional.

En tercer lugar, los tratados articulan las recomendaciones formuladas por organizaciones técnicas, cuando por su importancia y magnitud, no puede ser regulada vía de instrumentos menores tales como opiniones consultivas, recomendaciones, memorándums, etc. Los órganos especializados que combaten la delincuencia organizada evalúan los nuevos aportes y desarrollo de instrumentaciones eficaces y eficientes contra este flagelo global. Sólo encontraremos una excepción a esta regla en los comentarios oficiales a la OCDE97 aprobado el 21 de noviembre de 1997. Allí la propia OCDE interpreta el término «decomiso» que no fue definido en la OCDE97: «(...) 22. El término «decomiso» incluye la confiscación cuando proceda; y significa la privación permanente de bienes por orden de un tribunal o de otra autoridad competente. Este párrafo es sin perjuicio de los derechos de las víctimas (...)» (subrayado nuestro).

En cuarto lugar, los tratados indican la operatividad sobre los grupos de seguimiento, pudiendo facilitar la concreción de una agenda que materialice los objetivos y demás disposiciones acordadas entre los Estados. Si la delincuencia económica día a día sufre un proceso de optimización en sus prácticas transnacionales, es deber de estos grupos, como es el caso del GAFI, pulsar constantemente las recomendaciones y verificar si se cumplen las metas trazadas. No en vano los tratados así como definen un marco objetivo de determinación normativa, también, influyen en las agendas de seguimiento para que todos los Estados suscribientes no formulen excusas para su no cumplimiento.

1. Marco de las Naciones Unidas y otras organizaciones multilaterales. El poder y capacidad organizativa de los grupos de investigación, seguimiento y de especialización de los órganos del sistema de Naciones Unidas

Uno de los aspectos que debemos resaltar, dentro de las cuatro advertencias metodológicas anteriores, estriba en la articulación sistemática de los tratados bajo un marco común, que en la postguerra, quedó en manos de la Organización de las Naciones Unidas y sus pares subcontinentales. La ONU ha creado todo un subsistema de oficinas y órganos especializados en temáticas, que originalmente, eran programas de asistencia, pero, las exigencias globales y sus complejidades fueron mol-

72 Artículo 1, f) de la CNUCTISS 1988.
73 Artículo 2, g) de la CNUCDOT 2000.
74 Artículo 2, g) de la UNCAC 2003.

deándolos hasta constituirse hoy por hoy en una sistemática y logística de grupos, expertos, autoridades mundiales en materias técnicas y toda exigencia humana. Por ello, más allá de concebir tratados o convenios aislados, en beneficio de algún grupo de Estados (tipo OCDE) o inclusive, entes privados trasnacionales; todos los esfuerzos se rigen por la estricta observancia del *Sistema de Naciones Unidas*[75].

Con la introducción de los conceptos de «Estados débiles, fracasados o fallidos» tal como explicamos, el Sistema de Naciones Unidas se fortalece en el sentido que asume una condición de garantía que evitaría a toda costa que un conjunto de aquellas naciones penetradas estructuralmente por el narcotráfico, el terrorismo y la corrupción, terminen adoptando en bloque políticas comunes para transformarse en «paraísos jurídico-penales». De esta forma, visto el poder de la delincuencia organizada en globalización, el sistema de Naciones Unidas está más que legitimado para concretar los documentos internacionales que terminarán en convertirse como convenios y tratados, o bien, sus suplementos, modificaciones o adhesiones.

De esta manera, justificamos las únicas instituciones que debe vincularse efectivamente, forma exclusiva, el *comiso* tradicional y el autónomo y sus múltiples manifestaciones, sólo si es dentro del marco documental emitido por las Naciones Unidas y demás organizaciones supranacionales subordinadas al sistema. Por ello en este ensayo sólo abarcamos las tres convenciones más emblemáticas que terminarán por forzar las transformaciones del *comiso*. Sobre la extinción de dominio, la UNODC ha concretado la Ley modelo sobre extinción de dominio que estudiaremos con detalle en el capítulo cuarto del presente libro.

No debe resultar extraño que, en un futuro cercano, Estados alineados bajo un eje fallido, facilite el soporte de actividades criminales supranacionales, conformen mecanismos bilaterales o trilaterales para favorecer marcos regulatorios más laxos en cuanto al narcotráfico, el terrorismo, el lavado de activos y la corrupción. De allí nuestro énfasis que sólo el sistema de las Naciones Unidas se encuentre legitimada para la conformación de documentos normativos internacionales sobre delincuencia económica 2.0 y el diseño orgánico de políticas operativas para su aplicación sin cortapisas.

El peligro de una «transnacional del crimen» capaz de influir sobre los Estados y de permear sus estructuras, pueden terminar por emplear los mismos mecanismos globales cual Sistema de Naciones Unidas paralela pero como una liga criminal de Estados fallidos, como fue asomado por primera vez durante la Administración del Presidente George W. Bush (2001-2009)[76].

2. Las más resaltantes Convenciones y Tratados de las Naciones Unidas contra la delincuencia económica

Visto entonces que sólo el sistema ONU es el entramado orgánico con competencia para crear, verificar y modificar las regulaciones internacionales contra la

---

75 Véase Uprimmy, I. M. 2007, «La protección internacional de los Derechos Humanos en el sistema de Naciones Unidas», en: Erazo, X. (Coord.), *Políticas públicas para un estado social de derechos: el paradigma de los derechos universales,* LOM Editores, Santiago de Chile, Vol. 2, págs. 25-42.

76 La idea fue asomada durante el discurso de la Unión en febrero de 2002 «axis of evil», y que luego se transformaría en doctrina del Departamento de Estado de los Estados Unidos de América. Para más detalles véase news.bbc.co.uk/2/hi/americas/1796034.stm También Soriano Díaz, R.L. 2018, *Teoría y práctica de la guerra justa del Presidente Obama,* Aconcagua Libros, Sevilla.

criminalidad económica, es necesario centrarnos en el papel de las Convenciones y Tratados como marco y fundamento para las nuevas instituciones, así como, de la redimensión que asumen las ya tradicionales para el Derecho penal como es el caso del *comiso*.

Si bien es cierto nosotros partiremos teóricamente como sustento del *comiso* autónomo y la *extinción de dominio*, la tesis del Derecho penal a dos velocidades producto de la globalización, como se explicará en el próximo capítulo, también, debemos precisar que en la moderna teoría general de las fuentes del Derecho[77], la doctrina o el *ius respondendi edicendi* ha sido desterrado hace muchos siglos. No basta con esgrimir una construcción argumental de un doctrinario para asegurar suficientemente nuestra hipótesis sobre el origen del *comiso* autónomo o *extinción de dominio*.

Para ello, es necesario que el núcleo duro de cualquier teoría propugnada en el campo de la dogmática penal sea asumida formalmente por el legislador o la judicatura en sus decisiones judiciales. Sin embargo, ya hemos argumentado que no es así, por cuanto, al sobrepasar la corrupción, el narcotráfico y la delincuencia organizada la capacidad judicial estatal para controlarla o erradicarla requeriría de acciones y recursos, así como, modificaciones lingüísticas que sólo pueden provenir de dimensiones supranacionales.

Si la lucha contra las diversas manifestaciones de la delincuencia trasnacional fuera sólo un problema que el Derecho penal clásico liberal pudiera resolver, poco o nada tendrían de prácticos los convenios internacionales sobre la materia, porque el riesgo sería inexistente. Es más, estaríamos en presencia de un ejercicio de huera diplomacia de organismos multilaterales, incapaces de muchas veces justificar la abultada y exquisita burocracia que los conforma. Pero, ocurre lo contrario. Como lo expresa RODRÍGUEZ GARCÍA, haciendo referencia a las palabras del entonces Secretario General de las Naciones Unidas, el desaparecido KOFI ANNAN, estos convenios son respuestas de la sociedad civil contra la «sociedad incivil que busca acabarla»[78].

De esta manera, existen consensos teóricos globales que permean a los actores y organizaciones supranacionales, generando convicciones que en ciertos casos, quebrarán las reglas clásicas como es la protección de los bienes jurídicos por el Estado y la incólume fundación jurídica moderna de la «presunción de inocencia»[79]. Como no basta alegar doctrinalmente a favor de la *extinción de dominio* o el *comiso* autónomo, se recurre a los mecanismos internacionales concentrados en los tratados y convenios, que por la gravedad del caso, implican cierta forma una cesión de los atributos absolutos de la soberanía. Cesión que ha tenido fuertes resistencias en los grupos de expertos y en organizaciones de plenipotenciarios, como en efecto, revisaremos en los antecedentes de los tratados que han contemplado nuevas formas del *comiso*.

---

77 Al respecto, véase AGUILÓ REGLA, J. 2000, *Teoría general de las fuentes del Derecho*, Ariel Editores, Barcelona, págs. 129-131.

78 RODRÍGUEZ GARCÍA, N. 2018, *Decomisa que algo queda como estrategia dominante e influyente en los sistemas penales para poner freno a la sociedad incivil*. En: AAVV. *Derecho y proceso: Liber Amicorum del profesor Francisco Ramos Méndez*, Atelier, Barcelona, Vol III. pág. 2170.

79 Sobre la presunción de inocencia véase MORENO CATENA, V.M. 2015, *Sobre la presunción de inocencia*. En: AAVV. *El proceso penal en la encrucijada: homenaje al Dr. César Crisóstomo Barrientos Pellecer*, Universitat Jaume I, Barcelona, págs. 856-894.

Así, los organismos multilaterales como las Naciones Unidas, asumen programas en cada uno de los espacios y problemas que nos afectan como sociedad de riesgo global. Algunos, muchas veces debajo de los estándares técnicos establecidos, otros, con proyecciones, mecanismos, conceptos e instituciones de avanzada. El *comiso* autónomo es uno de ellos. Su abordaje en principio quiebra reglas básicas y principios precisados en los paradigmas liberales clásicos, como es la *presunción de inocencia.*

Como se explicó *ut supra*, existen nuevos bienes jurídico-penales que responden a los intereses colectivos y difusos que poco han sido desarrollados por la legislación interna penal de muchos Estados[80]. Estas carencias, aunadas a la creciente tecnificación de la corrupción y sus patologías, las prácticas del narcotráfico internacional, las ramificaciones del terrorismo y la debilidad institucional de muchos Estados para controlar sus recursos fiscales y la violencia de ciertos grupos corruptos[81]; resuelven a pensar soluciones consensuadas a través del Derecho de los tratados internacionales, mejor conocido como *ius cogens.*

En nuestro caso, la batalla contra la delincuencia económica ha encontrado en las Naciones Unidas un ariete de grandes dimensiones para prever cualquier instrumento que implique afectarles patrimonialmente a quienes incurren en corrupción, a quienes emplean los sistemas financieros para el lavado de activos, e inclusive, para las llamadas eufemísticamente «buenas obras» del narcotráfico[82]. Uno de ellos, casi estelar, como afirma Rodríguez García, es el *comiso* que transversalmente opera contra el narcotráfico, el crimen organizado transnacional, el terrorismo y finalmente la corrupción[83].

Nosotros nos detendremos en los tres instrumentos internacionales más resaltantes que abordan al *comiso* -tanto tradicional como el autónomo-, como son la Convención de Viena (1988), la Convención de Palermo (2000) y la Convención de Mérida (2003). Si bien OCDE97 introduce el concepto de «Decomiso», su ámbito reducido de aplicación a sólo los miembros de la OCDE no lo transforman en un

80 Silva Sánchez, J.M. 2011, *Ob. cit.*, pág. 11.

81 Rodríguez García, N. 2018, *Ob. cit.*, pág. 2171.

82 Existe una patología propia del narcotráfico en América Latina y es la relativa al destino de ciertos recursos obtenidos por las drogas para ser invertidos en obras sociales, muchas de ellas, de mayor consistencia y persistencia en el tiempo. Por ejemplo, emblemáticos fueron los casos de contribuciones sociales del Cártel de Medellín que fueron más allá de la mera beneficencia pública. Se llegó al paradoxismo de inversiones en la construcción de viviendas de interés social de mayor y más impacto que las ofertadas por el sector público, así como, mejoras en los servicios públicos de los urbanismos populares en Colombia. Al respecto, véase Hope, A. 2020, «La filantropía criminal», En: *Diario El Universal*, México D.F., edición del 6 de mayo de 2020 [https://www.eluniversal.com.mx/opinion/alejandro-hope/la-filantropia-criminal] Señala este artículo lo siguiente: «(...) *Como bien explica mi colega Eduardo Guerrero, la selección de estas ubicaciones puede dar pistas sobre las prioridades de los grupos criminales. Es posible que haya detrás de esto un intento de generar simpatías y ganar base social en ubicaciones particularmente importantes para las operaciones de tal o cual banda de la delincuencia organizada. Sin embargo, me parece que, a la par de esas estrategias focalizadas de relaciones públicas, hay un mensaje más amplio. Con sus arranques de generosidad, sus vistosas entregas de despensas, sus reparticiones de víveres de la mano de hombres armados, los grupos criminales están mandando el mensaje de que pueden hacer lo que sea y donde sea, que pueden mostrarse en sociedad sin recato alguno, que pueden suplir al Estado en una de sus funciones esenciales. Es una demostración de fuerza e impunidad más potente que un convoy de cincuenta camionetas balizadas con 150 sicarios armados hasta los dientes* (...)».

83 Rodríguez García, N. 2018, *Ob. cit.*, pág. 2172.

convenio universalizables de aplicación automática por todos los Estados, sino, solo a un grupo de aquéllos. Sin embargo, como explicamos *ut supra*, OCDE97 es paradigmática y no puede obviarse al momento de los análisis.

2.1. La Convención de Viena de 1988 sobre Drogas

La CNUCTISS fue aprobada en 1988[84] como consecuencia del exponencial crecimiento del narcotráfico en todo el continente americano y asiático, además, de su redimensión, dejando prácticamente a las señeras Convenciones únicas de 1961 sobre *Estupefacientes*[85] y su *enmienda*[86], el Convenio de 1971[87] y el Protocolo de 1972[88], como instrumentos incapaces de responder ante la cada vez más desbordada actividad comercial ilegal de drogas.

El fortalecimiento de los denominados cárteles de la droga en Colombia y México, terminaron por extender su influencia hacia los Estados Unidos, hasta el punto que el entonces gobierno de RONALD REAGAN (1981-1989) se vio en la necesidad de tomar mayores determinaciones para enfrentar este problema que mostraba un rostro terrible contra la juventud norteamericana. En Latinoamérica, el poder ostensible del narcotráfico fue ramificándose hasta el punto de constituir una fuente de financiamiento para las actividades subversivas dentro de algunos Estados[89], así como, para la adquisición de equipos y otros pertrechos militares para la toma del poder político por grupos armados.

La década de los 80 del siglo pasado, fue un escenario donde por primera vez se puso en jaque la capacidad estatal para controlar la delincuencia. De allí que, los Estados (sobre todo los latinoamericanos) decidirían establecer un instrumento único y de gran calibre para fomentar una lucha frontal y más cooperativa, ante un problema que casi se sale de las manos poniendo en peligro al subcontinente a merced de organizaciones narcoterroristas.

Ahora bien, nos interesa en el presente ensayo el gran aporte que significó para la institución del *comiso*, el abordaje que posteriormente la CNUCTISS hizo del mismo. El primer antecedente -y esfuerzo- por introducir el *comiso* autónomo ocurrió precisamente con las reuniones de los grupos de expertos, donde, según se puede leer de los informes, nunca estuvo exento de polémicas. Es por esta razón que la CNUCTISS no incorpora formalmente el *comiso* autónomo como lo concretaría de forma expresa en 2003 UNCAC, sino, que procedería con sumo cuidado al aportar el cambio en las reglas probatorias.

La CONVENCIÓN DE VIENA de 1988 fue construida a lo largo de una década y de cientos de horas de trabajo de diferentes grupos de expertos. En este punto, rescata-

---

84 Aprobada en Viena el 20 de diciembre de 1988 por la Conferencia de Plenipotenciarios, entrando en vigencia definitiva el 11 de noviembre de 1990.

85 Convención Única de 1961 sobre Estupefacientes, Nueva York, 30 de marzo de 1961.

86 Convención Única de 1961 sobre Estupefacientes enmendada por el Protocolo de enmienda de la Convención Única de 1961, Nueva York, 8 de agosto de 1975.

87 Convenio sobre Sustancias Sicotrópicas, Viena 21 de febrero de 1971.

88 Protocolo de enmienda de la Convención Única de 1961 sobre Estupefacientes, Ginebra 25 de marzo de 1972.

89 Véase PONTÓN, D. 2013, «La economía del narcotráfico y su dinámica en América Latina», *Íconos. Revista de Ciencias Sociales*, N° 47, págs. 135-153. HARDINGHAUS, N.H. 1989, «Droga y crecimiento económico: El narcotráfico en las cuentas nacionales», *Nueva Sociedad*, N° 102, págs. 94-106. CABRERA GALVIS, M. 2007, «Los dineros ilícitos en la economía colombiana», *Revista Javeriana*, N° 739, págs. 32-39.

remos lo debatido sobre el *comiso* autónomo, pues, puede considerarse el antecedente más remoto hasta ahora precisado. Como lo indica las propias Naciones Unidas[90], la CNUCTISS surge por:

> «(...) 6. La urgente necesidad de adoptar medidas decisivas y un criterio amplio que abarcase todos los aspectos del tráfico llevó a varios gobiernos de países de América Latina a aprobar dos solemnes declaraciones, que se transmitieron en 1984 a la Asamblea General para su consideración en el trigésimo noveno período de sesiones. En la Declaración de Quito contra el Narcotráfico (A/39/407, anexo) se instaba a la adopción de medidas legislativas internacionales que permitiesen realizar una campaña eficaz contra el tráfico ilícito más allá de las fronteras nacionales e impusiesen penas a los delincuentes, dondequiera que estuviesen, y se proponía que el tráfico de drogas se considerase como un delito contra la humanidad con todas las consecuencias jurídicas aplicables al caso. (...)». (subrayado nuestro

Del texto resaltamos la frase «criterio amplio que abarcase todos los aspectos del tráfico». Uno de estos aspectos es precisamente el tratamiento que debe dársele a los bienes que eran confiscados y que, si bien tenían una conexión con la comercialización ilegal de drogas, no podía catalogarse como actividad criminal.

La primera de las menciones al *comiso* autónomo y sus conflictos se plasma en el documento conocido como «Informe del grupo de expertos para estudiar el funcionamiento, la adecuación y la mejora de la Convención Única sobre estupefacientes»[91], de fecha 29 de octubre de 1982, aprobado por la *Comisión de Estupefacientes del Consejo Económico y Social de las Naciones Unidas*[92]. Puede leerse en los apartados 50 al 52 (pág. 15), lo siguiente:

> «(...)
>
> 50. The group was informed that both article 36 and 37 of the Single Convention could be considered as having direct relevance to the subject.(In fact, article 37 on «seizure and confiscation» concerned objects(directly associated with the commission of an offence and could not as now formulated be construed as applicable to objects acquired with illegal(assets arising from the drug traffic. Article 36.2(a)(ii) should accordingly be considered as the basic provision of the Single Convention with respect(to this subject. It was the opinion of the group that many Governments(might feel that the provision as stated in the Single Convention was more oriented toward financial operations than to seizure or confiscation of assets.
>
> 51. It was recognized that many Governments had encountered difficulties in applying existing legislation or in enacting new legislation aimed at attacking

[90] Organización de las Naciones Unidas. 1999, *Comentarios a la Convención de las Naciones Unidas contra el tráfico ilícito de estupefacientes y sustancias sicotrópicas, 1988,* Publicaciones de las Naciones Unidas, Nueva York, pág. 2.

[91] Consejo Económico y Social de las Naciones Unidas, Comisión de Estupefacientes. Documento E/CN.7/1983/2/Add.

[92] El informe fue co-suscrito por los siguientes expertos quienes formularon sus tesis, observaciones y reparos sobre el nuevo documento que complementaría a la Convención Única de 1961 y sus protocolos. Edward Armenakovich Babayan, Brian O. Bubbear, Ecmen Barutçu, Ronald Buzzeo, Madan M. Bhatnagar, Maurice Randrianame, Kenneth W. Edmondson, Ismail Bouzar y Chavalit Yodmani.

such financial assets because of constitutional limitations. Existing legislation relating to seizure of financial assets often applied only in the aftermath of a conviction in court rather than to preliminary activities or conspiracy. Such legislation also was often directed more specifically to the illicit arms trade or to cases of international fraud. There were clear indications that the international community would welcome further legislative activity at the national level to facilitate attachment and seizure of drug related financial assets.

52. The question was raised as to whether the Single Convention went far enough to encourage the enactment of special legislation directed against financial assets. It was felt that, in the context of an international instrument such as the Single Convention, provisions on this subject could conceivably be strengthened and existing provisions could be more broadly interpreted in practice. In view of the absence of a specific mention in the Single Convention of the possibility of enacting legislation aimed at attacking traffickers' financial assets, many Parties might be reticent to do so. It would accordingly be appropriate for the Commission to ask the Secretary-General to request an opinion of the Legal Counsel with respect to the appropriateness of the enactment of national legislation as being in accordance with the provisions of article 36. Once that legal question was clarified, the Division should inform all Governments of the position by the Legal Counsel and invite them, if that opinion so allows, to consider the enactment of appropriate national legislation, if they deem it to be useful in the context of their national drug traffic situation. Such legislation could, inter alia, provide for the forfeiture of all moneys and other assets of their financial backers and accomplices as well as the seizure of assets of convicted traffickers. Parties which(deem it advisable to enact such legislation should also be encouraged to(enter into bilateral or regional multilateral agreements on the subject. (...) (subrayado nuestro).

De los párrafos resaltados, queremos dejar muy en claro el problema central del comiso autónomo en casi todos los escenarios: el problema de la soberanía y las garantías del Derecho penal liberal. Como indica el párrafo 51, «(...) *had encountered difficulties in applying existing legislation or in enacting new legislation aimed at attacking such financial assets because of constitutional limitations* (...)». Estas limitaciones todavía, hasta nuestra fecha, cuando prácticamente han transcurrido casi cuarenta años de su primera advertencia, sigue siendo el principal obstáculo.

Posterior a la reunión de 1982, se celebraron nuevas reuniones y conferencias de los grupos de expertos, hasta lograr consensos preliminares como la Declaración Solemne de 1984, la *Declaración de Quito* sobre el narcotráfico (A/97/407) y la *Declaración de Nueva York*. En las preparatoria de dichos documentos, específicamente en la reunión de expertos de la Comisión de fecha 13 de diciembre de 1984[93], encontramos las polémicas suscitadas en Asia y Australia con respecto a la posibilidad de introducir la confiscación y el comiso, prescindiendo de la condenatoria penal[94].

---

[93] CONSEJO ECONÓMICO Y SOCIAL DE LAS NACIONES UNIDAS, COMISIÓN DE ESTUPEFACIENTES. Documento E/CN.7/1985/9. El documento lleva por título «*Situation and trends in drug abuse and the illicit traffic, including reports of subsidiary bodies concerned with the illicit traffic in drugs*».

[94] Específicamente en los párrafos 46 (pág. 12), 75 al 80 (págs. 18-19).

Sin embargo, la oposición frontal al *comiso* autónomo ocurre cuando se formula el proyecto de la Convención[95], más específicamente en el INFORME DE LA REUNIÓN ABIERTA DEL GRUPO DE EXPERTOS INTERGUBERNAMENTALES SOBRE LA PREPARACIÓN DE UN PROYECTO DE CONVENCIÓN CONTRA EL TRÁFICO ILÍCITO DE ESTUPEFACIENTES Y PSICOTRÓPICOS[96]. Dos párrafos serán demoledores en cuanto a la oposición frontal al *comiso* autónomo, en específico, los números 60 (pág. 11) y 101 (pág. 17). De esta forma, el grupo de examen señaló:

> «(...) 60. The propriety of including forfeiture among the possible sanctions was extensively discussed. Several representatives argued that irrespective of the fact that in some legal systems forfeiture was considered a pecuniarys function (whereas in others it constituted a penal sanction), the concept was now Dufficiently established and widely used and should accordingly find its place in the convention. Furthermore. it was considered that the forfeiture of assets acquired through illicit trafficking had proven to be an effective means of depriving traffiekers of the gains of, as wall as of the means of undertaking anew, their criminal activities. The Group endorsed its previous tentative deciaion to insert both the concepts of «pecuniary sanctions» and «forfeiture» in the new paragraph 2.
>
> 101. Several representatives considered as unacceptable the provition of subparagraph 3(b)(ii) regarding the forfeiture of proceeds, there had been **no** conviction or prosecution, as the right to property was a fundamental right guaranteed by their constitution and domestic law. Such a provition was also considered as contrary to the principle of the presumption of innocence. (...)» (subrayado nuestro)

Como puede leerse las palabras «conveniencia» y «presunción de inocencia» se transformaron en la principal piedra de tranca que impediría que CNUCTISS consagrara 15 años antes que UNCAC el *comiso* autónomo. Resultó «escandalosa» para la mayoría de expertos del grupo de examen en 1988, que se encargó de revisar pormenorizadamente el proyecto de CNUCTISS elaborado en 1987, que pudiera existir un «(...) *comiso sin haber condena ni enjuiciamiento, ya que el derecho a la propiedad era un derecho fundamental garantizado por la Constitución y la legislación nacional* (...)» (párrafo 101).

Como observaremos más adelante, la única innovación como antecedente que finalmente quedaría plasmada en la CNUCTISS, sería la introducción de la prueba indiciaria, mecanismo fundamental del *comiso* autónomo reconocido por todas las legislaciones y las diferentes concepciones doctrinales y jurisprudenciales que lo han estudiado y trabajado de manera forense.

2.2. La Convención de Palermo de 2000 sobre Delincuencia Organizada

La segunda convención en orden cronológico que marca el compás en la lucha contra la delincuencia económica, es la denominada CONVENCIÓN DE LAS NACIONES UNIDAS CONTRA LA DELINCUENCIA TRASNACIONAL, la cual, se celebró en la ciudad de Palermo en 2000[97]. Es la primera de las Convenciones producto de la *Declaración del Milenio* (Sep-

[95] E/CN.7/1987/2/Add 1.

[96] Aprobado en documento E/CN.7/1988/2 (Part. II) de fecha 23 de octubre de 1987.

[97] Aprobada en la Resolución de la Asamblea General de la ONU (A/RES/55/25) de fecha 15 de noviembre de 2000.

tiembre de 2000), como carta de navegación para los retos propuestos en el siglo que recién comenzaba. KOFI ANNAN, en relación al texto de Palermo establecería:

> «(...) Si los enemigos del progreso y de los derechos humanos procuran servirse de la apertura y las posibilidades que brinda la mundialización para lograr sus fines, nosotros debemos servirnos de esos mismos factores para defender los derechos humanos y vencer la delincuencia, la corrupción y la trata de personas (...)»[98]

El texto es rico en cuanto a la renovación conceptual en la materia abordada, introduciendo concepciones muy novedosas en cuanto al blanqueo o lavado de activos producto del delito. Sobre el *comiso*, regula la figura tradicional del *comiso* directo en varios de sus artículos (12, 13 y 14), apenas introduciendo primicia o elemento por el cual pudiéramos hablar de sus variantes novísimas como el autónomo. Lo importante de Palermo 2000 es la toma de conciencia global sobre estos delitos, sobre la cada vez más tecnificada capacidad de las organizaciones criminales en conquistar espacios territoriales y sociales.

2.3. La Convención de Mérida de 2003 contra la Corrupción

La tercera de las Convenciones, es la denominada coloquialmente *Convención de* Mérida[99], aunque oficialmente es la CONVENCIÓN DE LAS NACIONES UNIDAS CONTRA LA CORRUPCIÓN. El documento internacional vinculante, si bien no puede calificarse como el culmen de las iniciativas normativas globales, busca orientar a los legisladores nacionales para introducir nuevas tendencias del tema debatido internacionalmente, sea para prevenir o reprimir[100].

Nunca podría concebirse las regulaciones de los tratados para ser copiados íntegramente por nuestros legisladores, ya que, el proceso de adopción y conversión en derecho interno implica muchas veces polémicas como las que trae consigo el *comiso* autónomo que ya mencionamos sobre la presunción de inocencia, o bien, la relativa a la consolidación del derecho propiedad en el caso de la *extinción de dominio*. Por otra parte, la técnica de elaboración de estos Convenios busca una cooperación activa entre los Estados para no sólo adoptar figuras como la *extinción de dominio*, sino también, para su análisis y actualización periódica como los niveles de implementación[101].

Sin embargo, a efectos históricos, es necesario advertir que, si bien UNCAC es un producto acabado, el primer documento normativo vinculante contra la corrupción y que tímidamente muestra la institución del *comiso*, es la CONVENCIÓN

---

98 OFICINA DE LAS NACIONES UNIDAS CONTRA LA DROGA Y EL DELITO. 2004, *Convención de las Naciones Unidas contra la Delincuencia organizada trasnacional y sus protocolos*, Ediciones de las Naciones Unidas, Nueva York, pág. iii.

99 Suscrita en la ciudad de Mérida, Península del Yucatán, México, en fecha 31 de octubre de 2003. Sobre los antecedentes, véase VÁZQUEZ-PORTOMEÑE SEIJAS, F. 2018, *La lucha contra la corrupción en la agenda internacional: algunas reflexiones sobre el ámbito y contenidos de la Convención de las Naciones Unidas contra la Corrupción.* En: AAVV. *Represión penal y estado de derecho: homenaje al profesor Gonzalo Quintero Olivares*, Aranzadi, Pamplona, págs. 1081-1094. En Venezuela, véase VARGAS, E. 2004, «La lucha contra la corrupción en la agenda regional e internacional. Las convenciones de la OEA y ONU», *Nueva Sociedad*, nº 194, págs. 133-148. OFICINA DE LAS NACIONES UNIDAS CONTRA LA DROGA Y EL DELITO. *Acción mundial contra la Corrupción. Los documentos de Mérida*, Viena, 2005, Naciones Unidas.

100 RODRÍGUEZ GARCÍA, N. 2018, *Ob. cit.*, p. 2173.

101 RODRÍGUEZ GARCÍA, N. 2018, *Ob. cit.*, p. 2174.

INTERAMERICANA CONTRA LA CORRUPCIÓN de 1996. Sus antecedentes se remonta en la *Cumbre de Presidente de las Américas*, celebrada en Miami en diciembre de 1994. El proyecto de Convención fue presentado por el gobierno venezolano, en ese entonces, presidido por el Doctor RAFAEL CALDERA (1994-1999). El documento consignado por Venezuela sería estudiado durante 1995 hasta lograr los consensos para su aprobación definitiva y final en 1996[102].

La Convención Interamericana a la que hacemos alusión en el párrafo precedente, contempló la figura del *comiso* dentro del dispositivo relativo a las medidas sobre bienes, no incorporando un dispositivo preciso para tal fin. El citado artículo XV de la Convención establece:

> «(...)
>
> ARTÍCULO XV
> Medidas sobre bienes
>
> 1. De acuerdo con las legislaciones nacionales aplicables y los tratados pertinentes u otros acuerdos que puedan estar en vigencia entre ellos, los Estados partes se prestarán mutuamente la más amplia asistencia posible en la identificación, el rastreo, la inmovilización, la confiscación y el decomiso de bienes obtenidos o derivados de la comisión de los delitos tipificados de conformidad con la presente Convención, de los bienes utilizados en dicha comisión o del producto de dichos bienes.
>
> 2. El Estado Parte que aplique sus propias sentencias de decomiso, o las de otro Estado Parte, con respecto a los bienes o productos descritos en el párrafo anterior, de este artículo, dispondrá de tales bienes o productos de acuerdo con su propia legislación. En la medida en que lo permitan sus leyes y en las condiciones que considere apropiadas, ese Estado Parte podrá transferir total o parcialmente dichos bienes o productos a otro Estado Parte que haya asistido en la investigación o en las actuaciones judiciales conexas. (...)» (subrayado nuestro)

La Convención fue el primer instrumento que buscó otorgarle un carácter internacional a la lucha contra la corrupción, pero, como indica ROJAS PICHLER[103]:

> «(...) El valor indiscutible de la convención radica en que recoge un importante listado de medidas preventivas de carácter no penal dirigidas a los funcionarios para el correcto desempeño de sus cargos públicos entre las que se destacan normas de conducta funcionariales, declaraciones patrimoniales de bienes y rentas, sistemas de contratación de bienes y servicios, controles contables; y por otro lado, se centra fundamentalmente en la definición uniforme de los actos de corrupción en la medida de lo posible con criterios claros, todo ello, para la persecución efectiva de estos hechos. Sin embargo, la corrupción contempla en la CICC es exclusivamente aquella que tiene lugar en la función pública, es decir, se enfoca a la corrupción pública, no abordando la corrupción en el sector privado. (...)»[104] (Negrillas y subrayado nuestro)

---

[102] Sobre los detalles de los orígenes de la Convención Interamericana contra la Corrupción, véase BENITO SÁNCHEZ, C.D. 2008, «Análisis de las principales iniciativas supranacionales en la lucha contra la corrupción», *Iustitia*, nº 6, págs. 12-15. También, véase VARGAS, E. 2004, «La lucha contra la corrupción en la agenda regional e internacionales. Las convenciones de la OEA y de la ONU», *Nueva sociedad*, Nº 194, págs. 133-148.

[103] ROJAS PICHLER, P.A. 2015, «El delito de enriquecimiento ilícito y su proyección en los convenios internacionales sobre corrupción», *Revista Penal México*, nº 7, págs. 217-240.

[104] ROJAS PICHLER, P.A. 2015, *Ob. cit.*, pág. 223.

Este antecedente normativo, sólo aplicable en las Américas, sería emulado en otros continentes y a nivel global. Por ejemplo, la CONVENCIÓN DE LA UNIÓN AFRICANA PARA PREVENIR Y COMBATIR LA CORRUPCIÓN, adoptada por la Unión Africana el 11 de julio de 2003[105], concibe prácticamente la misma estructura que la Convención Interamericana, resaltando el tema del *comiso*[106].

Vistos estos antecedentes continentales, es menester detenernos en la CONVENCIÓN DE LAS NACIONES UNIDAS CONTRA LA CORRUPCIÓN (UNCAC 2003). Ésta contempla en su artículo 54 el *comiso autónomo como fórmula de invitación*, donde resalta, la expresión «decomiso de esos bienes sin que medie una condena». Así, el tenor del dispositivo quedó:

> «(...) Artículo 54. Mecanismos de recuperación de bienes mediante la cooperación internacional para fines de decomiso.
>
> 1. Cada Estado parte, a fin de prestar asistencia judicial recíproca conforme a lo dispuesto en el artículo 55 de la presente Convención con respecto a bienes adquiridos mediante la comisión de un delito tipificado con arreglo a la presente Convención o relacionados con ese delito, de conformidad con su derecho interno:
>
> (...) Omisis (...)
>
> c) Considerará la posibilidad de adoptar las medidas que sean necesarias para permitir el decomiso de esos bienes sin que medie una condena, en casos en que el delincuente no pueda ser enjuiciado por motivo de fallecimiento, fuga o ausencia, o en otros casos apropiados. (subrayado nuestro) (...)»

Esta consagración, suscrita por España, Colombia, México, El Salvador, otros países, y también por Venezuela, permite la otra arista que fundamenta la incorporación del *comiso* autónomo aún si nuestras legislaciones o tenores constitucionales se opongan. Inclusive, si asumimos la figura de la *extinción de dominio*, que es una manifestación latinoamericana del comiso autónomo, también encontraría asidero en la UNCAC 2003.

Es artículo es enfático en calificar que nuestros Estados deben otear todas las medidas que «sean necesarias para permitir» el **decomiso sin condena**. La fórmula es un *numerus apertus*, que deja en la ponderación legislativa estatal, las diversas maneras cómo debería operar la figura, e inclusive, hasta su propio nombre. Sobre el particular RODRÍGUEZ GARCÍA[107] otorga importancia a las previsiones del artículo 54 de la UNCAC, en razón que los delincuentes procuran con frecuencia ocultar el producto, los instrumentos y pruebas del delito en más de una jurisdicción, aprovechando la máxima movilidad que otorga los medios de transporte y las ventajas informáticas de nuestros días.

Es por ello, que muchas veces, quedaban congeladas las investigaciones por hechos de corrupción, en razón que, el principal o principales sindicados habían huido hacia otras jurisdicciones donde ni siquiera exista convenio de extradición. Ese «congelamiento» impedía aplicar el *comiso*, al ser éste último calificado como una pena o accesoriedad, según sea el país; puesto que, era requisito *sine qua non* la sentencia definitiva de condena penal.

---

105 Adoptada en la ciudad de Maputo, Mozambique. También conocida como la *Convención de Mozambique*. Véase ROJAS PICHLER, P.A. 2015, *Ob. cit.*, pág. 233.

106 Artículo 16 de la Convención Africana contra la Corrupción.

107 RODRÍGUEZ GARCÍA, N. 2018, *Ob. cit.*, p. 2179.

En segundo término, revisando con detenimiento el literal c) del numeral 1 del artículo 54 *ejusdem,* encontramos también el fundamento para extender hacia terceros el *decomiso de bienes.* Conocidos muchas veces estos con motes como «testaferros», «emisario», «intermediario», «tapadera» o «protector» y otros tantos en la jerga propia de la delincuencia económica[108]; casi siempre los bienes y ganancias terminan en patrimonios de terceros.

En tercer término, el precepto internacional tantas veces mencionado abre la posibilidad para que en el *proceso de ponderación*[109] por los legisladores nacionales, estimen otros bienes o intereses jurídicos protegidos en la aplicación del *comiso* sin condena penal, o bien, en pudieran llamarlo *extinción de dominio.* Lo importante que se deriva de la cláusula bajo análisis, son las poliédricas versiones del *comiso,* autorizándose metodológicamente la asunción de disímiles naturalezas jurídicas como en efecto explicaremos más adelante. Hoy por hoy, sostener que el *comiso* tenga una sola naturaleza, así como contraponerlo con la *extinción de dominio,* es negar de plano los avances que ha traído consigo estos instrumentos internacionales.

De esta forma, la UNCAC abre las puertas para que el *comiso* supere su genética originaria basada en la pena, que ha sido la fortaleza pero también la principal limitante de este señero pero efectivo instrumento de lucha patrimonial contra la criminalidad organizada, y más específicamente, contra la corrupción.

2.3. Otros Convenios internacionales conexos: La Directiva 2014/42/UE del Parlamento Europeo sobre el embargo y decomiso de los instrumentos y del producto del Delito. Los antecedentes de los Convenios Civil y Penal sobre la Corrupción del Consejo de Europa

En razón de peso como fuente, además de la UNCAC 2003, CNUCTISS 1988 y CNUCDOT 2000, debemos detenernos en la DIRECTIVA 2014/42/ de la UNIÓN EUROPEA (en adelante 2014/42/UE), relativa a la investigación en materia penal. Además, revisaremos el CONVENIO CIVIL SOBRE LA CORRUPCIÓN[110] y el CONVENIO PENAL DE LA CORRUPCIÓN[111], ambos, del CONSEJO DE EUROPA por ser instrumentos unificadores de terminología y otras estrategias asumidas por el espacio comunitario. Europa, como señala RODRÍGUEZ GARCÍA, se ha transformado en un gran laboratorio de integración penal de bloque, donde, más allá de revisar y poner en práctica novedosas formas para enfrentarse al crimen por vía legislativa-punitiva (sustantiva y adjetiva), también lo experimenta a nivel orgánico[112] y conciliatorio para una política criminal común de los ahora 27 países miembros.

---

108 MARCH POQUET, J.M. 2017, *Ob. cit.,* pp. 276-277.

109 Sobre el tema de la ponderación de bienes e intereses por el legislador, véase RODRÍGUEZ DE SANTIAGO, J.M. 2000, *La ponderación de bienes e intereses en el derecho administrativo,* Marcial Pons, Madrid. PAREDES CASTAÑÓN, J.M. 1995, *El riesgo permitido en el Derecho penal. (Régimen jurídico-penal de las actividades peligrosas).* Ministerio de Justicia e Interior-Centro de Publicaciones, Madrid, págs. 483 y ss. GARCÍA FIGUEROA, A.J. 2009, *Neoconstitucionalismo y ponderación,* en: *Ponderación y derecho administrativo,* Marcial Pons, Madrid, págs. 73-97.

110 *Convenio Civil sobre Corrupción,* nº 174 aprobado por el Consejo de Europa. Dicho Convenio fue ratificado por España e incorporado según lo aparecido en el BOE nº 78 de fecha 31 de marzo de 2010.

111 *Convenio Penal sobre la Corrupción,* nº 173 aprobado por el Consejo de Europa. Dicho Convenio fue ratificado por España e incorporado según lo aparecido en el BOE nº 182 de fecha 28 de julio de 2010.

112 RODRÍGUEZ GARCÍA, N. 2018, *Ob. cit.,* p. 2184.

El documento normativo comunitario aborda de forma monográfica la temática del *comiso*, estableciendo un horizonte sobre su regulación que España lo cumpliría en 2015 al reformar su legislación interna en materia penal y procesal penal. En Europa no se acepta el término *extinción de dominio*, en razón que ésta última no es creación del viejo continente, sino, exclusivamente latinoamericana. Sin entrar a revisar las peculiaridades jurídicas en materia comunitaria, vamos a resaltar los siguientes aspectos que la Directiva trae consigo y que coadyuvan en la fundamentación del objeto de estudio del presente ensayo.

En primer lugar, la Directiva comienza por dilucidar una inquietud que nos ha agobiado desde el momento en que comenzamos a investigar sobre la temática del *comiso* en el contexto del Derecho penal económico; como es la *preocupación por el desorden lingüístico* operado en los vocablos «comiso» y «decomiso», el cual, desarrollaremos más adelante. El artículo 2.4 de 2014/42/UE comienza por precisar unas definiciones, que en la versión española del DIARIO OFICIAL DE LA UNIÓN EUROPEA (DOUE)[113], escrupulosamente indica como «*decomiso*» en los siguientes términos:

> «(...) 4) «decomiso»: la privación definitiva de un bien por un órgano jurisdicción en relación con una infracción penal (...)» (subrayado nuestro)

Resaltamos que la disposición es enfática en determinar que si bien existe una relación del *decomiso* con un pronunciamiento jurisdiccional relativo a la una infracción penal, no emplea la palabra «*como consecuencia*», sino «*en relación*». Esta redacción abre las puertas para concebir el *decomiso* autónomo en materia de enjuiciamiento penal, específicamente contra la delincuencia económica, sin que exista una condenatoria penal previa. Es capital verificar el uso de la expresión «en relación», ya que, abre las puertas para fundamentar o dilucidar las controversias sobre si es posible concebir un *comiso* totalmente autónomo -y por ende más cercano a la naturaleza patrimonial que a la penal tradicional- frente a quienes encuentran oposición para tal operación; así como, otorga suficiente respaldo para su ampliación subjetiva como afirma RAMÓN RIBAS[114].

En segundo lugar, si bien la Directiva aborda la tradicional forma del *comiso* directo, introduce la figura del decomiso ampliado en los siguientes términos:

> «(...)
>
> Artículo 5
> Decomiso ampliado
>
> 1. Los Estados miembros adoptarán las medidas necesarias para poder proceder al decomiso, total o parcial, de bienes pertenecientes a una persona condenada por una infracción penal que directa o indirectamente pueda dar lugar a una ventaja económica, cuando un órgano jurisdiccional haya resuelto, considerando las circunstancias del caso, incluidos los hechos específicos y las pruebas disponibles, tales como que el valor del bien no guarda proporción con los ingresos lícitos de la persona condenada, que el bien de que se trata procede de actividades delictivas. (...)» (subrayado nuestro)

El artículo transcrito nos introduce en otro eje temático imprescindible para la precisión del *comiso* autónomo en el futuro venezolano, o bien, si nos decantamos

[113] *Diario Oficial de la Unión Europea*, nº L. 127 de fecha 29 de abril de 2014.

[114] RAMÓN RIBAS, E. 2002-2003, «La transformación jurídica del comiso: de pena a consecuencia accesoria», *Estudios penales y criminológicos*, Nº XXIV, págs. 528-529.

por la institución de la *extinción de dominio*, y tiene que ver con el régimen probatorio y la ponderación de los indicios y presunciones, que la CNUCTISS, la CNUCDOT y la UNCAC abordan de forma expresa.

En los casos para los delitos económicos, debe necesariamente ser presunciones de ley y no *hominis*, pues, no puede dejarse sobre las facultades del juez semejante poder probatorio y hermenéutico, puesto que, pudiéramos reproducir, como expone en materia anticorrupción, la famosa ECUACIÓN DE KLITGAARD en la teoría del AGENTE[115] para trasladarla del funcionario de las administraciones públicas al funcionario judicial.

Finalmente, la Directiva nos trae a colación la presencia de los terceros que muchas veces ni siquiera son partícipes de los hechos de corrupción o narcotráfico, mucho menos en organizaciones criminales trasnacionales; pero, que por cualquier circunstancia, terminan facilitando a la delincuencia cauces para asegurarse que los bienes obtenidos por el delito sean aprovechados. En efecto, el artículo 6 2014/42/UE dispone:

> «(...)
>
> *Artículo 6*
>
> **Decomiso de bienes de terceros**
>
> 1. Los Estados miembros adoptarán las medidas necesarias para posibilitar el decomiso de productos del delito u otros bienes cuyo valor corresponda a productos que, directa o indirectamente, hayan sido transferidos a terceros por un sospechoso o un acusado, o que hayan sido adquiridos por terceros de un sospechoso o acusado, al menos cuando esos terceros tuvieren o hubieran debido tener conocimiento de que el objetivo de la transferencia o adquisición era evitar el decomiso, basándose en hechos y circunstancias concretas, entre ellas la de que la transferencia o adquisición se haya realizado gratuitamente o a cambio de un importe significativamente inferior al valor del mercado (...)» (subrayado nuestro)

El texto facilita una nueva fundamentación para el *comiso* autónomo en razón que la terminología empleada es de «sospechoso o acusado», es decir, no requiere la existencia de una persona efectivamente condenada. Así, una de las posibles variantes del *comiso* autónomo, -guiada por la experiencia comunitaria europea- es su claro direccionamiento hacia terceros, que, al verificarse una serie de presunciones legales tipificadas con precisión por el legislador sin que otorgue margen para interpretaciones variables; suministraría la desposesión y privación propietaria sobre el bien o los bienes producto o consecuencias de cualquiera de los delitos contra la corrupción, blanqueo de capitales, narcotráfico.

En relación a los Convenios Civil y Penal sobre la corrupción aprobadas por el CONSEJO DE EUROPA en 1999, resaltamos tres aspectos que serán cardinales para

---

115 La ecuación es **C = M + D - A**, que implica, **Corrupción (C)** es igual a **monopolio de la decisión (M)** más **discrecionalidad (D)**, menos, **rendición de cuentas (A)**. Para más detalles, véase FERNANDO JIMÉNEZ SÁNCHEZ. 2019, *El olvido de los determinantes socio-políticos de la corrupción y el fracaso de las reformas anticorrupción,* Programa del master en línea de Políticas Anticorrupción, Tirant lo Blanch formación-Universidad de Salamanca, págs. 3-4. En relación al papel de la transparencia, véase HOOD, CHR. 2010, «Accountability and Transparency: siamese twins, matching parts or awkward couple», *West European Politics,* nº 33, págs. 989-1009.

comprender no sólo el *comiso* devenido en *comiso* autónomo, sino también, lo vinculado a los denominados «Acuerdos Corruptos» que estudiaremos más adelante como una manera de explicitar racionalmente lo que ocurre con la actividad racional de la corrupción.

En primer lugar, del *Convenio Civil* hay que resaltar la fundamentación que nos otorga para fortalecer la tesis del Estado como víctima y la posibilidad de intentar acciones contra los propios Estados que conforman la UNIÓN EUROPEA si aquéllos no determinan acciones y mecanismos contundentes contra la corrupción. Puede verificarse este razonamiento de los artículos 3 y 5, a saber:

> «(...)
>
> Artículo 3. *Indemnización por daños.*
>
> 1. Cada Parte dispondrá en su derecho interno que las personas que hayan sufrido daños resultantes de un acto de corrupción tengan el derecho a iniciar acciones a fin de obtener la indemnización íntegra de dicho daño.
>
> 2. Dicha indemnización podrá cubrir los daños patrimoniales, el lucro cesante y los daños no patrimoniales (...)»

Es una cláusula que pudiera en un futuro servirnos para establecer un mecanismo de pedagogía ciudadana, en la cual, no sólo el problema de la corrupción está vinculado con el representante, sino, también le incumbe al agente, que en este caso es la ciudadanía.

En segundo lugar, del *Convenio Penal* hay que destacar el reconocimiento del *comiso* a secas, es decir, sin incluir ningún predicado. Específicamente en los artículos 13 y 23, otorgándole a cada Estado co-suscribiente potestades para que pueda dentro de sus respectivas políticas criminales, incluir figuras novedosas del *comiso*, sin que se alegue el obstáculo histórico, tal y como lo comentamos cuando los grupos creadores de la CNUCTISS, relativo a la presunción de inocencia o los derechos fundamentales relacionados a la propiedad. Citamos al respecto:

> «(...)
>
> Artículo 13. *Blanqueo del producto de delitos de corrupción.*
>
> Cada Parte adoptará las medidas legislativas y de otra índole que sean necesarias para tipificar como delito, conforme a su derecho interno, los actos mencionados en el Convenio del Consejo de Europa relativo al blanqueo, seguimiento, embargo y decomiso de los productos del delito (STE nº 141), en los párrafos 1 y 2 del artículo 6, en las condiciones previstas en el mismo, cuando el delito principal consista en uno de los delitos tipificados de conformidad con los artículos 2 a 12 del presente Convenio, en la medida en que la Parte no haya formulado reserva o declaración con respecto a dichos delitos o no los considere delitos graves a efectos de la legislación relativa al blanqueo de dinero (...)»
>
> Artículo 23. *Medidas encaminadas a facilitar la recogida de pruebas y la confiscación de los productos.*
>
> 1. Cada Parte adoptará las medidas legislativas y de otra índole que sean necesarias, incluidas las que permitan la utilización de técnicas de investigación especiales conforme a su legislación nacional, para facilitar la recogida

de pruebas relativas a los delitos tipificados de conformidad con los artículo 2 a 14 y para permitirle identificar, rastrear, bloquear y decomisar los instrumentos y productos de la corrupción o bienes cuyo valor corresponda a dichos productos, que puedan ser objeto de medidas establecidas según el apartado 3 del artículo 19 del presente Convenio.

2. Cada Parte adoptará las medidas legislativas y de otra índole que sean necesarias para facultar a sus tribunales o demás autoridades competentes para que ordenen la comunicación o la incautación de expedientes bancarios, financieros o comerciales con el fin de poner en práctica las medidas contempladas en el apartado 1 del presente artículo.

3. El **secreto bancario no deberá constituir un obstáculo** para las medidas definidas en los apartados 1 y 2 del presente artículo (...)» (subrayado nuestro).

El Convenio es enfático en señalar que no puede alegarse como condicionante de la soberanía de cada Estado, el tema del secreto bancario. Es quizá un gran avance en la construcción de estos instrumentos y mecanismos propios para perseguir la delincuencia económica.

En tercer lugar, las normativas internacionales o comunitarias abordadas, nos aportarán herramientas para superar polémicas propias del *comiso* autónomo (también extendible a la noción de *extinción de dominio*) casi todas, circunscritas a cuatro (04) problemas colaterales que conlleva su materialización:

PRIMERO: La *confrontación directa con las garantías constitucionales derivadas del Derecho penal,* más específicamente, del Derecho penal clásico.

SEGUNDO: Las *garantías sobre la presunción de inocencia y sus tensiones con la búsqueda del origen de la titularidad de los bienes* objeto del comiso autónomo.

TERCERO: El *régimen probatorio basado en indicios con los cuales los jueces verifican presunciones.* Y,

CUARTO: La necesaria *superación de una cultura constitucional basada en concepciones clásicas.*

Despuntar estos problemas colaterales requerirá de cada operador del sistema jurídico la renovación conceptual sobre las bases del modelo de Derecho penal presente. Por ello, explicaremos en el próximo capítulo, las claves de lectura para superar precisamente estos escollos concretados por el propio clima garantista del Derecho de posguerra.

CAPÍTULO SEGUNDO

EL FUNDAMENTO TEÓRICO PARA LOS CAMBIOS EN LOS DELITOS ECONÓMICOS: LA TESIS DEL DERECHO PENAL A DOS VELOCIDADES EN EL MARCO DE LA GLOBALIZACIÓN

Visto todo lo relativo al marco jurídico-internacional de la lucha contra la delincuencia organizada en el capítulo primero, es necesario detenernos en los fundamentos teóricos. No basta que se alegue transformaciones en la ingeniería propia de la institución del *comiso* o su versión latinoamericana de la *extinción de dominio* sólo porque ha sido determinado así por los tratados y convenios internacionales.

Es necesario también conocer el clima cultural que ha conllevado aceptar convencionalmente estos cambios, los cuales, tienen sus raices en concepciones doctrinarias y elucidaciones teóricas que *-von zeit zu zeit-* impactan en las estructuras de los legisladores y quienes llevan las riendas del Estado, sea en las administraciones públicas o el poder judicial. Así, consideramos para fundamentar nuestra tesis de la trasmutación del *comiso* en múltiples naturalezas jurídicas, dos construcciones teóricas de impacto: *la globalización* y la *denominada teoría del Derecho penal a dos velocidades.*

I. EL IMPACTO DE LA GLOBALIZACIÓN EN LA DOGMÁTICA PENAL TRADICIONAL

La sociedad del riesgo global y globalización marcarán como fenómenos más influyentes, desde finales del siglo XX, toda creación humana. Es una sociedad impulsada por nuevos procesos homogeneizadores, desestatizadores y por sobre todo, identitarios, que gráficamente se traduce en el término *nacionalismo* planetario[116]. Esto nos conlleva a la elaboración de una globalización que no toma partido sobre la conveniencia moral o ideologías.

---

[116] Sobre la globalización y su impacto, véase SOROS, G. *Globalización*, Barcelona, 2002, Editorial Planeta. BAUMAN, Z. 1999, *La globalización. Consecuencias humanas*, Fondo de Cultura Económica, México D.F. BRÜNNER, J. J. 1998, *Globalización y postmodernidad*, Fondo de Cultura Económica, México D.F. CASTELLS, M. 2000, *La era de la Información*, Editorial Alianza, Madrid. GIDDENS, A. 2000, *Un mundo desbocado. Los efectos de la globalización en nuestras vidas*, Editorial Taurus, Madrid. SARASQUETA, A. 2003, *Una visión global de la globalización*, Eunsa, Pamplona. HELD, D. y MCGREW, A. 2003, *Globalización/Antiglobalización. Sobre la reconstrucción del orden mundial*, Paidós, Barcelona. FERNÁNDEZ-ARMESTO, J. 1998, «La

La globalización identitaria, encuadra en la figura de la intersección donde coloca a los mundos físicos y electrónicos en una misma convivencia y multidisciplinariedad sin que ellos se confundan. La intersección responde a los conceptos de unir y dividir al mismo tiempo. Une caminos y establece direcciones. Une espacios y los divide. Como bien lo explicita SARASQUETA, en el modelo global se fundamenta «(...) *no sólo lo que conocemos, sino en su relación con lo que ignoramos* (...)»[117].

Con el pensar globalizado ocurre un cambio o transformación en la escala de la organización humana. El proceso enlaza comunidades distantes y expande el alcance de las relaciones de poder y del Derecho a través de regiones y continentes[118]. Al abordar el cambio como concepto aplicado a la organización humana, hacemos alusión directa al tema identitario. Es punto conteste dentro de la literatura sobre la globalización, referirse a las transformaciones que apareja el fenómeno.

Las transformaciones van dirigidas hacia las estructuras sobre las cuales se ha cimentado tradicionalmente la sociedad, el Derecho y los mecanismos punitivos del Estado[119], que desde el siglo XVIII hasta el XX, su molde exclusivo ha sido el Estado-Nación[120]. Y será esa relación entre ciudadanía, Poder Público e identidad nacional la que construirá las bases del pensar jurídico moderno[121], que es en sí lo que parece quebrarse por otros moldes que trae la globalización.

Al tomar como referencias identitarias otras hormas diferentes al ESTADO-NACIÓN, fenómenos como la corrupción y otros vinculados a la delincuencia organizada asumen un cariz no conocido hasta entonces porque también se trasmutan hasta observar otras patologías y dimensiones nunca vista en la historia institucional de cualquier país, salvo, los denominados *Estados débiles, fallidos o fracasados*, donde precisamente, la criminalidad ha sido un ingrediente para su construcción y coerción sobre la población.

En el caso del terrorismo y narcotráfico, se viven capítulos de verdadera delincuencia internacional, más en los relacionados a la corrupción, la tecnificación de las formas para violentar los caudales públicos dependerá de la interconexión entre banca, tecnología, personas con conocimiento en negociación y formas para eludir controles preceptivos y posteriores a las Administraciones Públicas. Hablar de globalización en la criminalidad no es en sí una internacionalización de ciertos tipos delictivos, sino, *una forma global de manifestaciones y esquemas criminales nunca vista antes por los Estados y sus sociedades*.

Esto obliga a todos los Estados y a las organizaciones supraestatales, abordadas en el capítulo primero, elucidar mecanismos que faciliten la lucha contra esa forma criminal que va más allá del Estado-Nación, que al verse rebasadas, se les

---

globalización, un fenómeno a gobernar», *Razón y fe*, Tomo 238. CONILL, J. 2001, «Globalización y ética», *Razón y fe*, Tomo 243, 2001. ROBERTSON, R. 2003, *Globalisation or Glocalisation?*. En: ROBERTSON, R. y WHITE, K. *Globalisation. Critical concepts in Sociology*, Routledge, Londres. SEBRELI, J. J. 2001, «Globalidad y localismos, dos mitos hoy», *Cuadernos Hispanoamericanos*, n° 612.

117 SARASQUETA, A. 2003, *Ob. cit.*, pág. 12.

118 HELD, D. y MCGREW, A. 2003, *Ob. cit.*, p. 13.

119 Véase GARCÍA DE ENTERRÍA, E. 1984, *Reflexiones sobre la ley y los principios generales del Derecho*, Editorial Civitas, Madrid, pág. 18.

120 Véase GIDDENS, A. 1997, *Consecuencias de la modernidad*, Alianza, Madrid págs. 28-51.

121 MASSINI, C.I. 1980, *La desintegración del pensar jurídico en la edad moderna*, Editorial Abeledo-Perrot, Buenos Aires, págs.10-21.

tensa más exigentes[122] para que adopten formas y estructuras eficientes más de prevención que de represión punitiva. La globalización así como ha favorecido la expansión de nuevos riesgos y ha maximizado la sensación de inseguridad[123], también autoriza a los Estados para emplear otros moldes socio-jurídicos diferentes a los devenidos por el principio de soberanía estatal, sea cual sea sus versiones.

Estos nuevos moldes globalizadores tensan la tradición en las diferentes ramas del Derecho, siendo el Derecho penal, una de las que más ha debido responder a nuevos cuestionamientos sociales si partimos que se han extinguido casi todos los puntos de referencia valóricos elementales entre lo que es el «bien» y lo que es el «mal». Como indica SILVA SÁNCHEZ, allí ante la desaparición fronteriza entre la polaridad, es cuando el Código Penal asume protagonismo inusitado sustituyendo esos referentes erosionados o erradicados[124].

La globalización, al momento de cerrar estas líneas, presenta una de sus pruebas más difíciles. El confinamiento por la Covid-19 durante los meses de marzo hasta julio de 2020, y el reconfinamiento a raíz de los rebrotes desde mediados de septiembre de 2020, aunado al parón económico que genera la paralización completa y sistemática de la economía en un contexto creciente de proteccionismo y guerra comercial; nos coloca en un reposicionamiento sobre el futuro de instituciones como el *comiso* autónomo.

Si estamos en franco retroceso, replegándonos hacia el interior de las fronteras estatales como todo parece apuntar, entonces, es necesario guardar la suficiente distancia para evitar que este contexto nos reduzca y nos retroceda a los tiempos donde las políticas criminales estatales definían todo.

II. LA TEORÍA DEL DERECHO PENAL A DOS VELOCIDADES Y SU INFLUENCIA EN LAS NUEVAS FORMAS PARA ENFRENTAR A LA DELINCUENCIA ECONÓMICA INTERNACIONAL

Como observamos en las líneas precedentes, han sido las transformaciones y políticas criminales trasnacionales las que sí o sí han obligado a los Estados a dejar a un lado las comodidades propias que conlleva el ejercicio de la soberanía estatal. Esta sobredimensión si bien se manifiesta en los tratados y convenciones internacionales en materia penal -tiene su raíz a nuestro juicio- en la *teoría de la expansión del Derecho penal*, en el cual, éste último, ante las nuevas realidades delictivas, los nuevos intereses, bienes jurídicos y deterioro de las realidades tradicionales, debe dar respuesta efectiva con evidentes sacrificios epistemológicos.

SILVA SÁNCHEZ apunta que no puede tomarse con descuido o fanatismo los fenómenos expansivos de las esferas del Derecho penal, pues, también implicaría otorgarles funciones que no debe cumplir jamás[125], como es la de cohesionar una sociedad con el miedo a la sanción o gestionar intereses colectivos -tutela de bienes jurídicos- que más bien le corresponden al Derecho administrativo. Si bien es cierto existe un consenso en afirmar la expansión del Derecho penal, éste fenómeno debe circunscribirse a límites racionales o direcciones que más bien consoliden el desa-

---

122 AGUADO CORREA, T. 2014, «Comiso: crónica de una reforma anunciada. Análisis de la Propuesta de Directiva sobre embargo y decomiso de 2012 y del Proyecto de reforma del Código Penal de 2013», *InDret. Revista para el análisis del Derecho,* Nº 1, pág. 38.

123 SILVA SÁNCHEZ, J.M. 2011, *Ob. cit.,* pág. 15.

124 SILVA SÁNCHEZ, J.M. 2011, *Ob. cit.,* pág. 60.

125 SILVA SÁNCHEZ, J.M. 2011, *Ob. cit.,* págs. 51-54.

rrollo de la materia y vayan profundizando en aquellos conceptos e instituciones que han sido eficientes y eficaces en la lucha contra el crimen. De lo contrario, estaríamos entrando en una etapa de la historia humana que reeditaría la forma más sutil de *represión al disenso* y a todo aquel que decida abiertamente enfrentar un *status quo* perverso instaurado.

La aparición del *comiso* autónomo, o bien con otros nombres como *extinción de dominio* que no requieren de un pronunciamiento judicial-penal condenatorio *a priori* para su sustanciación y procedencia; no ha sido acogido con el beneplácito absoluto de la doctrina y la jurisprudencia, pues, a simple vista luce una evidente relativización de los principios de garantías y reglas de imputación que más de dos siglos costó en imponerse en la dogmática penal, así como el debido principio de contradicción[126].

Al contrario de lo explicitado, como apunta Santander Abril, más bien ha habido un desbordamiento de la figura, ya que se:

> «(...) transforma en un instituto multipropósito del cual se abusa para incautar bienes que pueden cumplir diferentes funciones dentro de un proceso penal, convirtiéndolo en un instrumento multifuncional de efectos omnicomprensivos lo cual constituye una mala práctica que produce inseguridad jurídica (...)»[127] (subrayado nuestro)

Esta advertencia es clara al momento de aplicar este novedoso mecanismo contra la delincuencia económica, más sin embargo, encontramos precisamente en la tesis expansiva del Derecho penal, el más acabado fundamento teórico para adoptarlo en aquellos Estados donde las Constituciones expresamente han señalado el camino para su aplicación, como de suyo, aparece erróneamente en la Constitución de la República Bolivariana de Venezuela vigente (1999) en sus artículos 116 y 271 como explicaremos con más detenimiento en el capítulo quinto del presente ensayo.

Silva Sánchez precisa la expansión del Derecho penal en su formulación teórica conocida como las «dos velocidades»[128], para que de esta manera, no se erosionen los principios garantistas básicos globalmente aceptados, ni se flexibilicen las reglas de imputación o la relajación absoluta de las garantías político-criminales sustantivas y adjetivas[129]. En su teoría, Silva expresa a título de grave advertencia que no debe expandirse el *Derecho penal de la pena privativa de libertad*, por cuanto, es precisamente ésta modalidad clásica la que debe ser contenida y reducida a determinados ilícitos penales que protegen bienes jurídicos de naturaleza individual, en principio[130]. Para evitar este desbordamiento que tarde o temprano desembocaría

---

126 Al respecto, y en cuanto a las críticas causticas sobre el comiso autónomo en lo probatorio, véase Carrillo del Teso, A. E. 2019, «El «fundido negro» de la prueba en la persecución de la delincuencia económica», en: *La emancipación del comiso del proceso penal: su evolución hacia la extinción de dominio y otras formas de comiso ampliado,* en: Rodríguez-García, N., González-Castell, A.C. y Rodríguez-López, F. *Corrupción: Compliance, Represión y Recuperación de Activos,* Tirant Lo Blanch, Valencia, pág. 449-480.

127 Santander Abril, G. 2017, *La emancipación del comiso del proceso penal: su evolución hacia la extinción de dominio y otras formas de comiso ampliado,* En: AAVV. *Combate del Lavado de Activos desde el Sistema Judicial,* Ediciones de la Organización de Estados Americanos (OEA) - Departamento contra la Delincuencia Organizada Trasnacional, 5ta edición, Washington D.C., pág. 431.

128 Silva Sánchez, J.M. 2011, *Ob. cit.*, págs. 95-96.

129 Silva Sánchez, J.M. 2011, *Ob. cit.*, pág. 83.

130 Silva Sánchez, J.M. 2011, *Ob. cit.*, pág. 169.

en la instauración de la arbitrariedad de los denominados y superados «estados de policía» (*Polizeistaat*)[131], crea las categorías de las *dos velocidades*.

La primera velocidad es el *Derecho penal de la cárcel*, de la privación de libertad como prioridad. Sobre éste -ratifica el autor- habría que mantenerse rígidamente los principios político-criminales clásicos, pues, no puede el Estado dar la espalda a la demanda social de punición razón por la cual habría que fortalecer los espacios que ocupa esta primera velocidad, reduciendo sus ámbitos[132].

La segunda velocidad, centra su atención en los delitos *que no comportan privativa de libertad*, sino, otras penas que conllevan a la privación de otros derechos de naturaleza patrimonial[133]. En esta segunda categoría, es donde se fundamenta el Derecho penal económico, que por sus características no limitantes de la libertad individual, es donde cabe la «flexibilización controlada» de las reglas de imputación, los principios políticos-criminales y cualquier otro elemento que implique desvirtuar la presunción de inocencia.

En esta velocidad, se canalizaría el proceso de expansión del Derecho penal, en razón que existe una delincuencia patrimonial profesionalizada -sobresaliendo la corrupción- que amenazan con socavar los fundamentos últimos de la sociedad constituida en Estado[134]. Si en el pasado se hablaba que el Derecho penal era el brazo armado de las clases poderosas (sistémico), en el siglo XXI, luce una suerte de cambio o giro pendular, siendo entendido entonces como el brazo armado contra la criminalidad de los poderosos, potenciada ésta última por la propia globalización como advertimos.

De esta forma, la globalización transforma al Derecho penal de segunda velocidad en un instrumento más pragmático para combatir la criminalidad -que también se transforma en esencialmente económica[135]-, puesto que, al no estar en juego la libertad sino otros bienes jurídicos, facilita a los Estados la capacidad judicial para enfrentar una criminalidad económica refinadamente racional y con poder suficiente para burlarse de todas las instituciones de dichos Estados hasta sobrepasarlos.

Se ha demostrado que las garantías del Derecho penal clásico pueden transformarse en un obstáculo para combatir eficazmente la delincuencia económica, puesto que, al requerirse decisiones judiciales vinculadas con una sentencia condenatoria -como ocurre en el *comiso* tradicional- poco puede rescatarse como bienes productos o efectos de conductas contra el patrimonio público -en razón de algunas argucias procesales o porque los delitos vayan más allá de los paradigmas clásicos penales- que impedirían esta condenatoria, y por ende, saboteada cualquier iniciativa de *comiso* directo. Así, podrían configurarse lo que SILVA denomina «paraísos

---

131 Véase las explicaciones sobre el «estado de policía» en MERKL, A. 1953, *Teoría general del derecho administrativo*, Editorial Revista de Derecho Privado, Madrid, págs. 25-44.

132 SILVA SÁNCHEZ, J.M. 2011, *Ob. cit.*, pág. 183.

133 *Ibid.*

134 SILVA SÁNCHEZ, J.M. 2011, *Ob. cit.*, pág. 184.

135 SILVA SÁNCHEZ, J.M. 2011, *Ob. cit.*, pág. 106, expone: «(...) *El paradigma del Derecho penal de la globalización es el delito económico organizado tanto en su modalidad empresarial convencional, como en las modalidades de la llamada macrocriminalidad. La delincuencia de la globalización es delincuencia económica, a la que se tiende a asignar menos garantías por la menor gravedad de las sanciones, o es criminalidad perteneciente al ámbito de la clásicamente denominada legislación excepcional, a la que se tiende a asignar menos garantías por el enorme potencial peligroso que contiene* (...)» (Cursivas nuestras).

jurídico-penales»[136], en alusión a aquellos Estados que sólo poseen en su legislación penal, conceptos de la dogmática clásica.

Si bien es cierto la doctrina sigue debatiendo estas teorías, donde se incluye el «Derecho penal del enemigo»[137], lo que sí somos contestes que la fundamentación de nuevas tendencias para enfrentar la criminalidad económica en cualquiera de sus variantes, encuentra su asidero teórico en el marco de la globalización y expansión del nuevo Derecho penal no privativo de libertad. Es conteste con advertir sobre ese tránsito de determinados delincuentes que, a sabiendas del daño producido estas manifestaciones delictivas a nivel global, decidan organizarse estructuralmente para tecnificar todavía más este flagelo.

Recapitulando, la teoría del *Derecho penal a dos velocidades*, soporta teórica y suficientemente las construcciones que a nivel internacional ha ocurrido con la sobredimensionada y modificada estructura ontológica del *comiso* directo, el cual, devendrá en el ampliado, el autónomo. También, porque no decirlo, a la *extinción de dominio*, pues, como afirma ANA CARRILLO DEL TESO, que «(...) *no hay que olvidarse, pese a toda la discusión sobre su naturaleza jurídica, el decomiso sigue siendo la consecuencia jurídica del delito (o, como mínimo, de la comisión de unos hechos típicos y antijurídicos)* (...)»[138]. Sabiendo que no responderemos más a un Derecho penal unitario, apegado a sus garantías clásicas, es que podremos hacer más eficaz y eficiente los mecanismos para combatir la delincuencia económica.

El simple hecho que pueda en determinado Estado decomisar los bienes a una persona no condenada, o bien, a terceros, en razón de la concurrencia de supuestos o indicios legalmente establecidos; agrava más las cuentas de la organización criminal que no encuentra la forma de disfrutar de los bienes y recursos extraídos de forma ilegítima y sin causa de las arcas públicas.

---

136 SILVA SÁNCHEZ, J.M. 2011, *Ob. cit.*, pág. 92.
137 SILVA SÁNCHEZ, J.M. 2011, *Ob. cit.*, págs. 184-185.
138 CARRILLO DEL TESO, A. E. 2019, *Ob. cit.*, pág. 465.

CAPÍTULO TERCERO

LA TRANSFORMACIÓN DEL COMISO TRADICIONAL EN AUTÓNOMO COMO FORMA ALTERNATIVA Y COMPLEMENTARIA PARA SANCIONAR DELITOS ECONÓMICOS EN CONTEXTOS GLOBALIZADORES

Siguiendo la lógica deductiva del presente ensayo, en el primer capítulo comenzamos por abordar el marco global normativo y operativo de los mecanismos para el combate contra la delincuencia económica y su influencia posterior sobre el *comiso* y la *extinción de dominio*. Aunado a ello, nos referimos también -en el capítulo anterior- al sustento teórico que fundamenta dichos instrumentos internacionales, así como, inspira a las organizaciones supranacionales -más específicamente al sistema de Naciones Unidas- en sus pautas operativas y de acción.

Dilucidado así las pautas más generales, estudiaremos en este tercer capítulo todo lo relativo al universo conceptual del *comiso* directo y su abordaje en los citados tratados internacionales, así como, su transformación individualizada en las nuevas modalidades de *comiso*, sea cual sea el vocablo más aceptado por países o regiones (Vgr. autónomo, sin condena, etc). En este punto no analizaremos lo relativo a la *extinción de dominio*, puesto que, en los citados documentos internacionales el vocablo consolidado es *comiso*. Aunque debemos advertir, previamente, que si bien la mayor parte de las construcciones teóricas sobre el *comiso* autónomo responden más hacia los delitos de corrupción, no obsta para su aplicación en otras manifestaciones de la criminalidad económica, como es el caso del lavado de activos producto del narcotráfico o de organizaciones terroristas o mafiosas.

I. EL COMISO TRADICIONAL Y SUS IMPLICACIONES EN LA DELINCUENCIA ECONÓMICA

La institución del *comiso* tradicional -o también denominado en España *directo*- es de larga data en el Derecho penal y administrativo como indicamos, mucho antes que la aparición de la *extinción de dominio*. Su asimilación en las legislaciones latinoamericanas ha sufrido, en su acepción habitual, modificaciones en cuanto a su definición, pues, desde los inicios republicanos en el continente a principios del siglo XIX, su empleo entrañaba caracteres *confiscatorios* muchas veces imbricándose con otros conceptos conexos (vgr. confiscación, expropiación, etc.), como consecuencia de la incipiente técnica legislativa de ese entonces que no distinguía ni fronteras epistemológicas ni rasgos lingüísticos propios[139].

En un primer término, debemos otear que el *comiso* lleva una impronta originaria como *pena accesoria,* precisada en los códigos penales españoles y latinoamericanos, aunque más primigeniamente contemplada en la legislación aduanera grancolombiana (Colombia, Ecuador y Venezuela). Es una de las penas originales de nuestra legislación punitiva clásica, la cual, a simple vista, fulguraría como de imposible emancipación ontológica y hasta adjetiva al devenir hoy en otras modalidades de *comiso.*

Como lo hemos venido indicando, existe una connotación generalizada en la jurisprudencia conceptual[140], relativa a la fusión casi imperceptible entre el núcleo duro (objeto de estudio) de una rama del Derecho con alguna de sus instituciones. Surge así una suerte de tautología entre objeto científico y manifestaciones autónomas de la rama que marcan con un profundo predicado, para toda su existencia, conceptos, instituciones y procedimientos, e inclusive, como límite[141]. Esto lo advertimos en las páginas precedentes.

Así, lo ocurrido con el *comiso* tradicional o también conocido en su acepción como *comiso* directo, en un primer estadio sus vínculos más evidentes se adicionan como patrimonio epistemológico del Derecho penal cuando sus orígenes poseen más enraizamiento con el Derecho administrativo, como ya lo explicamos *ut supra,* al indicar que aparece primigeniamente en las instituciones relativas a las aduanas en nuestras recién fundadas naciones en los albores del siglo XIX.

Lo que subyace del interés del legislador moderno en contemplar el *comiso* tradicional, estriba en ese sustrato ético que implica evitar a toda costa que en determinados hechos punibles comprobados, juzgados y sentenciados; *el condenado no pueda hacer uso ni aprovecharse de bienes que de no haberse cometido el ilícito, era imposible su adquisición por vías legítimas.* En pocas palabras, su sello característico de *accesoriedad* tiene fundamento en un *horizonte ético ejemplarizante,* donde los bienes pasan automáticamente a los caudales públicos para satisfacer intereses generales[142].

1. Orígenes, evolución y universo conceptual definitorio

La doctrina ubica las raíces del *comiso* en el Derecho romano[143], en especial, en la denominada «*commissium*» como pena patrimonial por la cual se confiscaba todo o parte del patrimonio de un particular a favor del Estado. El romanista

---

139 HENAO OSPINA, M. 1981, «El comiso: análisis de la institución», *Revista Derecho Penal y Criminología,* Vol. 4, N° 15, pág. 177.

140 Véase LLOREDO ALIX, L.M. 2013, «Rudolf von Jhering: nuestra tarea (1857). En torno a la jurisprudencia de conceptos: surgimiento, auge y declive», *Eunomía: Revista en Cultura de la Legalidad,* N° 4, págs. 234-275.

141 Al respecto, véase LUHMANN, N. 1996, *La ciencia de la sociedad,* Anthropos, Barcelona.

142 Al respecto, véase HERNÁNDEZ-MENDIBLE, V. 2014, *La regulación de los bienes necesarios para la satisfacción del interés general,* en: CANÓNICO SANABRIA, A. *Temas relevantes sobre los contratos, servicios y bienes públicos,* Editorial Jurídica Venezolana, Caracas, págs. 39-71.

143 GONZÁLEZ NAVARRO, A.L. 2004, «El Comiso», *Revista de Derecho Penal,* n° 42, abril-mayo, págs. 69-70. También, como nota curiosa, véase MONTEMAYOR ACEVES, M.E. 2013, «Confiscación de bienes en el «Pro Roscio» de Cicerón y la ley de extinción de dominio», *Nova tellus: Anuario del Centro de Estudios Clásicos,* N° 5, págs. 43-65.

MOMMSEN[144] hace una revisión sobre el *comiso* como pena accesoria y su posterior conversión hacia una pena autónoma, conviviendo ésta última con la anterior.

El Derecho europeo posterior a la caída del Imperio Romano, arrinconó el *comiso* dentro del derecho criminal, como bien lo explica PINO ABAD, donde fue determinante la capacidad patrimonial del agente o victimario[145]. En la medida que se adentraba el renacimiento, la antigua noción de *venganza privada* se trasmuta hacia un sistema de sanciones públicas donde la confiscación erosiona su sabor originario de compensación privada por los delitos cometidos hacia una tesis moralizante sobre bienestar público por encima de cualquier interés singular de la víctima.

De lo anterior se desprende que el *comiso* no es nuevo en las causas penales y muchos de los antecedentes que hoy lo facilitan, tienen sus raíces en la noción medieval del donadíos (donación a Dios) y han pasado al Derecho moderno a través de la tradición del *common law* inglés. Así nació la pena de confiscación impuesta por la comisión de delitos políticos y de cuya racionalización dimana la concepción contemporánea del *comiso.*

---

144 MOMMSEN, T. *Derecho romano,* Bogotá, D.C., 1991, Editorial Temis, pp. 620-623. Al respecto vale la pena hacer mención a lo expuesto por BIALOSTOSKY, S. 2008, «La lucha del Derecho romano contra la corrupción de los funcionarios públicos. Crimen Repetundarum», *Revista de la Facultad de Derecho de México,* Vol. 58, nº 250, pp. 137-154, cuando analiza la *Lex Calpurnia.* Expresa BIALOSTOSKY, pág. 142: «(...) Este nuevo tipo de procedimiento [repetición del dinero sustraído ilícitamente] surgió a propósito del *crimen repetundarum* con la Lex Calpurnia de *pecunia repetundis* del 149 a.C., que fue realmente un plesbicito propuesto por el tribuno de la plebe Calpurnico Pisone Fruti, en el cual se instituye la mencionada *quaestio* (...) Cabe resaltar que dicha ley, no fijaba una pena para la concusión; se limitaba solamente a ordenar la devolución de las cosas o su equivalente en dinero. En otras palabras no se trataba de reprimir un delito, sino de obtener la restitución de lo abusivamente obtenido (...)» (subrayado nuestro). Págs. 144-145: «(...) La respuesta de la comunidad a la rapacidad no se hizo esperar; ésta solicitó al Senado que enviara a sus representantes y se iniciara la correspondiente investigación y si procedía se restituyera la riqueza así obtenida *(quarere de pecunis repetundis.* A partir de la mencionada Lex Calpurnia de repetundis (149 a.C.), se iniciaron una serie de *leges repetundarum* y senadosconsultos que fueron adaptándose y dieron respuesta a los diferentes cambios políticos, económicos y morales que se dieron en Roma. Las señalaremos tomando como orden de prelación sus fechas y contenidos:
Lex Acilia repetundarum (123 a.C.) es una de las *leges repetundae* mas conocidas, debido sobre todo a que se ha conservado en gran parte del texto en una inscripción original. Se le reconoce como *Lex Acilia,* la cual establece una pena pecuniaria del doble del valor del daño causado.
Lex Sempronia iudiciaria (122 a.C.) le otorga a la clase *ecuestre,* entre sus beneficios, el formar parte de los juicios criminales, excluyendo a los senadores de dicha función.(*Lex Servilia de repetundis* (111 a.C.); establece penas más severas que las anteriores *leges.* Esta es la primera ley que introduce la pérdida de los derechos políticos (*ius honorum y ius suffragii*) como pena por *repetundae.*
Lex Livia iudiciaria (91 a.C.), establece una corte especial (*quaestio*) para juicios contra jueces corruptos por extorsión. (*Lex Cornellia de repetundis de Sila* (81 a.C.) al referirse a la extorsión, con leyes aún más severas que las anteriores, aumenta el número de los *quaestores* a 20, y establece nuevas reglas de administración, les prorroga el *imperium* a ex pretores y ex cónsules que habían asumido la gobernatura con la *prorrogatio imperio.*
La *Lex Iulia repetundarum* (59 a. C.) propuesta por César siendo cónsul, es la última y más severa (acérrima) *lex* republicana sobre *repetundarum.* Dicha ley estaba aún vigente en el derecho justinianeo. D.48.11 Ulpiano. *Quaen solet an per alium causas... quae res inrebus pecuniarius aunt rescripta...* la que abarcaba cualquier tipo de extor- sión en la cual estuviera inmiscuido un funcionario público; incluidos jueces y árbitros, que cometieran todo tipo de falta o violación. En relación con los senadoconsultos referentes al *crimen repetundarum* debe mencionarse al Sc. *Calvisianum de repetundis* (4 a.C.) que establecía el procedimiento penal en los juicios del mencionado crimen en las provincias. (...)». (subrayado nuestro).

145 PINO ABAD, M. 2014, *La pena de confiscación de bienes en el derecho histórico español,* Dykinson, Madrid, pág. 405.

Carrara, en su clásico estudio, advierte que el *comiso* tras el siglo XVIII, incorpora una de sus facetas características: «ser también medio de represión política»[146], pues, gran parte de los delitos donde la confiscación es pena accesoria por obligatoriedad, tiene que ver con aquellos delitos denominados «delitos políticos»[147]. En la medida que la legalidad asumía su sitial en la estructura del moderno estado de Derecho, como bien apunta Francisco Tomás y Valiente, citado por Vargas González[148], el *comiso* y la confiscación asumían cada vez fronteras más nítidas donde éste último, queda relegado hacia tipos marginales; mientras que, el *comiso*, se diversifica hasta asumir rasgos autónomos internacionales como veremos más adelante, o bien, su trasmutación original latinoamericana conocidad como *extinción de dominio*.

De esta forma, no queda dudas que la mocedad del *comiso* está vinculada estrechamente, en el contexto romano, hacia la confiscación, pero, en la medida que avanzaba el ideal constitucional del estado de Derecho, sus primigenias características son blanqueadas hasta el punto que hoy exiten tendencias que apuntan hacia un *comiso* separado de la esfera penal. Como bien resume Restrepo Medina[149], el *comiso* desde sus orígenes ha evolucionado ontológicamente:

> «(...) Así, pueden destacarse en orden cronológico las siguientes definiciones doctrinales de comiso:
>
> a) Pérdida en favor del Estado de los instrumentos y valores que provengan de la ejecución del delito, dejando a salvo los derechos del ofendido y de terceros.
>
> b) Incautación definitiva y consecuente pérdida del derecho de propiedad de aquellos elementos, cosas e instrumentos que se pusieron al servicio del injusto penal, de los efectos que se derivan directa o indirectamente de él, o de los beneficios de cualquier orden que impliquen un provecho para el autor o los cocausantes del hecho punible.
>
> c) Pérdida a favor del Estado de las armas o instrumentos con los cuales se cometió el delito y de los objetos que provengan de su realización.
>
> d) Poder-deber que tiene el Estado de secuestrar para sí y definitivamente los instrumentos con que se haya cometido un hecho punible, y los bienes, cosas y valores que de cualquier manera provengan de su ejecución.
>
> e) Pérdida a favor del Estado de los instrumentos y efectos con que se haya cometido el delito o que provengan de su ejecución, limitado a aquellas cosas que no sean de libre comercio, sin perjuicio de que una norma legal disponga su destrucción.

146 Carrara, F. 1957, *Programa de derecho criminal. Parte general,* Editorial Temis, Bogotá, Vol. II, págs. 130-132.

147 En los primeros códigos penales venezolanos, se contemplaba la confiscación y comiso de bienes como pena casi obligatoria, en los casos de los denominados «Delitos contra la independencia y seguridad de la nación» (Art. 128 a 165) (Título I), contra aquellos complotados por «traición a la patria, atentado contra los Poderes Públicos, o contra el Derecho de Gentes». Para más detalles, véase Arcaya, P.M. 1945, *La pena de la confiscación general de bienes en Venezuela, estudio de historia y derecho,* Imp. Unidos, Caracas, págs. 12-65.

148 Vargas González, P. 2012, *El comiso del patrimonio criminal,* Tesis doctoral consultada en original, dirigida por el prof. Eduardo Fabián Caparrós, Universidad de Salamanca, págs. 198-199.

149 Restrepo Medina, M.A. 2007, *El comiso: análisis sistemático e instrumentación cautelar,* Ediciones Universidad del Rosario, Bogotá, págs. 26-27.

f) Pérdida de los efectos e instrumentos del hecho punible.

g) Consecuencia de un hecho o conducta punible consistente en la retención temporal o traspaso definitivo a favor del Estado por intermedio de sus funcionarios judiciales, de los instrumentos y efectos con los que se haya cometido un hecho o conducta punible o que provengan de su ejecución.

h) Pérdida a favor del Estado de los instrumentos o efectos con los cuales se haya cometido el hecho punible y de los bienes que sean fruto de su ejecución, que no tengan libre comercio y respecto de los cuales la ley no dispone su destrucción (...)»

Queda entonces, revisar los aspectos conceptuales e históricos de su implementación en países como España, Colombia, México y Venezuela para así perfilar el núcleo sustancial de esta institución presente siempre en nuestros ordenamientos penales, pero que es llamada a ocupar un sitial dentro de los mecanismos y acciones en la lucha contra la delincuencia económica del siglo XXI. Como bien se dice, la mayor parte de los problemas humanos -y sus soluciones- se localizan en el lenguaje, por ello, es obligatoria detenernos en el universo lingüístico, el cual, siempre aportará pistas para resolver los escollos de antaño y hogaño relativas al *comiso*.

1.1. Universo conceptual definitorio

Visto así, uno de los problemas más acuciantes que trajo consigo los orígenes históricos del término *comiso*, tal como lo estudiamos, está vinculado a su *indisciplina lingüística* cuando pasa a formar parte del español como lenguaje. En efecto, basta con revisar el DLE actual o cualquiera de las ediciones del anterior DRAE, para constatar nuestra afirmación.

El DLE en una primera acepción común nos indica que *comiso* es «(...) 1. m Der. decomiso (...)»[150]. Como estudiamos, sus orígenes sitúa la palabra latina *commissum* como tronco común del vocablo, que significa «objeto confiscado», «confiscación». El propio diccionario nos enlaza con otra voz conexa, muchas veces empleada de forma indistinta por su unidad en el significado. Hacemos referencia al *Decomiso* que fisgonamente lo identifica así[151]:

«(...) 1. m. Cosa decomisada. 2. m. Der. Pena accesoria a la principal que consiste en la privación definitiva de los instrumentos y del producto del delito o falta (...)».

En el DICCIONARIO PANHISPÁNICO DEL ESPAÑOL JURÍDICO (DPEJ)[152], el *comiso* lo define como:

«(...) 1. *Pen.* Pena accesoria al delito de contrabando, que supone la privación a su poseedor de las mercancías objeto del contrabando, la maquinaria empleada en la fabricación de géneros prohibidos, los medios de transportes con los que se realice el delito, las ganancias obtenidas del contrabando.

2. *Adm.* Sanción accesoria consistente en la privación definitiva de un bien o derecho padecida por su titular y derivada de su vinculación con una infrac-

150 https://dle.rae.es/comiso?m=form
151 https://dle.rae.es/decomiso?m=form
152 https://dej.rae.es/lema/comiso

ción administrativa, ya sean los bienes, medios o instrumentos con que se haya preparado o ejecutado la infracción, o ya sea el comiso de los efectos y de las ganancias o beneficios provenientes del ilícito (...)».

Somos de la tesitura que este *desorden lingüístico* -que luce minúsculo y hasta muchas veces imperceptible-, es realmente el origen de los problemas conceptuales disputados sobre la materia en las últimas dos décadas en las legislaciones hispanoparlantes, en razón que hay casos donde se emplea la expresión *decomiso* para una área y *comiso* para otros, basándonos sólo en lo que el DLE nos define usualmente.

Este desorden en algún momento ha buscado despejarlo el ya citado DICCIONARIO PANHISPÁNICO DEL ESPAÑOL JURÍDICO (DPEJ)[153], recientemente lanzado al público para su consulta, que por primera vez hace una distinción de ambos vocablos, al indicar el lema *Decomiso*, como:

«(...) 1. *Gral.* Cosa decomisada.

2. *Pen.* Consecuencia accesoria impuesta por la comisión de una infracción penal, que implica la pérdida de los efectos provenientes de un delito y de los bienes, medios o instrumentos con que se haya preparado o ejecutado, así como de las ganancias provenientes del delito, cualesquiera que sean las transformaciones que hubieren podido experimentar.

3. *Adm.* Incautación de armas o piezas ilegales, ilegalmente empleadas o ilegalmente cobradas (...)».

Por ello, en el futuro, en la medida que se asiente las nociones y operatividad de las diversas modalidades del *comiso* (previstas en los tratados y convenciones sobre criminalidad económica) incluyendo el autónomo de carácter no penal, la doctrina y jurisprudencia perfilarán elementos característicos para disciplinar el uso de los vocablos.

En razón de la evolución conceptual, pudiéramos asignar el término «COMISO» para hacer alusión al *comiso* directo o tradicional, y «DECOMISO» para las otras versiones, destacándose el autónomo de conformidad con la jerga asumida como definición oficial por los Tratados y Convenciones Internacionales sobre la materia. Con la denominada «EXTINCIÓN DE DOMINIO» debe abordarse en forma heterogénea, pues, a pesar de compartir elementos configuradores del *comiso* autónomo, posee una mecánica diferenciada que abordaremos en el capítulo cuarto del presente libro. Sobre este particular buscaremos más adelante racionalizar la base de esta diferenciación lingüística que pudiera ser capital en el abordaje de la institución dentro del contexto del español como *lengua de* especialidad[154].

Hecha esta advertencia, podemos entender al COMISO, como una:

«(...) institución o medida de carácter patrimonial cuyo objeto es privar a los responsables de un delito de los instrumentos de ejecución y los bienes obtenidos con el mismo (...)»[155].

---

153 https://dpej.rae.es/lema/decomiso

154 Véase ALCARAZ, E., HUGHES, B. y GÓMEZ, A. 2014, *El español jurídico,* Ariel, Barcelona, págs. 15-16.

155 NÁQUIRA, J. 2018, *Blanqueo de activos a través del mercado cambiario y comiso de bienes,* Santiago de Chile, material de clases, págs. 23-24.

Decomisar es privar a un sujeto de la titularidad de un bien vinculado a su actividad delictual, o en su defecto, de cualquier otro bien, igualmente de procedencia ilícita, por valor equivalente, cuando no sea posible la expropiación de los bienes objeto o producto del concreto delito enjuiciado.

Dentro de la órbita de nuestra preocupación por la cada vez más indiferencia lingüística de los términos, tenemos la definición que incorpora Gascón Inchausti que señala:

> «(...) El comiso de bienes a menudo denominado también decomiso, consiste en la privación definitiva de un bien o derecho, padecida por su titular, derivada de su vinculación con un hecho antijurídico (...)»[156].

Nótese que hace mención a la calificación «*a menudo denominado también*», que pudiera traducir en el origen de las posiciones doctrinarias contrarias que muchas veces indican que el *comiso* se reserva para la esfera conceptual autónoma y el *decomiso* para su tradicional empleo en el Derecho penal con la característica de *accesoriedad*. Sin embargo, existen opiniones, en las cuales, el *comiso*:

> «(...) *es el acto por el cual se priva al responsable de los efectos provenientes del delito, los bienes utilizados en su comisión y las ganancias obtenidas, cualesquiera que sean las transformaciones que haya sufrido* (...)»[157].

Es decir, que independientemente de las múltiples formas del *comiso*, éste último, parece ser el término más adecuado dentro del lenguaje jurídico, separándonos así de las consideraciones comunes o acepciones usuales.

Esta connotación más delimitada, es la que apunta su terminología cuando se aborda sentido estricto, definiéndose como la privación definitiva de un bien que está relacionado con una infracción penal y que es ordenada por un tribunal u otra autoridad competente. Como bien lo explicita Vargas González,

> «(...) en una primera aproximación, el comiso se puede conceptualizar como la pérdida a favor del Estado, del derecho que tiene el condenado o un tercero (en ciertas circunstancias), sobre los efectos procedentes de un delito o falta dolosos, o de un delito imprudente cuya pena sea superior a un año de prisión; de los instrumentos con que se haya preparado o ejecutado, así como de las ganancias provenientes de aquel delito o falta, cualesquiera que sean las transformaciones que hayan podido experimentar (...)»[158].

Por lo tanto, es una medida que tiene por objeto sustraer determinados bienes de sus titulares por estar vinculados de alguna manera con un ilícito penal, ya sea por constituir los instrumentos de comisión, su objeto o sus utilidades o efectos, lo que se justifica tanto en la peligrosidad de los mismos como en el hecho de que constituyen un «patrimonio criminal» intolerable a la luz de los principios que nos rigen como sociedad. El *comiso* tradicional se considera en el sistema europeo continental como una *consecuencia jurídica prevista en la legislación penal*, que se asocia a la

---

[156] Gascón Inchausti, F. 2010, «Mutuo reconocimiento de resoluciones judiciales en la Unión Europea y decomiso de bienes», en: *Cuadernos Digitales de Formación. Reconocimiento y ejecución de resoluciones penales en el espacio judicial europeo*, Vol, 6, pág. 1.

[157] Véase Muñoz Conde, F. y García Arán, M. 2010, *Derecho Penal. Parte General*, Tirant lo Blanch, Valencia, 6ta edición, pág. 621.

[158] Vargas González, P. 2012, *Ob. cit.*, pág. 22.

imposición de una pena o a la configuración de una conducta que como mínimo, es típica y antijurídica según los cánones penales. Del mismo modo, son los órganos jurisdiccionales penales y no otros los que a través de una sentencia (penal) imponen dicha medida.

A pesar de la trascendencia de todas estas circunstancias, como las mismas son comunes a algunas consecuencias jurídicas que tienen otra naturaleza, p. ej., la responsabilidad civil del delito (lo que es comprensible, ya que en la resolución de un caso que involucra conductas delictivas también pueden intervenir otros sectores del ordenamiento jurídico), se requieren argumentos adicionales para atribuir al *comiso* una naturaleza penal especial.

En Venezuela, al contrario de lo que ocurre en el resto del continente americano, el término empleado tradicionalmente por la doctrina[159] y jurisprudencia[160] es «*comiso*», dejando la expresión «*decomiso*» como vocablo más asociado a procedimientos e informes policiales de desposesión patrimonial de bienes muebles. Así, para la nación caribeña, hacer alusión al *comiso* directo o tradicional es definirlo como la «(...) *privación coactiva de una parte de los bienes muebles de una persona por razones de orden público, sin derecho a indemnización alguna* (...)»[161]. Se asocia a una desposesión de bienes como sanción, sea administrativa o penal accesoria a la principal, sin que esos bienes sean destinados a ningún uso público ni en interés general.

1.2. Evolución del comiso tradicional en España y su proyección hacia Latinoamérica

Como indicamos, el origen romanista del *comiso fue* diluyéndose en la medida que asumió aspectos cada vez más patrimonialistas y se incardinó en el modelo penal clásico-liberal, ceñido férreamente a la «*protección de los bienes altamente personales y del patrimonio, con estricta vinculación por los principios de garantía*»[162]. Esto nos lleva necesariamente a ubicarnos en un contexto donde para entender la evolución histórica del *comiso* tradicional, debe abordarse su relevancia en razón de las tendencias actuales de lucha contra la criminalidad económica, en las cuales, la primera redefinición ocurre con el concepto de «*impunidad*».

Se requiere así superar la tradicional idea penal de la «*conducta ilícita sin castigo*», para extender el concepto al ámbito patrimonial en razón que muchas veces, como de suyo ocurren en los delitos económicos (corrupción, lavado de activos, narcotráfico y delincuencia organizada), los «(...) *bienes ilícitos quedan para el pleno disfrute del delincuente condenado, para su familia, su organización, o bien, en función de la promoción, financiación o ejecución de nuevas actividades delictivas*(...)»[163].

---

159 ARAUJO, A. E. y SALOMÓN DE PADRÓN, M. 1981, *Estudio comparativo entre la nacionalización y la reserva, la expropiación, la confiscación, la requisición y el comiso.* En. AAVV. *Archivo de Derecho Público y Ciencias de la Administración. El Régimen Jurídico de las Nacionalizaciones en Venezuela, Homenaje del Instituto de Derecho Público al Prof. Antonio Moles Caubet.* Instituto de Derecho Público de la Facultad de Derecho de la Universidad Central de Venezuela, Caracas, Vol 3 (1972-1979), pág. 151.

160 La jurisprudencia venezolana, especialmente la vinculada al contencioso-administrativo, ha delineado desde hace más de 50 años, el concepto de comiso. La extinta Corte Suprema de Justicia de Venezuela (1961-1999), en su Sala Político-Administrativa, Sentencia de fecha 20 de diciembre de 1967, definía el comiso como «(...) *El comiso es una sanción de carácter patrimonial aplicable con motivo de la realización de un acto ilícito* (...)». El actual Tribunal Supremo de Justicia, en su Sala Político-Administrativa, sostiene la interpretación histórica sobre el comiso, de conformidad con lo expuesto en la sentencia nº 0165 de fecha 06 de marzo de 2012.

161 ARAUJO, A. E. y SALOMÓN DE PADRÓN, M. 1981, *Ob. cit.*, págs. 151-152.

162 SILVA SÁNCHEZ, J.M. 2011, *Ob. cit.*, págs. 165-166.

163 SANTANDER ABRIL, G. 2017, *Ob. cit.*, pág. 429.

Estos cambios han influido en las manifestaciones del *comiso* tradicional o directo. Para ello, tomaremos como referencia su introducción en España, como en efecto, pasamos a revisar, donde es importante determinar la mocedad y evolución del concepto estudiado. Vale destacar que hemos abordado la legislación española en razón que casi buena parte del comiso tradicional latinoamericano ha sido producto de las concepciones en la legislación punitiva española.

Revisando la legislación penal española como fuente de inspiración normativa, el comiso tradicional ha sufrido significativas modificaciones dentro de esta misma vertiente. Desde el Código Penal de 1822 hasta la LO 01/2015, su definición ha encontrado diferentes maneras e identificado diferentes formas, partiendo que la misma en este ámbito no es una pena sino de consecuencia accesoria a la misma[164].

El Código penal español de 1822 incluyó en su nomenclatura de penas pecuniarias -aunque considerado dudosa su calificación como tal[165]- la pérdida de los efectos e instrumentos con los que se cometió el delito. El *comiso* fue considerado como una forma de pena aplicable únicamente en relación con los delitos[166]. Los Códigos penales de 1848 y 1870, los calificó como pena accesoria, más específicamente, «la pérdida o comiso de los instrumentos y efectos del delito». En el de 1870, se contempló -como apunta Vargas González- «expresamente el comiso del dinero o efectos y los instrumentos y útiles destinados al juego o rifa (que en aquel entonces era delito); la aplicación de esta pena accesoria tratándose de faltas y el *comiso* de las dádivas o presentes en materia de cohecho»[167]. El cohecho, es en sí, uno de los delitos antecedentes en materia anticorrupción.

El Código Penal de 1928 introducirá un cambio de fuste. En su ingeniería normativa, los legisladores penales suprimieron las penas accesorias como regla, ubicándose el *comiso* entre las medidas de seguridad que pueden acordarse como consecuencia de los delitos o faltas, o como complementos de pena[168]. En este aspecto, puede observarse una modificación considerable en cuanto a la tradicional forma de técnica legislativa empleada en España en su Código Penal para esta institución, que no verá sino en la reforma de 1932, la vuelta del comiso como pena accesoria[169].

En el Código Penal de 1944, una vez España sometida a un régimen de facto postguerra civil, redistribuyó el *comiso* como pena accesoria pero en situaciones especiales y específicas, como fue el *comiso* facultativo de la imprenta en algunos delitos cometidos por divulgación de impresos no autorizados por el Estado[170], o cuando fuese clandestina. Además, se contempló el *comiso* de las ganancias en lo relacionado con una de las manifestaciones incipientes de la delincuencia económica: *el delito de cohecho*.

Para 1983, ya una vez instaurada la democracia y bajo el imperativo del modelo de estado social y de Derecho propugnado por la Constitución de 1978, el

164 Muñoz Conde, F. y García Arán, M. 2010, *Ob. cit.*, pág. 501.
165 Muñoz Conde, F. y García Arán, M. 2010, *Ob. cit.*, pág. 621.
166 Vargas González, P. 2012, *Ob. cit.*, pág. 24.
167 Vargas González, P. 2012, *Ob. cit.*, pág. 26.
168 *Ibid.*
169 Vargas González, P. 2012, *Ob. cit.*, pág. 28.
170 En los catálogos de «Delitos contra la seguridad exterior del Estado» y «Delitos contra la seguridad interior del Estado». Vargas González, P. 2012, *Ob. cit.*, pág. 30.

Código Penal sufre una reforma mediante la LO 8/1983 del 25 de junio de ese año. El *comiso* se somete expresamente al principio de culpabilidad y proporcionalidad, estableciéndose una «limitación importante», ya que, el juez:

> «(...) *podría prescindir total o parcialmente de esta pena, cuando los bienes son de lícito comercio y su valor sea desproporcionado con la naturaleza o gravedad del hecho delictivo* (...)»[171].

Como ha podido observarse, la evolución del *comiso* en España se ha presentado en distintas etapas, incorporándose en cada una de ellas ciertos contextos y preocupaciones en la política criminal del Estado español, sin que pueda precisarse, por ejemplo, que el *comiso* de 1983 es una mixtificación del previsto en 1944.

Cónsono con este argumento, podemos ver la regulación del *comiso* en las reformas de 1988, 1989, 1992 y 1995 del Código Penal español. La correspondiente al bienio 1988-1989 se enmarcó dentro del concepto de *Guerra contra las Drogas*, que para la década de 1980, había asumido un carácter de calamidad pública en los Estados Unidos y buena parte de Hispanoamérica. Se autorizaba el *comiso* en los delitos de tráfico de drogas, donde, como indica VARGAS GONZÁLEZ, abarcaba no sólo los efectos e instrumentos, sino también las ganancias[172].

Queremos hacer énfasis, en esta apretada síntesis histórica del *comiso* tradicional, que a partir de la CONVENCIÓN DE LAS NACIONES UNIDAS CONTRA EL TRÁFICO DE ESTUPEFACIENTES Y SUSTANCIAS PSICOTRÓPICAS (1988), se puede verificar una tímida introducción a lo que posteriormente serían otras tipologías de *comiso*, más que todo, modificando la lógica del régimen probatorio para tal fin. Esta será la primera experiencia en España que vaya más allá de esta peculiar figura contemplada desde 1822.

La verificación de esta diversidad ocurre en la reforma de 1994 tanto del CÓDIGO PENAL como de la LEY DE ENJUICIAMIENTO CRIMINAL en materia de tráfico de drogas, donde el comiso también se impone *sobre bienes de terceros que no han sido condenados con una pena principal*. Este avance abriría las puertas para las posteriores reformas y la configuración actual de la institución bajo estudio.

Precisamente en España, puede considerarse un antes y un después la reforma del Código Penal en 1995, donde, el *comiso* es una de las figuras más patentemente intervenidas en razón de la presión internacional derivada de las obligaciones que contiene los tratados internacionales suscritos legítimamente por el Reino de España. Lo característico desde hace más de 25 años en la legislación punitiva española, estriba en las tensiones que conlleva la aplicación de los tratados con los principios o estructuras garantistas tradicionales, que en términos de SILVA SÁNCHEZ, se configuraría como el *Derecho penal a dos* velocidades[173], tal y como lo desarrollamos *ut supra*.

De esta manera, las últimas dos décadas identifican al *comiso* tradicional o directo de la siguiente forma, según la exposición de ORTIZ MÁRQUEZ[174]:

> «(...) La jurisprudencia del Tribunal Supremo ha establecido que el comiso se caracteriza por las siguientes notas:

171 VARGAS GONZÁLEZ, P. 2012, *Ob. cit.*, pág. 31.

172 VARGAS GONZÁLEZ, P. 2012, *Ob. cit.*, pág. 33.

173 SILVA SÁNCHEZ, J.M. 2012, *Ob. cit.*, págs. 183-188.

174 ORTIZ MÁRQUEZ, J.M. 2014, *La prescripción y el comiso*. En: AAVV. *Algunas cuestiones relativas a las reformas de derecho penal y procesal penal*, Universidad de Deusto, Bilbao, Cuadernos penales José María Lidón nº 10, págs. 88-89.

1º. No constituye una pena, por no estar incluido en el catálogo del artículo 33 CP, sino una consecuencia accesoria del delito (Título IV del Libro I).

2º. Está sometido a los principios de culpabilidad, proporcionalidad y legalidad.

3º. La aplicación del decomiso no debe entenderse preceptiva en todo caso al no tratarse de una pena accesoria, por lo que ha de ser solicitada por el Ministerio Fiscal o partes acusadoras, de donde se deduce la necesidad de su planteamiento y debate en el Juicio Oral, debiendo ser motivada la resolución que lo acuerde (TS 475/2006, 20 de mayo).

4º. Al tratarse de una consecuencia accesoria de la pena, su imposición es improcedente si no ha mediado condena.

5º. El comiso se diferencia de la responsabilidad civil, si bien el producto de su licitación pueda aplicarse a cubrir responsabilidades civiles (TS 867/2002, 29 de julio) (...)»

Queremos resaltar la nota tradicional de *la necesaria condena a priori para la procedencia* del *comiso* en su vertiente clásica. Así lo sería hasta la reforma introducida por la LO 1/2015 de fecha 23 de noviembre, por ser ésta última, reflejo de la tendencia europea generalizada de la Decisión Marco 2005/212 del Consejo de la Unión Europea de fecha 24.02.2005 y la Directiva 2014/42/UE del Parlamento Europeo y del Consejo de Europa, de fecha 03.04.2014, que estudiamos anteriormente.

En la reforma citada, ocurre una modificación sustancial a la figura, más específicamente, sobre la función y alcance del comiso, pues, de ser una pena accesoria primigeniamente, pasó por considerarse una consecuencia hasta configurarse hoy por hoy otras formas como el *comiso* autónomo o *extinción de dominio*, éstos últimos, cada vez más inclinados hacia una configuración de *institución de carácter civil*[175], aunque no sea lo suficientemente contundente esta calificación tal como lo estudiaremos en las páginas siguientes.

2. Naturaleza jurídica del comiso tradicional

Examinada la evolución histórica del *comiso* tradicional, así como sus componentes lingüísticos, surge la necesaria determinación de la naturaleza jurídica del mismo. Su radical importancia estriba en que una vez respondido el cuestionamiento sobre ¿qué es?, pudiéramos establecer el alcance de la institución o concepto abordado, así como, la aplicación de la normativa supletoria afín con su naturaleza, pues, aunque luzca paradójico, el abordaje de teorías que responden a esta pregunta tiene una clara finalidad práctica, como expresa Montero Aroca[176].

El *comiso* tradicional ha adquirido diferente tratamiento en cuanto a su esencia. La doctrina luce dividida, en razón que algunos lo entienden como pena accesoria, otros como una consecuencia civil, una sanción, e inclusive, como una «mera consecuencia accesoria». En fin, abordar esta categoría nunca ha estado exenta de polémica[177].

---

175 Ortiz Márquez, J.M. 2014, *Ob. cit.*, pág. 89.

176 Montero Aroca, J., Gómez Colomer, J.L., Barona Villa, S. 2019, *Derecho jurisdiccional I, parte general,* Tirant lo Blanch, Valencia, págs. 118-119.

177 Vargas González, P. 2012, *Ob. cit.*, pág. 174.

2.1. Como pena

Como se pudo verificar en las páginas precedentes, el *comiso* directo o tradicional fue concebido tradicionalmente como *pena accesoria* en casi todos los países donde ha recepcionado la institución, dada la influencia directa de la legislación punitiva española sobre el continente americano. Este tratamiento obligatoriamente arrincona hacia la dependencia de un proceso penal donde el imputado haya sido condenado por vía de sentencia. Además, en la regulación normativa, generalmente en los Códigos penales (hasta 1995 en España), existe una clara inclinación de señalar los objetos propios sobre los cuales recae la pena de comiso: *los instrumentos del delito y sus efectos.*

Es la primera naturaleza asumida por nuestros países desde la introducción del Derecho penal moderno, como consecuencia obligatoria de una conducta punible, fue enfocado hacia la declaratoria de responsabilidad penal como requisito o presupuesto principal *sine qua non*. En este sentido, Vargas González, analiza las tesis donde puede diferenciarse dualmente el comiso de instrumentos y el comiso de las ganancias[178], explicitando que al ser una pena, su naturaleza penal proviene del ejercicio del *ius puniendi* estatal, donde, se le priva de la titularidad sobre el bien como condena[179].

Con la reforma penal española de 1995, el *comiso* tradicional *dejó de calificarse como pena*, en razón de su extensión hacia terceros que no han sido ni imputados ni mucho menos condenados penalmente por la comisión de un hecho punible. Hacemos referencia al decomiso de bienes propiedad de terceros, éstos, muchas veces fungiendo como personas interpuestas (testaferros) de quienes sí han cometido delito y han sido condenado por ello. De esta forma, la tesis de la pena accesoria ha venido *diluyéndose en la medida que el comiso adquiere elementos autónomos*, además de imponerse la tendencia mundial de la ampliación de sus límites[180]. Somos contestes con lo afirmado por Santander en el cual no basta que:

> «(...) la naturaleza jurídica penal del comiso no se desprende de un reconocimiento nominal como tal; es decir, de su descripción expresa como pena dentro del capítulo correspondiente en el Código Penal, como lo consagran varios países; sino que se deduce especialmente de su descripción normativa; es decir, aquellos casos en donde la descripción del comiso condiciona su reconocimiento a la declaratoria de responsabilidad por una conducta específica de relevancia jurídico penal. Por ello se puede afirmar que las descripciones normativas del comiso constituyen una especie de «tipo genérico» de comiso, que es común y se complementa con los tipos penales de la parte especial, donde se debe acreditar un nexo de relación directo entre el bien y el delito, teniendo como presupuesto de su reconocimiento, la exigencia de un vínculo directo con un titular de derechos sobre el bien que sea declarado penalmente responsable. (...)»[181] (subrayado nuestro)

La nominalidad, es decir, tipificación legislativa no es el principal argumento para calificar la naturaleza jurídica del *comiso*, como en efecto, ha ocurrido en países como España hasta 1995.

---

178 Vargas González, P. 2012, *Ob. cit.*, págs. 174-175.
179 Vargas González, P. 2012, *Ob. cit.*, pág. 177.
180 Santander Abril, G. 2017, *Ob. cit.*, pág. 453.
181 Santander Abril, G. 2017, *Ob. cit.*, pág. 445.

2.2. Como medida de seguridad

Posterior a las tesis punitivas del *comiso*, fue considerado muchas veces como *medida de seguridad*, en razón de la forma en que el Código Penal español de 1928 lo consagró[182]. Ello fue así por la *teoría de la peligrosidad objetiva de algunos bienes* con los cuales se cometen delitos o bien sean réditos de hechos punibles, como ocurre en el caso de las sustancias estupefacientes y psicotrópicas. Para la fecha en que se pone en boga, estaba muy vigente como clima cultural, las construcciones teóricas civilistas sobre la responsabilidad civil objetiva[183], es decir, de la debida tutela que debe prestar el dueño (guardián) de ciertos bienes peligrosos en el caso que éstos últimos sean de potencial peligro para terceros y para otros bienes.

Ahora bien, para el Derecho penal moderno, la peligrosidad objetiva de bienes no tiene sustento, en razón que las medidas de seguridad siempre serán a título personal (responsabilidad criminal) y no real[184]. Por muy peligrosos que sean los bienes con los cuales se haya cometido un hecho punible, esta característica no fundamenta teoría jurídica alguna que establezca un paralelismo entre la responsabilidad civil derivada de los objetos del comiso. Además, habría que determinar qué puede considerarse «objeto peligroso», pues, para algunas legislaciones ciertos componentes están prohibidos o de circulación negocial restringida. Para otras, sencillamente no existe regulación.

Por ello resulta difícil asignarle la categoría de medida de seguridad toda vez que no busca abordar la peligrosidad del sujeto, de modo que no obtiene los fines de mejora y reeducación que estas pretenden por lo que tienen carácter personal ya que recaen sobre el agente, a diferencia de las que tienen carácter real pues recaen sobre los bienes.

2.3. Como institución civil

Para otro sector de la doctrina, explicitado por VARGAS GONZÁLEZ[185], el *comiso* tradicional asume la naturaleza de *una institución de Derecho civil*, en razón de la nominalidad que algunas legislaciones latinoamericanas abordaban en sus códigos penales, como por ejemplo, el mote de «*responsabilidad civil derivada del delito*», y que por política criminal común, se introducía en los códigos penales o de enjuiciamiento criminal. El *comiso* vendría a fungir como una suerte de reparación civil, más sin embargo, compartimos la opinión de SANTANDER, en reflexionar que es inapropiado otorgarle esta naturaleza jurídica a la figura estudiada de forma tradicional[186].

Entre los argumentos empleados por el autor citado, abona la tesis que existen eventos donde la afectación del bien busca responder alguna expectativa de carácter civil no precisamente derivado de hechos punibles. Coloca de ejemplo la

---

182 SANTANDER ABRIL, G. 2017, *Ob. cit.*, pág. 447.

183 Al respecto, la teoría del guardián y su evolución histórica, véase PORCHY-SIMON, S. 2008, *Droit civil. Les obligations*, Dalloz, París págs. 327-330. En su exposición tradicional, véase MAZEAUD, H. y L. y TUNC, A. 1962, *Tratado Teórico y Práctico de la Responsabilidad Civil Delictual y Contractual*, Ediciones EJEA, Buenos Aires, Tomo II, Vol. 1, págs. 117-121.

184 SANTANDER ABRIL, G. 2017, *Ob. cit.*, pág. 448.

185 VARGAS GONZÁLEZ, P. 2012, *Ob. cit.*, págs. 178-179.

186 SANTANDER ABRIL, G. 2017, *Ob. cit.*, pág. 449.

restitución o restablecimiento del Derecho, la reparación del daño o la indemnización de los perjuicios, que perfectamente pueden satisfacerse a través del embargo ejecutivo de bienes, como de suyo ocurre en los procedimientos monitorios previstos en los Códigos de Procedimiento Civil latinoamericanos. Además, recalca, que cuando procede la pretensión civil dentro de un proceso penal, el bien objeto de reparación nunca pasa al control del Estado, sino que es destinado a satisfacer las expectativas de reparación de la víctima[187].

Otro de los motivos por lo que muchas veces el comiso se le identifica como de naturaleza civil (*comiso in rem*), estriba en la existencia de otras formas de *comiso* especializadas, que opera tan igual como las reparaciones civiles de las concepciones angloamericanas[188]. Ahora bien, el hecho de la diversificación del *comiso* no es punto de apoyo para aplicar sus manifestaciones características a la versión tradicional del mismo, ya que, la única diferencia se encuentra en el tipo de acción mediante el cual se hace efectivo y los fundamentos de legitimación que la sustentan. En esta tipología de *comiso*, como explicaremos más adelante, las reglas civiles asumen elementos punitivos al estilo del *tort law*, el derecho de daños anglosajón y los *punitive damage*[189]. Mas, sin embargo, es necesario recalcar que es prácticamente imposible que el *comiso* tradicional o directo sea encasillado como una institución civil, al carecer ésta última, noción alguna de sanción.

2.4. Como sanción

Como indicamos al abordar la supuesta naturaleza civil del *comiso* tradicional y *su imposible ubicación dentro de este campo del Derecho*, históricamente aquél ha sido respuesta de sanciones, primigeniamente, como pena accesoria hasta la erosión de la misma y sólo quedarse con el carácter de accesoriedad. De allí que la jurisprudencia española, y casi toda la doctrina penal, establezca que el *comiso* tradicional es una sanción en el sentido que su aplicabilidad responde como consecuencia de una conducta trasgresora.

La sanción -expone VARGAS GONZÁLEZ[190]- debe suponer siempre la imposición de un mal a una persona como consecuencia de una conducta ilegal previa que decide trasgreder algún bien jurídico. De allí la imposición de consecuencias aflictivas reguladas expresamente en la ley, pues, por mucho que existan ahora figuras del *comiso* donde no existe una condena penal, no puede darse el caso del mismo sin un proceso penal[191].

2.5. Como accesoriedad

En la reforma de 1995 del Código penal español, a los fines de superar cualquier desavenencia doctrinal, se asume la inclusión de un tercer género de sancio-

---

187 *Ibid.*

188 SANTANDER ABRIL, G. 2017, *Ob. cit.*, pág. 449.

189 SILVA SÁNCHEZ, J.M. 2011, *Ob. cit.*, págs. 179-180. Este autor aborda un problema del derecho de daños actual, y es el fenómeno de la criminalización del Derecho civil, en el sentido que éste comienza a poseer más garantías que las previstas en la codificación o en la teoría general de la responsabilidad civil, así como, asumir con mayor rigurosidad los juicios de imputación. También resalta el autor, que en materia civil, lo característico es la ausencia del concepto de sanción, pues, la reparación es consecuencia de la declaratoria de responsabilidad al quebrantarse principios patrimoniales.

190 VARGAS GONZÁLEZ, P. 2012, *Ob. cit.*, pág. 186.

191 SANTANDER ABRIL, G. 2017, *Ob. cit.*, pág. 453.

nes, siguiendo así el modelo germánico[192]. De esa manera, el fundamento del *comiso* al no ser ni delito ni medida de seguridad, no le es aplicable ni la culpabilidad, ni la gravedad del hecho, así como ni mucho menos la peligrosidad criminal; aunque debe indicarse, siempre quedará sujeta al principio de la proporcionalidad. Como explicamos, no puede equipparársele tampoco como una institución civil, pues, el comiso responde a ese elemento de «reparación o restablecimiento del derecho», aunque existan figuras como las *Unexplained Wealth Orders* (UWOs)[193] en el Reino Unido que tiendan a confundir la naturaleza jurídica si leemos dichas instituciones desde la óptica y racionalidad del *civil law*.

Lo importante del abordaje como consecuencia jurídica accesoria de naturaleza criminal, radica en los cambios vivenciados en la política criminal española para hacer más eficaz y eficiente este mecanismo de impacto sobre el imaginario social. Además, no puede negarse que el *comiso* tradicional ha sido una herramienta importante para evitar -sobre todo en los delitos económicos- un beneficio de los objetos obtenidos del mismo, inclusive, una vez cumplida una pena de privación de libertad.

Por ejemplo, ¿cuál sería el carácter redimitorio de una prisión contra una persona condenada por delitos contra la corrupción, si una vez cumplida la pena disfrutaría a futuro de los bienes sustraidos de la administración pública? ¿Cúal sería el carácter redimitorio de una prisión si dentro de ella, el sujeto condenado sigue manejando el negocio tan igual o mejor que afuera, como de suyo ocurrió con algunos capos del narcotráfico colombiano hace 30 años, o bien, en el denominado «pranato penitenciario»?

Así, no queda dudas que en España, la corriente mayoritaria implica al *comiso* como consecuencia accesoria[194], lo que abre las puertas para el decomiso de bienes de personas no imputables o de terceros ajenos a un proceso pena[195]. Si fuera una pena, ésto último sería prácticamente imposible, en razón de la culpabilidad que va enlazada íntegramente a aquella. Por otra parte, las penas están sometidas al principio de la personalidad, razón por la cual, al no calificarse el *comiso* como tal, facilita la aplicación del mismo a terceras personas que no han cometido infracción.

3. Bienes sobre los cuales recae el comiso tradicional

Como hicimos referencia en la evolución histórica del *comiso* tradicional, existe una marcada diferenciación sobre los bienes que son decomisados en razón de la aplicación de esta figura, sea cual sea su naturaleza, como pena o como consecuencia accesoria como lo califica la legislación española punitiva que lo consagra[196]. El

---

[192] ZARAGOZA AGUADO, J. 2017, *El Delito de Blanqueo de Capitales. Legislación, Doctrina y Jurisprudencia,* En: AAVV. *Combate del Lavado de Activos desde el Sistema Judicial,* Ediciones de la Organización de Estados Americanos (OEA) - Departamento contra la Delincuencia Organizada Trasnacional, Washington D.C., 5ta edición, pág. 363.

[193] Al respecto, véase BLANCO CORDERO, I. 2017, «El debate en España sobre la necesidad de castigar penalmente el enriquecimiento ilícito de empleados públicos», en: *Revista Electrónica de Ciencia Penal y Criminología,* nº 19-16, págs. 29-30.

[194] No toda la doctrina comparte esta opinión. MANZANARES esgrime críticas porque considera la mención «imprecisa», ya que, no es el comiso directo una consecuencia accesoria de la pena. Véase MANZANARES SAMANIEGO, J.L. 2019, *Código Penal (Adaptado a la Ley Orgánica 5/2010, de 22 de junio). Comentarios y jurisprudencia,* Editorial Comares, Granada, Tomo I: Parte General, pág. 923.

[195] VARGAS GONZÁLEZ, P. 2012, *Ob. cit.,* pág. 94.

[196] NÁQUIRA, J. 2019, *Ob. cit.,* pág. 24.

consenso de los instrumentos normativos estudiados ut supra, distingue sin cortapisa alguna entre el comiso de aparejos y herramienta del delito (*instrumentum sceleris*); el comiso del objeto del delito (*objetum sceleris*) presente en cierta tipología de hechos punibles (Vgr. Drogas, blanqueo de dinero, bienes de legitimación); y, el comiso de los productos o beneficios del delito (*productum sceleris*).

* El comiso de instrumentos del delito (*instrumentum sceleris*).

La primera categoría de bienes son los denominados «instrumentos del delito», considerados como objetos materiales e inmateriales, que sirven al autor-agente del delito sea para preparar o ejecutar la acción u omisión criminal. En el caso de los delitos de naturaleza económica, donde se enmarcan los de corrupción, tenemos los documentos falsificados, cartas, títulos-valores, dinero. Algunos autores[197] han calificado a este tipo de comiso como «comiso de seguridad», tal y como lo explicitamos más arriba. También lleva por nombre «comiso de aseguramiento», «comiso de medios», «comiso de efectos intrumentos», «comiso de peligro», etc.[198]; dado que su fundamento está vinculado con el concepto de peligro objetivo que representa el bien decomisado para atentar o poner en riesgo otro bien jurídico.

CANDELA ROVIRA, tomando como referente la definición que formula la REAL ACADEMIA ESPAÑOLA sobre el término «instrumento»[199], nos señala que éste es «*aquello de que nos servimos para hacer algo*», «aquello que sirve de medio para hacer algo o conseguir un fin». Son objetos que sirven para cumplir el fin ilícito propuesto en un plan criminal, y cuya exacción tiene una finalidad preventiva[200], donde, más allá de los bienes tradicionales (muebles o inmuebles), pueda calificarse objetos como por ejemplo las sociedades mercantiles. Sobre éstas últimas, SANTANDER ABRIL explica[201]:

> «(...) En el caso de las sociedades cuando son utilizadas como instrumentos en los delitos, al estar revestidas de personería jurídica, no pueden ser incautadas como un bien, mas sí sus acciones o derechos de participación social, y los bienes a su nombre. De ahí que la pretensión de comiso debe ser precisa frente al objeto sobre el cual recae; ya sea sobre el total de las acciones o cuotas de participación o una parte de ellas, en especial, en aquellos países donde no existe la responsabilidad penal de las personas jurídicas, donde la pretensión de comiso dependerá del compromiso de cada socio con la circunstancia de comiso, ya sea por acción, al presentar algún nexo de relación con el delito; u omisión, por no cumplir con una debida diligencia o no actuar dentro de los postulados de la buena fe.
>
> Cuando una sociedad es utilizada como instrumento del delito, se debe examinar la forma de destinación de la misma y quien es el responsable, por ejemplo, si la destinación fue realizada por uno de sus socios o accionista, o un empleado, directivo o representante con poderes limitados para actuar; o si por el contrario, la destinación se realizó por quien tenía plenas facultades para comprometer la sociedad con la actividad delictiva (...)»[202]

---

[197] Véase MENDOZA TROCONIS, J.R. 1983, *Ob. cit.*, pág. 253, también, SANTANDER ABRIL, G. 2017, *Ob. cit.*, pág. 447.

[198] CANDELA ROVIRA, S.M. 2015, *El comiso de bienes y ganancias del delito en la legislación penal*, Universitas Miguel Hernández, Elche, pág. 98.

[199] CANDELA ROVIRA, S.M. 2015, *Ob.cit.*, pág. 105.

[200] SANTANDER ABRIL, G. 2017, *Ob. cit.*, pág. 464.

[201] *Ibid.*

[202] SANTANDER ABRIL, G. 2017, *Ob. cit.*, pág. 465.

Se abre así un debate donde incluyen las personas jurídicas de base societaria, aunque nos inclinamos por la opción que sólo se comisa es la titularidad accionaria más no la compañía como persona.

* Comiso sobre el objeto del delito (*objetum sceleris*).

En este segundo lote de bienes, deben entenderse como los objetos creados, transformado o manipulados desde la propia conducta delictiva[203], pero, no las cosas que constituyen el objeto de la infracción misma. Se indica que este tipo de bienes se decomisan para su destrucción, con independencia de la culpabilidad o inocencia de su propietario, o los derechos de terceros; pues, poco importa quien sea el dueño. Lo resaltante es que dichos bienes no pueden estar bajo el tráfico jurídico de la sociedad por el peligro que representan[204]. Es el caso prototípico de los diversos componentes calificados como estupefacientes o psicotrópicos.

* El comiso de los productos o beneficios del delito (*productum sceleris*).

Finalmente, como aparecen en las codificaciones penales de España y Venezuela, existe el decomiso de aquellos beneficios o productos del delito, es decir, las gananciales del delito. Generalmente las actividades criminales de naturaleza económica, dentro de la racionalidad del comportamiento corrupto[205], busca un incremento patrimonial a costa de destruir otros bienes jurídicos de la sociedad y del Estado mismo como ocurre con los delitos de salvaguarda del patrimonio público.

Este tipo de beneficio económico decomisado, puede incluirse cualquier tipo de bienes como sentencia Vargas González[206], que al principio se califica como producto pero que finalmente serán utilidades económicas. Sobre estos bienes, tanto el comiso tradicional como las nuevas versiones han afinado sus estrategias, pues, en la medida que los Estados coloquen todas las trabas para evitar que bienes o ganancias productos de actividad criminal organizada puedan ser disfrutados, habrá mayor eficiencia en la lucha contra la corrupción[207].

El principio *de que nadie debe enriquecerse mediante hechos* antijurídicos[208], termina por fundamentar y potenciar en el ámbito del derecho patrimonial, el perfeccionamiento sobre esta forma hacia la cual está dirigida las actividades de comiso.

Existe otro punto con respecto a esta categoría de bienes objeto del comiso (o pérdida), y tiene que ver con aquellos que han sufrido una transformación o convertido parcial o totalmente en otros bienes, hasta el valor estimado del producto del delito que se haya mezclado con bienes adquiridos de fuentes lícitas, y de los ingresos u otros beneficios derivados del producto del delito.

II. EL COMISO AUTÓNOMO Y SUS MÚLTIPLES ACEPCIONES EN EL DERECHO COMPARADO, COMO FORMA ALTERNATIVA Y COMPLEMENTARIA PARA SANCIONAR DELITOS ECONÓMICOS

Hasta el presente, hemos abordado la esencia del *comiso* tradicional, o también conocido por otras acepciones tales como *comiso* directo o *comiso* clásico. Éste se halla

---

203 Santander Abril, G. 2017, *Ob. cit.*, pág. 462.

204 *Ibid.*

205 March Poquet, J.M. 2017, «Economía Pública y corrupción. Una ordenación de las propuestas anticorrupción», *Revista de Economía Pública, Social y Cooperativa,* N° 91, pág. 272.

206 Vargas González, P. 2012, *Ob. cit.*, pág. 56.

207 Véase Rodríguez García, N. 2017, *El decomiso de activos ilícitos,* Editorial Aranzadi, Pamplona.

208 Náquira, J. 2019, *Ob. cit.*, pág. 24.

regulado tanto en CNUCTISS 1988, CNUCDOT 2000, y más expresamente en UNCAC 2003, sin embargo, tal y como indicamos ut supra, su concepción ha estado presente desde inicios de la década de los 80 del siglo pasado, en las primeras reuniones que más tarde se concretaría fallidamente en la CNUCTISS. Su eficacia dentro del Derecho penal ha sido comprobado con más de 150 años de consagración formal en las legislaciones punitivas de nuestros respectivos países como se explicó en las líneas precedentes.

Sin embargo, si bien es cierto que la concepción de un *comiso* autónomo lo introduce de forma fehaciente la UNCAC 2003, los convenios precedentes comenzaron a sugerir su modificación cuando implantaron una radical concepción sobre una de las bases históricas del comiso: **su régimen probatorio**. En efecto, CNUCTISS 1988[209] y CNUCDOT 2000[210] coinciden en el mismo tenor sobre la literal «inversión de la carga de la prueba», que en materia penal, implica un salto copernicano frente al sistema garantista donde la *presunción de inocencia* es el hito fundamental que influye sobre todo el sistema de enjuiciamiento criminal.

Será en la UNCAC 2003 cuando ostensiblemente una convención conmine a los Estados para la creación de formas de *comiso* «(...) *sin que medie una condena* (...)»[211] tal como se encuentra confeccionado en el lenguaje del texto del tratado. Ahora bien, cuando la UNCAC 2003 impulsa para que los Estados suscribientes mediten formas de *comiso* autónomo, lo realiza no tanto como una imposición formal, sino, con la convicción que dicho mecanismo es coadyuvante para el combate de los delitos económicos, delincuencia organizada y más propiamente, *la corrupción*, partiendo de la premisa que ésta última es una actividad *altamente racionalizada y tecnificada*.

1. El comiso autónomo y su introducción como mecanismo coadyuvante contra los delitos económicos, especialmente, en los delitos de corrupción

Partiendo entonces que el *comiso* autónomo más que una accesoriedad como se le entiende en su naturaleza tradicional no puede dispensársele el mismo tratamiento cuando se emancipa de la condenatoria penal. El *comiso* siempre estuvo atado a la suerte de la comprobación de culpabilidad en un proceso judicial con todas sus garantías. Esto a la final pudiera ser contraproducente, partiendo que la actividad criminal organizada de corte económico, ahora tras el postcovid-19 en su versión 2.0, aprovechará cada detalle del sistema para evitar perder los recursos, provecho, utilidad o bienes obtenidos de forma ilícita, como parece apuntar las hipótesis previstas en el artículo 127 TER. del Código Penal español[212]. Es por ello

209 Artículo 5.7.

210 Artículo 12.7.

211 Artículo 54.1, c).

212 **Artículo 127 ter.**

1. El juez o tribunal podrá acordar el decomiso previsto en los artículos anteriores aunque no medie sentencia de condena, cuando la situación patrimonial ilícita quede acreditada en un proceso contradictorio y se trate de alguno de los siguientes supuestos:

a) Que el sujeto haya fallecido o sufra una enfermedad crónica que impida su enjuiciamiento y exista el riesgo de que puedan prescribir los hechos,

b) se encuentre en rebeldía y ello impida que los hechos puedan ser enjuiciados dentro de un plazo razonable, o

c) no se le imponga pena por estar exento de responsabilidad criminal o por haberse ésta extinguido.

2. El decomiso al que se refiere este artículo solamente podrá dirigirse contra quien haya sido formalmente acusado o contra el imputado con relación al que existan indicios racionales de criminalidad cuando las situaciones a que se refiere el apartado anterior hubieran impedido la continuación del procedimiento penal.

que la nueva arquitectura del *comiso*, el autónomo o sin condena, parte desde otra lógica. Esa lógica se enmarca dentro de las reglas propias de la racionalidad económica, donde, la resolución delictiva se sopesa previamente por varios escenarios. Y, si el contexto indica que cometer el delito implica menores costos que trabajando apegados a la ley, entonces, debe darse por descontado la actividad criminal. Bajo estos parámetros es que los tratados, siendo su versión más acabada UNCAC 2003, asumen teorías de la actividad económica como rasero para tensar las nuevas instituciones o redimensionar la existentes, como es el caso del *comiso*, ahora también denominado autónomo o sin condena.

1.1. La teoría de la conducta racional y los costos delictuales

Como bien lo indicamos, acometimos la tarea de visualizar el *comiso* autónomo no por su versatilidad sustantiva o adjetiva en la esfera penal. Su mutación, producto de las necesidades reales para frenar la delincuencia económica, lo incardina dentro de muchas áreas de los llamados delitos «en» y «la» globalización. Sin embargo, podemos encontrar que al divisarlo, el *comiso* debe abordarse como uno de los instrumentos punitivos para encarecer los costos delictuales, afectando directamente al patrimonio del delincuente y aquellos que cooperan con él. Como ha señalado el Premio Nobel de Economía, GARY BECKER -citado por TABLANTE y MORALES-, en materia como la corrupción, los agentes corruptos:

> «(...) analizan la relación entre costos por la práctica de la corrupción, los beneficios financieros, así como la probabilidad de eventual prisión y devolución de las ganancias ilícitas (...)»[213].

La actividad delincuencial organizada, y más propiamente la corrupción, como su palabra lo dice, *no es propia de personas irracionales*[214]. Al contrario. Su presencia e intensidad dependerá de la capacidad racional para tomar decisiones en base a la ecuación utilitaria de ganancias y costes, pues, más que «niveles de corrupción», lo que existe es corrupción organizada o caótica. Por ello, más allá de la implementación de formas severas en las penas, lo fundamental para un sistema sancionador eficaz será aquel que incremente los costes de la sanción, hasta el punto de superar las utilidades esperadas por la conducta ilícita[215]. Así se da a entrever del lenguaje en los tres tratados que hemos analizado a lo largo de la presente obra, pero, resulta

---

213 TABLANTE, C. y MORALES, M. 2018, *Impacto de la corrupción de los derechos humanos*, Instituto de Estudios Constitucionales de Querétaro, México, págs. 113-114. Además, vale la pena señalar que los autores en referencia, resaltan el resultado de varias entrevistas realizadas en Sao Paulo (Brasil), hacia convictos por delitos de asalto a bancos, quienes manifestaron «sentir pánico por quedarse pobres y sin el botín a ser arrestados en la frustración del robo».

214 RODRÍGUEZ LÓPEZ, F. 2019, *Análisis económico de la corrupción*, Universidad de Salamanca, págs. 1-2.

215 RODRÍGUEZ LÓPEZ, F. 2019, *Ob. cit.*, pág. 3. Debemos resaltar lo que apunta SANTANDER ABRIL, G. 2017, *Ob. cit.*, pág. 430 sobre el gran terror que le causa a los delincuentes económicos «perder las utilidades provenientes del delito» más que la privación de libertad. En efecto: «(...) *Esta problemática también lleva a reconocer que desde la perspectiva de las ganancias ilícitas, la pena de prisión no está cumpliendo eficientemente con sus fines disuasivos, pues ante los altos niveles de impunidad patrimonial que predomina en la mayoría de los países, esta tradicional pena solo suele generar los efectos contrarios, pues a pesar que el delincuente cumpla físicamente con una condena que el Estado le impone, si no se le priva de sus ganancias ilícitas, cumplida la pena podrá salir a disfrutarlas, lo que en últimas ejerce un efecto gratificante de su proceder antisocial, con el agravante de que en la mayoría de legisladores no se prevé un procedimiento que permita perseguir los bienes ilícitos más allá de los límites del proceso penal, reafirmando así la funesta idea de que delinquir «si vale la pena»* (...)».

más gráfica en UNCAC 2003 en razón que la corrupción ocurre dentro de las administraciones públicas, por *sujetos que legalmente y legítimamente se encuentran allí designados*. En drogas o materias como crimen organizado, resulta menos sofisticado la manera de materializar actividad punible, en razón que ambas manifestaciones *a priori* se encuentran al margen de la ley, o son desdeñadas también con medios de control social, más que todo, basados en prejuicios y estándares morales.

Queremos detenernos más en donde la actividad racional es más fuerte de los tipos de delincuencia económica: **la corrupción**. Si partimos que la misma, de forma apriorística, *no comporta una antijuridicidad*, su núcleo duro es el «(...) *abuso del poder público en beneficio privado* (...)»[216]. Dicho atropello implica unos mecanismos y formas aglutinadas en un proceso -muchas veces complejo-, que pueden englobarse en la terminología de BOEHM y GRAFF[217] como «*Acuerdos Corruptos*». Estos deben entenderse como, de conformidad con lo analizado por estos autores:

> «(...) es un contrato a la sombra de la ley, secretos, de acceso limitados y profesionales (...)

Esto denota varios componentes calificados, que a pesar de ser ilegales, perfectamente pueden enmarcarse dentro de la *teoría neoclásica del negocio jurídico*, que son sujetos, objeto y causa, entendida ésta última como *la función económica-social del contrato, donde su utilidad estribaría sobre todo en explicar la sancionabilidad jurídica de las promesas y de esta manera, permitir la tipificación de los contratos*[218].

Como negociación -que se potencia riesgosamente al estar al margen de la ley y no contar con mecanismos para su exigibilidad judicial- requiere de las más refinadas formas racionales conocidas, pues, como bien lo indica MARCH POQUET, pueden ser explicadas bajo la *teoría de la elección racional* (TER)[219]. Según esta tesis, todo sujeto dentro de una negociación corrupta busca maximizar su poder y minimizar su sufrimiento, lo que incluye, oportunidades, costos y beneficios como en cualquier contrato legal que se suscriba. La única diferencia estriba en que si se evidencia el contrato ante el sistema jurídico, conllevaría necesariamente a sanciones de múltiples formas y dimensiones.

Como nadie busca ser sancionado, es decir, que en toda elección racional, *ninguna persona en sus cabales persigue que lo penalicen*, entonces, se perfeccionan instrumentos y procedimientos para obtener la mayor cantidad de ganancias posi-

---

216 Definición asumida por el Banco Mundial. Para más detalles, véase TANZI, V. 1998, «Corruption around the world. Causes, consequences, scope and cures», *International Monetary Fund Staff papers*, N° 4, Vol. 45, pág. 564. También, a los efectos de entender la preocupación de las organizaciones supranacionales para logran un consenso sobre el concepto de corrupción, véase PARLAMENTO EUROPEO. *Resolución del Parlamento Europeo de fecha 11 de junio de 2013, sobre la delincuencia organizada, la corrupción y el blanqueo de dinero: recomendaciones sobre las acciones o iniciativas que han de llevarse a cabo (Informe provisional) (2012/2117 (INI))*, aparte 4.

217 BOEHM, F. y GRAF LAMBSDORFF, J. 2009, «Corrupción y anticorrupción: una perspectiva neoinstitucional», *Revista de Economía Institucional*, Vol. II, N° 21, págs. 47-50.

218 Sobre esta noción del neocausalismo, véase la edición de CAPITANT, H. 2005, *De la causa de las obligaciones*, Analecta, Madrid. GHESTIN, J. 1980, *Traité de Droit Civil. Les Obligations-Le Contrat*, L.G.D.J, París, Vol. II, n° 643, págs. 532 y ss. En el mismo sentido, véase GIORGIANNI, M. 1965, «Obligazione (Diritto Privato)», *Novissimo Digesto Italiano*, UTET, Torino, Vol. XI, pág. 561. MARTY, G. y RAYNAUD, P. 1962, *Droit Civil*, Sirey, París, N° 176 y ss., págs. 160.

219 MARCH POQUET, J.M. 2017, «Economía Pública y corrupción. Una ordenación de las propuestas anticorrupción», *Revista de Economía Pública, Social y Cooperativa*, N° 91, pág. 273.

bles, inclusive, más allá de lo razonable porque subyace en el imaginario criminal que es muy plausible la frustración del delito, y por tanto, no se materialice el «próximo golpe». Esto ha sido práctica en casi todo el planeta, hasta el punto que, la propia UNCAC reconoce su combate en todas las perspectivas posibles[220], más allá de la esfera punitiva.

MARCH POQUET resume entonces la TER en la siguiente ecuación[221]:

Beneficio (E) = Ingreso – Costes – f (Severidad sanción, P (Pagar sanción))

P (Pagar sanción) = P [Detección, Detención, Procesamiento, Condena, Cumplir condena]

De esta manera más que explicar los detalles de la teoría de la elección racional o la del negocio jurídico, nos interesa abordar los llamados *costes en la ecuación*, pues, son la premisa por la cual UNCAC 2003 contempla la figura del *comiso* autónomo, y en la LEY MODELO DE EXTINCIÓN DE DOMINIO, las peculiaridades de esta figura latinoamericana. Los costes «(...) *corresponden a los gastos necesarios para realizar (y reproducir si es posible) los actos corruptos; principalmente son gastos de ocultación (empresas tapadera, testaferros, gastos de lavado de dinero sucio...) y gastos de protección (gabinetes de abogados, sobornos a policías y jueces, etc.)* (...)»[222].

Nos interesa la estrategia de **encarecer los costes delictuales**, que como indicamos, es la asimilada a nuestro juicio por UNCAC 2003 y en menor medida por CNUCTISS y CNUCDOT, donde, la figura del *comiso* autónomo y la *extinción de dominio* debería asumir un papel protagónico para incrementar los mismos hasta el punto de hacer la actividad criminal organizada de excesiva onerosidad, y por tanto, ser desechada como actividad racional para obtener beneficios. Como indica MARCH POQUET, los costes en este sentido deben entenderse como «costes de ocultación», es decir, gastos para ocultar y proteger el acuerdo corrupto. En estos sobresale, colocando de ejemplo, los gastos para mantener la fidelidad de un testaferro, la ingeniería financiera-contable para creación de empresas fantasmas, los honorarios profesionales de abogados con el objetivo de ocultar bienes, etc[223].

Llama la atención que no incluya el citado autor, los denominados «costes penitenciaros», los cuales deben entenderse como aquellos gastos que debe incurrir en el tiempo de cumplimiento de una pena privativa de libertad, para sostener «*privilegios*» penitenciarios intramuros que incluyen un menú diferenciado del resto de reos -situación muy común en los países en vía de desarrollo-, comodidades para su divertimento, e inclusive, espacios para continuar dirigiendo la empresa criminal al recibir mayor tiempo de visita de sus subordinados, siendo el caso de la prisión de ENVIGADO (Colombia) en época del CARTEL DE MEDELLÍN, el ejemplo de lo señalado en este párrafo.

---

220 Vale la pena citar lo que establece uno de los párrafos del preámbulo de la UNCAC: «(...) *Preocupados asimismo por los casos de corrupción que entrañan vastas cantidades de activos, los cuales pueden constituir una porción importante de los recursos de los Estados, y que amenazan la estabilidad política y el desarrollo sostenible de esos Estados* (...)».

221 MARCH POQUET, J.M. 2017, *Ob. cit.*, pág. 273.

222 *Ibid.*

223 MARCH POQUET, J.M. 2017, *Ob. cit.*, pág. 278.

Sin embargo, debemos partir que el *comiso* autónomo o sin condena, es un instrumento de encarecimiento de costes; más, ésta es una herramienta para obtener la definitiva recuperación de los activos producto de esa corrupción que sería la consecuencia plausible de todo decomiso. Como explica GUILLERMO JORGE, estas acciones, además de encarecer costes, tienen una finalidad de evitar «(...) *que quienes se enriquecen por medios ilícitos puedan convertirse en modelos sociales* (...)»[224].

De esta manera, analizado el *comiso* autónomo o sea la *extinción de dominio* como forma incontestable de incrementar los costos de cualquier empresa criminal de naturaleza económica, y más propiamente de la corrupción, pues, no sólo los sujetos que participan directamente pueden ser objeto de la acción, sino también terceros que no tienen ningún vínculo con el delito enjuiciado; debemos revisar cómo opera en aquellos países en que ha sido puesto en vigencia. Esta peculiaridad debemos asumirla en razón que existen casos, como el español, donde hay claras diferencias entre el *comiso* directo (tradicional) y el *comiso* sin condena.

Lo que si queremos dejar en claro, preliminarmente, es que esta diferenciación se encuentra más que justificada, no sólo en la teoría de las dos velocidades del Derecho penal en nuestros días (que explicamos en el capítulo segundo), así como, lo dispuesto en la UNCAC en su artículo 54,1,c) y en menor medida en las otras Convenciones como observaremos más adelante. Debemos recordar que la corrupción, el narcotráfico y las prácticas organizacionales criminales traen consigo *víctimas masivas*[225] que sufren las deficiencias en las prestaciones de servicios o en el clima de seguridad jurídica por el desvío de recursos que presupuestariamente están imputados para estas funciones y no para ser apropiados por particulares de forma ilícita.

Toda víctima -sobresalientemente en los delitos de naturaleza patrimonial- requiere ser compensada[226], y los fondos y bienes decomisados, en estos casos, engrosan a su fuente originaria en estos delitos: *las arcas públicas*. Con estos elementos patrimoniales puede restituirse partidas u objetos que su causa original -y quizá única- era satisfacer necesidades generales de servicios.

Ahora bien, el *comiso* autónomo como bien lo indica SANTANDER ABRIL, es también una respuesta creada bajo el amparo de la economía neoinstitucional; que poco a poco se emancipa del Derecho penal[227]. Es también una medida correctiva (dentro

224 JORGE, G. 2008, *La recuperación de activos de la corrupción*, Editores del puerto, Buenos Aires, pág. 90.

225 Véase lo ocurrido en Venezuela en: TRANSPARENCIA VENEZUELA. *La Gran corrupción y los derechos humanos en Venezuela*, Caracas, 2018 [https://transparencia.org.ve/?s=gran+corrupcion]. Uno de los efectos perniciosos de la denominada «Gran Corrupción», entendida esta como «(...) *aquella que se da en los más altos niveles del Estado y la sociedad, afecta la disponibilidad, accesibilidad, aceptabilidad y adaptabilidad de los DESC. Ello, en tanto (i) desvía recursos para la realización progresiva de los DESC, lo que puede implicar incluso una violación de la prohibición de regresión; (ii) afecta al principio de máxima utilización de los recursos disponibles; y (iii) desalienta la inversión y la ayuda internacional* (...)» Para más detalles, véase esta definición EN NASH ROJAS, C.; AGUILÓ BASCUÑÁN, P. y BASCUR CAMPOS, M.L. 2014, *Corrupción y Derechos Humanos: Una mirada desde la Jurisprudencia de la Corte Interamericana de Derechos Humanos*, Centro de Derechos Humanos-Facultad de Derecho de la Universidad de Chile, Santiago, pág. 63. Los autores en la cita sustentan su tesis en la sentencia de la Corte Interamericana de los Derechos Humanos (CoIDH) de fecha 1 de julio de 2009 (Serie C, nº 198), caso: *Acevedo Buendía y Otros Vs. Perú*. Excepción preliminar, Fondo, Reparaciones y Costas.

226 GREENBERG, T, SAMUEL, L., GRANT, W. y GRAY, L. 2009, *Recuperación de activos robados. Guía de buenas prácticas para el decomiso de activos sin condena*, Banco Internacional de Reconstrucción y Fomento/ Banco Mundial, Bogotá, pág. 6.

227 SANTANDER ABRIL, G. 2017, *Ob. cit.*, págs. 428-430.

del concepto de costes) pudiendo entonces ser aplicado de forma amplia, sea por tribunales o por vía administrativa, donde también requerirá un régimen procedimental y probatorio estricto y garantista[228]. Y su aplicación, no sólo se circunscribirá al tema de la lucha contra la corrupción, sino también, en el combate contra la legitimación de activos productos del narcotráfico y de la delincuencia organizada.

1.2. Concreción de los principales instrumentos internacionales contra la delincuencia económica

Entendido entonces que el *comiso* autónomo y la *extinción de dominio* como su variante latinoamericana, es un mecanismo coadyuvante para censurar la delincuencia económica, más precisamente, a los delitos de corrupción, verificaremos cómo está consagrado en cada uno de los convenios analizados en el marco de la presente obra. Debemos partir por entender que el *comiso* se transforma de una *accesoriedad*, al asumir el mote de autómono, en *sanción alternativa patrimonial* fundamentada en los Convenios que a continuación revisaremos sobre cómo contribuyó a la extensión del *comiso* en otras variantes más allá de la esfera penal.

1.2.1. En la Convención de Viena de 1988

Como indicamos, la Convención de Viena no contempla un *comiso* autónomo sino que concibe en su acepción tradicional o directo, al entenderlo como una privación con carácter definitiva de algún bien por decisión de un tribunal o de otra autoridad competente. Al hacer énfasis en lo «definitivo» de la decisión, alude directamente a la condenatoria penal como requisito *sine qua non*.

Como se explicó en las páginas precedentes, a pesar de la casi acérrima posición de la mayoría de expertos sobre el desconocimiento del *comiso* autónomo, en razón de los sacrosantos dogmas de la *presunción de inocencia* y el *derecho a la propiedad*; es el primer antecedente sólido de carácter supranacional puesto en evidencia. Lamentamos que, durante las reuniones de 1982, 1984 y 1988, la mayoría no acogió lo indicado por una minoría de expertos anglosajones, que señalaban la viabilidad de concebir el *comiso* autónomo tan igual como las *Unexplained Wealth Orders* (UWOs).

Lo que nos debe interesar para el tema del *comiso* autónomo, así como la *extinción de dominio*, en el contexto en estos tratados, es su *concepción pionera* en cuanto a cierto relajamiento al momento de la valoración probatoria. Como indica el artículo 5:

> «(...)
>
> Artículo 5
> Decomiso
>
> (...) Omisis (...)
>
> 7. Cada una de las Partes considerará la posibilidad de invertir la carga de la prueba respecto del origen lícito del supuesto producto u otros bienes sujetos a decomiso, en la medida en que ello sea compatible con los principios de su derecho interno y con la naturaleza de sus procedimientos judiciales y de otros procedimientos. (...)» (subrayado nuestro)

[228] Greenberg, T, Samuel, L., Grant, W. y Gray, L. 2009, *Ob. cit.*, págs. 13-15.

No puede negarse que una regla de este calibre, para 1988, significaba el quiebre de una larga tradición garantista, máxime, cuando abordamos una institución tan clásica como el *comiso*[229].

1.2.2. En la Convención de Palermo de 2000

Doce años después, la Convención de las Naciones Unidas contra la Delincuencia Organizada Transnacional (CNUCDOT 2000), repite la fórmula sobre el *comiso*, inclinándose por la figura tradicional. Sin embargo, repetirá el mismo tenor que la Convención de Viena sobre drogas en la materia probatoria, conminando a los Estados Partes para:

> «(...)
>
> *Artículo 12. Decomiso e incautación*
>
> (...) Omisis (...)
>
> 7. Los Estados Parte podrán considerar la posibilidad de exigir a un delincuente que demuestre el origen lícito del presunto producto del delito o de otros bienes expuestos a decomiso, en la medida en que ello sea conforme con los principios de su derecho interno y con la índole del proceso judicial u otras actuaciones conexas. (...)» (subrayado nuestro)

La Convención de Palermo es mucho más amplia porque si bien el término «demostrar» está vinculado con la carga de la prueba, queda abierto para que los legisladores innoven en otras figuras sin caer en la polémica sobre la constitucionalidad o no de dicha regla, máxime, cuando el principal obstáculo para la implementación de estas figuras, son las tradiciones constitucionales de los países acostumbrados a los cánones del Derecho penal liberal.

1.2.3. En la Convención de Mérida de 2003

Como observamos, el texto de los tratados va sufriendo una evolución considerable. En los dos primeros de los citados *ut supra*, se muestra a favor de la concepción tradicional del *comiso*, aunque, *el llamamiento* a la inversión de la carga probatoria o a la «plena demostración del origen del bien»; abrirían las puertas para incubar al *comiso* autónomo posteriormente concreto en UNCAC.

Será con la Convención de las Naciones Unidas contra la Corrupción (UNCAC 2003), cuando expresamente se contemple, tal como establece su artículo 54.1, c), en los siguientes términos:

> «(...) Artículo 54. Mecanismos de recuperación de bienes mediante la cooperación internacional para fines de decomiso.
>
> 1. Cada Estado parte, a fin de prestar asistencia judicial recíproca conforme a lo dispuesto en el artículo 55 de la presente Convención con respecto a bienes adquiridos mediante la comisión de un delito tipificado con arreglo a la presente Convención o relacionados con ese delito, de conformidad con su derecho interno:

---

[229] Sobre la inversión de la carga de la prueba y el comiso, véase Garrido Carrillo, F. J. 2018, «Indicios, presunciones e inversión de la carga de la prueba: hacia una política de decomiso total, en: AAVV. *Estudios jurídico penales y criminológicos: en homenaje a Lorenzo Morillas Cuevas*, Dykinson, Madrid, Vol. 2, Págs. 2027-2056 También, Villamarín López, María Luisa. 2017, «Inversión de la carga de la prueba y presunción de inocencia desde una perspectiva europea», *Revista de estudios europeos*, N° Extra 1, págs. 94-105.

(...) Omisis (...)

c) Considerará la posibilidad de adoptar las medidas que sean necesarias para permitir el **decomiso de esos bienes sin que medie una condena**, en casos en que el delincuente no pueda ser enjuiciado por motivo de fallecimiento, fuga o ausencia, o en otros casos apropiados. (Negrillas y subrayado nuestro) (...)»

Nos invita el tratado para que se «permitan el decomiso de bienes sin que medie una condena». La naturaleza de la condena es evidentemente la de tipo penal. Con este documento internacional, se han dado los pasos más agigantados para combatir la delincuencia económica, tomando en cuenta la regularización de una nueva forma de comiso: *el autónomo o sin condena.*

Abre también, como fundamento, para trasmutar la figura tradicional del *comiso* hacia una sanción alternativa patrimonial. Lo importante es la comprensión que los Estados deben sopesar sobre estas soluciones, ya que, las mismas escapan de sus correspondientes políticas criminales. Debemos recordar que el combate contra flagelos como la corrupción, parte por aceptar que existen organizaciones con capacidad de rebasar la propia arquitectura punitiva estatal. Así como la criminalidad económica se potencia con la globalización, también los Estados encuentran mecanismos globales para enfrentarla en cualquier de sus diferentes ámbitos y frentes.

2. Aproximaciones conceptuales del comiso autónomo y sus diferentes acepciones asumidas en la legislación comparada

Los documentos analizados en el subepígrafe anterior, nos permitirán responder a la pregunta ¿de dónde surge el *comiso* autónomo? Pero, tal como se verifica en el tenor textual, ninguno de los convenios definen cómo deben ser dichos *comisos.* Solo se limitan a expresar «sin que medie condena», como indica UNCAC 2003. Sólo en el caso de *extinción de dominio* es que un documento lo define globalmente, específicamente, con la LEY MODELO DE EXTINCIÓN DE DOMINIO de 2011 concretado por la UNODC, de la cual, analizaremos con detenimiento en el capítulo cuarto del ensayo. Por ello, revisaremos cómo la legislación de algunos Estados, receptores de dichos tratados, han concretado el cómo será ese «*sin que medie condena*».

2.1. Aproximación definitoria

Lo anterior nos obliga a la precisión conceptual, en tanto, como reparamos en las páginas anteriores, el *comiso* posee una raíz terminológica que ha sido *aprovechada con indisciplina.* Al sumarse la existencia de otras modalidades corremos el peligro de incrementar la inseguridad terminológica, hasta el punto que, puedan abrirse serias dudas sobre su carácter «autónomo» en razón de una disputa lingüística que no podemos dar cabida. Por ello en este capítulo sólo precisaremos qué es el *comiso* autónomo, un vocablo que asume múltiples concepciones.

Por ello, vamos a precisar las principales aproximaciones conceptuales del *comiso* autónomo y sus diferentes acepciones para así construir una noción común extensible para el fundamento de un *comiso* autónomo. De esta forma, podríamos asumirlo de forma inequívoca evitando las controversias surgidas en España luego de su inclusión en la reforma penal de 2015. El *comiso* autónomo también puede ser conocido como «decomiso civil», «decomiso *in rem*», «decomiso objetivo», o como «acción de extinción de dominio» (Colombia y el resto de Latinoamérica), dependiendo de la legislación y sistema característico.

Hechas estas advertencias, he allí la razón por la que justificamos este apartado, no para construir un collage de definiciones del *comiso* autónomo, sino para aproximarnos a un concepto consensuado que facilite herramientas para su mejor construcción o depuración en la legislación que lo acoja, ello, en el marco internacional de los tres convenios descritos, adoptado por los Estados para tal fin. Por ello, entendemos que para aproximarnos conceptualmente debemos tomar en consideración los tres rasgos o notas resaltantes del instituto bajo análisis.

En primer lugar, citando la obra de GREENBERG, T, SAMUEL, L., GRANT, W. y GRAY, L., partimos por comprender la existencia de dos tipos de *comiso* con un mismo fin que es la *apropiación de los instrumentos y réditos del* crimen[230]. Los califican por un lado como «el penal» y la recuperación de activos (*in rem*). El primero (el directo o clásico) es el primigenio y por ende el que debe operar en todo proceso de enjuiciamiento criminal. Mientras tanto, el segundo, sería como una suerte de acción «subsidiaria», que procedería en los siguientes casos:

«(...)

- El delincuente es un fugitivo y la condena penal no es posible si el acusado es un fugitivo.
- El delincuente está muerto o muere antes de la condena. Con la muerte finalizan los procesos penales.
- El delincuente es inmune al proceso penal.
- El delincuente es tan poderoso que una investigación o proceso penal es irrealista o imposible.
- El delincuente es desconocido y se hallan los activos (por ejemplo, activos hallados en manos de un mensajero no involucrado en el delito penal). Si el activo se deriva del crimen, un propietario o delincuente no puede estar dispuesto a defenderse en procesos civiles de recuperación por temor a que esto le conduzca a un proceso penal. Esta incertidumbre hace que sea muy difícil, si no imposible, un proceso penal contra un delincuente.
- La propiedad pertinente la mantiene un tercero que no ha sido acusado de delito penal, pero sabe -o se hace el desentendido de- que la propiedad está manchada. Aunque el decomiso penal no pueda llegar a la propiedad mantenida por terceros de buena fe, con el decomiso de activos NCB sí puede decomisarse sin una defensa de buena fe.
- Existe evidencia insuficiente para proseguir con un proceso penal (...)»[231]

Si revisamos las hipótesis planteada por estos autores, entenderíamos en un primer lugar que lo *autónomo de lo penal* radica en que ésta última esfera conlleva una serie de garantías especiales de orden constitucional, que impediría la exacción de bienes de personas por las dificultades propias que el Derecho moderno ha contemplado para el proceso penal. Por ello, cuando falla el *comiso* directo, lo propio sería aplicar el autónomo (*in rem*), siempre y cuando se enmarquen en los supuestos legales descritos por la norma.

---

[230] GREENBERG, T, SAMUEL, L., GRANT, W. y GRAY, L. 2009, *Ob. cit.*, pág. 9.
[231] GREENBERG, T, SAMUEL, L., GRANT, W. y GRAY, L. 2009, *Ob. cit.*, pág. 11.

Sin embargo, albergamos algunas discrepancias con esta connotación, ya que, muchas veces, esperar a que falle el *comiso* directo daría pie a la destrucción de pruebas o pondría sobre aviso al resto de cooperadores de quienes se beneficien de la delincuencia económica, para así evitar ser juzgados por vías diferentes a la civil. El *comiso* autónomo puede también ser *alternativo* y *complementario* como acción presente sin requerir agotar el *comiso* directo o tradicional y evitar la impunidad patrimonial. Debemos recordar que la actividad criminal económica está enmarcada dentro de la *teoría de las elecciones racionales* (TER), y por tanto, quienes lo cometen parten por la máxima previsión de sus actuaciones[232].

En segundo lugar, destacamos que el *comiso* autónomo posee una *relativa independencia con respecto a la naturaleza penal*. En efecto, el *comiso* autónomo es regulado en diferentes países, como es el caso de Colombia, Perú, México, Guatemala, El Salvador, Honduras, etc., con el mote «extinción de dominio», haciendo siempre hincapié en su carácter no penal, tal como se explicará en el capítulo cuarto de este libro. Ahora bien, al respecto, compartimos la tesis de GUILLERMO JORGE que analiza ambas figuras, atribuyéndoles siempre (al *comiso* directo y al autónomo) dentro de la esfera penal pero con connotaciones procesales totalmente diferentes[233].

Es decir ambos comisos buscan perseguir, prevenir y ejemplarizar contra el delito, más sin embargo, la forma para poner en marcha sus mecanismos sí cambiarían, pues, el *comiso* tradicional sería siempre abordado como una acción de naturaleza penal (*in personam*), y el autónomo como una acción *in rem*. Al abordarse de esta forma, se aplicarían entonces estándares probatorios y principios que rigen procedimientos civiles o administrativos de menor exigencia que los mínimos penales[234]. La diferenciación -la explica GUILLERMO JORGE- en razón del análisis que realiza sobre la jurisprudencia del TRIBUNAL EUROPEO DE LOS DERECHO HUMANOS (TEDH), el cual ha realizado el tratamiento del instituto acordándole que su:

> «(...) naturaleza penal o civil del decomiso no dependía ni del procedimiento ni del fundamento utilizado en los debates parlamentarios; sino, sobre cómo estuviera regulado el concepto de 'producto del delito' así como de las consecuencias que se derivan del incumplimiento del comiso (...)»[235].

Para el TEDH, será capital para atribuir carácter civil o penal, si la legislación autoriza el decomiso del «producto bruto» o si permite deducir los costos incurridos para la comisión del delito (producto neto). Si sólo procede sobre las ganancias, previo descuento de costos, entonces, el decomiso será de *carácter civil*. Si por el

---

232 Sobre este particular, explican GREENBERG, T, SAMUEL, L., GRANT, W. y GRAY, L. 2009, *Ob. cit.*, págs. 12-13., lo siguiente: «(...) *El decomiso de activos NCB puede ser particularmente eficaz para despojar al políticamente corrupto de los frutos de sus crímenes y restaurar los fondos a los ciudadanos del Estado víctima. Aunque el decomiso de activos NCB nunca debería sustituir al proceso penal, en muchas instancias (particularmente en el contexto de la corrupción oficial), el decomiso de activos NCB puede constituir la única herramienta disponible para recuperar los productos de esos crímenes y exigir alguna medida de justicia. La influencia de los funcionarios corruptos y otras realidades prácticas puede impedir investigaciones criminales totalmente, o hasta después de que el funcionario haya muerto o huido. No es raro que un funcionario corrupto que robe a un país intente obtener también inmunidad en un proceso. Puesto que el sistema de decomiso de activos NCB no depende de una condena penal, puede proceder al margen de la muerte, huida o cualquier inmunidad que pueda gozar el funcionario corrupto* (...)».

233 JORGE, G. 2008, *Ob. cit.*, pág. 72.

234 JORGE, G. 2008, *Ob. cit.*, pág. 73.

235 JORGE, G. 2008, *Ob. cit.*, pág. 75.

contrario, ocurre sobre la totalidad de lo incautado, sin cuidar si se deducen otros gastos, será *indudablemente penal*[236].

No estamos de acuerdo con esta distinción formulada por el TEDH, en razón que la naturaleza jurídica del *comiso* autónomo, sobre todo en los delitos de corrupción, sí tienen un asidero civil en una institución de larga data en el derecho de daños como es el enriquecimiento sin causa. Además, como señala VARGAS GONZÁLEZ, hacer recaer en el peso del concepto entre «bienes brutos o netos», sería formular una distinción hermenéutica que no aparece en ninguna de las convenciones[237], ni la de Viena, ni la de Palermo ni mucho menos la de Mérida (UNCAC).

En tercer lugar, otorgar un carácter diferenciado al *comiso* autónomo del directo, estriba en lo que SANTANDER califica *el enfoque real, donde no se desarrolla ni bajo procedimiento penal ni por el* civil[238]. Es una acción al margen de la persecución penal que **centra el cuestionamiento en los atributos del derecho de propiedad**, y no en la valoración de la conducta y responsabilidad penal de los titulares de los derechos discutidos[239]. Al desviarse hacia el tema de los derechos reales, este *comiso* autónomo buscará el cuestionamiento de la licitud de la propiedad, en razón que ésta última está sometida a cometidos constitucionales y no a su sabor quiritario original. Lo importante será verificar los presupuestos de adquisición y correcto ejercicio de la propiedad[240].

Visto entonces los tres rasgos característicos del *comiso* autónomo (*in rem*), nosotros la definiríamos así:

> *Acción judicial de naturaleza civil, de carácter patrimonial por la cual el Estado, en ejercicio de funciones constitucionales de prevención de actividades criminales asociadas con la corrupción, priva a los particulares de la propiedad de sus bienes sin requerimiento de una condenatoria penal previa, una vez cubierto los extremos previstos en la legislación especial diseñada bajo parámetros internacionales sobre la materia.*

Primero, *es una acción judicial*. Para preservar las mínimas garantías constitucionales, que en los estados sociales de Derecho se concentra en la actividad jurisdiccional, debemos encasillarla dentro de la esfera de un proceso judicial. Como explicamos, por más que aceptemos la presencia de un Derecho penal a dos velocidades, donde en los tipos de delitos relacionados a penas no privativas de libertad se relajen los principios y garantías, así como reglas de imputación; no implica que se descarte el proceso judicial como el mejor escenario sin que genere sospechas.

Por otra parte, sabemos, -sobre todo en América Latina-, de la perniciosa tradición de poderes ejecutivos omnipotentes que se inmiscuyen, sin limitaciones algunas, a la hora de privar a los ciudadanos de sus derechos. Así, calificarla como acción judicial otorgaría un mínimo de garantías y estabilidad[241].

---

236 *Ibid.*

237 VARGAS GONZÁLEZ, P. 2012, *Ob. cit.*, pág. 146.

238 SANTANDER ABRIL, G. 2017, *Ob. cit.*, pág. 487.

239 *Ibid.*

240 *Ibid.* Es de destacar, que en materia urbanística existe una clara referencia a la legitimidad de la propiedad para así poder disfrutar del aprovechamiento urbanístico y ser sancionado cuando no se cumplen las cargas urbanísticas previstas en la Constitución y la legislación especializada. En las sanciones urbanísticas poco importa quién es el propietario, quien incurre en tales ilícitos es la propiedad. Para más detalles, véase PAREJO ALFONSO, L. 2012, *La disciplina urbanística*, Iustel, Madrid, págs. 56-60.

241 SILVA SÁNCHEZ, J.M. 2011, *Ob. cit.*, pág. 83.

Segundo, es de *naturaleza civil patrimonial*. Como lo explicaremos *infra*, esta calificación facilita la autonomía del *comiso* del cordón umbilical penal, como expresa Santander Abril[242]. Lo patrimonial implicaría enfocarlo desde el derecho de las obligaciones, más precisamente con instituciones eficientes con resultados paralelos como es el caso del *enriquecimiento injusto* que en otras legislaciones se le conoce como «sin causa», figura de vasta tradición en los países tributarios del Código Civil francés de 1804[243]. En esta forma generadora de responsabilidad civil, se demanda porque en el negocio jurídico una de las partes ha visto incrementar su patrimonio sin que medie una causa que es el fundamento del contrato.

Tercero, el *Estado la ejerce en ejercicio de sus funciones constitucionales de prevención de actividades criminales asociadas a la corrupción*. A pesar de su emancipación del proceso penal, el *comiso* autónomo es una consecuencia de la política criminal del Estado que busca evitar a toda costa que el enriquecimiento ilícito se instale como forma para obtener ganancias. Como bien lo precisa Guillermo Jorge, el principio «nadie debe beneficiarse de sus acciones ilícitas»[244], ilumina -desde el origen del *comiso*- las directivas criminales de los Estados en materia anticorrupción.

El *comiso* cumple también un papel *preventivo*, en razón que al encarecer los costes delictuales por gravitar sobre cualquier persona -natural o jurídica- la amenaza de la privación de la propiedad, coloca sobre el tapete de los criminales la opción de ejecutar el acuerdo o no. Ningún bien puede ser empleado para el perjuicio de la sociedad, y por tanto, el Estado está obligado a impedirlo a cualquier costo.

Cuarto, *privación de la propiedad de bienes a personas*. Esta privación difiere de otras instituciones similares como la confiscación, la incautación, la expropiación, el aseguramiento de bienes y la recuperación de activos. Lo importante estriba en la capacidad de extender dicha exacción hacia las personas jurídicas, que en materia criminal, ha conllevado múltiples polémicas no resueltas todavía en el Derecho penal[245]. Máxime, al no tener claro el horizonte en la teoría penal general, poco más sería complicado la vinculación de las mismas en los delitos contra la corrupción[246].

Quinto, *basado en elementos objetivos previstos en la legislación bajo parámetros internacionales*. Quizá sea uno de los puntos más decisivos del *comiso* autónomo, ya que, su aplicación al no requerir una condena penal previa, así como tampoco mediar una causa de utilidad pública para privar del derecho de propiedad sobre unos bienes; exigiría del legislador la mayor escrupulosidad al momento de plasmar en la norma cuáles serían los elementos para que el juez pueda determinar el *comiso* autónomo. En efecto, consideramos que el mayor éxito de esta institución se centra

---

242 Santander Abril, G. 2017, *Ob. cit.*, pág. 488.

243 Al respecto, véase Roca Sastre, R.M. y Puig Brutau, J. 2009, *Estudios de Derecho Privado. Obligaciones y Contratos*, Aranzadi/Thomson Reuters, Madrid, Vol. I, pág. 572.

244 Jorge, G. 2008, *Ob. cit.*, pág. 67.

245 Al respecto, véase Bacigalupo, S. 1998, *La responsabilidad penal de las personas jurídicas*, Bosch Editorial, Madrid. Ontiveros Alonso, M. (Coord.). 2014, *La responsabilidad penal de las personas jurídicas: fortalezas, debilidades y perspectivas de cara al futuro*, Tirant lo Blanch, Valencia. Durrieu, N. (Dir.) y Saccani, R. (Dir.). 2018, *Compliance, anticorrupción y responsabilidad penal empresarial*, La Ley editores, Buenos Aires.

246 Véase Rodríguez García, N. 2011, *Corrupción y responsabilidad penal de las personas jurídicas*, en: AAVV. *El estado de derecho colombiano frente a la corrupción: retos y oportunidades a partir del Estatuto Anticorrupción de 2011*, Ediciones de la Universidad del Rosario, Bogotá, págs. 417-482.

en una clarificación legislativa sobre cuáles elementos probatorios, indicios y presunciones debería ponderar el juez al momento de entablarse esta acción de privación de la propiedad contra los particulares.

Por otra parte, estos elementos tampoco pueden responder a los caprichos del legislador, cuando estamos en presencia de un flagelo de magnitudes incalculables por la apropiación de recursos que originalmente su finalidad es para el desarrollo de las sociedades[247]. Nos explicamos. Si bien es cierto los tratados internacionales no ordenan a los Estados que los suscriben la adopción «automática» de sus contenidos, sino que sirven como referencias; no puede alegarse razones de soberanía para incorporar arbitrariamente lo que debería calificarse como *comiso* autónomo. Para ello, existe a nivel del Derecho comparado suficientes sistemas, que coadyuvarán en la construcción de un *comiso* autónomo que no pierda su norte en materia de lucha contra la delincuencia económica: *encarecer los costes de la misma.*

2.2. Naturaleza jurídica del comiso autónomo

Vista esta aproximación al término «comiso autónomo», es necesario verificar cuál es su naturaleza jurídica, pero, no desde la óptica de la institución del *comiso* en general como en efecto fue desarrollado en páginas precedentes, sino, desde el instituto nuevo más allá sobre su consideración como acción. No queremos por otra parte, hacernos eco de lo previsto en la jurisprudencia del TEDH, pues como lo determinamos, poco coadyuva en la concreción de una naturaleza jurídica propia del *comiso* autónomo, que es en sí, nuestro objeto de estudio este ensayo.

Lo que si estamos contestes es que el péndulo de la nueva institución gira entre la *teoría de la accesoriedad penal* y la *teoría del enriquecimiento injusto*, ésta última, de carácter eminentemente civil, más específicamente, en lo relativo al derecho de daños. Su precisión es capital porque derivarían reglas propias o se asimilarían otras, éstas, consolidadas en siglos. Un ejemplo de ello estriba en la aplicación de las teorías sobre las prescripciones, pues, son de abordaje diferente si hablamos de la prescripción de una acción civil o de otra penal. Lo importante es que sea un mecanismo útil y efectivo para el combate contra la criminalidad organizada globalizada y no se transforme, en lo que denuncia Santander Abril, en una «figura desfigurada» y tentadora de los Estados para echarle mano al patrimonio de los particulares[248]. Es importante antes de avanzar dejar claro que las teorías que abordaremos a continuación se han formulado para la figura internacional del *comiso autónomo*, no para la *extinción de dominio* al poseer esta última una naturaleza propia, algunas veces definida en las Constituciones (caso de Colombia y México) o en el perfil jurisprudencial.

Debemos partir entonces que el *comiso* autónomo puede adquirir múltiples naturalezas en razón del ámbito de aplicación dentro del contenido propio de los delitos económicos regulados internacionalmente. Esto nos lleva obligatoriamente a precisar tres aspectos claves para entender las razones por las cuales oscilará el *comiso* entre la *teoría de la accesoriedad penal* y la *teoría del enriquecimiento injusto.*

Primero, la razón para encuadrar la naturaleza jurídica dentro de una teoría no es más que responder a la pregunta ¿qué es?. La respuesta será capital, pues, dependerá de la misma para atribuirle una determinada legislación en aquellos

[247] Jorge, G. 2008, *Ob. cit.*, págs. XIV-XVI.
[248] Santander Abril, G. 2017, *Ob. cit.*, pág. 431.

casos donde no exista una norma específica. Por ejemplo, si entendemos al *comiso* autónomo en materia de drogas o en delincuencia organizada, se encuadrará como una *accesoriedad penal*, es decir, que todo el régimen jurídico determinado para el concepto de accesoriedad puede ser aplicado de forma supletoria. En el caso de la corrupción, al asumir la *teoría del enriquecimiento injusto o sin causa*, entonces, las reglas previstas en el Código civil sobre dicha institución, serían aplicables en los casos de *comiso* autónomo, sobre todo, en lo que atañe a la prescripción, alcance de la exacción, límites y recursos juridiciales, incluyendo, la casacional.

Segundo, el ejercicio teórico sobre la naturaleza jurídica en ningún caso puede representar la elucubración de tesis sólo para responder a determinados caprichos de la doctrina. Tampoco es una muestra de erudición, pues, como ya vimos, estamos en presencia de un instrumento que es requerido ante la gravedad que reviste los delitos económicos, más propiamente, sobre los daños ocasionados de forma periódica por la lacra corrupta.

Tercero, el *comiso* autónomo tiene la capacidad de incorporarse dentro de la categoría de instituciones y conceptos que asumen naturalezas poliédricas, es decir, que pueden participar de dos o tres modelos teóricos dependiendo del ámbito de aplicación. Esto se deduce de los tratados internacionales abordados a lo largo del ensayo, donde, se puede perfectamente entender la evolución que desde 1988 ha sufrido el *comiso*. Es por ello que, pretender sólo imputarle una única naturaleza jurídica al *comiso* autónomo, sería desconocer su esencia.

Recapitulando partimos entonces de la necesaria oscilación pendular del comiso autónomo entre la *teoría de la accesoriedad penal* y la *teoría del enriquecimiento injusto o sin causa*, dependiendo de los ámbitos de su aplicación. Sobre la *extinción de dominio*, ésta a pesar de ser un *comiso* autónomo, posee estructura y naturaleza especial dada la focalización geográfica de la misma. En Europa no se asume este concepto, dado el peso de la tradición y clima cultural del profesorado y medios forenses.

2.2.1. La tesis de la accesoriedad penal

Como lo observamos *ut supra*, la tesis de la accesoriedad penal se impuso en España con la reforma del Código penal en 1995, ello, en el marco de la influencia germánica que contempla el denominado tercer género[249]. Si bien no requiere el *comiso* autónomo una condenatoria penal previa, al hablar de «accesoriedad» nos introduce en la imprescindible vinculación con un proceso penal.

Tal como se indicó, si bien es la teoría más extendida en las legislaciones de habla hispana, también conlleva un problema relacionado a cómo concibe el juez penal el sistema de garantías así como las reglas de imputación. Ello es relevante por cuanto, si se aplicaría las mismas como lo formula el Derecho penal clásico, el *comiso* autónomo estaría siendo golpeado en su línea de flotación, y por ende, el peligro de manejarlo tan igual como el *comiso* directo.

Dentro de esta categoría, como indica Ramón Ribas[250], debe encuadrarse toda tipología de *comiso*, sea de instrumentos, objetos o productos del delito. Nosotros

---

[249] Zaragoza Aguado, J. 2017, *El Delito de Blanqueo de Capitales. Legislación, Doctrina y Jurisprudencia*, En: AAVV. *Combate del Lavado de Activos desde el Sistema Judicial*, Ediciones de la Organización de Estados Americanos (OEA) - Departamento contra la Delincuencia Organizada Trasnacional, Washington D.C., 5ta edición, pág. 363.

[250] Ramón Ribas, E. 2002-2003, «La transformación jurídica del comiso: de pena a consecuencia accesoria», *Estudios penales y criminológicos*, N° XXIV, pág. 532.

somos de la tesis, en razón de lo dispuesto en el artículo 127 ter del Código Penal español, en principio, el *comiso* autónomo *es de naturaleza accesoria*, vinculado a un proceso penal aunque no presuponga una sentencia condenatoria; aunque, en la medida que se modifique la legislación, apuntará más hacia su transformación como de naturaleza patrimonial.

Establece el artículo 127 ter. del Código Penal español, las hipótesis donde debe ser aplicado el *comiso* autónomo, más sin embargo, cuando se escudriña en su redacción, poco explica la naturaleza jurídica. Por ello, se echó mano a la teoría germánica de la accesoriedad para colocarle un mote, que explica muy bien los casos del comiso autónomo en casos de drogas o de delincuencia organizada, e inclusive, pudiera ser aplicado en algunos casos de corrupción. Más sin embargo, no otorga una respuesta concluyente que vaya más allá de hipótesis regulada por la norma penal en el fenómeno más complejo de la corrupción, máxime, cuando se ha reconocido la existencia de los *Acuerdos corruptos*.

2.2.2. La tesis del enriquecimiento injusto o sin causa

La segunda teoría para abordar el *comiso* autónomo es incardinarlo como una institución civil (*in rem*), más propiamente, dentro de la *teoría de la responsabilidad civil*. Aunque para la extinción de dominio resulte evidente, sólo este es aplicado en la legislación latinoamericana, cuando el resto del mundo, se usa el término *comiso* autónomo. Por ello, esta explicación teórica que pudiera lucir de perogrullo para la *extinción de dominio*, para el *comiso* autónomo no es así.

Esto, en principio, pudiera ser fácil al momento de evaluar el *comiso* autónomo en la materia anticorrupción, más, resulta difícil precisar dentro de esta tesis, cuando lo observamos para materias como el narcotráfico o el terrorismo. En efecto, en anticorrupción tiene asidero en razón que el *Acuerdo corrupto* parte como un enriquecimiento injusto, también denominado sin causa. Pero, en otras materias, como narcotráfico o terrorismo, lo que existe es una conducta típicamente antijurídica, no un acuerdo corrupto. De allí la dificultad de encuadrar de forma omnicomprensiva, al *comiso* autónomo como de naturaleza patrimonial civil en puridad. Aquello se deriva de lo que expresamos sobre la verificación de los denominados *Acuerdos corruptos*, que si bien son ilícitos y al margen de la ley, no por ello no dejan de ser negocios jurídicos, y por tanto, un contrato donde lo que realmente se verifica es que su causa es ilícita o muchas veces inexistente.

Ya es consolidado a nivel del Derecho civil las consecuencias que trae consigo un contrato o negocio jurídico sin causa[251], así como, cuando ésta es ilícita o no reconocida por la legislación[252]. Es por ello que los «Acuerdos corruptos» conllevan a la disposición patrimonial de bienes que no le pertenecen a ninguna de las partes del negocio corrupto, pues, no es lícito que se obtengan beneficios a costa del patrimonio público cuando sus fines están perfectamente destinados tanto en la legislación, los reglamentos y demás actos administrativos, así como, en el caso de los recursos fiscales, imputados a una finalidad a través de la ley de presupuesto según sea la administración (nacional, regional, autonómica y municipal).

---

[251] Al respecto, véase MESSINEO, F. 1962, *Doctrina General el Contrato*, Ediciones EJEA, Buenos Aires, Vol. I, cap. II, nº 12, pág. 116.

[252] Al respecto, véase MARTY, R. y RAYNAUD, P. 1962, *Droit civil*, Sirey, París, nº 126, pág. 118, nº 195, pág. 178. RIPERT, G. y BOULANGER, J. 1957, *Traité de Droit civil*, LGDJ, París, Vol. II, nº 300, pág. 122. MAZEAUD, H.L. y J. 1960, *Lecciones de Derecho civil*, Ediciones EJEA, Buenos Aires, Parte II, Tomo I, nº 161, pág. 131 y nº 282, pág. 229.

Sobre esta postura existe cierta oposición en la doctrina calificada sobre la materia de lavado de activos[253], que parte por retomar las ya superadas tesis *anticausalistas* sostenida en la literatura iuscivilista, más específicamente por ERNST, TIMBAL, LAURENT, PLANIOL, DABIN, GIORGI, CHIRONI, en la cual, planteaban que la *causa era falsa e inútil*[254]. Al respecto, debemos recordar que también las tesis anticausalistas que hicieron su papel a principios del siglo XX, *cayeron en desuso*, pues, el sentido inútil y falso de la causa era para la noción tradicional de la misma, heredada de la glosa y posglosa donde no existía una diferenciación entre la causa final del contrato y los motivos para crear una obligación, antigua piedra angular en DOMAT[255] y POTHIER[256].

Por causa se entiende, en el derecho de las obligaciones contemporánea, la *función económica-social del contrato, donde su utilidad estribaría sobre todo en explicar la sancionabilidad jurídica de las promesas y de esta manera, permitir la tipificación de los contratos*. Es la causa la que permite a la justicia contractual determinar el proceso de calificación, es decir, saber ir más allá de la voluntad de las partes. En la calificación contractual, se establece la operación intelectual por la que determina si un negocio jurídico particular se corresponde con alguna de las variedades contractuales tipificadas en la legislación, con el objeto de aplicar posteriormente las regulaciones y consecuencias que dicha regulación establece sobre el contrato. Es el *nomen iuris*, tal y como señala MESSINEO[257].

Visto entonces que la noción de causa sigue siendo de vital importancia para la justicia contractual, y superadas las objeciones de los anticausalistas que tuvieron su tiempo de vigencia con la obra de PLANIOL; es necesario tomar como referencia este elemento indispensable en la formación de los contratos, máxime, cuando estamos haciendo referencia al *Acuerdo corrupto*. Éste último, un negocio jurídico en su puridad, con la diferencia, que su causa es ilícita.

Este hecho nos lleva automáticamente a plantearnos que el comiso autónomo sea de naturaleza civil, *siempre en materia anticorrupción*, indistintamente si existen otros motivos para calificarlo así, como explica GUILLERMO JORGE al estudiar el origen de esta tipología de *comisos sin condena*, que comenzaron aparecer en la legislación antimafia italiana (1965) y que se extenderían con éxito al Derecho angloamericano durante la década de los 60 del siglo pasado[258].

Partimos entonces que existe un «*Acuerdo corrupto*» que implica, en buena parte de la tipología de los delitos contra la corrupción, la apropiaciones de bienes

---

253 FABIÁN CAPARRÓS, C. 2017, *Internacionalización del Lavado de Activos e Internacionalización de la Respuesta,* En: AAVV. *Combate del Lavado de Activos desde el Sistema Judicial,* Ediciones de la Organización de Estados Americanos (OEA) - Departamento contra la Delincuencia Organizada Trasnacional, Washington D.C., 5ta edición, pág. 50. El autor en ciernes expresa: «(...) *Por otra parte, el causalismo como requisito de validez de los negocios jurídicos se encuentra en franco retroceso en nuestro entorno jurídico. De la mano de las nuevas tendencias europeas, asistimos a un progresivo proceso de objetivación en este ámbito cuyo final puede llevarnos a prescindir de este elemento, hasta ahora esencial* (...)».

254 PLANIOL, M. 1945, *Tratado elemental de Derecho civil,* Editorial Cajica, Puebla-México, Vol.II, nº 1037 a 1039.

255 Véase MARTY, R. y RAYNAUD, P. 1962, *Ob. cit.*, nº 190, pág. 172.

256 Véase CAPITANT, H. 2005, *De la causa de las obligaciones,* Analecta, Madrid, nº 78, pág. 160.

257 MESSINEO, F. 1962, *Ob. cit.*, pág. 102.

258 JORGE, G. 2009, *Recuperación de activos de la corrupción en Argentina. Recomendaciones de política institucional y agenda legislativa,* Universidad de San Andrés-Asociación Civil por la Igualdad y la Justicia, Buenos Aires, pág. 46.

o recursos públicos que tienen una finalidad instaurada. Una de las partes del *Acuerdo corrupto* es el funcionario que tiene un vínculo con el Estado, que sea cual sea, dependiendo de la legislación sobre carrera administrativa en cada país, no lo autoriza para disponer como le venga en gana los efectos patrimoniales que se encuentran bajo su responsabilidad ni para provecho propio ni para terceros.

Esto conlleva a detenernos en diferenciar el *comiso* autónomo cercano a una institución civil y su definición aportada *ut supra,* del llamado *comiso ampliado,* que como bien lo explica DÍAZ CABIALE, éste último es imposible que se convierta en una institución civil[259], ya que:

> «(...) Consiguientemente, a su entender, si así lo decide el legislador, no existe la necesidad de respetar la presunción de inocencia y el decomiso puede entenderse como una institución civil. Por eso la cita o toma aislada de sus pronunciamiento induce a confusión. La cuestión es que en nuestro país [España] se sigue el modelo continental: el decomiso se acuerda por un tribunal penal en un proceso de dicha naturaleza. Y, esto es lo decisivo, la decisión de privar de los instrumentos o productos del delito es el resultado del ejercicio de una potestad pública que el Estado hace valer en aquel proceso con unas finalidades también públicas retributivas y de prevención general y especial. El Estado no ostenta ningún derecho subjetivo o interés legítimo privado sobre aquellos bienes a resultas de la actividad delictiva. Y esta realidad jurídica elemental no la puede cambiar ni el tribunal ni legislador alguno. Eso sí, éste, para huir de las garantías del proceso penal, puede crear artificialmente (cuenta con las bendiciones del TEDH) una acción con aquel contenido que se haga valer ante un tribunal civil mediante un proceso civil, pero nunca ostentará dicha naturaleza (la misma que, e.g., tiene la pretensión de ilegalizar un partido político). Porque, como explicamos en otro lugar, al tratarse de entes de razón, aunque con fundamento *in re,* las instituciones jurídicas no gozan de una naturaleza o esencia previa inamovible sino que ostentan aquélla que resulta de los atributos que le otorga el legislador en cada momento. Pero eso sí, el albedrío de éste va menguando en la medida en que construye ámbitos de la realidad jurídica con unas cualidades específicas; así, una institución no será civil o penal por denominación con la que se le califique sino por el conjunto de propiedades que la hacen formar parte de un determinado ámbito jurídico predeterminado por el propio legislador. Si no mudan esas atribuciones no cabe cambiar la naturaleza jurídica de una institución (...)» (subrayado nuestro)

Ciertamente el *comiso ampliado,* regulado en España[260], está vinculado obligatoriamente a una condenatoria penal que determine responsabilidad, y que como su calificativo lo dice «ampliado» hacia terceros que no están condenados pero que en algún grado exige una vinculación a la actividad delictiva porque se «sospecha» que proceden de la misma salvo que se demuestre su procedencia lícita[261]. Sin embargo, lo que estamos estableciendo en este subepígrafe, no es dicho *comiso,* sino el autónomo que se asocia a lo que en América Latina se conoce como «*extinción de dominio*», ésta última vinculado al tema civil del **origen de la propiedad** pero con

---

[259] DÍAZ CABIALE, J.A. 2016, «El decomiso tras las reformas del Código Penal y la Ley de Enjuiciamiento Criminal de 2015», *Revista Electrónica de Ciencia Penal y Criminología,* N° 18-10, pág. 43.

[260] Artículo 127 *bis* del Código Penal Español.

[261] DÍAZ CABIALE, J.A. 2016, *Ob. cit.,* pág. 35.

naturaleza patrimonial *sui generis* como explica MANZANARES SAMANIEGO[262] y como lo ratifica la LEY MODELO SOBRE EXTINCIÓN DE DOMINIO de 2011[263].

Ahora bien, seguimos con el razonamiento que esgrime sobre la apropiación o desvío de bienes o recursos del Estado que sin alguna causa legítima o legal ha generado una atribución patrimonial no justificada en determinadas personas -funcionarios o terceros- que, ante una situación también objetiva, no ha sido capaz de comprobarse penalmente que han cometido delitos de corrupción. Esto ha *generado un enriquecimiento injusto*, pero, penalmente no ha sido probada. Frente a estas dificultades, fue que se concibió la necesaria concreción de un *comiso* autónomo civil tal como explica GUILLERMO JORGE[264], desvinculado a cualquier proceso penal. Es acá donde podemos probar que su naturaleza se enmarcaría dentro de la institución civil-patrimonial, más específicamente del *enriquecimiento injusto o sin causa*. Este último lo entendemos como aquel:

> «(...) incremento patrimonial en una de las partes en una relación jurídica que conlleva, sin existir negocio jurídico alguno, el empobrecimiento de la otra sin que exista justificación amparada por el Derecho (...)»[265].

Su nota esencial radica entonces en lo que supone la restitución por razones de una justicia objetiva, pues, en los contratos y negocios jurídicos -a diferencia de las liberalidades como la donación- **nadie los suscribe para empobrecerse,** a menos que, sea para simular o defraudar a terceros. De allí que PLANIOL y RIPERT planteen que el término correcto sea «(...) *enriquecimiento a costa ajena sin causa legítima* (...)»[266], quizá buscando el paralelismo más cercano con aquella expresión del DIGESTO: «(...) *No es conforme a la justicia que uno se lucre con daño de otro, o que uno sufra un daño por el lucro ajeno* (...)»[267] o bien «(...) *Es conforme al derecho de la naturaleza que nadie pueda enriquecerse en detrimento y con injusticia para otro* (...)»[268].

En el caso de marras, partimos que existe unas facultades y atribuciones competenciales a determinados funcionarios para que dispongan de bienes o administren la ejecución de las diferentes partidas presupuestarias de una dependencia oficial. En su ejercicio, ocurre la desviación de aquellos o favorecimiento a terceros violentando los procedimientos para tal fin -vgr. la licitación- para acceder a dichos recursos o bienes y de esta forma, proceder a una repartición de conformidad con lo pactado en el acuerdo corrupto.

De esta forma, suponiendo que se procese al funcionario y éste quede absuelto (penal o administrativamente) por cualquier causa o incidencia, pero, los bienes

---

262 Véase MANZANARES SAMANIEGO, J.L. 1983, «Las penas patrimoniales en la propuesta de anteproyecto del Nuevo Código Penal», *Documentación jurídica. Monográfico dedicado a la propuesta de anteproyecto del Nuevo Código Penal,* Vol. 1, 37/40, pág. 244.

263 Artículo 2 de LMEDO.

264 JORGE, G. 2008, ... *La recuperación de activos de la corrupción* ... págs. 88-89.

265 Es la definición más o menos unitaria de la institución desde su aparición a finales del siglo XIX y su tratamiento en el siglo XX. Para más detalles, véase DÍEZ-PICAZO Y PONCE DE LEÓN, L. 2011, *La doctrina del enriquecimiento sin causa,* Ediciones de la Pontificia Universidad Javeriana/Depalma/ Grupo editorial Ibáñez, Bogotá. También, véase NUÑEZ LAGOS, R. 1934, *El enriquecimiento sin causa en el Derecho español,* Editorial Reus, Madrid.

266 PLANIOL, M. y RIPERT, G. 1935, *Tratado práctico de Derecho civil francés,* Edición castellana de Marío Díaz Cruz, Cultural, S.A., La Habana, pág. 812.

267 *Digesto,* 23.3.6.2.

268 *Digesto,* 50.17.206.

desaparecieron y las partidas presupuestarias se ejecutaron formalmente, más sin embargo, denotó una desproporción entre lo efectivamente ejecutado y los costos reales de dicho contrato o servicio prestado trayendo consigo un desmejoramiento patrimonial de la Administración. Visto que es imposible decomisar penal o de forma ampliada estos bienes o recursos, sabiendo la existencia de sospechas que se presentó un «*Acuerdo corrupto*», es que cabe el *comiso autónomo*.

El Estado ha sido víctima de un ultraje patrimonial que no tiene legitimidad en la causa, y esto obliga a perseguir los recursos y bienes en proporción al enriquecimiento de la persona que se ha aprovechado de los mismos. En este sentido, -y es acá donde el anticausalismo no tiene asidero- el CÓDIGO CIVIL ALEMÁN (BGB), en su § 822[269] -siguiendo el criterio neocausalista de CAPITANT-, toman como referencia precisamente la causa para establecer cuándo existió empobrecimiento y su paralelo enriquecimiento, el desmedro patrimonial de uno hacia otro.

Tras una auditoría, es perfectamente demostrable el empobrecimiento de la Administración a causa de un funcionario que se aprovechó de la misma, enriqueciéndose, pero, que por diversas razones es imposible de perseguir o condenar penalmente. Es allí donde, ante las fundadas sospechas que probatoriamente arrojaría dicha auditoría o un informe pericial sobre costos de determinados servicios u obras, pudiera el Estado solicitar el *comiso* autónomo debiendo desvirtuar esas presunciones el sujeto que se enriqueció, y dejar sin valor, las pruebas técnicas aportadas en el proceso.

Para ello, no se requeriría estar amparados bajo la jurisdicción (rectius: competencia) penal, sino que bastaría enmarcarlo como una acción civil ante tribunales civiles, o bien, como debería ser en Venezuela dada la inexistencia actual de una ley especial que regule el *comiso* autónomo o la *extinción de dominio*, ante los tribunales contencioso-administrativos en razón de lo dispuesto en los artículos 23.2, 24.2 y 25.2 de la LEY ORGÁNICA DE LA JURISDICCIÓN CONTENCIOSO-ADMINISTRATIVA (LOJCA)[270]. En efecto, en Venezuela, toda demanda de contenido patrimonial ejercidas por las Administraciones públicas, sin distinción de la causa, debe ser ventilada obligatoriamente por esta jurisdicción, a menos que, exista una atribución especial de competencia en la ley.

Con el enriquecimiento sin causa pudiera justificarse la naturaleza de este *comiso* autónomo civil, que como se indicó, en muchos países lleva por título el de «extinción de dominio», éste último término, sin problemas en cuanto a su calificación y naturaleza. El problema estriba en aquellos países que no conforman el subcontinente latinoamericano, donde no conciben el término *extinción de dominio* sino de *comiso* autónomo. Así, en aras de precisar lingüísticamente y evitar caer en la confusión categorial, verificaremos las diferentes tipologías de los *comisos* autónomos globales surgidos en estos procesos de expansión del Derecho penal a través de los convenios y tratados internacionales.

El único inconveniente que traería enmarcarlo dentro del enriquecimiento sin causa al *comiso* autónomo, es que *no calzaría para la delincuencia económica que no fuera*

---

[269] Usamos como referencia para esta investigación, la traducción del profesor ALBERT LAMARCA MÁRQUES. 2013, *Código Civil Alemán y Ley de Introducción al Código Civil*, Editorial Marcial Pons, Madrid. En igual sentido a lo previsto en el BGB, véase MALAURIE, M. P. 1991, *Les Restitutions en Droit Civil*, Editions Cujas, París.

[270] Publicada en Gaceta Oficial de la República Bolivariana de Venezuela (ordinario) nº 39.451 de fecha 22 de junio de 2010.

la calificada como corrupción. Por ejemplo, en materia de tráfico de estupefacientes y sicotrópicos o bien para casos de terrorismo o delincuencia trasnacional, resulta casi imposible determinar un enriquecimiento injusto en razón que ambas actividades no tienen ni un ápice o revestimiento siquiera de legalidad, mucho menos un «*Acuerdo corrupto*».

2.3. Tipologías de comisos autónomos globales

Los especialistas SANTANDER[271] y JORGE[272] explican sobre inusitada -e imparable- expansión del *comiso* de sus moldes tradicionales, donde una multiplicidad de términos asaltan las legislaciones, siendo el más aceptado según BLANCO CORDERO, el de «*comiso* sin condena»[273]. No obstante, queremos en este punto precisar lo característico de cada término, cuando no, lo que denota es su origen y enfoque. Ratificado de esta forma, una separación del purismo lingüístico, pues, lo que sí debemos estar contestes es que la única expresión que debe ser desterrada es la de «*confiscación*», ésta última, residuo de estadios históricos pre modernos.

2.3.1. El modelo angloamericano

El *comiso* autónomo de carácter civil posee raíces muy arraigadas en el contexto del Derecho angloamericano (*civil forfeiture*) donde las acciones pueden ser judiciales o administrativas, dependiendo, como apunta JORGE, del monto involucrado, el tipo de propiedad y si alguien puede responder a la demanda de decomiso[274]. No sólo es un medio sino también una sanción independiente con el fin de obtener a como de lugar la propiedad, aunque, tiene un rasgo característico en los Estados Unidos, y es el carácter preventivo del mismo[275].

En el Reino Unido, las acciones *in rem* se le bautiza como *Unexplained Wealth Orders (UWOs)* (recurso de privación de bienes no justificados)[276], que consisten en órdenes sobre el patrimonio que no puede ni explicarse ni justificarse su origen. Permite a las autoridades administrativas que un Juez dicte una orden para privar de sus bienes a una persona donde el patrimonio luce no sólo *injustificado*, sino, *injustificable*, en razón de la no existencia de proporcionalidad entre los ingresos y éste[277]. Rompe con el concepto tradicional de la carga de la prueba, ya que, es el titular de los bienes quien debe demostrar que proceden de fuente lícita.

En cuanto al procedimiento, JORGE indica que en el Reino Unido, el *comiso* civil está regulado como una *deuda del individuo* con la Corte o con la agencia gubernamental para la recuperación de activos[278]. En ningún caso -y es lo sobresaliente de la figura- no puede vincularse esta deuda con noción penal de culpabilidad del deudor. Su procedencia se sustenta en un sistema de presunciones que siempre apuntará hacia los indicios más que hacia la plena prueba.

---

271 SANTANDER ABRIL, G. 2017, *Ob. cit.*, pág. 429.

272 JORGE, G. 2008, ... *La recuperación de activos de la corrupción* ... pág. 73.

273 BLANCO CORDERO, I. 2017, «El debate en España sobre la necesidad de castigar penalmente el enriquecimiento ilícito de empleados públicos», *Revista Electrónica de Ciencia Penal y Criminología*, Nº 19-16, pág. 30.

274 JORGE, G. 2008, ... *La recuperación de activos de la corrupción* ... pág. 91.

275 JORGE, G. 2008, ... *La recuperación de activos de la corrupción* ... págs. 92-93.

276 BLANCO CORDERO, I. 2017, *Ob. cit.*, pág. 30.

277 BLANCO CORDERO, I. 2017, *Ob. cit.*, pág. 31.

278 JORGE, G. 2008, ... *La recuperación de activos de la corrupción* ... pág. 95.

2.3.2. El modelo español

Finalmente, dentro del método comparativo que estamos empleando para cotejar el *comiso* autónomo, pasamos a revisar someramente los principales rasgos de su inclusión en el sistema legislativo español. Primero, podemos encontrar que asume el término internacional, denominándose *comiso sin condena,* ello para evitar cualquier alusión a los criterios civiles que rigen las *UWOs* anglosajonas o la *extinción de dominio* latinoamericana, ésta última, que abordaremos en el capítulo aparte siguiente.

El Código Penal español (art. 127 ter.) comienza por determinar en este *comiso* autónomo, que no es necesario una sentencia penal previa, y además, queda circunscrito a los siguientes supuestos:

- Si el sujeto haya fallecido o sufra una enfermedad crónica que impida su enjuiciamiento y exista el hecho de que pueda prescribir los hechos.
- Si se encuentra en rebeldía y ello impida que los hechos puedan ser enjuiciados dentro de un plazo razonable.
- No se le imponga pena por estar exento de responsabilidad criminal o por haberse ésta extinguido.

Es importante acotar, que el *comiso* sin condena o facultativo, es de carácter imprescriptible según lo indica el artículo 127.4 del Código Penal español. Lo importante, es que pueda demostrarse una situación patrimonial ilícita[279].

2.3.3. Características del modelo español

A manera de ejercicio pedagógico, pasamos a identificar los principales rasgos característicos del *comiso* sin condena en el modelo español. A pesar de sus críticas, donde muchas veces resalta que no es en sí el ideal del *comiso* que plantea la UNCAC 2003, sí existe una articulación de iniciativas que lo hacen «sui generis», y que aportan una precisión quirúrgica sobre los indicios y presunciones que debe ponderar el juez en un proceso de esta naturaleza. De esta manera, pasamos a identificarlo a grandes rasgos así:

1. Se requiere la *existencia de una situación patrimonial ilícita* que envuelva los bienes cuestionados (por origen o destinación) en una situación ilícita. Para ello, es requisito primigenio la determinación judicial de un ilícito de naturaleza penal. Según Vargas González, el propósito siempre será restituir los bienes a una situación de licitud en cuanto a la distribución de bienes, perjuicios y beneficios[280].
2. Que es *independiente de la declaratoria de responsabilidad penal*, pero, existe un vínculo estrecho con una conducta típicamente antijurídica que comprometa los bienes cuestionados. Esto es lo que realmente caracteriza al *comiso* sin condena español, flexibilizándolo de su horma originaria como pena accesoria[281].
3. Es *facultativo*, por tanto, no es consecuencia directa ni de un delito ni mucho menos obligatorio su interposición como acción judicial, puesto que,

[279] Vargas González, P. 2012, *Ob. cit.*, págs. 213-219.
[280] Vargas González, P. 2012, *Ob. cit.*, pág. 164.
[281] Vargas González, P. 2012, *Ob. cit.*, pág. 217.

dependerá de los indicios probatorios aportados al proceso para así decretarlo o no por una autoridad judicial.

4. Es *garantista* en cuanto al derecho a la defensa. A diferencia del modelo anglosajón, se dan todas las garantías para enervar la pretensión del Ministerio Fiscal sustentada en la prueba indiciaria.

5. Debe *demostrarse el compromiso del titular de los derechos de propiedad*, con la circunstancia de *comiso*. Como indicamos, si bien no requiere de una condena penal, sí es necesario que se pruebe a través de indicios que el origen de esa propiedad o sus derivados, se encuentran dentro de una conducta ilícita, dentro del espectro o «estándar de prueba de balance de probabilidades»[282].

A pesar de esta claridad en sus componentes, somos de la tesis que el *comiso* sin condena español también asumirá una evolución en otra versión más agresiva y desafiante contra la criminalidad económica. Como lo indicamos al inicio del presente libro, los grandes problemas relacionados a narcotráfico, terrorismo, pero, por sobre todo al combate contra la corrupción; exigirá también una sobredimensión de las actuales instituciones penales eficaces y eficientes. Tal vez no asuma el ropaje latinoamericano de la *extinción de dominio*, pero, sí sería fecundo en esta lucha global un instituto mejor acabado que el actual de la reforma de 2015.

2.3.4. Tipologías en la legislación española

A los efectos de establecer rasgos distintivos, tenemos un único tipo de comisos sin condena, en base a la reforma operada del Código Penal español[283]. Con respecto al *comiso sin condena propiamente dicho*, previsto en el artículo 127 TER. del Código Penal, su vinculación con el proceso penal será proporcional al requerimiento de indicios racionales de criminalidad. Opera sobre los supuestos explicitados *ut supra* (sujeto fallecido, impedimento por enfermedad crónica, peligro de prescripción; sujeto en rebeldía; sujeto exento de responsabilidad criminal por extinción de la pena).

Sobre el *comiso de bienes pertenecientes a terceros*, que algunos autores lo califican como un tipo de *comiso* sin condena, en principio no es una variante del *comiso* autónomo, pero, en la práctica se ha transformado así. Este opera sobre las personas que no se les puede imputar como autores de un delito, así como mucho menos como copartícipes del mismo. Lo que requiere es conexidad con una investigación penal que otorgue, tal como apunta VARGAS GONZÁLEZ, reglas de experiencia, indicios y presunciones que facilitan el reconocimiento de elementos que gravitan sobre bienes cuyos titulares son terceros[284].

Sobre este particular, vale destacar lo resaltado por SANTANDER ABRIL en cuanto al papel del tercero, sobre todo, en los delitos económicos. Así, establece:

«(...) En los delitos de alta rentabilidad económica los delincuentes no obran con torpeza y, por tanto, no dejan el producto del delito a su nombre, acudien-

---

282 AGUADO CORREA, T. 2014, «Comiso: crónica de una reforma anunciada. Análisis de la Propuesta de Directiva sobre embargo y decomiso de 2012 y del Proyecto de reforma del Código Penal de 2013», *InDret. Revista para el análisis del Derecho,* Nº 1, pág. 41.

283 ORTIZ MÁRQUEZ, J.M. 2014, *La prescripción y el comiso.* En: AAVV. *Algunas cuestiones relativas a las reformas de derecho penal y procesal penal,* Universidad de Deusto, Bilbao, Cuadernos penales José María Lidón nº 10, págs. 98-100.

284 VARGAS GONZÁLEZ, P. 2012, *Ob. cit.,* pág. 129.

do a terceros y personas jurídicas que son utilizados como testaferros o prestanombres, con quienes pretenden neutralizar las acciones de comiso; por ello se crea esta modalidad que va dirigida a identificar los poseedores de mala fe de bienes vinculados al crimen, circunstancias que al ser llevadas a un reconocimiento normativo, a pesar de sus limitaciones procesales, resultan de suma utilidad al momento de valorar la situación jurídica de los bienes de un tercero, ya sea en un proceso penal o como en una acción de extinción de dominio, pues se enfocan a aspectos relacionados con el ámbito subjetivo que son aplicables a ambas figuras. (...)»[285] (subrayado nuestro)

En un futuro, este tipo de comisos en España podrán sufrir modificaciones que lo acerquen, o bien a las *UWOs* anglosajonas o a la *extinción de dominio* latinoamericana. Quizá lo más razonable sea que las circunstancias y evolución de esta materia determine su propia identidad, ya que, apenas ha transcurrido poco tiempo de su inclusión en el Código Penal.

III. EL PROBLEMA EN EL DERECHO GLOBAL SOBRE EL RÉGIMEN PROBATORIO APLICABLE AL COMISO AUTÓNOMO Y EL MECANISMO DE LOS INDICIOS Y PRESUNCIONES

Como observamos, una de las características del *comiso* autónomo es la de basarse en un sistema probatorio donde los indicios y presunciones juegan un papel estelar. Este es un problema global y cuyo abordaje ningún país que sea co-suscribiente de los tratados y convenios mencionados y analizados a lo largo del presente libro, queda exento sobre su discusión y polémicas.

Tal como lo estudiamos, la CNUCTISS 1988 y la CNUCDOT 2000, introdujeron sensibles modificaciones en el régimen probatorio del *comiso* al conminar la *inversión de la carga probatoria,* aunque más adelante los especialistas coincidirían que esta técnica no es la más conveniente en razón que no se parte de una ausencia total de pruebas, sino que existe la plataforma inicial de *indicios o presunciones,* de las cuales se puede inferir por un desproporcionado incremento patrimonial, que como estudiamos al revisar la naturaleza jurídica, apunta hacia el enriquecimiento injusto o sin causa como le denominamos en América Latina. Allí fue que realmente se dio inicio a la concreción del futuro comiso autónomo determinado en la UNCAC 2003.

De la actividad probatoria en el comiso autónomo, dos mecanismos sobresalen, puesto que, al manejarnos sobre indicios, fundamentan mejor el acervo probatorio que sustenta la acción. Hacemos referencia al denominado balance de probabilidades y a la carga dinámica de las pruebas, que si revisamos con detenimiento, más allá de las características probatorias son problemas de corte procesal porque inmiscuyen exclusivamente a las cargas procesales del sentenciador en el proceso de valoración probatoria.

En cuanto al estándar de pruebas de *balance de probabilidades,* como apunta Aguado[286], *implica establecer un equilibrio procesal que impida, por un lado, implantar un juicio sin garantías al debido proceso, y por el otro, una efectividad probatoria al no contarse con una sentencia penal definitiva que logre establecer la culpabilidad penal*. El balance de probabilidades también se le conoce como criterio de probidad, que opera de la

[285] Santander Abril, G. 2017, *Ob. cit.*, pág. 482.

[286] Aguado Correa, T. 2014, *Ob. cit.*, pág. 41. También, véase Roxin, K. 2000, *Derecho procesal penal,* Ediciones del Puerto, Buenos Aires, pág. 112.

siguiente manera. El Ministerio Público Fiscal muestra al sentenciador, no sólo en el escrito de acusación o demanda -según sea el caso de comiso o extinción de dominio- que los bienes indicados tienen plausible base para considerarlos que son de origen ilícito siempre y cuando pueda dicha «base» alcanzar el estándar precisado únicamente en la ley formal. De esta forma, el titular aparente del bien (demandado que puede haber sido imputado o no con una acción penal), podría perfectamente, en cumplimiento de la carga probatoria que le atribuye la misma ley, desmontar y destruir el supuesto origen «ilícito» del bien presentando pruebas fehacientes que desvirtúen los indicios.

Como los bienes consecuencia del delito o empleados para su cometido se enmarcan en el carácter «secreto» de la actividad criminal, conlleva a una dificultad probatoria adicional. Para tal fin, se potencia en los juicios de *comiso* autónomo el denominado régimen de **indicios** dentro del mecanismo del balance de probabilidades que facilitarán el método de razonamiento por el cual conociendo un hecho comprobado (hecho base) podemos deducir un hecho desconocido (hecho presunto)[287]. A esto se le llama presunción[288], que no es una prueba en sí, sino una forma deductiva de inferir convicciones en base a unos indicios que sí están probados como ciertos. La presunción es un nexo lógico que establece el juez, el cual, en el tratamiento del *comiso* sin condena, España ha regulado con precisión lo que SANTANDER denomina «presunciones de ilicitud»[289].

Señala el autor en referencia que el Código Penal español, en su artículo 127 SEXIES indica las siguientes presunciones:

> «(...) 1. Se presumirá que todos los bienes adquiridos por el condenado dentro del período de tiempo que se inicia seis años antes de la fecha de la apertura del procedimiento penal, proceden de su actividad delictiva. A estos efectos, se entiende que los bienes han sido adquiridos en la fecha más temprana en la que conste que el sujeto ha dispuesto de ellos.
>
> 2. Se presumirá que todos los gastos realizados por el penado durante el período de tiempo a que se refiere el párrafo primero del número anterior, se pagaron con fondos procedentes de su actividad delictiva.
>
> 3. Se presumirá que todos los bienes a que se refiere el número 1 fueron adquiridos libres de cargas. (...)»

Como indica DURÁN SILVA si bien es un catálogo cerrado, no impide al juez la apreciación de otros que no consten en dicho listado[290], siempre y cuando aparezca una evidente conexión que deduzca sin dubitación alguna la hipótesis presuntoria. A pesar de lo explicitado, nos llama poderosamente atención un agregado en el

---

[287] Véase, DURÁN SILVA, C. 2019, «Las presunciones legales iuris tantum en la figura del decomiso», *Revista General de Derecho Procesal,* Nº 48, págs. 3-4. También, JORGE, G. 2008, *Ob. cit.,* pág. 81.

[288] Al respecto, véase PASTOR ALCOY, F. 2003, *Prueba de indicios, credibilidad del acusado y presunción de inocencia,* Tirant lo Blanch, Valencia. GARRIDO CARRILLO, F.J. 2018, *Indicios, presunciones e inversión de la carga de la prueba: Hacia una política de decomiso total,* en: SUÁREZ LÓPEZ, J.M., BARQUÍN SANZ, J., BENÍTEZ ORTÚZAR, I.F., JIMÉNEZ DÍAZ, M.J., SÁINZ CANTERO CAPARRÓS, J.E. (Coordinadores) *Estudios jurídicos penales y criminológicos: en homenaje a Lorenzo Morillas Cuevas,* Dykinson, Madrid, Vol. 2, págs. 2027-2056. En Venezuela, véase RIVERA MORALES, R. 2004, *Las pruebas en el derecho venezolano,* Editorial Jurídica Santana-Universidad Católica del Táchira, San Cristóbal (Venezuela), págs. 591-641.

[289] SANTANDER ABRIL, G. 2017, *Ob. cit.,* pág. 477. Como explicamos en la introducción (nota de página 52), la CORTE CONSTITUCIONAL DE HONDURAS ha fijado en una sentencia de 2013 los criterios para entender este punto sobre lo que implica una «presunción de ilicitud», que para el estándar occidental del Derecho penal clásico, pudiera resultar todo un escándalo a sus principios.

[290] DURÁN SILVA, C. 2019, *Ob. cit.,* pág. 17.

artículo que introduce cierta teluridad a la hora de verificar los indicios y presunciones. Nos explicamos. En el único aparte, el citado artículo remata:

> «(...) El juez o tribunal podrá acordar que las anteriores presunciones no sean aplicadas con relación a determinados bienes, efectos o ganancias, cuando, en las circunstancias concretas del caso, se revelen incorrectas o desproporcionadas (...)». (subrayado nuestro)

A nuestro juicio, esta cláusula puede conllevar a un desplazamiento de poderes omnímodos al juez que sustancie el procedimiento del *comiso.* Nos explicamos. Suponiendo que existen las presunciones objetivamente indicadas, *ut supra,* en el Código Penal español. El legislador le ha transferido al juez una facultad que es discrecional cuando en el único aparte utiliza el término «podrá»[291] acordar que las anteriores presunciones no sean aplicadas», teniendo entonces la potestad de excluir ciertos bienes o ganancias dependiendo de algunas circunstancias del caso. Esto, a nuestro juicio, es una forma peligrosa de desvirtuar el régimen de presunciones legales -y por tanto alterar el balance de probabilidades- en esta materia que debe operar con la **taxatividad más restrictiva**, visto que existe, per se, una relajación de acervo probatorio y sus normativa clásica.

La redacción es peligrosa porque transferiría a la autoridad judicial la esencia misma de la ecuación de Klitgaard, por cuanto, el juez posee legalmente el monopolio decisor en las causas penales, que sumado a ese término «podrá» que evidentemente es sinónimo de discrecionalidad, aunado a la reserva propia de los procesos penales; es incuestionable que estamos en presencia de una traslación de esta ecuación de la administración pública al poder judicial. Allí, pudiera generarse una situación procesalmente objetiva que pondría en peligro los fines del *comiso autónomo* que es preservar a favor del Estado, el patrimonio ilícitamente obtenido y de esta manera una probable ilusoriedad del fallo[292]. En el próximo capítulo, al hacer referencia a las características sobre la extinción de dominio, precisaremos mejor cómo ha operado el balance de probabilidades y su tratamiento jurisprudencial latinoamericano.

---

291 En Venezuela el uso del término «podrá», implica *per se* facultades discrecionales del juez. El articulo 23 del Código de Procedimiento Civil establece «(...) *Cuando la ley dice: «El Juez o Tribunal puede o podrá» se entiende que lo autoriza para obrar según su prudente arbitrio, consultando lo más equitativo o racional, en obsequio de la justicia y de la imparcialidad».* Ha señalado la Sala de Casación Civil del Tribunal Supremo de Justicia de Venezuela, en sentencia de fecha 20 de diciembre de 2006, con respecto a este artículo, lo siguiente: «(...) *Del contenido del art. 23 CPC, se desprende que el sentido legal de la palabra «puede» o «podrá», se entiende como autorización concedida al Juez para obrar discrecionalmente de modo equitativo y racional procurando impartir la más recta justicia, de lo que resulta que la potestad dada al Juez es puramente facultativa* (...)».

292 Actualmente en España se está procesando, por soborno de funcionario público extranjero, en la Audiencia Nacional, el comiso de 150 propiedades de los ciudadanos venezolanos Nervis Villalobos y Javier Alvarado Pardi. Es perfectamente posible que con esta discrecionalidad del juez, les liberen bienes a estos indiciados, en vista que el delito procede de una situación de corrupción venezolana, no considerable escandalosa en España. El dispositivo generaría una certeza sobre la plausibilidad que el juez que conoce el asunto, le otorgue la gracia de disponer libremente de parte importante de ese patrimonio corrupto. El tema ha sido abiertamente abordado por las investigaciones de la prensa española. Véase Irujo, J.M. «La lavadora de fondos en España de un exviceministro chavista: un laberinto de 53 millones», en: *Diario El País*, edición del 1° de junio de 2019 [https://elpais.com/internacional/2019/05/27/actualidad/1558970548_641126.html]. También, Souto, K. «Nervis Villalobos, dirigente chavista, investigado en España por sus propiedades, confiscadas por la Audiencia Nacional», en: *Diario El correo digital*, edición de 3 de junio de 2019 [https://elcierredigital.com/investigacion/379353706/villalobos-chavista-investigado-audiencia-nacional.html El correo digital]. También, véase https://www.elmundo.es/internacional/2019/02/01/5c53608c21efa0a4378b46d6.html

Así, podemos entender entonces, como ocurre en el caso español, que lo esencial en los juicios relativos al *comiso* sin condena, estriba en comprobar una presunción de «procedencia ilícita de los bienes», conjugando racionalmente los indicios fundados y respetando el derecho a la presunción de defensa, que según Vargas González, ha de reunir precisos requisitos para evitar problemas colaterales, sobre todo, con el principio constitucional de la presunción de inocencia[293].

El otro mecanismo que forma parte de las mecánicas probatorias en el comiso autónomo es el relativo a la *carga dinámica de las pruebas*. Como estudiamos en las páginas precedentes, antes de UNCAC 2003 la CNUCTISS 1988 y CNUCDOT 2000, introdujeron una inversión al concepto tradicional de la carga probatoria, donde, generalmente, quien acusa o demanda, tiene la carga de probar sus alegatos. En el comiso autónomo, opera un concepto sobre quién debe probar y para qué debe probarse, en el cual, no sólo la parte Fiscal en la investigación debe indicar y precisar los indicios, sino, que el titular aparente del bien está en la obligación de desmontar toda la acusación y desvirtuar la «presunción de ilicitud» sobre el bien. Recordemos que, en el caso del comiso autónomo, nada tiene que ver la situación del titular aparente, donde es irrelevante si es acusado, imputado o ni siquiera existe sobre él una investigación penal de culpabilidad. Lo capital es la «ilicitud» o «licitud» del patrimonio o bienes, que es en sí sobre lo que recae la carga dinámica de la prueba.

Sin embargo, muy a pesar de la claridad de la dinámica probatoria (balance de probabilidades y carga dinámica de la prueba), sectores influyentes de la doctrina esgrimen que, en el procedimiento de comiso autónomo español, es un *«ejemplo sangrante»*[294] de una supuesta prescindencia total de la prueba. El argumento se expone en razón de entender que sólo basta que:

> «(...) la aplicación automática del decomiso en caso de que no se conteste la demanda. Nos referimos al procedimiento de decomiso autónomo, introducido mediante la Ley 41/2015. Con este procedimiento se permite la aplicación del decomiso sin condena del art. 127 *ter* CP, es decir, el decomiso de bienes de acreditado origen ilícito a pesar de que no haya recaído sentencia de condena cuando el sujeto haya fallecido, sufra enfermedad crónica que impida su enjuiciamiento, se encuentre en rebeldía, esté exento de responsabilidad criminal o esta se haya extinguido. Al menos, en supuestos en los que el proceso penal principal no va a poder finalizar con una sentencia [art. 803 ter e.2.b) LECrim]. Además, se permite al Ministerio Fiscal (único legitimado para activar este procedimiento) la posibilidad de reservar para este la concreción de las cantidades y bienes a decomisar, de manera que la sentencia que recaiga en el proceso principal se limite a hacer un decreto de decomiso genérico o abstracto.
>
> Todo el articulado está cuajado de elementos propios del proceso civil, la alusión constante al demandado (art. 803 ter j, l y m LECrim) o la profusión de terminología propia del enjuiciamiento civil, como demanda de decomiso y contestación a la demanda (art. 803 ter l, m y o LECrim) (...)»[295] (subrayado nuestro).

---

[293] Vargas González, P. 2012, *Ob. cit.*, págs. 336-360. Estos requisitos son: 1. El hecho presunto y los indicios deben estar unidos mediante un nexo lógico que responda a las máximas de experiencia contratadas; 2. El acusado ha de tener la opción de presentar prueba en contrario, y, además, esta prueba diabólica debe ser de fácil realización; 3. El tribunal debe tener la posibilidad de desvincularse de tales indicios si lo considera pertinente y lo motiva en la sentencia.

[294] Carrillo del Teso, A. E. 2019, *Ob. cit.*, pág. 464.

[295] *Ibid.*

No somos contestes en aceptar críticas al *comiso autónomo* por el simple hecho de esgrimir que su procedimiento, en el caso español, esté «*cuajado de elementos propios del proceso civil*»[296]. Aceptarlo de esta manera sería comprar la falacia de atinencia conocida como *ad hominem* ofensivo, donde se ataca implacablemente la esencia del objeto criticado con agravios y escarnios tomando como referencia el «buen Derecho penal liberal».

Debemos recordar que no puede abordarse el comiso autónomo bajo la simple óptica del Derecho penal, más propiamente, del Derecho penal liberal. Vale la pena destacar lo sentenciado por la Corte Interamericana de los Derechos Humanos donde ha establecido hasta la saciedad en materia de lucha contra la corrupción (Caso *López Mendoza Vs. Venezuela*)[297], que centrarnos en el sólo Derecho penal para combatir la corrupción es una limitación inaceptable. Como indicamos, el comiso autónomo es una *institución de naturaleza civil patrimonial*, ya que, la lucha contra la criminalidad económica 2.0 reviste de elementos que no se circunscriben a si el titular aparente es culpable o no, además, está clarificado por la propia Corte Europea de los Derechos Humanos (CEDH), que la presunción de inocencia no es una garantía «absoluta» y que puede ser objeto de limitaciones[298].

Lo esencial se concentra en la «licitud» o «ilicitud» del bien de conformidad con los valores constitucionales que cada Estado haya precisado para el sistema de derechos reales. De allí las razones por las que no comprendemos cómo se sigue apoyando la tesis que denigra del *comiso autónomo*, al calificarlo como un mal injerto de naturaleza civil que cuestiona las bases propias del garantismo penal.

---

296 Otro detalle presente en la defensa de las ideas propugnada por la autora bajo análisis, es la apelación a la autoridad. Cita la obra de Rodríguez García, N. 2017, *El decomiso de activos ilícitos*, Aranzadi-Thomson-Reuters, Madrid, en su página 253 que establece: «(...) *un procedimiento guardianizado en su regulación [...], al cuerpo penal se le ha querido dar un alma civil para tratar de maximizar la eficacia decomisiva de las autoridades -administrativas y- judiciales españolas, en un intento por obviar los rigores garantistas del proceso penal para obtener mayores tasas de éxito en el combate a las consecuencias patrimoniales por el delito* (...)». No podemos compartir esta tesis de la supuesta «pureza» del Derecho penal y su proceso frente a elementos civiles o patrimoniales que en su interaplicación nos lo presentan como una cuestionable contaminación.

297 Véase Corte Interamericana de los Derechos Humanos, Sentencia de 1 de septiembre de 2011, Serie C, nº 233 (Caso: *López Mendoza Vs. Venezuela*), Fondo, Reparaciones y Costas. Debemos resaltar el párrafo 11 del voto concurrente del Magistrado Diego García-Sayán que decide: «(...) 11. El marco conceptual y normativo de las obligaciones internacionales en la lucha contra la corrupción, por su parte, marca ciertas pautas de conducta para los Estados en la implementación de la Convención de las Naciones Unidas contra la Corrupción y de la Convención Interamericana contra la Corrupción. En esos instrumentos se ha precisado obligaciones que no se limitan al camino de procesos penales para combatir conductas relacionadas con el fenómeno de la corrupción (...)» (subrayado nuestro). Esta decisión no sólo marcará un compás en la jurisprudencia consolidada en materia de derechos humanos en América Latina, sino que, tal como lo estudiaremos en el capítulo quinto del presente libro, será una de las causas que políticamente empleará la Sala Constitucional del Tribunal Supremo de la República Bolivariana de Venezuela para limitar la posibilidad de aplicar directamente la UNCAC en materia de comiso autónomo dada la inexistencia en la legislación venezolana de la figura, así como, la todavía no aprobación de la extinción de dominio a pesar de haber sido discutida una ley que no ha sido ni sancionada ni promulgada.

298 Véase Corte Europea de los Derechos Humanos, sentencia del 7 de octubre de 1988, párrafo 188, caso: *Salabiaku Vs. Francia*. También, sentencia del 5 de julio de 2001, párrafo 40, caso: *Phillips Vs. Reino Unido*. Nótese que las decisiones son anteriores al año 2003 y a 2014, cuando todavía no había sido suscrita ni la UNCAC ni la Directiva 2014/42/UE.

CAPÍTULO CUARTO:

LA EXTINCIÓN DE DOMINIO

I. ANTECEDENTES Y APROXIMACIÓN CONCEPTUAL A LA EXTINCIÓN DE DOMINIO COMO COMISO AUTÓNOMO LATINOAMERICANO

Hemos abordado, a lo largo de los capítulos anteriores, la evolución de la institución del *comiso* que de ser un concepto incardinado en la unívoca concepción como *pena accesoria*, ha logrado transformarse hasta convertirse hoy por hoy en un instrumentos versátil y de reputada eficiencia en aquellas legislaciones que lo han asumido, en aplicación de la UNCAC. Todo parece indicar, a simple vista, que el *comiso* autónomo irrumpe en la historia del Derecho hace apenas unas dos décadas, como aporte del nuevo milenio y su capacidad para despejar -como un elemento de fuste- los impedimentos a los que muchos ya consideran el *derecho humano a vivir en una sociedad libre de corrupción*[299].

Sin embargo, a pesar de la certeza de esta afirmación, mucho antes de la UNCAC y de la propia CONVENCIÓN INTERAMERICANA CONTRA LA CORRUPCIÓN de 1996, algunas legislaciones latinoamericanas ensayaron con instituciones análogas de éxito en sus campos primigenios y extensibles a los relacionados contra la delincuencia económica. Hacemos mención a la denominada *extinción de dominio*. Mote favorita por el legislador latinoamericano al momento de aprobar el instrumento normativo para su aplicación[300].

---

[299] NASH ROJAS, C.; AGUILÓ BASCUÑÁN, P. y BASCUR CAMPOS, M.L. 2014, *Ob. cit.*, pág. 73, trae a colación la tesis de KOFELE-KALE, quien sostiene la existencia de una costumbre internacional «emergente» donde la corrupción sería totalmente proscrita, siendo así apologista de concebir a la corrupción como un crimen internacional.

[300] En efecto, para la fecha de cierre de la presente edición, tenemos, en orden geográfico desde América del Norte, Centroamérica, el Caribe y Suramérica: MÉXICO (*Ley Federal de Extinción de Dominio*, reformada en 2019); GUATEMALA (*Decreto nº 55-2010 Ley de Extinción de Dominio*); HONDURAS (*Decreto nº 27-2010 Ley sobre Privación definitiva del dominio de bienes de origen ilícito*); EL SALVADOR (*Decreto nº 534 de 2013 de la Ley Especial de Extinción de dominio y de la administración de los bienes de origen o destinación ilícita, reformada en 2016*); NICARAGUA (sin ley de extinción de dominio); COSTA RICA (Proyecto de Ley de Extinción de Dominio - Exp. 19.571); PANAMÁ (Proyecto de Ley de Extinción de Dominio); REPÚBLICA DOMINICANA (Proyecto de Ley sobre juicio de extinción de dominio para el decomiso civil de bienes ilícitos); COLOMBIA (*Código de Extinción de Dominio de 2014, reformado en 2017*); VENEZUELA (Proyecto de Ley de Recuperación de Activos producto de la Corrupción, 2017); BRASIL (Sin ley de extinción de dominio - existen otras figuras relacionadas al decomiso ampliado); ECUADOR (*La Ley Orgánica de Extinción de Dominio, 2021*); PERÚ (*Decreto Legislativo nº 1373 sobre extinción de dominio reformado en 2019*); BOLIVIA (Proyecto de Ley de Extinción de Dominio de Bienes en favor del Estado, 2012); PARAGUAY (Proyecto de Ley de Extinción de dominio - unificado, 2014);

Este concepto aparece por primera -y quizá exclusiva en este rango hasta la modificación en 2017 de la Constitución de los Estados Unidos Mexicanos- vez en la Constitución colombiana de 1991[301], aunque como apunta SANTANDER ABRIL en el estudio de la institución, «el *nomen iuris* proviene de la legislación civil agraria colombiana de 1936»[302]. Posteriormente, seguirían en la senda marcada tanto por la legislación como por la jurisprudencia constitucional colombiana países como Guatemala, Honduras, El Salvador, Perú y México -y más recientemente Ecuador- como afirma G. JORGE[303]. Tras la LMEDO[304], ha sido la terminología preferida en América Latina y que gana cada vez más adeptos en razón de la poca resistencia que ofrece el clima cultural de las ciencias penales apegadas de forma extrema a la presunción de inocencia y a las garantías del Derecho penal clásico tal como lo abordamos en el capítulo segundo de este libro.

Por *extinción de dominio,* asumiendo la definición de G. JORGE, dada su amplitud terminológica es:

CHILE (Proyecto de ley que dispone la extinción de dominio sobre los productos e instrumentos del delito - Exp. 34-2019); URUGUAY (contempla es el decomiso en la Ley nº 19574 Ley integral contra el lavado de activos, 2018); y ARGENTINA (*Decreto del Régimen Procesal de la Acción de Extinción de Dominio, 2019*).

301 **Artículo 34.** Se prohíben las penas de destierro, prisión perpetua y confiscación.
No obstante, por sentencia judicial, se declarará extinguido el dominio sobre los bienes adquiridos mediante enriquecimiento ilícito, en perjuicio del Tesoro Público o con grave deterioro de la moral social. (subrayado nuestro).

302 SANTANDER ABRIL, G. 2018, *Naturaleza jurídica de la extinción de dominio: fundamentos de las causales extintivas,* Bogotá, Tesis de maestría en Derecho penal, consultada en original, Universidades Santo Tomás de Aquino y Salamanca. Explica el autor, entre las páginas 114 a 116 de la tesis consultada en original, lo siguiente: «(...) El legislador adoptó el *nomen juris* de una figura concebida desde hace muchos años atrás en el derecho civil, como lo era la extinción del derecho de dominio de la legislación civil agraria, acogiendo la consecuencia jurídica allí prevista. Es decir, la pérdida del derecho de dominio a favor del Estado; pero tomando como presupuestos conductas o circunstancias ilícitas propias del derecho penal, con lo cual se buscaba superar las deficiencias técnicas que presentaba en su momento el comiso tradicional; para ello se acudió a perfilar este instituto a través de la legislación excepcional de orden público. Fue así como el nombre de la Extinción del Derecho de Dominio, que desde 1936 era utilizado para definir una figura de naturaleza civil agraria, fue aprobado para definir el nuevo instituto jurídico, y como bien resalta José Iván Caro, conservó la virtud de condicionar la garantía del derecho a la propiedad y al cumplimiento de una función social, y por ello este nombre fue adoptado en las normas de excepción para identificar un nuevo instituto del derecho procesal penal, con el propósito de identificar un instrumento efectivo y contundente contra el poder económico de la delincuencia de mayor impacto social, que para ese entonces era objeto de represión a través de la denominada «justicia sin rostro», como se le llamó coloquialmente a la denominada jurisdicción regional o de orden público. Y fue precisamente el nombre de «extinción de dominio», el que empezó a acuñarse en la legislación penal de excepción a partir del Decreto Legislativo 2790 de 1991, nombre que a su vez, fue adoptado por el constituyente para definir la consecuencia jurídica derivada de la adquisición o destinación de un bien en contravía de los principios y valores éticos sociales que la misma Constitución establecía, señalando en su momento tres tipos de bienes en particular: «bienes adquiridos mediante el enriquecimiento ilícito, el perjuicio del tesoro público o con grave deterioro de la moral social» (...)» (subrayado nuestro).

303 JORGE, G. 2008, ... *La recuperación de activos de la corrupción* ... pág. 73, nota de página 16. Véase también MÜLLER CREEL, O. 2009, «La extinción de dominio en la legislación mexicana. Su justificación jurídico-valorativa», *Criterio jurídico,* Vol. 9, nº 2, p. 123-151.

304 La LEY MODELO DE EXTINCIÓN DE DOMINIO define a la misma como: «(...) *Artículo 2. Concepto. La extinción de dominio es una consecuencia patrimonial de actividades ilícitas consistente en la declaración de titularidad a favor del Estado, de los bienes a que se refiere esta ley, por sentencia de autoridad judicial, sin contraprestación, ni compensación de naturaleza alguna* (...)»

«(...) una acción de carácter real a través de la cual el Estado cuestiona la titularidad de un bien sobre la base que es o ha sido adquirido con el producto del delito. Una vez que el Estado establece su caso -basado usualmente en la desproporción patrimonial del titular o en la conexión del bien con un delito bajo investigación- quien crea que tenga mejor derecho sobre el bien debe probarlo. El procedimiento es totalmente independiente del proceso penal (...)»[305]

El concepto se enmarca dentro de nuestras tendencias legislativas subcontinentales hasta el punto que es lícito entablar una tautología entre el *comiso* autónomo y la *extinción de dominio* como conceptos similares, pero, con evidentes diferencias no sólo en su etiología, sino también, en sus características y fundamento como analizaremos más adelante. Así, vamos de construir este concepto a los efectos de precisar mejor en qué consiste esta tipología de figuras plagadas de polémicas, más exactamente, desde los ámbitos tradicionalistas del Derecho penal clásico, e inclusive, desde las versiones más conservadoras de la teoría del Derecho. Ambas no pueden consentir que pueda darse un comiso sin la correspondiente condenatoria penal judicial.

1. El carácter de «actio in rem»

La primera de las caracterizaciones de la extinción de dominio es calificarse como una *acción judicial* de carácter *real*. Esto nos lleva automáticamente al concepto procesal de *actio in rem*, donde el catalizador no estriba en el comportamiento (activo u omisivo) de una persona, sino en la condición objetiva de un objeto, es decir, que nos circunscribimos en la territorialidad de las nuevas tendencias sobre la esencia de los *derechos reales*[306] y no personales o de crédito. Esto facilita al Estado la persecución de la criminalidad económica 2.0 en razón que el verdadero problema no se encuentra en la esfera de la responsabilidad penal personal. Como indica la jurisprudencia del Perú sobre la materia:

«(...) <u>litigan son los patrimonios</u> pudiendo comparecer a proceso todos los que consideren tener interés sobre los mismos ... las condiciones personales de los sujetos procesales, sean requeridos o terceros, no son juzgadas, si sus cualidades personales (...)»[307]. (subrayado nuestro)

El quid estriba en el sometimiento permanente de la propiedad al corolario de la función social, y más precisamente, a sus elementos apriorísticos para su configuración. Como lo explicamos *ut supra*, al hacer mención al modelo angloamericano del *comiso* autónomo, su fundamento más remoto al antecedente colombiano de 1936, en cuanto el término *in rem*, proviene de las siglas universales NCB (*Non-Conviction Based*). En esta acción de comiso, los fiscales anglosajones pueden

---

[305] Jorge, G. 2009, ... *Recuperación de activos de la corrupción en Argentina* ... pág. 46.

[306] Ternera Barrios, F. y Mantilla Espinosa, F. 2006, «El concepto de derechos reales», *Revista de Derecho Privado*, nº 36, pp. 117-139.

[307] Véase Sentencia [5, pág. 79] de fecha 26 de octubre de 2020, Sala de Apelaciones de La Libertad, caso *Clara Elena Vallejos Farfán*, exp. 010-2020. Para la cita de la jurisprudencia del Perú sobre extinción de dominio, en adelante, trabajaremos con la compilación elaborada por la Procuraduría General del Estado (Perú) conjuntamente con el Basel Institute on Governance, *Compendio de Jurisprudencia de extinción de dominio* (Depósito Legal Biblioteca Nacional del Perú nº 2021-05425). En las citas, entre corchetes, seguiremos el orden cronológico del compendio seguido de la página donde se recoge la máxima jurisprudencial o la argumentación.

orientar sus estrategias de forma alternativa y complementaria a la persecución penal. Es una acción contra el activo en sí, y no contra el propietario. Al estar dirigido contra el activo (bien), puede ejecutarse o bien en el contexto de un proceso penal o por procedimiento patrimonial independiente de un juicio o investigación criminal.

En los segundos casos, el nivel probatorio es menor al garantista penal. Esto implica un menor cálculo de probabilidades (balance de probabilidades) o preponderancia de la prueba, lo que facilita el alivio de la carga probatoria. De esta forma, se cumple la misión originaria de las *actio in rem*, que como señalan GREENBERG, T, SAMUEL, L., GRANT, W. y GRAY, L.[308], fue común en el derecho del almirantazgo, donde, podía demandarse directamente al «barco» y no al capitán, ni a la tripulación, ni mucho menos al armador si con dicho navío se cometían actos de piratería[309] o servían para el tráfico de esclavos. En pocas palabras, quien trasgrede el ordenamiento jurídico en las *actio in rem* no son las personas, sino los bienes en sí. Esto es lo que permitirá «extinguir el dominio» de quien nominalmente lo detente, por tanto,

> «(...) no tiene el mismo objeto del proceso penal, no corresponde a una sanción de esa índole. Su carácter autónomo, con consecuencias estrictamente patrimoniales, tiene fundamento en el mismo texto constitucional y corresponde a la necesidad de que el Estado desestimule la delincuencia económica (...)»[310]. (subrayado nuestro)

En términos más resumidos, la autoridad procesal (Fiscalia tanto en USA como en Colombia, y denominada en el LERAPC en Venezuela, Oficina Nacional para la Recuperación de Activos) tienen que presentar el sustento probatorio que haga presumir que los bienes en cuestión son productos, efectos o instrumentos de actividades ilícitas o criminales o se corresponden con el valor del beneficio que el delincuente o afectado obtiene del crimen o actividad considerada ilícita por la ley, *sin probar la conexión entre el crimen y el objeto específico de la propiedad.*

2. El cuestionamiento sobre el origen propietario

Como segunda característica, la acción posee como interés procesal el *cuestionamiento de la titularidad propietaria* de un bien en razón de sus orígenes ilícitos. El Estado, ante cualquier investigación penal, sabiendo que operan principios de presunción de inocencia y otras reglas de imputación clásica, que como indicamos, pueden tornarse como una incuestionable ventaja para el delincuente económico; al trasladarse sobre un elemento objetivo como es la propiedad, ésta última siempre estará condicionada constitucionalmente a cumplir funciones sociales, de lo contrario, siempre será legítimamente cuestionada[311].

---

308 GREENBERG, T, SAMUEL, L., GRANT, W. y GRAY, L. 2009, *Ob. cit.*, págs. 14-15.

309 Si el gobierno incautara al barco pirata y toda su carga, pero no consiguiera capturar al dueño del barco, él interpondría una acción de decomiso de activos sin condena NCB contra el buque e invitaba al pirata a comparecer ante el tribunal para impugnar la acción. De aquí se deriva el antecedente histórico más remoto de la extinción de dominio o juicio *in rem*. GREENBERG, T, SAMUEL, L., GRANT, W. y GRAY, L. 2009, *Ob. cit.*, págs. 14-15.

310 CORTE CONSTITUCIONAL DE LA REPÚBLICA DE COLOMBIA. Sentencia C-409 de fecha 28.08.1997 (Caso: *M.P. José Gregorio Hernández Galindo*).

311 Sobre este punto, vale rescatar lo expresado en la jurisprudencia de la Corte Constitucional de Colombia en el conocido fallo C-740 de fecha 28 de agosto de 2003, donde el ciudadano Pedro Pablo

Como indica Santander Abril[312], un bien en contravía a los valores y principios éticos-sociales previstos en la Constitución, en nada cumple el carácter garantista del texto constitucional. La propiedad, desde que se introduce el concepto constitucional de «función social», no sólo debe concentrarse con el cumplimiento de sus atributos al servicio de la sociedad, sino también, que los bienes son inseparables del destino mismo de los derechos fundamentales que en su integralidad se conciben en todo el articulado constitucional.

De nada sirve prever en una Constitución la garantía social, que perfectamente puede ser cumplida por el titular de los derechos reales ejecutando delitos de naturaleza económica, si éstos últimos se benefician ellos y la colectividad con esos bienes de dudoso origen[313]. Vale destacar que la garantía propietaria ha sido un escudo contra investigaciones criminales con elementos destacables sobre la ilicitud del origen de los elementos patrimoniales. En este punto la extinción de dominio no enfatiza la destinación o empleo de los atributos de la propiedad en su función social (uso, goce y disposición), sino, ¿cómo lo obtuvo?

Para ciertos sectores del Derecho penal clásico, apegado al paradigma liberal, la extinción de dominio sería una suerte se confiscación solapada de bienes, tal como se puede comprobar a lo largo de la extensa jurisprudencia peruana, guatemalteca, hondureña, mexicana y por supuesto la paradigmática neogranadina.

Como indicamos *ut supra,* al delincuente económico poco le importa que le restrinja la libertad de movimiento con la pena de prisión o presidio. Le duele es que pueda perder su patrimonio habido de forma ilícita. Es precisamente esto último, lo que busca coaccionar la *extinción de dominio.*

3. El origen ilícito del bien y no culpabilidad del titular. ¿Es posible concebir una presunción de «ilicitud»?

Como tercer elemento característico, el bien debe presumirse adquirido como *rédito de un delito, específicamente de enriquecimiento ilícito.* Como indicamos en el capítulo anterior sobre la naturaleza del *comiso* autónomo, en la cual, la doctrina se debate que aquélla es una *accesoriedad penal* o bien una forma de acción por *enriquecimiento sin causa;* existen elementos objetivos para presumir que la compra o titularidad de ciertos bienes no pudieran ser demostrados bajo los parámetros constitucionales y legales de lo lícito. De esta forma, todo bien o derecho real sujeto a la Constitución, será permanentemente verificado para distinguir sus orígenes, pues, como indica la propia Corte Constitucional de Colombia, un bien adquirido de forma ilícita «jamás puede consolidar un derecho de propiedad», ya que:

Camargo demandó la inconstitucionalidad de la Ley 793 de 2002, ésta última, derogatoria de la Ley 333 de 1996 sobre las reglas de la extinción de dominio. En la sentencia, la Corte fue enfática al señalar: «(...) *es una acción judicial porque, dado que a través de su ejercicio se desvirtúa la legitimidad del dominio ejercido sobre unos bienes, corresponde a un típico acto jurisdiccional del Estado y, por lo mismo, la declaración de extinción de dominio está rodeada de garantías como la sujeción a la Constitución y a la ley y la autonomía, independencia e imparcialidad de la jurisdicción* (...)». El fallo ha sido consultado en el sitio web de la propia Corte Constitucional de Colombia https://www.corteconstitucional.gov.co/RELATORIA/2003/C-740-03.htm [Consulta: 17 de agosto de 2020].

312 Santander Abril, G. 2018 ... *Naturaleza jurídica de la extinción de dominio* ... pág. 116.

313 Como en efecto ha ocurrido con célebres casos de narcotraficantes que invierten buena parte de su patrimonio de origen dudoso, en inversiones sociales tales como clínicas, orfanatos, obras pías y contribuciones a las diferentes iglesias.

«(...) es una acción que está estrechamente relacionada con el régimen constitucional del derecho de propiedad, ya que a través de ella el constituyente estableció el efecto sobreviniente a la adquisición, solo aparente, de ese derecho por títulos ilegítimos. Esto es así, al punto que consagra varias fuentes para la acción de extinción de dominio y todas ellas remiten a un título ilícito. Entre ellas está el enriquecimiento ilícito, prescripción que resulta muy relevante, pues bien se sabe que el ámbito de lo ilícito es mucho más amplio que el ámbito de lo punible y en razón de ello, ya desde la Carta la acción de extinción de dominio se desliga de la comisión de conductas punibles y se consolida como una institución que desborda el marco del poder punitivo del Estado y que se relaciona estrechamente con el régimen del derecho de propiedad (...)»[314] (nuestro).

En el resto de la jurisprudencia sobre *extinción de dominio* dictada a lo largo de la década, aparece un condicionante plenamente aceptado como patrimonio epistemológico de la institución bajo análisis. Hacemos referencia la denominada «presunción de ilicitud». Esta fue abordada por la SALA DE LO CONSTITUCIONAL DE LA CORTE SUPREMA DE JUSTICIA DE HONDURAS, de fecha 14/11/2013 (caso *Christopher Reyes Gómez y Ana María Hernández Cambar Vs. Decreto Legislativo nº 27-2010 contentivo de la Ley de Privación de Dominio de Bienes de Origen Ilícito*). La Sala precisó sobre la denominada «presunción de ilicitud», estableciendo que:

«(...) **CONSIDERANDO (15)**: Que el impetrante en el Tercer Motivo de inconstitucionalidad, alega la infracción directa del artículo **90** de la Constitución de la República y aduce para ello que el artículo 7 de la Ley de Privación de Dominio de Bienes de Origen Ilícito, establece la Presunción de Ilicitud, misma que según él vulnera la Presunción de Inocencia del artículo **89** de la Constitución de la República, alegatos respecto de los cuales esta Sala deviene en señalar que también la referida ley contempla en el artículo **6**, el Principio del Licitud, que establece que los bienes solo serán reconocidos como legales y lícitos ***«cuando el titular del dominio acredite que su derecho ha sido originado o adquirido a través de los medios o mecanismos compatibles con el ordenamiento jurídico»***, articulo este que en relación con lo señalado en el artículo 7 de la citada ley no contraviene el Estado de Inocencia, porqué cuando se habla en este ultimo de *Presunción de Ilicitud*, esto esta referido a las *sospechas e indicios*, sobre el origen de determinados bienes y que dan pie para iniciar la investigación respectiva, evidentemente la ley da margen al o los propietarios de los bienes bajo sospecha para que puedan acreditar la licitud de los mismos, situación que es compatible con lo apuntado por la Convención de las Naciones Unidas Contra el Tráfico Ilícito de Estupefacientes y Sustancias Psicotrópicas, que en su artículo **7,** señala que cada una de las partes considerará la posibilidad de invertir la carga de la prueba, respecto del origen lícito del supuesto producto u otros bienes sujetos a decomiso, también establece dicha normativa internacional que la implementación de la inver-

---

[314] CORTE CONSTITUCIONAL DE LA REPÚBLICA DE COLOMBIA. Sentencia C-740 de fecha 28.08.2003 (Caso: *Pedro Pablo Camargo Vs. Ley 793 de 2002*). En igual sentido, en el Perú, véase Sentencia [02, pág. 32] de fecha 27 de octubre de 2020, Sala de Apelaciones de Arequipa, exp. 0004-2020-43-0401-SP-ED-01, que estableció: «(...) 2.1.8. De ello, se concluye que los derechos reales susceptibles de extinción de dominio nunca desplegaron consecuencias jurídicas no estando extinguidas, consumadas ni agotadas, siendo ello así la aplicación del Decreto Legislativo 1373 no tendría efecto retroactivo no contraponiéndose al artículo 103 de la Constitución (...)» (subrayado nuestro).

sión de la carga de la prueba se hará en la medida en que ello sea compatible con los principios del derecho interno de cada país suscriptor y con la naturaleza de sus procedimientos judiciales y demás. En ese orden de ideas y siendo que Honduras es un Estado de Derecho, y que por lo tanto deviene obligado a garantizar a sus habitantes la seguridad jurídica, es entonces procedente que el mismo cuente con un instrumento jurídico moderno que respetando las garantías y derechos no solo establecidos en nuestra carta magna y los Tratados Internacionales, regule de forma eficiente todas aquellas situaciones que tengan que ver con uno de los más grandes flagelos que hoy en día abate a nuestra sociedad, señalado lo anterior esta Sala de lo Constitucional no encuentra que el artículo 7 de la referida ley entre en contradicción con el principio de inocencia constitucional. Por otro lado cabe recordar que la Sala ha dejado sentada su posición en cuanto que el debido proceso consignado en el artículo **90** de nuestra carta magna, encaja en el llamado derecho a la jurisdicción, mismo que no se agota con el solo acceso de las partes al Tribunal, sino que se desarrolla durante toda la secuela del proceso en persecución de la sentencia o resolución que resuelva la pretensión, así pues para que exista la posibilidad de defensa y debido proceso, tiene que haber *proceso*, lo que presupone disponer del acceso al órgano judicial o administrativo para que administre justicia; es evidente que en el caso que nos ocupa el Decreto **27-2010,** no hace sustracción alguna del proceso, con lo cual no se provoca la vulneración del debido proceso (...)» (negrillas, cursivas y subrayado original de la sentencia).

De tal forma que la presunción de ilicitud se sustenta en la concatenación de *indicios creíbles*, contemplados taxativamente en el texto legal para que pueda cumplirse la garantía de reserva legal. La más reciente jurisprudencia peruana[315], al respecto, indicó:

> «(...) Si bien es cierto no se aplica la presunción de inocencia si no por el contrario debido a la naturaleza real del proceso de extinción de dominio predomina la presunción de ilicitud de los bienes, empero esto siempre y cuando exista actividad probatoria adelantada por el Ministerio Público de que ambos propietarios tuvieron un nexo de relación con actividades ilícitas (...)» (subrayado nuestro)

En materia civil siempre ha existido un permanente cuestionamiento de los derechos reales en razón del carácter social de los mismos. Por tanto, no debe considerarse violatorio de los derechos fundamentales si verificado unos indicios plausibles previstos en la ley, las autoridades competentes procedan a la activación de la presunción de ilicitud de los derechos reales. El titular aparente tendrá su contradictorio en un proceso judicial de carácter patrimonial donde se le garantizará no su derecho a la defensa, sino, a la tutela judicial efectiva como mecanismo para desvirtuar la presunción que gravita sobre el bien.

4. La separación entre las nociones de lo «ilícito» de lo «punible»

La cita anterior de la sentencia C-740, nos coloca en la novedad de la acción, la cual radica en el necesario desprendimiento de una condenatoria penal previa para

[315] Véase Sentencia [27, pág. 438] de fecha 13 de marzo de 2020, Juzgado Especializado en extinción de dominio de Lima, exp. 00051-2019-0-5401-JR-ED-01.

poder allanar la propiedad. La CORTE CONSTITUCIONAL colombiana introduce una distinción que resulta capital para la institución del *comiso* autónomo, incomprensible en Europa y sus círculos académicos: *la separación de lo ilícito de lo punible*. Así, la creación de la *extinción de dominio* tiene raíces -paradójicamente- en la debilidad propia del *comiso* penal (directo), que como apunta SANTANDER ABRIL, poseía deficiencias técnicas[316]. El comiso tradicional se ve impedido en saltar la infranqueable pared de la presunción de inocencia y el proceso de enjuiciamiento criminal plagado de incidencias y otras argucias procesales legítimas que operan, en caso de duda, *a favor del imputado*.

La ilicitud no requiere identidad con la punibilidad, pues, en los derechos reales es aceptado que ciertos bienes y sus características, o mejor dicho, ciertas maneras de aprovechamiento los conviertan en ilícitos como de suyo ocurre, por ejemplo, en el Derecho urbanístico. Por ello, la propiedad en estos ámbitos -inmobiliarios y urbanísticos- siempre se ha tornado bajo una suerte de «presunción de derecho», tal como le atribuye el artículo 115 de la Constitución venezolana de 1999[317]. De esta manera, pierde esa primigenia y civilista concepción como un derecho absoluto de corte quiritario (*dominium ex iure Quiritium*) hasta el punto de transformarse en un concepto que tradicionalmente ya los civilistas lo consideran de «elástico» en razón de la cada vez más penetración y modificaciones del Derecho público sobre el derecho de bienes[318].

5. La desproporción patrimonial

El otro elemento configurador, donde quizá comparta con el comiso autónomo, es la comprobación en los indicios de la debida existencia de una *desproporción patrimonial del titular aparente* o en la conexión del bien con un delito bajo investigación. Tal como lo explicamos en las páginas precedentes, en el Derecho patrimonial de obligaciones existe el denominado enriquecimiento sin causa o ilícito según se tome la fuente. Es una institución de larga data en nuestras legislaciones civiles, donde, sin cuestionar la esfera penal del titular, se busca demostrar la legitimidad patrimonial del bien, es decir, la respuesta al **¿cómo se obtuvo?**

Se abordó con insistencia el denominado «*Acuerdo corrupto*» como fundamento de las razones para entender que en los casos de corrupción existen dichos convenios con causa ilícita (capítulo tercero). Así, quien adquiere un bien en desmedro del patrimonio público, no consolida jamás su propiedad, al contrario, abre las puertas para que sea investigado en relación al origen de adquisición, así sea encon-

---

316 SANTANDER ABRIL, G. 2018 ... *Naturaleza jurídica de la extinción de dominio* ... pág. 114.

317 Sobre el particular de la función social de la propiedad y su relatividad como derecho fundamental, véase BREWER-CARÍAS, A.R. 1980, *Urbanismo y propiedad privada*. Editorial Jurídica Venezolana, Caracas. También, véase DELGADO RIVAS, F. 2016, «Breves consideraciones sobre la noción de función social y su utilización para justificar la vulneración del derecho de propiedad privada a través de normas de derecho público», *Anuario de especialización en derecho administrativo de la UCV*, 2016, Caracas, pp. 89-98. RONDÓN GARCÍA, A. 2009, «El derecho de propiedad en el ordenamiento jurídico venezolano», *Revista de la Facultad de Ciencias Jurídicas y Políticas*, nº 133, Facultad de Ciencias Jurídicas y Políticas de la UCV, pp. 199-238.

318 Al respecto, véase MAZEAUD, H.L. Y J. 1960, *Lecciones de Derecho civil*, Ediciones EJEA, Buenos Aires, Parte I, Tomo I: Introducción al estudio del Derecho Privado. Derecho Objetivo. Derechos Subjetivos, pág. 44. También, véase COMPORTI, M. 1984, «Ideologia e norma nel diritto di proprietá», *Rivista Diritto Civile*, anno XXX, Parte Prima, págs. 56 y ss.

trado inocente en una investigación -judicial o administrativa- de carácter penal o de derecho administrativo sancionatorio como el caso del Brasil[319].

Hemos indicado a lo largo de este libro que uno de los problemas más significativos para la lucha contra la corrupción comienza precisamente con el clima extremadamente garantista del Derecho penal clásico. Éste último se sustenta en el trípode de la presunción de inocencia y en las exhaustivas reglas para imputación, las cuales son concebidas más para la protección de la libertad e integridad física y moral de la persona. Pues bien, ratificando que la corrupción es una actividad racional que se materializa a través de los «*Acuerdos corruptos*», éstos a pesar de su ilicitud, siempre serán ocultos[320].

Para proceder a ocupar los bienes a través del *comiso*, como indica la legislación venezolana y de aquellas naciones que sólo contemplan el comiso directo, analizada en el capítulo tercero, es necesaria una condenatoria penal. Sin una sentencia firme es prácticamente imposible decomisar bienes productos de la corrupción, a sabiendas que buena parte de los titulares aparentes no tendrían cómo demostrar el origen del mismo. Además, a esto se le suma que, en los delitos económicos, la pena de privación de libertad se torna nugatoria y hasta «estúpida», pues, inclusive, cumpliéndola nada impide que se siga cometiendo delitos económicos desde prisión.

Por ello, se apela a nivel del Derecho comparado para superar de una buena vez todo lo relacionado a estas garantías, trasladando así el péndulo *hacia la licitud o ilicitud de la etiología propietaria* dada las modernas tendencias del constitucionalismo de otorgarle al derecho de propiedad un carácter relativo, que como indica el profesor CARLOS AYALA CORAO, «(...) *el propietario puede hacer todo aquello que no le esté legalmente vedado* (...)»[321]. En pocas palabras, la ley restringe primero y luego se verifica el ejercicio de sus cualidades inherentes.

De esta forma, no se viola ningún atributo de la propiedad (usar, gozar y disponer) si el Estado inquiere a una persona particular que tiene títulos sobre la misma, indagar el origen de adquisición de la misma. Inclusive, en Venezuela, de muy larga data[322] -y contemporánea con la Ley 200 de 1936 colombiana- existe la

---

[319] Véase Ley 12.846/2013 *Lei Anticorrupçâo* (Ley Anticorrupción de Brasil o también denominada *The Brasilian Clean Company Act*), publicada en el Diário Oficial da União (D.O.U.) de fecha 1 de agosto de 2013.

[320] «(...) *Cuando un país se ve sometido a actos corruptos de sus funcionarios que tienen repercusión en el exterior, indudablemente eso genera un desprestigio que trae como consecuencia una disminución en la inversión, se disminuye la calidad de los servicios y se fomenta la dádiva como política a seguir para alcanzar la eficiencia. De acuerdo a estudios que se han hecho sobre el impacto en las naciones de la corrupción, se ha establecido que en aquellos lugares donde la corrupción es alta, la inversión desciende hasta un cinco por cientos como mínimo, de manera tal que la tasa de crecimiento económico se reduce en medio punto porcentual, produce el despilfarro debilitándose la economía y la confianza del público en las instituciones, socavándose las instituciones y redistribuyéndose la riqueza y el poder en forma injusta, poniéndose en marcha procesos de aprendizaje que van creando una cultura corrupta, de manera tal que se viene a distorsionar la realidad y se ven como legítimas conductas que no lo son. (...)» (subrayado nuestro). Sentencia nº 341-2004 del TRIBUNAL PENAL DEL SEGUNDO CIRCUITO JUDICIAL de San José, República de Costa Rica.*

[321] AYALA CORAO, C. 2003, *Las inconstitucionalidades del régimen jurídico de las zonas de seguridad decretadas en Caracas,* en: AAVV. *El Derecho Público a Comienzos del siglo XXI: Estudios en Homenaje al Profesor Allan R. Brewer-Carías,* Thompson-Civitas, Madrid, Tomo III, págs. 3120-3121.

[322] La *Ley de Tierras Baldías y Ejidos* fue publicada en un ejemplar extraordinario (sin número) de la Gaceta Oficial de los Estado Unidos de Venezuela, el 3 de septiembre de 1936. Para más detalles véase BIBLIOTECA DE LA ACADEMIA DE CIENCIAS POLÍTICAS. *Leyes y Decretos de Venezuela,* nº 59 (Vol. II), Documento nº 19.725, pp. 184-210.

obligación de investigar -en el caso de inmuebles- la cadena titulativa remontándose hasta 1848, según la Ley de Tierras Baldías y Ejidos vigente de dicho país[323], para saber si el título particular es «legítimo». Opera entonces, una suerte de extinción de dominio del inmueble si no se logra comprobar las hipótesis previstas en el artículo 6, parágrafo segundo de la citada ley venezolana.

6. La imprescriptibilidad procesal y sus polémicas

Otro de los componentes de la extinción de dominio que ha suscitado polémicas no tanto en los predios del *garantismo penal,* sino a niveles de la interpretación constitucional, ha sido el carácter de imprescriptibilidad que reviste la acción. La imprescriptibilidad según la *teoría de la prescripción*[324], está vinculada estrechamente al concepto de derecho subjetivo en su faceta extintiva donde es necesario precisar la naturaleza jurídica de la institución o concepto sometida a la *imprescripción.* De allí la importancia casi imprescindible que se defina la respuesta al ¿qué es? en cuanto a la extinción de dominio. Si la calificamos como una consecuencia «sui generis» de naturaleza penal, entonces, regirá sobre ella las regulaciones y principios de la prescripción de la acción penal, donde, su contrapartida -la imprescriptibilidad- obligatoriamente estaría sujeta a las limitantes expresas tanto del texto constitucional como de los valores constitucionales presentes en cada Nación[325].

---

323 Artículo 6, Parágrafo Segundo de la Ley de Tierras Baldías y Ejidos «*Respecto a los ejidos, el catastro indicará el origen de su adquisición por la respectiva Municipalidad, y respecto de los terrenos de propiedad particular o de corporaciones o personas jurídicas, se averiguará la fecha del título de adquisición, cuando este fuere posterior a la Ley de 10 de abril de 1848; más si la posesión respectiva datare de fecha anterior a dicha Ley, bastará hacerlo constar así, sin averiguar la existencia ni las circunstancias de los primitivos títulos de data, composición o adjudicación*». Sobre el particular, véase Urbina Mendoza, E. 2015, *Los procesos de conversión de terrenos urbanos en ejidos municipales y su declaratoria,* en: AAVV. *Libro Homenaje a la Academia de Ciencias Políticas y Sociales en el centenario de su fundación 1915-2015,* Academia de Ciencias Políticas y Sociales, Caracas, Tomo II, págs. 787-827. También, véase Urbina Mendoza, E. 2021, *Las declaratorias de terrenos urbanos como ejidos municipales en Venezuela,* Editorial Jurídica Venezolana, Colección Cuadernos de la Cátedra Fundacional Allan R. Brewer-Carías de Derecho Administrativo de la Universidad Católica Andrés Bello, Caracas, 181 pp. Debemos señalar que este artículo de la Ley de Tierras Baldías y Ejidos, ha sido objeto de varias acciones de nulidad por inconstitucionalidad en diferentes recursos interpuestos en diferentes tiempos, siendo el último, desechado de conformidad con lo ordenado por la Sala Constitucional en sentencia nº 827 de fecha 19 de junio de 2012 (Caso: *Jesús López Polanco vs. Ley de Tierras Baldías y Ejidos de 1936*). Al respecto, la misma Sala Constitucional se ha pronunciado sobre la titularidad de las tierras en relación a las previsiones de dicha ley, específicamente, en las sentencias número 2.135 de fecha 7 de agosto de 2003 (Caso: *Ildemaro Brett y otros vs. Municipio Iribarren del estado Lara*), número 610 de fecha 19 de mayo de 2009 (Caso: *José Valentín León Uranga y otros vs. Municipio Iribarren del estado Lara*) y la número 881 de fecha 26 de junio de 2012 (Caso: *Municipio Iribarren vs. sentencia del juzgado superior contencioso-administrativo de la región centro-occidental*).

324 Aunque puede lucir cuestionable, el constitucionalismo occidental ha construido toda una estructura teórica en torno al concepto de prescripción, ésta, heredada desde los propios albores del Derecho romano y matizada en la dogmática jurídica moderna. Sin entrar a revisar sobre la prescripción como forma de extinguir un derecho subjetivo (prescripción en el derecho de las obligaciones) o de constituirlo (usucapión en el derecho de bienes), es necesario centrarnos en el carácter procesal siguiendo la característica de calificar a la extinción de dominio como una *actio in rem.* Para más detalles véase, Peña-Huertas, R., Ternera-Barrios, F. y Ruiz-González, L.E., 2019, «Baldíos, teorías de la propiedad y altas cortes en Colombia», *Revista Jurídicas,* 16 (1), págs. 28-41. DOI: 10.17151/jurid.2019.16.1.3. También, Iglesias Sevillano, H. 2021, «La jurisprudencia ante el derecho global», *Revista de derecho UNED,* nº 27, págs. 583-618. Díez-Picazo, L. 2007, *La prescripción extintiva en el Código civil y en la jurisprudencia del Tribunal Supremo,* Cizur Menor-Thomson Civitas, Navarra.

325 Al respecto, sobre la prescripción penal, véase Pastor Alcoy, F. 2019, *Tratado de la prescripción penal: aplicación en todas las reformas del Código penal,* Atelier, Barcelona.

Si por el contrario, encuadramos como una institución civil, entonces, operarían sobre ella diferentes formas de ver la excepción de imprescriptibilidad, pues, para el derecho de las obligaciones tiene un tratamiento diferenciado con respecto al derecho de bienes. Por ello, somos de la tesis de encuadrar a la extinción de dominio como una institución de naturaleza patrimonial, donde, *operarían reglas de prescripción de conformidad con la esencia misma del instituto que no es más que declarar que el titular aparente jamás fue propietario de un bien por no haberse consolidado dicho derecho real*[326].

En la tesis contraria a la que ha sido consolidada en cada una de las naciones que han asumido la imprescriptibilidad como regla[327] en la extinción de dominio, apareció recientemente por decisión de La CORTE CONSTITUCIONAL DEL ECUADOR, mediante un dictamen de fecha 17 de marzo de 2021 (Nº 1-21-OP/21), con ponencia de la magistrada DANIELA SALAZAR MARÍN. En ese momento, la hoy vigente LEY ORGÁNICA DE EXTINCIÓN DE DOMINIO DEL ECUADOR era un proyecto que se sometía a controles previos de constitucionalidad. Al respecto, se pronunció sobre la imprescriptibilidad de la acción declarándola «inconstitucional», en razonamiento extenso que pasamos a transcribir *in toto*:

> «(...) 47. En línea con lo expresado en los párrafos precedentes, la Corte considera que la razón provista por el presidente de la República para objetar el carácter imprescriptible de la acción, no es suficiente para viciar de inconstitucionalidad a estas normas. Esto es así puesto que, si bien los artículos 46, 80, 233, 290 y 396 de la Constitución establecen supuestos de imprescriptibilidad de acciones reconocidos constitucionalmente, ello no implica que exista una prohibición absoluta de establecer otros supuestos de imprescriptibilidad, siempre que se lo haga en respeto del principio de reser-

326 En el Perú, véase Sentencia [28, pág. 445] de fecha 31 de agosto de 2020, Juzgado especializado en Extinción de Dominio con sede en Lima, exp. 00060-2019-0-5401-JR-ED-01, que estableció: «(...) Y, es que la prescripción extintiva no puede ser una limitación para que el Fiscal persiga bienes mal habidos, pues ello implicaría que con el simple transcurrir del tiempo se dé reconocimiento jurídico a la propiedad ilícitamente adquirida, cuando es natural y obvio que no hay derecho adquirido alguno precisamente porque se origina directa o indirectamente de una trasgresión al orden jurídico (...)» (subrayado nuestro). En igual sentido, la jurisprudencia de la CORTE DE CONSTITUCIONALIDAD DE LA REPÚBLICA DE GUATEMALA, en su sentencia de fecha 6 de mayo de 2014 (caso: *acción de inconstitucionalidad promovida por el Colegio de Abogados y Notarios de Guatemala Vs. Decreto nº 55-2010 de la Ley de Extinción de Dominio*, exp. 1739-2012) ha sido enfática en contemplar la no operatividad de la prescripción al señalar que: «(...) en cuanto a la prescripción, - adquisición de derechos o liberación de obligaciones en aplicación de esa institución jurídica por el transcurso del tiempo-, no resulta aplicable al derecho de propiedad, cuando esta ha sido adquirida por medio de actos ilícitos, puesto que ello implicaría avalar un proceder contrario a derecho y la consolidación de actividades reprochables que vulneran constantemente y de forma permanente la seguridad jurídica, en ese sentido, no es susceptible de sanearse aquel vicio, por lo que debe ser perseguido. El legislador estableció la imprescriptibilidad de la acción de extinción de dominio en uso de sus facultades constitucionalmente reguladas, actuando ante una realidad social que le imponía la necesidad de transformaciones sustanciales, pero respetando las garantías y postulados de la Ley Fundamental, cumpliendo con el principio de legalidad y protegiendo el derecho de propiedad lícitamente obtenida, no producto de actos antijurídicos. En otras palabras, la adquisición ilícita de los bienes por medio de actos delictivos, no prescribe, ya que al nunca nacer a la vida jurídica, el derecho de propiedad no existe, por ser nulo desde su origen, lo que implica que no tenga protección estatal y pueda ser perseguido en cualquier tiempo, sin que ello implique un obrar ilegítimo hacia el pasado de manera retroactiva (...)» (subrayado nuestro).

327 La LMEDO contempla en carácter imprescriptible -a secas y de forma categórica- en su artículo 4 al declarar que «la extinción de dominio es imprescriptible».

va de ley y que el legislador determine si existe una obligación derivada de otra fuente supra legal u otras razones que justifiquen su inclusión a la luz de la Constitución.

48. Respecto a lo primero, la Asamblea ha manifestado que el Proyecto de Ley responde al cumplimiento de obligaciones internacionales del Ecuador como suscriptor de la «Convención de las Naciones Unidas contra la Corrupción», la «Convención Interamericana contra la Corrupción», la «Convención de las Naciones Unidas contra el Tráfico Ilícito de Estupefacientes y Sustancias Psicotrópicas», y la «Convención de las Naciones Unidas contra la Delincuencia Organizada Transnacional». Todos estos instrumentos contienen disposiciones relativas a la obligación del Estado de fijar plazos de prescripción prolongados para el juzgamiento de los delitos comprendidos en cada una de estas convenciones. Sin embargo, la obligación internacional se limita a las acciones para perseguir los delitos contenidos en dichos instrumentos y se refiere a la necesidad de establecer plazos prolongados, mas no a establecer la imprescriptibilidad. En consecuencia, la Corte no identifica que exista una obligación internacional de dotar de imprescriptibilidad a la acción de extinción de dominio.

49. Resta entonces por analizar si existen razones derivadas de principios o valores constitucionales que justifiquen la inclusión de la imprescriptibilidad de la acción de extinción de dominio y que provean un beneficio que sea proporcional a la afectación generada al derecho a la seguridad jurídica.

50. Para ello, conviene primero analizar las razones provistas por la Asamblea para defender la constitucionalidad de la inclusión de esta figura al Proyecto de Ley. Al respecto, la Asamblea manifiesta que la imprescriptibilidad se estableció como una consecuencia del principio de nulidad de origen, bajo la consideración de que el paso del tiempo no hace lícito el origen de los recursos ilícitos con los que se adquirió un bien, y de que en el caso contrario se estaría legalizando el lavado de activos por el paso del tiempo. A partir de lo anterior, la Asamblea sostiene que el Estado, en ejercicio de su soberanía, tiene la atribución de declarar inexistente el derecho de dominio en cualquier tiempo.

51. La Corte observa que, en el razonamiento de la Asamblea, se encuentra implícita la idea de que la prescripción cumple una función de «saneamiento» de vicios. A juicio de esta Corte la razón ofrecida por la Asamblea parte de una confusión conceptual respecto a la naturaleza y objeto de la institución de la prescripción. La prescripción no tiene como objeto validar actuaciones anteriores o sanear algún vicio del bien, sino proveer un mínimo de certeza en las relaciones jurídicas. Así, por ejemplo, el que la acción por vicios redhibitorios de bienes muebles prescriba en 6 meses, no implica que transcurrido ese tiempo se haya saneado el vicio del bien, sino únicamente que ya no se puede intentar la acción para reclamar en vía judicial.

52. Lo anterior resulta aun más claro si se considera la prescripción de las acciones y penas de los delitos. Si se asume como cierta la tesis planteada por la Asamblea, esta también implicaría que, una vez cumplido el plazo de prescripción de la acción o de la pena de un delito, el efecto sería que esta conducta deje de ser ilícita por el paso del tiempo y pase a ser aceptada por el ordenamiento jurídico, cuando este no es el caso.

53. A la luz de lo anterior, la Corte considera que las razones provistas por la Asamblea no justifican la imprescriptibilidad de la acción de extinción de dominio. Por lo demás, el argumento del legislativo relativo a la soberanía del Estado es insuficiente para declarar inexistente el derecho de dominio en cualquier momento, pues implicaría desconocer los límites impuestos a la conducta del Estado por el derecho constitucional a la propiedad.

54. Como se señaló en este Dictamen, la lucha contra la corrupción puede justificar la creación de nuevos mecanismos que respondan a la complejidad de este y otros fenómenos delictivos y, ello puede llegar a encontrar justificación en la función social del derecho a la propiedad. Sin embargo, la Corte considera que la imprescriptibilidad de una acción susceptible de afectar a todo bien que el Estado considere obtenido mediante un acto contrario al ordenamiento jurídico, impone una carga excesiva y desproporcionada a todas las personas, en la medida en que implicaría que las justificaciones respecto a la licitud de todo bien y de los fondos utilizados para adquirirlo deban ser preservadas por todas las personas a perpetuidad e incluso por sus herederos, a riesgo de que, en un tiempo futuro, infinito e indeterminado, el Estado les imponga la obligación de demostrar la licitud del bien so pena de ver extinguido su derecho de dominio sobre el mismo.

55. Esta situación se agrava aun más si consideramos que la extinción de dominio, al referirse a bienes con independencia de quién sea su propietario, tiene la potencialidad de afectar a terceros que hayan adquirido bienes de buena fe, los cuales igualmente pasarían a estar obligados a preservar a perpetuidad las pruebas respecto a la adquisición de todo bien y frente a quienes el Proyecto de Ley no establece mecanismos adecuados para que puedan hacer valer sus derechos en el proceso de extinción de dominio.

56. Por todo lo expuesto, la Corte concluye que el carácter imprescriptible de la acción de extinción de dominio es inconstitucional por ser incompatible con el derecho a la seguridad jurídica, reconocido en el artículo 82 de la Constitución. Consecuentemente, procede la objeción presidencial respecto al carácter imprescriptible de la acción fijado en el artículo 4 del Proyecto de Ley y, por conexidad, la inconstitucionalidad del artículo 14 literal d) del Proyecto de Ley.

57. De acuerdo con el artículo 139 de la Constitución, en concordancia con el artículo 132 de la LOGJCC, cuando la Corte declara la inconstitucionalidad parcial de un Proyecto de Ley, la Asamblea Nacional debe realizar las enmiendas necesarias para adecuarlo a los términos previstos en el dictamen, para que luego pase a sanción del presidente de la República. Al respecto, es pertinente señalar que determinar el tiempo de prescripción de una acción es un aspecto de configuración legislativa, que, siempre que establezca un tiempo razonable para el ejercicio de la acción, no riñe con ningún precepto constitucional. En consecuencia, el legislador cuenta con un amplio margen para establecer el término de prescripción que considere oportuno. (...)» (subrayado nuestro)

Sin entrar a discutir sobre los métodos de interpretación constitucional empleados por la Corte Ecuatoriana, así como, no guardamos ningún rencor sobre su abordaje y tratamiento de la imprescriptibilidad de la acción de extinción de dominio; hemos encontrados algunas falencias propias de los razonamientos de la Corte y que valdría la pena exponer para el debate hacia el futuro de la institución bajo análisis.

En primer lugar, la sentencia arguye empleando *la falacia del accidente inverso*, cuando afirma que los tratados y convenciones internacionales no contemplan la imprescriptibilidad para el tratamiento de las acciones de penas y delitos (sic). Pues bien, la extinción de dominio ni es una pena ni mucho menos un delito, por lo que lógicamente la Corte estaría realizando una generalización apresurada sin percatarse sobre la categoría diferenciada y consolidada a lo largo de 3 décadas de la *extinción de dominio*.

En segundo lugar, se aborda a la prescripción *sólo desde una de las aristas que la componen*, como es la de garantizar certeza a los miembros de una comunidad jurídica sobre hasta cuándo puede un titular de un derecho subjetivo ejercerlo. En este punto la Corte omite otras funciones propias de la prescripción como es la garantía de transformar una obligación cierta en natural. Debemos recordar que la prescripción en sí lo que transforma dentro de cualquier obligación y/o contrato es la pérdida de la facultad para enervar un derecho objetivo, en este caso, el derecho de propiedad que al aplicarse sería una forma evidente de «saneamiento» de la misma al titular aparente. Curiosamente fundamenta con un ejemplo inoportuno - e incompatible con la extinción de dominio- como es la *acción redhibitoria*, ésta última, para garantizar al comprador el resarcimiento por vicios ocultos presente en objeto de un contrato de venta.

En tercer lugar, y quizá hasta imperdonable en una Corte Constitucional, sea el empleo de dos falacias *ad hominem circunstancial*. La primera al tratar de reforzar el razonamiento anterior sobre la función de certeza de la prescripción, señala el sentenciador que la misma debe entenderse dentro del contexto de la acción penal, cuando hemos estudiado a lo largo del presente libro que la extinción de dominio se ha emancipado de la acción penal como bien lo ha indicado el profesor SANTANDER ABRIL. La segunda falacia es que asocia a la imprescriptibilidad como una suerte de instrumento de violación a las limitaciones del Estado con respecto al derecho de propiedad.

En cuarto lugar, extiende el aforismo romano *mors omnia solvit* presente como principio de la extinción de las obligaciones, hasta extremos insospechados, inaceptables e ilegales para la moderna legislación civil. La Corte indica que otorgarle imprescriptibilidad a la extinción de dominio, implicaría justificar *ad infinitum* el origen del bien, inclusive, a sus sucesores cuando acarreara la muerte del titular aparente[328]. Pues bien, para la propia teoría de las obligaciones, es imposible que

328 En este sentido, la SALA DE LO CONSTITUCIONAL DE LA CORTE SUPREMA DE JUSTICIA DE HONDURAS, de fecha 14/11/2013, en su proceso interpretativo constitucional, obtiene una *versión diametralmente opuesta* al máximo intérprete de la Constitución del Ecuador. Establece en dicha sentencia de 2013, lo siguiente: «(...) El Estado no puede avalar o legitimar la adquisición de la propiedad que no tenga como fuente un título válido y honesto; es decir, que la propiedad se obtiene en cierto modo mediante la observancia de los principios éticos, en consecuencia, la protección estatal, no cobija a la riqueza que proviene de la actividad delictuosa de las personas; es decir, no puede premiarse con el amparo de la autoridad estatal la adquisición de bienes por la vía del delito, importante también resulta anotar, que como sobre los bienes adquiridos directa o indirectamente de una actividad ilícita no puede consolidarse derecho alguno, es evidente entonces que tampoco podrá transmitirse la propiedad de los mismos por quien figure como su titular, consecuentemente en el caso del

exista una confusión patrimonial por simple herencia -testada o intestada según sea el caso- generando un blanqueamiento patrimonial como si la muerte fuera un elemento legitimador de bienes de origen ilícito. Sencillamente, el causahabiente nunca tuvo derechos sobre dichos bienes, y por tanto, mal podía transmitirlos por vía sucesoria algo que jamás conformó su patrimonio. Más bien preocupa que toda la posible actividad probatoria en materia de legítima adquisición, la Corte la haya terminado de extender el odioso mote de «*probatio diabolica*», presente en la investigación sobre adquisiciones inmobiliarias. En el mismo orden de ideas asocia al tercer adquiriente de buena fe equiparándolo con el mismo efecto de sus sucesores, lo que más bien genera un razonamiento complejo que busca inducir a un error. Todos sabemos que el tratamiento del tercero adquiriente de buena fe tiene su propia regulación en la institución tanto del comiso autónomo como de la extinción de dominio.

Finalmente cierra la motiva con una tautología incomprensible como es la declaratoria de *incompatibilidad de la imprescriptibilidad con el derecho a la seguridad jurídica*, sin esgrimir cuál fue su proceso de ponderación, puesto que, la imprescriptibilidad también es una garantía al derecho a una administración pública transparente. Por tanto, la Corte estaba al frente de una situación clarísima de enfrentamiento entre derechos y garantías fundamentales, que como indica RODRÍGUEZ DE SANTIAGO[329], se resuelve a través de un delicado mecanismo de ponderación entre esos derechos. En ningún párrafo de la decisión puede revisarse la apelación del juez constitucional ni al principio de proporcionalidad ni mucho menos al obligatorio test de ponderación[330] ante el falso dilema planteado.

Para evitar que se extienda este tipo de criterios y razonamientos falaces como el indicado por la CORTE CONSTITUCIONAL DEL ECUADOR, para el resto del continente, proponemos centrarnos en la misma esfera de aplicación de la prescripción dentro del derecho patrimonial para así otorgarle contenido a lo que significa la «imprescriptibilidad» dentro de la extinción de dominio. Uno de los ejemplos gráficos de la adaptación de reglas sobre prescripción, que se asemeja dentro del derecho patrimonial en la esfera contractual, es la *acción de simulación*, ésta última, de señera raigambre en el Derecho civil occidental[331].

---

heredero o legatario de un bien adquirido directa o indirectamente de una actividad ilícita, también sufrirá las consecuencias del fallo de extinción de dominio, sin que pueda reclamar derecho de herencia alguno, dado que en razón de la ilícita procedencia del bien, el causante no les ha transmitido ningún derecho. (...)» (subrayado nuestro). En efecto, si el titular aparente nunca fue amparado por el derecho de propiedad en razón de la ilicitud de origen, mal podría transferir derechos a sus sucesores o legatarios, pues, no puede otorgarse aquello del cual no se tiene derecho.

329 Al respecto, véase RODRÍGUEZ DE SANTIAGO, J.M. 2000, *La ponderación de bienes e intereses en el derecho administrativo,* Marcial Pons, Madrid.

330 Es consolidada en la jurisdicción constitucional de occidente, cuando exista un dilema entre derechos, la aplicación de la Ley de la Ponderación que es sucedánea del principio de proporcionalidad. En este sentido, ALEXY R. 1993, *Teoría de los derechos fundamentales,* Centro de Estudios Políticos y Constitucionales, Madrid, pág. 161, plantea: «(...) *cuanto mayor es el grado de no satisfacción o de afectación de un principio, tanto mayor tiene que ser la importancia de la satisfacción del otro* (...)». En el caso de marras, la Corte no indicó en ningún aspecto cual era esos grados de satisfacción -ni podía hacerlo porque era impertinente ya que la extinción de dominio no es un derecho fundamental- de uno u otro derecho en pugna.

331 Sobre la simulación, véase SÁNCHEZ BUENO, M.T. 1996, «Acción de simulación y acción pauliana o revocatoria», en: DÍEZ-PICAZO GIMÉNEZ, I. y MARTÍNEZ-SIMANCAS SÁNCHEZ, J. (Coord.) *Estudios sobre derecho procesal,* Banco Central Hispanoamericano-SOPEC, Madrid, Vol. 4, págs. 4865-4914. MAZEAUD, H.L. Y J. 1960, *Lecciones de Derecho civil,* Ediciones EJEA, Buenos Aires, Parte II, Tomo III, pág. 102.

En la simulación existe un negocio jurídico aparente y otro que se ha ocultado, el cual, resulta ser el verdadero. Lo característico es la concurrencia de dos actos jurídicos, uno de los cuales es oculto como en efecto ocurre con los Acuerdos corruptos y el otro que aparece en público que no es el real. El cómputo de la prescripción corre generalmente desde que se tiene noticias o pruebas del contradocumento o negocio secreto; nunca desde la fecha en que aparece celebrado el contrato aparente. Ahora bien, pudiéramos también hablar de que la extinción de dominio, al considerarse imprescriptible como acción, pudiera, salvo disposición legislativa expresa, correr un lapso de prescripción al momento en que el Ministerio Público Fiscal tiene conocimiento del Acuerdo corrupto o desde que ha tenido acceso a los indicios incuestionables de ilicitud en el origen de los bienes.

El legislador puede perfectamente en su proceso de ponderación de bienes, derechos e intereses, calificar una imprescriptibilidad de esta acción siempre y cuando, por la complejidad de los actos corruptos, impidan realmente saber a ciencia cierta cuál es el contenido de aquellos que terminarían por viciar el origen de los bienes. Si, por el contrario, quien tiene la acción para solicitar la extinción de dominio, posee pleno conocimiento y no lo hace, mal puede tolerar la sociedad la inacción como regla. A esto la prescripción conllevaría a contarse desde esa información fiable en manos del Estado y de no accionar, se le castigaría al Ministerio Público Fiscal con una prescripción como castigo ante la negligencia.

Este es el mecanismo que funciona en materia de derecho patrimonial donde la prescripción es una sanción. Sobre los lapsos, somos de la tesis que al considerarse derechos reales, opere la regla genérica en casi todo el sistema tributario del Código de Napoleón o del Proyecto Franco-Italiano de las obligaciones y contratos, que es 20 años por lo regular.

7. La buena fe en la extinción de dominio

La buena fe siempre ha sido una máxima presente en casi todas las regulaciones del Derecho patrimonial desde el Derecho romano[332], por lo cual, no es de extrañar su presencia también dentro de la extinción de dominio en razón de calificar a esta última como una institución de naturaleza patrimonial. Su influencia en las negociaciones ha marcado un compás de seguridad integral, a veces, más cercano a los mecanismos de coerción interna vinculadas a las creencias y demás expectativas del *ethos* donde se desenvuelven los contratantes. Es un patrón de conducta -previsible y razonable- que debe presidir la formación, interpretación y ejecución de los contratos y obligaciones; donde, quien demuestre haberse amparado en ella termina siempre eximiéndose de sanciones o responsabilidades por incumplimiento.

También, véase RIPERT, G. y BOULANGER, J. 1964, *La simulación. Tratado de Derecho Civil*, Editorial La Ley, Buenos Aires, pág. 358. Para estos últimos autores el «(...) hecho de crear una falsa apariencia en la conclusión de un contrato. Puede revestir de dos formas diferentes. Tan pronto consiste en suprimir o en modificar, por medio de un documento destinado a permanecer secreto y que se denomina contradocumento, los efectos de un documento aparente que no traduce la voluntad real de las partes; supone entonces necesariamente el concurso de las personas que establecen el documento aparente (...)».

[332] Véase ATAZ LÓPEZ, J. 2009, «La buena fe contractual», en: BERCOVITZ RODRÍGUEZ-CANO, R.; MORALEJO IMBERNÓN, N.I. y QUICIOS MOLINA, M.S. (Coord.), *Tratado de contratos*, Tirant Lo Blanch, Valencia, págs. 167-170. También, véase ROMANO, S. 1955, *La revoca delle atti giuridici privati*, Pádova. VON THUR, A. 1946, *Derecho civil, Teoría General del Derecho civil alemán*, De Palma, Buenos Aires, (II-I), § 49, nº 135, pág. 150.

En opinión de EMILIO BETTI[333], la buena fe impone a las partes actuar con un recíproco espíritu de lealtad, de hablar claro sobre sus intenciones y de cooperar con las expectativas de su contraparte tal como «ella honestamente podía percibirlas»[334]. La buena fe ha introducido en materia patrimonial la denominada *teoría de la imprevisión* contractual en el sentido de impedir a cada una de las partes sacar provecho de eventos sobrevenidos para modificar en su único -y excluyente provecho- la repartición de los riesgos y beneficios que ellas habían previsto al celebrar el contrato[335]. Al estar en presencia de circunstancias totalmente ajenas a las que se pactaron, de mantener la ejecución del contrato original, haría entonces de éste una operación económica totalmente diferente.

En la extinción de dominio, la LMEDO, define a la buena fe como «(...) *Conducta diligente y prudente, exenta de toda culpa, en todo acto o negocio jurídico relacionado con los bienes enunciados en el artículo 6 de esta ley* (...)»[336]. De esta manera, se mantiene el mismo espíritu negocial que hace coherente la afirmación de incardinar a la extinción de dominio dentro de los predios epistemológicos del Derecho patrimonial, puesto que, en aquella se presume la misma, tanto en la adquisición como en la destinación de los bienes[337]. Así, la buena fe sólo ampara a los terceros que demuestren haber obtenido dichos bienes con esa conducta[338], pues, no existe acto alguno que pueda legitimar efectos patrimoniales adquiridos de forma ilícita, por tanto, susceptibles de extinción de dominio.

En la investigación preliminar quien actúe como autoridad competente además de verificar los indicios y los presupuestos para la procedencia de la extinción de dominio, debe *obligatoriamente desvirtuar la buena fe*[339]. Esta mecánica ha sido en la práctica incorporada a las legislaciones vigentes sobre extinción de dominio, hasta el punto de precisar lo que en la jurisprudencia peruana se llama «buena fe calificada»[340]. Esta actitud indica un estándar de comportamiento al tercero que contrata, donde se desvirtuaría si otra persona no hubiera caído en el mismo error. La buena fe impone una diligencia debida, materialmente susceptible de ser probada para ratificar la presunción. De lo contrario, el tercero no tendría capacidad para reclamar sus derechos patrimoniales. Veamos un extracto de uno de sus más recientes fallos:

> «(...) **2.29.** En las legislaciones de Extinción de Dominio se sostiene que se debe de proteger los derechos de los terceros de buena fe, en tanto su comporta-

---

333 BETTI, E. 1960, *Teoria generale del negozio giuridico,* UTET, Torino, Cap. VI, nº 42, pág. 336.

334 BETTI, E. 1960, *Ob. cit.*, Cap. VI, nº 43, pág 349.

335 Al respecto, véase GHESTIN, J. 1992, *Traité de Droit Civil. Les Obligations. Les effets du contrac, avec le concours de Marc Billau,* L.G.D.J., París, nº 265, pág. 292.

336 Artículo 1, literal f) de la LMEDO.

337 Artículo 5 de la LMEDO.

338 Artículo 8 de la LMEDO.

339 Artículo 21, literal e) de la LMEDO.

340 «(...) No hay buena fe en quien compra limitándose a leer lo que dicen los registros públicos, la diligencia y prudencia, cuando se compra una casa, exige ir a verla y allí podrá apreciarse si hay alguien que vive en ella, y que dice ser el verdadero dueño. Esto se refleja en el reglamento de la ley (artículo 66), pues, para la Extinción de Dominio, exige diligencia y prudencia, por eso se llama buena fe cualificada. Habrá buena fe cuando cualquier otro hubiera caído en el mismo error; si no omitió requisitos exigibles o no mintió en ellos o si es un testaferro (...)» PROCURADURÍA GENERAL DEL ESTADO (Perú) conjuntamente con el BASEL INSTITUTE ON GOVERNANCE. 2021, *Compendio de Jurisprudencia de extinción de dominio,* Lima, pág. 5.

miento se haya dado con diligencia y cuidado, ignorando que los bienes tienen procedencia ilícita ni haya tenido participación, para así sacar ganancia o provecho. «La buena fe es un concepto ampliamente utilizado dentro del ordenamiento jurídico y consiste en la firme creencia de quien actúa lo hace dentro de la legalidad y en ausencia de actuaciones fraudulentas que vaciarían el contenido de ésta. Según Wilson Alejandro Martínez Sánchez, la persona que ha adquirido el dominio de un bien por medio de conductas que contravienen el ordenamiento jurídico que causen daño al Estado o a otros particulares, o que provoquen un grave deterioro de la moral social, no es verdadero titular de un derecho de propiedad digno de reconocimiento ni protección. Esta persona solo es titular del derecho de dominio en apariencia, ya que, ante la ilegitimidad de su origen, en realidad este derecho nunca fue merecedor de reconocimiento jurídico. Asimismo, según el mismo autor, el derecho a la propiedad válidamente adquirida puede perderse por medio de la extinción de dominio, cuando el titular de ese derecho da a los bienes un uso contrario a la función social que es inherente a la propiedad pues se entiende que ese uso constituye un ejercicio arbitrario e injusto del derecho subjetivo que se ostentaba. En estos casos, la sentencia de extinción de dominio sigue siendo declarativa, pero no en el sentido de declarar que la persona nunca ha sido realmente propietaria de los bienes, sino en el de declarar que el derecho de propiedad que ostentaba ha dejado de ser digno de reconocimiento y protección para el Estado, a partir del momento en que el titular del derecho destinó los bienes a fines ilícitos (...)»[341]. (subrayado nuestro)

Del mismo tenor aparece el resto de jurisprudencia a lo largo de América Latina, con algunas modificaciones menores o superespecíficas[342], pero que no desvirtúan en esencia el papel de la buena fe en la extinción de dominio.

---

341 Véase Sentencia [22, pág. 305] de fecha 02 de octubre de 2020, Juzgado transitorio especializado en Extinción de Dominio con sede en La Libertad, exp. 00016-2019-0-1601-JR-ED-01.

342 Por ejemplo, en México, el Decreto de Ley Nacional de Extinción de Dominio de 2019, indica pormenorizadamente cómo debe acreditarse la buena fe. Establece el artículo 15:

«(...) **Artículo 15.** Se presumirá la Buena Fe en la adquisición y destino de los Bienes. Para gozar de esta presunción, la Parte Demandada y la o las personas afectadas, dependiendo de las circunstancias del caso, deberán acreditar suficientemente, entre otras:

I. Que consta en documento, de fecha cierta y anterior a la realización del Hecho Ilícito, de conformidad con la normatividad aplicable;

II. Que oportuna y debidamente se pagaron los impuestos y contribuciones causados por los hechos jurídicos en los cuales funde su Buena Fe, o justo título;

III. Que el bien susceptible de la acción de extinción de dominio fue adquirido de forma lícita y en el caso de la posesión, que esta se haya ejercido además el derecho que aduce de forma continua, pública y pacífica. La publicidad se establecerá a través de la inscripción de su título en el registro público de la propiedad correspondiente, siempre que ello proceda conforme a derecho y en otros casos, conforme a las reglas de prueba;

IV. La autenticidad del contrato con el que pretenda demostrar su justo título, con los medios de prueba idóneos, pertinentes y suficientes para arribar a una convicción plena del acto jurídico y su licitud;

V. El impedimento real que tuvo para conocer que el bien afecto a la acción de extinción de dominio fue utilizado como instrumento, objeto o producto del Hecho Ilícito o bien, para ocultar o mezclar Bienes producto del Hecho Ilícito;

VI. En caso de haberse enterado de la utilización ilícita del bien de su propiedad, haber impedido o haber dado aviso oportuno a la autoridad competente.

Se entenderá por aviso oportuno, el momento en el cual la Parte Demandada o la Persona Afectada, hace del conocimiento a la autoridad competente por cualquier medio que deje constancia, de la comisión de conductas posiblemente constitutivas de los ilícitos materia de la extinción de dominio, en el bien del que sea titular, poseedor o tengan algún derecho sobre él, siempre y cuando se realice

8. La retroactividad y retrospectividad

Otros de los componentes más polémicos en la extinción de dominio se relaciona a los efectos y validez de los actos en el tiempo. Específicamente hacemos mención a la *retroactividad* y *retrospectividad* de la extinción de dominio. Con respecto a la primera de las mencionadas, debe entenderse como aplicación de una norma sobre situaciones ocurridas bajo el amparo de una ley anterior[343], siendo más específico, la pregunta sobre si una vez aprobada una LEY DE EXTINCIÓN DE DOMINIO cuando no existía, o bien modificada ésta, los hechos acaecidos (en especial, la adquisición ilícita del bien) antes de dicho instrumento legislativo entran a ser regulados por el nuevo instrumento.

Como principio constitucional, está vedado en occidente en razón del principio de seguridad jurídica; sin embargo, se permite transgredirlo siempre y cuando la nueva ley sea de naturaleza penal más beneficiosa al reo[344]. Ya sabemos que la extin-

---

antes de su conocimiento de la investigación, la detención, el aseguramiento u otras diligencias necesarias para el resguardo de los detenidos o Bienes, o
VII. Cualquier otra circunstancia análoga, de conformidad con la normatividad aplicable.
En cualquier momento del proceso, el Juez permitirá que la Parte Demandada o la o las personas afectadas acrediten los supuestos anteriores, en todo acto jurídico relacionado con los Bienes objeto de la acción de extinción de dominio. (...)». En el Perú, el DECRETO LEGISLATIVO Nº 1373 SOBRE EXTINCIÓN DE DOMINIO, las referencias de la buena fe se precisan en su artículo 66, donde además se establecen las peculiaridades de sus Art. 31.2 y 33.1, f), ambos, otorgándole al juez de extinción de dominio facultades discrecionales para «reconocer o no la buena fe». En el Reglamento del Decreto Legislativo 1373 peruano, «Decreto Legislativo sobre extinción de dominio», aprobado por «Decreto Supremo 007-2019-JUS», publicado cuyo artículo 66 indica lo siguiente:
Artículo 66.- Tercero de buena fe
Tercero de buena fe es aquella persona, natural o jurídica, que no sólo acredita haber obrado con lealtad y probidad, sino que también ha desarrollado un comportamiento diligente y prudente, debiendo reunir los siguientes requisitos:
66.1. La apariencia del derecho debe ser tal que todas las personas al inspeccionarlo incurrieran en el mismo error.
66.2. Al adquirir el derecho sobre el bien patrimonial se verificaron todas las condiciones exigidas por leyes, reglamentos u otras normas.
66.3. Tener la creencia y convicción de que adquirió el bien patrimonial de su legítimo titular y siempre que no concurran las siguientes circunstancias:
a) Pretender dar al negocio una apariencia de legalidad que no tenga o para encubrir su verdadera naturaleza.
b) Pretender ocultar o encubrir al verdadero titular del derecho.
c) Concurran declaraciones falsas respecto al acto o contrato para encubrir el origen, la procedencia, el destino de los bienes patrimoniales o de naturaleza ilícita de éstos. (...)» Fue por vía reglamentaria donde se identificó los detalles de la buena fe. En Guatemala (Decreto 55-2010 de LEY DE EXTINCIÓN DE DOMINIO), El Salvador (Decreto 534 LEY ESPECIAL DE EXTINCIÓN DE DOMINIO Y DE LA ADMINISTRACIÓN DE LOS BIENES DE ORIGEN O DESTINACIÓN ILÍCITA) y Honduras (Decreto 26-2010 LEY DE PRIVACIÓN DEFINITIVA DEL DOMINIO DE BIENES DE ORIGEN ILÍCITO), la regulación de la buena fe (que denominan *buena fe exenta de culpa*) más o menos mantiene la misma estructura y esencia de la LMEDO, dejando en la jurisprudencia su precisión más pormenorizada.

343 Al respecto, véase BELLO GORDILLO, CHR. E. y POLAINO NAVARRETE, M. 2020, *La ley penal en el tiempo: fundamento, alcances y límites*, J.M. Bosch Editor, Barcelona. También, DÍAZ AZNARTE, M.T. 2002, *Teoría general de la sucesión de normas en el tiempo: (una reflexión crítica sobre los principios ordenadores de la eficacia temporal de las leyes)*, Tirant Lo Blanch, Valencia.

344 En la Constitución venezolana de 1999, el principio ha quedado redactado de la siguiente manera: «(...) Artículo 24. Ninguna disposición legislativa tendrá efecto retroactivo, excepto cuando imponga menor pena. Las leyes de procedimiento se aplicarán desde el momento mismo de entrar en vigencia, aún en los procesos que se hallaren en curso; pero en los procesos penales, las pruebas ya evacuadas se estimarán en cuanto beneficien al reo o a la rea, conforme a la ley vigente para la fecha en que se promovieron.
Cuando haya dudas se aplicará la norma que beneficie al reo o a la rea (...)» (subrayado nuestro).

ción de dominio no es una ley penal, aunque pueda contemplar algunos conceptos o mecanismos propios para procesos penales. Esto implica verificar, como ha sostenido la jurisprudencia del Perú, la denominada *Teoría de los hechos cumplidos*[345]. Bajo el amparo teórico se sostiene que todo hecho o acto jurídico (formal y material), así como sus efectos, deben someterse a la ley que regía al tiempo en que el hecho se materializó[346]. Generalmente esos efectos conllevan a la tesis de los derechos adquiridos, que es la frontera final para evitar la retroactividad de una norma.

En el caso de la extinción de dominio no es más que el supuesto derecho de propiedad, que para muchos, este se entiende como irrevocablemente conferido al momento de adquirirse, así la ley nueva no los considere como tal o en su defecto, califique nuevas hipótesis sobre lo que debe considerarse como «lícita o ilícitamente adquirida». Esta defensa siempre ha sido opuesta en juicios, e inclusive, en la doctrina luce hasta plausible para aquellos que siempre han estado en contra de la extinción de dominio. Sin embargo, debemos partir de lo expuesto en las páginas precedentes, sobre la inexistencia del derecho de propiedad una vez verificada la ilicitud de su origen. Como bien ha definido la jurisprudencia colombiana, no es posible aplicar la excepción de retroactividad ya que, esos supuestos derechos de propiedad siempre fueron aparentes[347], con títulos de la misma característica, siendo así imposible configurar un derecho adquirido de propiedad a quien se le cuestiona su origen.

Sobre la *retrospectividad*, señala la jurisprudencia peruana[348] sobre extinción de dominio lo siguiente:

> «(...) **2.1.7.** Sin perjuicio de lo anterior, el Reglamento del Decreto Legislativo 1373 en su artículo 5.2° señala «... .*Los actos jurídicos recaídos sobre bienes patrimoniales de origen o destino ilícito, al ser nulos de pleno derecho, no generan relaciones ni efectos jurídicos por el paso del tiempo y, por tanto, pueden ser objeto de un proceso de extinción en cualquier momento...*», de esta regulación se desprende lo que en la doctrina se denomina el **«principio de retrospectividad»** que tiene como finalidad regular y develar derechos que no nacieron a la vida jurídica, no existiendo objeto sobre el cual pueda haber recaído la protección del sistema jurídico o si la tuvo la perdió, puesto que no son bienes obtenidos con justo título o no están destinados a fines compatibles con el ordenamiento jurídico. Así, el poseer, detentar o utilizar bienes de origen o destino ilícitos no constituye justo título [salvo los derechos de terceros de buena fe] siendo pasibles

345 Sentencia [02, pág. 30] de fecha 27 de octubre de 2020, Sala de Apelaciones de Arequipa, exp. 0004-2020-43-0401-SP-ED-01, estableció: «(...) **La teoría de los hechos cumplidos** sostiene que cada norma jurídica debe aplicarse a los hechos que ocurran durante su vigencia, es decir, bajo su aplicación inmediata. Entonces, si se genera un derecho bajo una primera ley y luego de producir cierto número de efectos esa ley es modificada por una segunda, a partir de la vigencia de esta nueva ley, los nuevos efectos del derecho se deben adecuar a esta y ya no ser exigidos más por la norma anterior bajo cuya vigencia fue establecido el derecho de que se trate. Protege la necesidad de innovar la normatividad social a partir de las normas de carácter general (...)» (subrayado nuestro).

346 Para más detalles, véase CAJARVILLE PELUFFO, J.V. 2014, «Retroactividad de las normas jurídicas. Reflexiones provisorias», *Revista de Derecho Público* (Uruguay), nº 46, págs. 7-45. Sobre la connotación clásica de la retroactividad de la ley, véase GARCÍA MAYNEZ, E. 1980, *Introducción al estudio del Derecho*, Porrúa, México D.F., págs. 390-392.

347 CORTE CONSTITUCIONAL DE LA REPÚBLICA DE COLOMBIA. Sentencia C-740 de fecha 28.08.2003 (Caso: *Pedro Pablo Camargo Vs. Ley 793 de 2002*).

348 Sentencia [02, pág. 30] de fecha 27 de octubre de 2020, Sala de Apelaciones de Arequipa, exp. 0004-2020-43-0401-SP-ED-01.

de extinción de dominio, sobre los que además no opera el transcurso del tiempo siendo su persecución **imprescriptible** (...)» (negrillas originales de la sentencia, subrayado nuestro)

Del fallo nos interesa dos notas para entender el principio de retrospectividad que evita cualquier alusión a la retroactividad, como se le ha querido hacer ver a la extinción de dominio por sectores tradicionalistas del Derecho penal. La primera, que un bien cuyo origen es ilícito jamás generará derecho alguno, ni siquiera intereses por los que procesalmente pueda obtenerse legitimación alguna a nivel procesal. Segundo, la «ilicitud» se asocia con el concepto omnicomprensivo de estar fuera de aquello que legalmente está permitido dentro de un Estado social de Derecho.

9. El estándar probatorio en la extinción de dominio

En el capítulo III del presente libro (Vid. epígrafe III), hicimos referencia al problema global que ha traído consigo la probática del comiso autónomo. De igual manera, tal como lo abordamos, en la extinción de dominio se presentan iguales o hasta quizá más complejos acertijos al momento de hacerle frente tanto al *balance de probabilidades* como a la *carga dinámica de la prueba*.

Como explicamos, asumiendo la definición que nos aporta AGUADO CORREA, el balance de probabilidades es «(...) *establecer un equilibrio procesal que impida, por un lado, implantar un juicio sin garantías al debido proceso, y por el otro, una efectividad probatoria al no contarse con una sentencia penal definitiva que logre establecer la culpabilidad penal* (...)»[349]. Ese equilibrio se establece principalmente por el legislador a través del catálogo taxativo de indicios que concurrentemente deben operar para otorgar al Ministerio Público Fiscal un estándar lo suficientemente sólido para presentar demanda por extinción de dominio en razón que todo apunta que sobre los bienes indicados han sido obtenidos o destinados bajo el amparo de lo que también definiría el legislador -nunca el juez- como «acto ilícito», éste último, lo suficientemente explicado en las páginas precedentes.

La LMEDO al respecto, no indica mayor precisión sobre el balance de probabilidades, pues en el fondo, es una materia propia de reserva legal de cada sistema legislativo asumido por los Estados. Ha sido la jurisprudencia de extinción de dominio la que ha indagado y reinterpretado estas reglas para hacerla parte del acervo característico del instituto. Por ejemplo, la jurisprudencia peruana, ha establecido con prístina precisión en qué consiste este estándar probatorio, haciendo comparaciones didácticas entre su operatividad en la extinción de dominio diferenciada de un proceso penal:

> «(...) Donde difieren el decomiso penal y el decomiso de activos NCB es en el procedimiento utilizado para decomisar los activos. La distinción principal entre los dos es que el decomiso penal requiere un juicio y una condena penal, mientras el decomiso de activos NCB no lo requiere.
>
> El decomiso penal es una orden *in personam*, una acción contra la persona. Requiere un juicio y una condena y constituye a menudo parte del proceso de sentencia. Por otro lado, en el decomiso NCB se aplica un estándar de prueba inferior (esto es, el balance de las probabilidades); no obstante, el requisito de una condena penal significa que se debe establecer la culpabilidad «más allá

349 AGUADO CORREA, T. 2014. *Ob. cit.*, pág, 41.

de toda duda razonable»; dicho de otro modo, que el Juez necesariamente debe encontrarse «íntimamente convencido» (convicción íntima). (...)

Los sistemas de decomiso penal pueden basarse en el objeto, pero ello significa que la autoridad procesal tiene que probar que los activos en cuestión son productos o instrumentos del crimen. El decomiso de activos NCB, conocido también como «decomiso civil», «decomiso *in rem*» o «decomiso objetivo» en algunas jurisdicciones, es una acción contra el activo mismo. Se trata de una acción separada de cualquier proceso penal y requiere prueba de que la propiedad esté manchada (es decir, la propiedad consiste en productos o instrumentos del crimen). Generalmente, tiene que establecerse la conducta criminal en un estándar de prueba de balance de probabilidades, lo que suaviza la carga probatoria y significa que puede ser posible obtener el decomiso cuando hay evidencia insuficiente para apoyar una condena penal. Dado que la acción no es contra un individuo demandado, sino contra la propiedad, el dueño de la propiedad es un tercero que tiene derecho a defender la propiedad. (...)

Entonces, el estándar de prueba permitirá declarar una hipótesis como probada por medio del estable- cimiento de un umbral de su ciencia probatoria, el cual una vez alcanzado, se entenderá que el derecho ha reconocido a la hipótesis favorecida como la más cercana a la verdad. El rango de opciones va desde la base de causa probable o razonable para creer, un concepto a menudo de nido como ligera- mente más que mera sospecha, hasta el mismo estándar requerido para una condena penal: la prueba más allá de la duda razonable o prueba que convenza íntimamente a un juez (convicción íntima).

07. Dicho de otro modo, los estándares de prueba variarán según la «materia» que se discuta: a grandes rasgos, un estándar civil no es el mismo que el penal. El umbral de su ciencia probatoria variará debido a que los intereses jurídicos en juego son de distinta naturaleza. Así, podemos encontrar: en materia civil, la tradición del *common law* ha establecido los estándares de «prueba prevalente», «preponderancia de evidencia» y «prueba clara y convincente» y en el proceso penal (tanto en el *common law* como en el *civil law*) el de «más allá de toda duda razonable».

Entre estos extremos se encuentra la preponderancia de la evidencia o estándar de un balance de probabilidades, también denominada apariencia necesaria, que usualmente es igual a que es más probable que sea cierto que no cierto, o una probabilidad mayor que el 50% de que la proposición sea cierta. Este estándar es más común en los casos civiles (no penales), particularmente en jurisdicciones de derecho común. Cualquiera que sea el estándar de prueba que se estime apropiado, es esencial la especificidad del estatuto que define el estándar de prueba. En ese sentido, no podemos pasar por alto que lo que se juzga en el proceso de extinción de dominio son derechos reales que recaen sobre bienes patrimoniales conforme lo dispone el artículo uno del Decreto Legislativo N° 1373; de ahí que, resulta equívoco muchas veces que los Abogados quieran recurrir a los estándares probatorios del proceso penal, cuando no está en juego la libertad de una persona. (...)» (subrayado nuestro)[350]

[350] Sentencia [38, págs. 642-644] de fecha 17 de julio de 2020, Juzgado Transitorio Especializado en Extinción de Dominio con sede en Lima, exp. 101-2019-0-5401-JR-ED-01.

Del fallo transcrito parcialmente, resaltamos lo que hemos venido explicando sobre el tema probatorio en el instituto analizado: *la inferior carga para probar.* La sentencia hace mención a la expresión «(...) *más probable que sea cierto que no cierto, o una probabilidad mayor que el 50% de que la proposición sea cierta* (...)». En este caso, el Ministerio Público Fiscal al recabar las pruebas en la investigación, deduce de indicios concurrentes previstos en la ley, el grado de probabilidad que el bien tenga un origen lícito o ilícito. Si esta probabilidad es superior a un grado razonable, que por prudencia judicial debe ubicarse por encima del 51%, entonces, procedería perfectamente tanto la demanda como su admisión. Contra la probabilidad deberá el titular aparente del derecho real, desmontarla o cuestionarla con elementos probatorios de mayor peso.

El otro soporte de la actividad probatoria, que acompañará siempre a la extinción de dominio para otorgarle sentido y pertinencia al balance de probabilidades es la denominada *carga dinámica de la prueba.* Como indicamos en el capítulo pasado, la carga de la prueba en estas materias no puede configurarse bajo los cánones tradicionales que aprendimos del Derecho procesal civil clásico. Debemos ratificar que en los procesos judiciales sobre extinción de dominio no existe una litis trabada sobre la culpabilidad o no de la persona, sino, sobre el origen del bien o derecho real. Es una litis patrimonial que ha sido inquirida por el Estado al evaluar unos indicios bajo estrictos estándares muy inferiores a los que se deben exigir para la culpabilidad penal. El titular aparente, así como los terceros que realmente han probado la buena fe, también están obligados a probar que es legítimo el origen de ese bien o derecho real. Un ejemplo gráfico de lo que estamos explicando lo ha esgrimido la Corte de Constitucionalidad de la República de Guatemala en su sentencia de fecha 6 de mayo de 2014 (caso: *acción de inconstitucionalidad promovida por el Colegio de Abogados y Notarios de Guatemala Vs. Decreto nº 55-2010 de la Ley de Extinción de Dominio,* exp. 1739-2012) al indicar:

> «(...) La ilicitud de aquellos deberá probarse distribuyendo la carga probatoria entre el Estado y quien aparece como titular, aplicando el principio de que corresponde probar un hecho a quien este en mejores condiciones de hacerlo -carga dinámica de la prueba-. Cabe señalar que la normativa reprochada busca responder a una realidad social, por medio de un procedimiento en el que se respetan los derechos que la Ley Suprema establece. (...)» (subrayado nuestro)

La expresión «quien esté en mejores condiciones de hacerlo», refleja la dinamicidad del proceso de extinción de dominio. Pues no sólo es demandar en base a indicios, sino que también, el Estado tiene la carga de impugnar o aprovecharse de la prueba que aporte el titular aparente o el tercero de buena fe (principio de adquisición procesal). De igual manera, éstos últimos también poseen la carga de desvirtuar los indicios o tomar el provecho de éstos si fueron mal presentados en la demanda, indicando la mala apreciación de estos. En el caso de los recursos procesales, por ejemplo apelación o Casación, también en base a la carga dinámica de la prueba podrá impugnarse una decisión judicial de primera instancia si ésta ha sido producto de una errónea aplicación del *iura novit curia* o si ha incurrido en *silencio de prueba,* etc.

En 2017, con la reforma del Código de Extinción de Dominio colombiano (Ley 1849), se modificaron las reglas sobre la carga probatoria en el siguiente tenor:

«(...) **Artículo 152.** ***Carga de la prueba.*** En el proceso de extinción de dominio opera la carga dinámica de la prueba. Corresponde al afectado probar los hechos que sustenten la improcedencia de la causal de extinción de dominio.

La Fiscalía General de la Nación tiene la carga de identificar, ubicar, recolectar y aportar los medios de prueba que demuestren la concurrencia de alguna de las causales previstas en la ley para la declaratoria de extinción de dominio y que el afectado no es un tercero de buena fe exenta de culpa. Y por su parte, quien alega ser titular del derecho real afectado tiene la carga de allegar los medios de prueba que demuestren los hechos en que funde su oposición a la declaratoria de extinción de dominio.

Cuando el afectado no allegue los medios de prueba requeridos para demostrar el fundamento de su oposición, el juez podrá declarar extinguido el derecho de dominio con base en los medios de prueba presentados por la Fiscalía General de la Nación, siempre y cuando ellos demuestren la concurrencia de alguna de las causales y demás requisitos previstos en esta ley para tal efecto (...)» (subrayado nuestro)

Entre las novedades de la reforma de 2017, fue la inclusión de un artículo relativo a la presunción probatoria de grupos delictivos organizados, es decir, de corporaciones económicas creadas para delinquir. El artículo 152A, establece:

«(...) **Artículo 152A.** ***Presunción probatoria para grupos delictivos organizados.*** Cuando existan elementos de juicio que indiquen que los bienes perseguidos en extinción de dominio se encuentran estrechamente vinculados a grupos delictivos organizados se presume su origen y/o destinación en la actividad ilícita.

En cumplimiento de esta presunción, la Fiscalía General de la Nación podrá presentar directamente demanda de extinción de dominio ante el juez de conocimiento, quien adelantará la etapa de juzgamiento en los términos previstos en el presente código.

Parágrafo. Se entenderá grupo delictivo organizado, como un grupo estructurado de tres o más personas que exista durante cierto tiempo y que actúe concretamente con el propósito de cometer uno o más delitos graves directa o indirectamente con miras a obtener un beneficio económico u otro beneficio de orden material, en consonancia con la Convención de Naciones Unidas Contra el Crimen Organizado (...)» (subrayado nuestro)

Esta inclusión normativa refuerza el concepto sobre la carga dinámica de la prueba, que como hemos indicado a lo largo del presente libro, la delincuencia económica 2.0 aprende también a manejar el proceso de extinción de dominio presente en las legislaciones de Latinoamérica. De allí que la jurisprudencia que día a día deba enfrentar estos casos también sea acuciosa y crítica para saber dar dos pasos adelante en relación a la marcha de la propia delincuencia económica. De esta manera, tendremos una extinción de dominio cada vez más modélica y efectiva, capaz de ser el mecanismo alternativo y complementario en la lucha contra la corrupción.

10. El principio non bis in idem y la extinción de dominio

Otro de los quiebres de los dogmas que el Derecho penal liberal ha imputado contra la extinción de dominio, está relacionado al principio garantista del *non bis in idem*[351]. Según este principio, nadie puede ser juzgado dos veces por los mismos hechos, puesto que, de hacerlo, se introduciría un inaceptable «estado de sospecha» donde la inocencia terminaría siendo una excepción y la culpabilidad la regla. Ahora bien, no pocos argumentos se han pronunciado contra la extinción de dominio alegando que encierra de forma solapada una violación a este principio.

Algunos afirman que el enjuiciamiento penal, al resultar absolutorio, impide que vuelva a revisarse sobre esos mismos hechos y sujetos. Sin embargo, debemos indicar que no es así, ya que, reforzando lo explicado, no se le formula un juicio penal cuando estamos en la extinción de dominio, sino, una evaluación sobre la «ilicitud» de elementos patrimoniales. ¿Pudiera entonces emplearse elementos de prueba en un proceso penal para abrir uno de extinción de dominio? La respuesta es afirmativa. Recordemos que en la extinción de dominio el estándar probatorio es sustancialmente inferior al que debe obligatoriamente sostenerse en un juicio de naturaleza criminal. Esto no obsta para que el Ministerio Público Fiscal, dentro del contexto de legalidad procesal, pueda trasladar esas pruebas para un juicio por extinción de dominio.

La jurisprudencia peruana de los últimos dos años ha resuelto esta cuestión alegando:

> «(...) **7.** Por otro lado, el derecho implícito al debido proceso- *el ne bis in idem* - es un derecho que tiene un doble contenido. Por un lado, ostenta un carácter procesal y por otro un carácter material. Entender a este principio desde su vertiente procesal implica *"... respetar de modo irrestricto el derecho de una persona de no ser enjuiciado dos veces por el mismo hecho..."* o no *"... ser juzgado dos veces por los mismos hechos, es decir que un mismo supuesto factico no puede ser objeto de dos procesos penales distintos o si se quiere que se inicien dos procesos penales con el mismo objeto..."* (STC 2050-2002- AA/TC). Mientras que desde su vertiente material *"...expresa la imposibilidad de que recaigan dos sanciones sobre el mismo sujeto por la misma infracción, puesto que tal proceder constituiría un exceso del poder sancionador..."* (STC 2050-2002-AA/TC). Ello supone que un mismo hecho no puede ser objeto de dos procesos distintos, ni merecer persecución penal múltiple. Consecuentemente la protección se vincula a los hechos que fueron materia de un primer pronunciamiento y sobre los cuales no corresponde una nueva revisión.
>
> **8.** A mejor entendimiento, constituye un requisito *sine qua non* para analizar el *ne bis in idem* la previa verificación de la existencia de una resolución que ostente la condición jurídica de cosa juzgada o cosa decidida, el Tribunal Constitucional a través de diversos fallos ha señalado que *"... las resoluciones que declaran no ha lugar a formalizar denuncia penal, que en el ejercicio de sus funciones pudieran emitir los representantes del Ministerio Público, con constituyen en estricto cosa juzgada, pues esta es una garantía exclusiva de los procesos jurisdiccionales. No obstante, ello, este Colegiado les ha reconocido el status de inamovible o cosa decidida, siempre y cuando se estime en la resolución, que los hechos investigados no configuran ilícito penal..."*

---

[351] Sobre el particular, véase SÁNCHEZ GASCÓN, A. 2004, *Duplicidad de sanciones: («non bis in idem»)*, ExLibris, Madrid. También, GIMENO SENDRA, J.V y REGUEIRO GARCÍA, M.T. (Coord.). 2015, *Nuevas tendencias en la interpretación de los derechos fundamentales*, Universitas, Madrid. NIETO GARCÍA, A. 1991, «El principio «non bis in ídem», *Anuario de jornadas 1989-1990*, Instituto Vasco de Administración Pública (IVAP), Guernica, págs. 355-378. GIMENO SENDRA, J.V. y DÍAZ MARTÍNEZ, M. 2018, *Manual de Derecho Procesal Penal*, El Español, Madrid.

9. En atención a lo expuesto, al primer requisito a ser cumplido para que opere el principio que nos ocupa es el de ***identidad de sujeto,*** lo que significa que la persona física a la cual se le persigue tenga que ser necesariamente la misma. Entendida así esta exigencia, debemos sostener que dicho requisito no se cumple a plenitud, habida cuenta en el proceso de Extinción de Dominio se dirige contra bienes inmuebles o muebles por su contenido estrictamente real que ostenta, pues es perfectamente verificable que en la investigación fiscal efectuada por la Fiscalía Provincial Penal Corporativa Especializada en Crimen Organizado del Callao en la denuncia identificada con el número de registro de denuncia 15-2018 (primera disposición de no formalizar ni continuar la investigación preparatoria) como la disposición de la Fiscalía Superior Penal, figura la requerida como investigada, persiguiendo el proceso penal un carácter punitivo y no real como así lo hace el presente proceso de Extinción de Dominio. En cuanto al segundo requisito, esto es la ***identidad objetiva*** o identidad de los hechos, que no es más que la estricta identidad entre los hechos que sirvieron de fundamento para la apertura tanto una como otra investigación, es decir, se debe tratar de la misma conducta material, sin que se tenga en cuenta para ello su calificación legal. Así, del tenor literal de la resolución evacuada en la investigación fiscal signada con el número de registro 15-2018, se refiere ampliamente a la presunta actividad de Lavado de Activos- presupuesto punitivo- y no en ninguna circunstancia dicha decisión recae sobre la ilicitud de los derechos reales afectados en el presente proceso, por lo que no se cumple el segundo requisito. En cuanto a la ***identidad de fundamento*** la causa de persecución en el proceso de extinción de dominio, como se ha referido en líneas supra, es distinta a la del proceso penal por lo que quedaría desvirtuado en tercer presupuesto, siendo así resulta inestimable el medio técnico deducido por la defensa. (...)»[352] (subrayado nuestro)

La decisión es más que gráfica en relación a la aplicación del *non bis in idem,* pues así existan una relación inexorable entre un delito o el sujeto, siempre la causa será diferente porque no es un proceso penal. Por tanto, la extinción de dominio jamás violará este principio consolidado del garantismo del constitucionalismo moderno.

II. LA EXTINCIÓN DE DOMINIO EN EL DERECHO COLOMBIANO

Como lo indicamos, la *extinción de dominio* se introduce en Latinoamérica como variante del *comiso* autónomo, precisamente, en la Constitución de Colombia de 1991. De allí la importancia histórico-cronológica de incluirla como epígrafe aparte en este ensayo: *ha sido la precursora de la institución.*

Su inclusión, como apunta Santander Abril[353], proviene de la legislación social agraria donde se extinguía el dominio sobre el fundo si el propietario contravenía (terrateniente) sus funciones sociales, empleando el inmueble para actividades no cónsonas con el régimen de suelo productivo. Más tarde, se adaptaría dentro de reglas penales con su inclusión en el Decreto número 2790 de 1990, mediante el cual, se dictaba el Estatuto para la defensa de la Justicia para el orden público. En pocas pala-

352 Sentencia [39, págs. 665-666] de fecha 19 de diciembre de 2019, Juzgado Transitorio Especializado en Extinción de Dominio con sede en Lima, exp. 102-2019-0-5401-JR-ED-01.

353 Santander Abril, G. 2018 ... *Naturaleza jurídica de la extinción de dominio* ... pág. 114.

bras, la situación de violencia extrema en Colombia coaccionó al Estado para la asunción de medidas drásticas, adelantándose por décadas a la expresión de Kofi Annan, donde la delincuencia organizada le ha declarado la guerra a la sociedad civil[354].

El Decreto 2790 tipificó por primera vez la *extinción de dominio* en el ámbito penal, sobre aquellos bienes incautados u ocupados en lo que se denominó jurisdicción de orden público[355]. Sin embargo, esta tipología de extinción de dominio sólo operaba:

> «(...) En realidad, se establecía una extinción de dominio para los casos de abandono de bienes o contumacia de los titulares de derechos sobre los bienes afectados, pues esta primera forma de extinción de dominio no se sustentaba en un presupuesto sustancial o causal, pues partía de una presunción tácita de que los bienes sobre los cuales recaía, habían sido incautados u ocupados por ser producto, medio o instrumento de algún delito de competencia de la jurisdicción de orden público, y atribuía la consecuencia jurídica de la extinción de dominio por el transcurso del tiempo y por la inactividad del interesado (...)»[356] (subrayado nuestro)

Nótese que más que una figura principal, su incorporación al ordenamiento penal lo ubicaba como una consecuencia ante la inactividad de la parte afectada, es decir, como si operara más bien una prescripción extintiva a favor del Estado de todo aquel que tras un año sin actividad procesal, no mostrara siquiera interés en comprobar la licitud del origen del bien objeto del procedimiento.

Para 1990, en Colombia, con una constituyente en marcha y ante la creciente oleada de violencia y crimen organizado derivado de los cárteles de la droga, se decidió otorgarle a la extinción de dominio rango constitucional. Tras varios años de criterios jurisprudenciales consolidados del Consejo de Estado Colombiano, se decidió abordar las funciones y obligaciones que emanan del cumplimiento de la función social inherente a la propiedad, sea por actos que desconozcan las reglas legítimas de acceso al derecho de propiedad o como consecuencia del mal ejercicio de sus atributos, ello por usar o destinar los bienes para poner en peligro o atentar contra otros bienes jurídicos[357].

---

354 Oficina de las Naciones Unidas contra la Droga y el Delito. 2004, *Convención de las Naciones Unidas contra la Delincuencia organizada trasnacional y sus protocolos,* Ediciones de las Naciones Unidas, Nueva York, pág. iii.

355 Santander Abril, G. 2018 ... *Naturaleza jurídica de la extinción de dominio* ... pág. 71.

356 *Ibid.*

357 Santander Abril, G. 2017, *Ob. cit.*, p. 442. Al respecto, véase también, Martínez Sánchez, W. A. 2015, *La extinción de dominio y la acción de extinción de dominio en Colombia,* en: AAVV. *La extinción de dominio en Colombia. Nuevo Código de extinción de dominio colombiano,* Oficina de las Naciones Unidas contra la Droga y el Delito, Bogotá, págs. 5-34. Sobre la extinción de dominio en Colombia, véase Murcia Ramos, B. 2012, *El enriquecimiento ilícito y la extinción de dominio,* Grupo Editorial Ibáñez, Bogotá. Espitia Garzón, F. 1998, *La extinción del derecho de dominio,* Grupo Editorial Ibáñez, Bogotá. Rivera Ardila, R. 2017, *La extinción de dominio,* Leyer Editores-UniAcademia, Bogotá. Pabón Parra, P.A. 2013, *Nuevo régimen de extinción de dominio: Ley 793 de 2002, legislación modificatoria-leyes 1151 de 2007, 1330 de 2009, 1395 de 2010, 1450 de 2011, 1453 de 2011: doctrina-análisis jurisprudencial,* Ediciones Doctrina y Ley, Bogotá. Tobar Torres, J.A. 2014, «Aproximación general a la acción de extinción de dominio en Colombia», *Civilizar, Ciencias Sociales y Humanas,* nº 14 (26), Universidad Sergio Arboleda, Bogotá, pp. 17-38, puede consultarse en línea: http://www.scielo.org.co/scielo.php?script=sci_arttext&pid=S1657-89532014000100003&lng=en&tlng=en Poveda Perdomo, A. 2004, *Le ley de extinción del derecho de dominio y su jurisprudencia: examen comparativo de los diferentes estatutos legales expedidos para regular la acción de extinción del derecho de dominio,* Librería Ediciones del Profesional, Bogotá.

El artículo 34 de la Constitución de 1991 establece:

Artículo 34. Se prohíben las penas de destierro, prisión perpetua y confiscación.

No obstante, por sentencia judicial, se declarará extinguido el dominio sobre los bienes adquiridos mediante enriquecimiento ilícito, en perjuicio del Tesoro Público o con grave deterioro de la moral social. (subrayado nuestro)

El texto constitucional transcrito resalta la prohibición absoluta de la confiscación en Colombia, pero diferenciando nítidamente entre esta institución y lo que en sí representa la *extinción de dominio*. Su origen está íntimamente conexo al sufrimiento institucional y poblacional del último tramo del siglo XX colombiano, ocasionado por los embates del narcotráfico y asedio del crimen organizado presente en el sentido estructural. El desarrollo del precepto constitucional ha visto la sanción de instrumentos legales que normaron la institución (Código de Procedimiento Penal de 1991[358], Ley 333 de 1996[359], Ley 793 de 2002 y sus reformas), confluyendo en el vigente Código de extinción de dominio (Ley 1708 de 2014)[360] y su reforma (Ley 1849 de 17 de julio de 2017)[361].

El Código de extinción de dominio colombiano parte por el mismo concepto del derecho de propiedad, donde la extinción tendrá como límite cuando un bien es lícitamente obtenido, de buena fe, exento de culpa y ejercida conforme a la función

---

358 Decreto 2700 de 1991. Vale destacar lo que indica Santander Abril, G. 2018 ... *Naturaleza jurídica de la extinción de dominio* ... pp. 78-79, relativo a la coexistencia del comiso penal y la extinción de dominio es esta norma adjetiva penal «(...) Se destaca, además, que la extinción de dominio se concibe a la par del comiso penal que se encontraba regulado en el artículo 338 del mismo estatuto. A pesar de que la norma no establece las diferencias entre uno y otro instituto, se debe destacar que amplía el campo de valoración del operador judicial, permitiendo la posibilidad de demandar del juez la aplicación de esta excepcional medida, fundando la pretensión en una disposición constitucional y no legal (...)».

359 Véase Ministerio de Justicia y del Derecho. 1996, *Ley 333 de 1996 (Diciembre 19) por la cual se establecen las normas de extinción de dominio sobre los bienes adquiridos en forma ilícita,* Ediciones de la Presidencia de la República de Colombia, Bogotá. Es importante acotar una problemática que traería consigo el consagrar la extinción de dominio tanto en el Código de Procedimiento Penal como en esta Ley 333. Explica Santander Abril, G. 2018 ... *Naturaleza jurídica de la extinción de dominio* ... pp. 79-80 «(...) Tras la expedición de la primera legislación de extinción de dominio, Ley 333 de 1996, coexistieron en el sistema jurídico colombiano, dos formas de extinción de dominio: la primera, atada al derecho penal (CPP, art. 340); y, la segunda, consagrada a través de una ley especial que pregonaba su autonomía e independencia frente al proceso penal. Esta coexistencia que, a primera vistas, podría parecer problemática y contradictoria, fue objeto de precisiones técnicas por vía jurisprudencial, toda vez que la Corte Suprema de Justicia definió el alcance de la norma procesal penal, indicando que la extinción de dominio que allí se contemplaba debía ser entendida como el comiso común y, bajo ningún pretexto, podría equipararse al procedimiento especial consagrado en la Ley 333 de 1996 (C.E., Sala Penal, Auto 228, 1999) (...)» (subrayado nuestro).

360 Sobre el *Código de Extinción de Dominio*, véase Toro Lucena, O. 2014, *Código de extinción de dominio, ley 1708 de 2014 comparado y concordado,* Ediciones Nueva Jurídica, Bogotá.

361 Debemos indicar que, en 2017, el Código sufrió una modificación sustancial en varios de sus artículos, apuntando dicha reforma hacia la extensión del ámbito de aplicación de la extinción de dominio más allá del enriquecimiento ilícito en perjuicio del tesoro nacional. La ampliación de la «ilicitud» se hizo con fundamento en la última oración del artículo 34 de la Constitución de 1991 bajo la expresión «con grave deterioro de la moral social». Revisando los artículos modificados, todo apunta hacia la agilización de los bienes que han pasado como activos patrimoniales del Estado colombiano, donde muchas veces, más que una ventaja ha resultado un pesado fardo para el tesoro público. De esta manera, existe la voluntad de hacer más expedito los remates de bienes y poder obtener los recursos como reparación a los daños del patrimonio público.

social y ecológica que le es inherente[362]. Bastará que se pruebe que dicho dominio ha sido producto de vías lícitas y de buena fe para evitar a toda costa la interposición de la acción por el *afectado*[363], pudiendo ser éste último, la propia Administración Pública.

En cuanto a los principios, el Código respeta el principio de *presunción de buena fe*, en el cual, todo acto o negocio jurídico relacionado con la adquisición o destinación de los bienes, siempre y cuando el titular del derecho proceda de manera diligente y prudente, exenta de toda culpa[364]. Como indica SANTANDER ABRIL[365], la *buena fe* cumple en este Código tres funciones estelares: 1º es generadora derechos, 2º actúa como el elemento negativo de las causales al neutralizar el reconocimiento de la consecuencia jurídica; y, 3º actúa como el modulador para la identificación de los terceros con interés sustancial para comparecer al proceso.

En cuanto a las causales para invocar la acción, el artículo 16 *ejusdem*, establece:

> **Artículo 16. *Causales.*** Se declarará extinguido el dominio sobre los bienes que se encuentren en las siguientes circunstancias:
>
> 1. Los que sean producto directo o indirecto de una actividad ilícita.
>
> 2. Los que correspondan al objeto material de la actividad ilícita, salvo que la ley disponga su destrucción.
>
> 3. Los que provengan de la transformación o conversión parcial o total, física o jurídica del producto, instrumentos u objeto material de actividades ilícitas.
>
> 4. Los que formen parte de un incremento patrimonial no justificado, cuando existan elementos de conocimiento que permitan considerar razonablemente que provienen de actividades ilícitas.
>
> 5. Los que hayan sido utilizados como medio o instrumento para la ejecución de actividades ilícitas.
>
> 6. Los que de acuerdo con las circunstancias en que fueron hallados, o sus características particulares, permitan establecer que están destinados a la ejecución de actividades ilícitas.
>
> 7. Los que constituyan ingresos, rentas, frutos, ganancias y otros beneficios derivados de los anteriores bienes.
>
> 8. Los de procedencia lícita, utilizados para ocultar bienes de ilícita procedencia.
>
> 9. Los de procedencia lícita, mezclados material o jurídicamente con bienes de ilícita procedencia.
>
> 10. Los de origen lícito cuyo valor sea equivalente a cualquiera de los bienes descritos en los numerales anteriores, cuando la acción resulte improcedente por el reconocimiento de los derechos de un tercero de buena fe exenta de culpa.
>
> 11. Los de origen lícito cuyo valor corresponda o sea equivalente al de bienes producto directo o indirecto de una actividad ilícita, cuando no sea posible la localización, identificación o afectación material de estos.

[362] Artículo 3 del *Código de extinción de dominio.*
[363] Artículo 1.1 del *Código de extinción de dominio.*
[364] Artículo 7 del *Código de extinción de dominio.*
[365] SANTANDER ABRIL, G. 2018 ... *Naturaleza jurídica de la extinción de dominio* ... pp. 103-104.

Parágrafo. También procederá la extinción de dominio respecto de los bienes objeto de sucesión por causa de muerte, cuando en ellos concurra cualquiera de las causales previstas en esta ley.

Las causales están todas relacionadas al tema del origen lícito de la propiedad, área que la jurisprudencia colombiana del CONSEJO DE ESTADO y la CORTE CONSTITUCIONAL han dedicado tiempo y estudio, no sólo al concepto de función social, sino a la preconfiguración de la misma para que pueda ser ejercida sin cortapisas. Al respecto, es interesante resaltar lo expresado por la CORTE CONSTITUCIONAL en la célebre sentencia nº C-740 de 2003:

> «(...) el ordenamiento jurídico colombiano sólo protege el dominio que es fruto del trabajo honesto y por ello el Estado, y la comunidad entera, alientan la expectativa de que se extinga el dominio adquirido mediante títulos ilegítimos, pues a través de tal extinción se tutelan intereses superiores del Estado como el patrimonio público, el Tesoro público y la moral social (...)»[366] (subrayado nuestro).

Este corolario, que sólo se protege el dominio producto del trabajo lícito y honesto, ha quedado establecido en el artículo 22 del Código que establece:

> **Artículo 22.** *Nulidad ab initio.* Una vez demostrada la ilicitud del origen de los bienes afectados en el proceso de extinción de dominio se entenderá, que el objeto de los negocios jurídicos que dieron lugar a su adquisición es contrario al régimen constitucional y legal de la propiedad y por tanto los actos y contratos que versen sobre dichos bienes en ningún caso constituyen justo título y se considerarán nulos *ab initio*. Lo anterior, sin perjuicio de los derechos de los terceros de buena fe exenta de culpa. (subrayado nuestro)

Nótese que, una vez comprobada la *ilicitud del origen de la propiedad*, la sentencia no sólo se contenta con ordenar al Estado ocupar los bienes, sino que todo negocio, acto o contrato se tratará como nulo *ab initio*, es decir, desde el primero de dichos actos, salvo, los derechos de terceros que de buena fe hayan adquirido el bien. Es tan igual como ocurre en las acciones civiles por *enriquecimiento sin causa*, sólo que, en el caso colombiano, se concentra exclusivamente en esa contingencia de la «ilicitud de origen».

Otro de los aspectos novedosos del Código analizado se circunscribe al destino final de los bienes que hayan sido objeto de la acción de extinción de dominio. Para tal efecto, el Código ha creado el FONDO PARA LA REAHABILITACIÓN, INVERSIÓN SOCIAL Y LUCHA CONTRA EL CRIMEN ORGANIZADO (FRISCO)[367], quien se encargará de los mismos según lo dispone el artículo 91 *ejusdem*, parcialmente transcrito y objeto de reforma de la Ley 1849 de 2017:

> «(...) **Artículo 91. *Administración y destinación.*** Los bienes sobre los que se declare la extinción de dominio, los recursos provenientes de la enajenación temprana y los recursos provenientes de la productividad de los bienes administrados, descontando aquellos destinados para el pago gradual y progresivo de los pasivos de dicho Fondo, los recursos que sean indispensables para el

366 CORTE CONSTITUCIONAL DE LA REPÚBLICA DE COLOMBIA. Sentencia C-740 de fecha 28.08.2003 (Caso: *Pedro Pablo Camargo Vs. Ley 793 de 2002*).

367 Artículo 90 del *Código de extinción de dominio.*

funcionamiento de la entidad encargada de la administración de los bienes, y las destinaciones específicas previstas en la ley, se utilizarán a favor del Estado y serán destinados así: en un veinticinco por ciento (25%) a la Rama Judicial, en un veinticinco por ciento (25%) a la Fiscalía General de la Nación, en un diez por ciento (10%) a la Policía Judicial de la Policía Nacional para el fortalecimiento de su función investigativa y el cuarenta por ciento (40%) restante para el Gobierno nacional, quien reglamentará la distribución de este último porcentaje, destinando una parte a infraestructura penitenciaria y carcelaria.

Se exceptúan de estos porcentajes los predios rurales, los cuales una vez cumplidas las destinaciones previstas en el numeral 1.1.1 del acuerdo final para la terminación del conflicto y la construcción de una paz estable y duradera, y agotado lo allí ordenado, deberán ser objeto de enajenación temprana de conformidad con el artículo 93 de esta Ley, recursos que en todo caso serán entregados en su totalidad al Gobierno nacional, para ser destinados a los programas de generación de acceso a tierra administrados por el Gobierno nacional.

De igual forma, por razones de seguridad y defensa, se podrán destinar de forma directa y definitiva predios rurales por parte del administrador del Frisco al Ministerio de Defensa Nacional, para el desarrollo de proyectos de infraestructura de la Fuerza Pública y/o para el cumplimiento de sentencias judiciales, para la reubicación, movilización o traslado de las instalaciones destinadas a la Defensa y Seguridad previos estudios técnicos del Ministerio de Defensa. Su régimen de administración y destinación será reglamentado por el Presidente de la República, siempre en acatamiento de lo dispuesto en el inciso anterior.

Los bienes destinados a la Fiscalía General de la Nación serán administrados a través del Fondo Especial para la Administración de Bienes creado mediante Ley 1615 de 2013.

En el caso de las divisas, una vez incautadas, estas serán entregadas al Banco de la República para que las cambien por su equivalente en pesos colombianos, sin que se requiera sentencia que declare la extinción definitiva del dominio sobre las mismas. (...)»

A pesar de contar con 30 años en el Derecho colombiano, la *extinción de dominio* es una figura que todavía no ha sido paradójica y suficientemente estudiada en países diferentes a la nación neogranadina, a pesar de la indudable influencia colombiana sobre el resto de legislaciones y jurisprudencia latinoamericana sobre la materia estudiada. Su principal nota singularizante, que ha sido la garantía de éxito, es que se desarrolla a través de una acción *in rem*, que como ya estudiamos, puede ser interpuesta antes, durante o después de una acción penal por el Estado en materia de corrupción, siendo totalmente independiente de la suerte del procedimiento penal. Como apunta SANTANDER ABRIL,

«(...) no exige la demostración de sus presupuestos bajo el criterio de certeza o más allá de la duda razonable, pues basta con realizar un juicio de valor conforme al balance de probabilidades (...)»[368].

[368] SANTANDER ABRIL, G. 2017, *Ob. cit.*, pág. 488.

Esto nos lleva automáticamente al punto crítico de la *extinción de dominio*, la relativa al cúmulo probatorio. Como se indicó, no requiere la certeza o el concepto de «plena prueba», indispensablemente exigible para cualquier juicio de naturaleza penal. Al bajar la interpelación de la valoración probatoria, lo más resaltante estriba en la capacidad de establecer presunciones legales basada en indicios objetivamente contemplados en la ley. Algo así como la apreciación que realiza el juez en los procedimientos cautelares civiles, donde, ante el riesgo de abordar el fondo del *thema decidendum*, decide sopesar elementos que estimen el «buen Derecho» de la medida que sea acordada, sin entrar dentro del campo de la discrecionalidad judicial[369].

Finalmente, como lo señalan GREENBERG, T, SAMUEL, L., GRANT, W. y GRAY, L.[370] el decomiso por medio de la *extinción de dominio*:

> «(...) puede ser particularmente eficaz para despojar al políticamente corrupto de los frutos de sus crímenes y restaurar los fondos a los ciudadanos del Estado víctima. Aunque el decomiso de activos NCB nunca debería sustituir al proceso penal, en muchas instancias (particularmente en el contexto de la corrupción oficial), el decomiso de activos NCB puede constituir la única herramienta disponible para recuperar los productos de esos crímenes y exigir alguna medida de justicia. La influencia de los funcionarios corruptos y otras realidades prácticas puede impedir investigaciones criminales totalmente, o hasta después de que el funcionario haya muerto o huido. No es raro que un funcionario corrupto que robe a un país intente obtener también inmunidad en un proceso. Puesto que el sistema de decomiso de activos NCB no depende de una condena penal, puede proceder al margen de la muerte, huida o cualquier inmunidad de la que pueda gozar el funcionario corrupto.
>
> El decomiso de activos NCB no se limita al contexto nacional. En la economía global de hoy, los criminales mueven los activos alrededor del mundo en cuestión de segundos al toque de un botón. Las fronteras internacionales ya no son aliadas del político corrupto si el Estado en que tuvo lugar la corrupción y el Estado en que se ubican los activos han promulgado leyes para permitir la colaboración en la incautación y el decomiso de los activos, basadas tanto en el decomiso penal como en el decomiso de activos NCB. (...)» (subrayado nuestro)

Sorprende que a pesar de la cercanía venezolana a Colombia, poco se haya estudiado en Venezuela sobre esta particular forma de concebir el comiso autónomo, aunque, más que equipararlos, responde a una lógica constitucional propia de la nación neogranadina. Los 218 artículos que componen el Código (Ley 1708 de

---

369 En efecto, la jurisprudencia de la Sala Constitucional del Tribunal Supremo de Justicia de Venezuela, ha sido enfática en sus criterios consolidados sobre la erradicación de la discrecionalidad judicial en materia cautelar. En la sentencia nº 270/2005 de fecha 16 de marzo de 2005, la Sala expresó al respecto «(...) *Asunto distinto es que, en la ponderación del cumplimiento con los presupuestos que reclama la tutela cautelar, el Juez tenga una amplia facultad de valoración que lo lleve a la conclusión de que, efectivamente, existen condiciones suficientes para el otorgamiento de la medida. Tales extremos deben cumplirse de manera concurrente, por lo que, si falta alguno de estos elementos, el Juez no podría decretar la medida preventiva* (...)».

370 GREENBERG, T, SAMUEL, L., GRANT, W. y GRAY, L. 2009, *Ob. cit.*, págs. 12-13.

2014) y su reforma (Ley 1849 de 2017), son el resultado de más de treinta años de tratamiento jurisprudencial, de ensayos y actividad legislativa enmarcada hacia la superación de la esfera penal de todo aquello que implique la lucha contra la corrupción. El éxito de esta institución estriba en que no sólo se apela a la estrategia punitiva del Estado, sino, hacia todo aquello que implique acabar de raíz el dominio y goce de bienes obtenidos de forma ilícita.

III. LAS BUENAS PRÁCTICAS EN LA EXTINCIÓN DE DOMINIO TRAS UNA DÉCADA DE LA LEY MODELO DE EXTINCIÓN DE DOMINIO

Junto a la legislación colombiana, otros países siguieron la senda de incorporar la extinción de dominio, comenzando por Centroamérica entre 2010 y 2014. También hizo lo propio el Perú, estableciendo una equiparación en cuanto a la extensión del comiso penal[371], diferenciándose de Colombia. Vale la pena destacar que buena parte del contenido del instrumento legislativo en Latinoamérica, deriva del proyecto de LEY MODELO SOBRE EXTINCIÓN DE DOMINIO, aprobado en 2011 como parte de la iniciativa del *Programa de Asistencia Legal en América Latina y el Caribe* (LAPLAC) de la Oficina de las Naciones Unidas contra la Droga y el Delito (UNODC)[372]. Desde entonces, han proliferado buenas prácticas de la institución, sobresaliendo tres experiencias.

La primera, está vinculada a la estrategia peruana, hondureña, guatemalteca y salvadoreña de *construir una rica jurisprudencia sobre extinción de dominio desde las instancias más cercanas al ciudadano* y no tanto desde las Cortes o Tribunales Supremos. Basta con revisar las estadísticas de estos países para concluir que dentro de la judicatura ordinaria ya existe una noción de criterios que van consolidándose hasta construir una heurística jurisprudencia que parte desde elementales declaratorias de extinción de dominio sobre bienes insignificantes desde su valor material hasta complejos casos como «*la monja*» (financiamiento al terrorismo)[373] o las *comisiones ilegales en adquisición de aeronaves de guerra*[374]. Lo resaltante de esta buena práctica es la preparación de criterios judiciales fortalecidos a lo largo de toda la jurisdicción de estas naciones.

Cuestión que nos parece interesante frente a lo sucedido en España, donde, a pesar de haberse aprobado la legislación sobre el comiso autónomo en la reforma de 2015, no hemos apreciado una sentencia -o conjunto de decisiones- relativas a buenas prácticas sobre el citado comiso. Más bien sorprende que ante situaciones objetivamente verificables con motivo de casos de corrupción vinculadas al Estado venezolano, se han suscitado omisiones no justificables, como en efecto puede men-

---

[371] SANTANDER ABRIL, G. 2015, *La nueva estructura del proceso de extinción de dominio,* en: AAVV. *La extinción de dominio en Colombia. Nuevo Código de extinción de dominio colombiano,* Oficina de las Naciones Unidas contra la Droga y el Delito, Bogotá, pág. 54.

[372] Proyecto *Ley Modelo de Extinción de Dominio.* La misma cuenta con 49 artículos organizados en 9 capítulos, a saber: I. Aspectos generales. II. Garantías procesales. III. Aspectos procesales. IV. Procedimiento. V. Pruebas. VI. Nulidades. VII. Administración y destinación de bienes. VIII. Cooperación Internacionales. IX. Disposiciones finales. Es una propuesta de la Oficina de las Naciones Unidas contra la Droga y el Delito (UNODC) a los efectos de buscar la unificación en América Latina de la institución.

[373] Véase Sentencia [63, págs. 1087 a 1103] de fecha 09 de diciembre de 2020, Juzgado Transitorio Especializado en Extinción de Dominio con sede en Lima, exp. 00025-2020-0-5401-JR-ED-01.

[374] Véase Sentencia [61, págs. 1041 a 1061] de fecha 27 de noviembre de 2020, Juzgado Transitorio Especializado en Extinción de Dominio con sede en Lima, exp. 00159-2019-0-5401-JR-ED-01.

cionarse en las investigaciones relativas al caso *Morodo*[375] y *Carvajal*[376], ambos, con causas judiciales-penales abiertas en España sobre corrupción.

La segunda buena práctica estriba en evitar cualquier exceso en las posibles desviaciones en la ponderación del legislador, sea el formal (Parlamentos) o el delegado o autorizado (Poder Ejecutivo) al momento de introducir componentes desfigurantes sobre extinción de dominio. En el caso peruano, su instrumento normativo central[377], tan igual como ha ocurrido en México[378], la *extinción de dominio*

---

[375] El día 21 de julio de 2019 apareció muerto en Madrid -ahorcado- el ex directivo de Petróleos de Venezuela (PDVSA), JUAN CARLOS MÁRQUEZ CABRERA con quien se logró encontrar nexos de negocios con el exembajador de España en Venezuela, RAÚL MORODO. Fue notorio que este fallecido había «delatado» lo acontecido para acogerse a los beneficios procesales de quien colabora con la justicia. En forma inexplicable apareció muerto justo el día antes de su comparecencia ante la justicia española. Ahora bien, existen bienes que estuvieron a nombre del exfuncionario de PDVSA y que no se sabe las razones por las cuales la Fiscalía española no había demandado por comiso autónomo, dado que se tipifica este caso con lo previsto en el Código Penal español que establece: **Artículo 127 ter.** 1. El juez o tribunal podrá acordar el decomiso previsto en los artículos anteriores aunque no medie sentencia de condena, cuando la situación patrimonial ilícita quede acreditada en un proceso contradictorio y se trate de alguno de los siguientes supuestos:
a) Que el sujeto haya fallecido o sufra una enfermedad crónica que impida su enjuiciamiento y exista el riesgo de que puedan prescribir los hechos, (...)
2. El decomiso al que se refiere este artículo solamente podrá dirigirse contra quien haya sido formalmente acusado o contra el imputado con relación al que existan indicios racionales de criminalidad cuando las situaciones a que se refiere el apartado anterior hubieran impedido la continuación del procedimiento penal. Para más detalles, véase HERNÁNDEZ, J.A. e IRUJO, J.M. «El exdirectivo hallado ahorcado en Madrid iba a tirar a «de la manta» de la petrolera estatal venezolana», en: *Diario El País,* Madrid, edición de fecha 29 de julio de 2019 [Consulta: 21 de julio de 2021] En: https://elpais.com/politica/2019/07/27/actualidad/1564192137_860983.html

[376] En el caso del ex Ministro Venezolano HUGO CARVAJAL, también se tiene elementos para comprobar su culpabilidad. Desde el año pasado, pesa sobre él una solicitud de aprehensión por Interpol, ya que, se dio a la fuga en España y no se sabe nada de su paradero. La orden de aprehensión fue dictada por el Juzgado Central de Instrucción Preliminar de la Audiencia Nacional en Madrid, en fecha 13 de abril de 2019. El día 8 de noviembre de 2019, la Sala Penal de la Audiencia Nacional declaró la procedencia de extraditarlo para los Estados Unidos. Desde entonces, no se sabe nada de su paradero. En este caso, también puede perfectamente aplicarse el artículo 127 ter. del Código Penal indica: «(...) **Artículo 127 ter.**_1. El juez o tribunal podrá acordar el decomiso previsto en los artículos anteriores aunque no medie sentencia de condena, cuando la situación patrimonial ilícita quede acreditada en un proceso contradictorio y se trate de alguno de los siguientes supuestos: (...) b) se encuentre en rebeldía y ello impida que los hechos puedan ser enjuiciados dentro de un plazo razonable (...)» Para más detalles, véase TRANSPARENCIA VENEZUELA. *El extraño caso de Hugo «pollo» Carvajal en España,* Transparencia Internacional, Capítulo Venezuela, Caracas, 2020. Véase https://transparencia.org.ve/el-extrano-caso-de-hugo-el-pollo-carvajal-en-espana/

[377] En cuanto al debate académico sobre la extinción de dominio en el Perú, véase TORO LLANOS, V. 2007, «El proceso de pérdida de dominio como causal de extinción del derecho de propiedad», *Actualidad jurídica,* Tomo 168, pp. 27-29. También, DELGADO TOMÁS, W.J. y GALVEZ VILLEGAS, T.A. 2006, *La acción de pérdida de dominio y otras pretensiones en el proceso penal,* Juristas Editores, Lima. ZÚÑIGA RODRÍGUEZ, L. 2013, *Criminalidad de empresa y criminalidad organizados. Modelos para armar en el derecho penal,* CEDPE: Jurista Editores, Lima.

[378] Vale la pena destacar que también, en 2019, México aprobó su *Ley Nacional de Extinción de Dominio.* Esta apareció publicada en Diario Oficial de los Estados Unidos Mexicanos de fecha 09 de agosto de 2019 (edición vespertina). Consta de 251 artículos y además, se reformaron parcialmente el Código Nacional de Procedimientos Penales, la Ley Federal para la Administración y Enajenación de Bienes del Sector público, la Ley de Concursos mercantiles y la Ley Orgánica de la Administración Pública Federal. Estas modificaciones es para armonizar tanto los conceptos como procedimientos propios de la acción de extinción de dominio. El día 09 de septiembre de 2019, la COMISIÓN NACIONAL DE LOS DERECHOS HUMANOS DE MÉXICO, demandó la inconstitucionalidad parcial de los artículos 1, fracción V, incisos f), g), h), i) y j) en sus párrafos segundos, 2 fracción XIV, en la porción normativa

está presente en el radar de la Jurisdicción constitucional a través del control concentrado. Por ejemplo, en el Perú, el TRIBUNAL CONSTITUCIONAL asume un análisis jurisprudencial[379] que indica las principales características de esta institución.

La tercera buena práctica está en la construcción de órganos de investigación en extinción de dominio cada vez más tecnificados, como por ejemplo, los Ministerios Públicos Fiscales. La experiencia centroamericana, donde muestran resultados a lo largo de una década (vgr. Guatemala y El Salvador), anotan puntos positivos sobre el rendimiento de la extinción de dominio como mecanismo eficiente para la recuperación de activos y que todavía no hemos estudiado a fondo el instituto de origen netamente Latinoamericano[380]. No es descabellado, en razón de las prácticas fiscales compartidas, que en un futurable horizonte, podamos construir una FISCALÍA AMERICANA al igual que la FISCALÍA EUROPEA.

IV. DIFERENCIAS Y SEMEJANZAS ENTRE EL COMISO AUTÓNOMO Y LA EXTINCIÓN DE DOMINIO

Como se pudo estudiar en los puntos anteriores del Derecho comparado, la *extinción de dominio* es una creación originaria del Derecho latinoamericano. En este

«o bien, el uso o destino lícito de los Bienes», 5, párrafo segundo, en la porción normativa «La información obtenida por el Ministerio Público para la preparación de la acción de extinción de dominio, será estrictamente reservada hasta que la misma sea presentada ante la autoridad judicial», 7, fracciones II, IV y V, 9, numerales 2, en la porción normativa «o destinación», y 4, 11, párrafo primero, 15, 16, fracción II, 173, párrafo segundo, en la porción normativa «En caso de urgencia u otra necesidad debidamente fundamentada, el Ministerio Público podrá adoptar tales medidas, debiendo someterlas a control judicial posterior tan pronto sea posible», 177, último párrafo, 190, párrafo quinto, en la porción normativa «En los casos en los cuales no se pueda recabar la autorización respectiva, por razón de la hora, del día, de la distancia o del peligro en la demora, se deberá informar y justificar dentro de los cinco días siguientes, ante el órgano jurisdiccional», 228, inciso a), y Sexto transitorio, todos de la Ley. El pasado 21 de junio de 2021, la SUPREMA CORTE DE LA NACIÓN MEXICANA, declaró inconstitucional parcialmente la demanda presentada por esta comisión (expediente 100/2019). Para la fecha del cierre de esta edición, todavía no se tiene el fallo completo de la Suprema Corte. Para más detalles a nivel doctrinal, véase NAVAS GARCÉS, A.E. 2019, *Ley de extinción de dominio. Referencias a sus aspectos básicos,* Tirant Lo Blanch, México.

379 Véase TRIBUNAL CONSTITUCIONAL DE LA REPÚBLICA DEL PERÚ. Sentencia número S. 207 de fecha 05 de marzo de 2020 (Caso: *Demanda de inconstitucionalidad contra el artículo 5 de la Ley de oposición al procedimiento de inscripción registral*). Puede consultarse en línea, http://181.177.234.7/buscarRes/public/resolucionjur?filtro=S&search=extinci%C3%B3n+de+dominio&demandante=&demandado=&numexpediente=&anoingreso=&idtipoproceso=0&anopublica=&pg=1. Este fallo se pronunció sobre la funcionalidad de la buena fe en materia inmobiliaria, haciendo alusión directa al valor de la misma dentro del concepto de extinción de dominio. Establece el fallo lo siguientes: «(...) 55. A mayor abundamiento, cabe mencionar que en el ordenamiento jurídico peruano se han expedido normas con la finalidad de dotar de contenido a la diligencia y prudencia exigidas al tercero para la adquisición de bienes cuyo origen está relacionado con ciertas actividades ilícitas, como las que atentan contra la administración pública, las actividades vinculadas a la criminalidad organizada, entre varias. (...) 57. Pero más allá de las exigencias normativas previamente detalladas que son necesarias para la configuración de la buena fe en los términos del artículo 2014 del Código Civil, según se trate de bienes relacionados con los ilícitos a los que se refiere el Decreto Legislativo 1373, corresponde señalar que la Corte Suprema de Justicia ha desarrollado también, en diversas resoluciones que ha expedido, algunos criterios para determinar si se ha configurado la buena fe del tercero en cada caso. (...)»

380 Recientemente, la magister en derecho procesal constitucional, BRENDA LORENA MALDONADO ARCHILA, de la República de Guatemala, presentó su memoria de maestría en la Universidad de Galileo de Guatemala. En la tesis formula recomendaciones basada en su experiencia forense (agente fiscal del Ministerio Público) al ejercer acciones de extinción de dominio. Fundamentalmente exhorta a toda la comunidad jurídico-académica en la profundización del estudio normativo a la institución.

punto, y visto que hemos iniciado la investigación con la precisión conceptual del *comiso* autónomo y su evolución global en los diferentes tratados y convenios internacionales, vale la pena detenernos en una comparación conceptual a los fines de establecer si el *comiso* autónomo es un equivalente a la *extinción de dominio,* o bien, éste último, una forma continental latinoamericana de completar el primero.

Para este punto, partimos por lo expresado en la exposición de motivos de la LMEDO, que inicia explicando:

> «(...) Es «*regional*» por cuanto fue diseñada siguiendo la tradición civil de los países hispanohablantes de Latinoamérica que pudieran acoger la iniciativa. Por la misma razón, se adoptó el nombre de «*extinción de dominio*» por tratarse de la denominación más común en la región y no, por ejemplo, por «*decomiso sin condena*» término utilizado en otros ámbitos internacionales. (...)»[381] (subrayado nuestro)

A simple vista el documento oficial de la ONUDC indica que la *extinción de dominio* y el *comiso* (rectius: decomiso sin condena) son **términos sinónimos** pero por razones de tradición histórica el primero de los términos tiene más raigambre en Latinoamérica, mientras que el comiso sin condena, se aplica más en ámbitos «internacionales» como en efecto se puede leer de UNCAC, CNUCTISS, CNUCDOT y los demás instrumentos analizados pormenorizadamente en los capítulos primero y tercero del presente libro.

Sin embargo, a pesar de la aparente y elemental sinonimia que nos indica la LMEDO, sí podemos afirmar la existencia de diferencias en ámbitos que van más allá de lo conceptual. Específicamente, si cotejamos no solo la LMEDO y las leyes que han aprobado la extinción de dominio en América Latina con la UNCAC 2003, encontraremos divergencias que nos obligan a plantearnos sobre la pertinencia de acogernos en un futuro próximo o bien a la *extinción de dominio* o al *comiso* autónomo. Visto así, podemos encontrar algunas discrepancias entre la extinción de dominio con el comiso autónomo en lo relativo a sus fuentes, naturaleza, alcance y fundamento.

En relación a su **fuente**, el *comiso* autónomo aparece de forma evidente en los tratados y convenciones internacionales. En ningún documento trasnacional de la lucha contra la corrupción, se hace referencia alguna a la *extinción de dominio.* Ni siquiera en la CONVENCIÓN INTERAMERICANA CONTRA LA CORRUPCIÓN de 1996 se hace alusión alguna a la extinción, siendo ésta última, contemplada desde 1936 en la legislación agraria colombiana y elevada al plano constitucional desde 1991 y en el caso mexicano desde 2017.

Esto nos lleva a cotejar que la *extinción de dominio* ha sido una figura reconocida directamente por la Constitución de Colombia (Art. 34) y México (Art. 22), lo que la configura con rango y naturaleza constitucional[382], es decir, es una creación directa del constituyente que puede aplicarse de forma directa e inclusive, sujeta a que en su petición, ante la ausencia de ley expresa que la regule, pueda el juez otorgarla en

---

[381] OFICINA DE LAS NACIONES UNIDAS CONTRA LA DROGA Y EL DELITO. 2011, *Ley Modelo sobre extinción de dominio,* Programa de Asistencia Legal para América Latina y el Caribe.

[382] Explica SANTANDER ABRIL, G. 2015 ... *La nueva estructura del proceso de extinción de dominio* ... p. 53, lo siguiente: «(...) *Uno de los aspectos más complejos de la acción de extinción de dominio es el relacionado con su naturaleza jurídica, pues las discusiones al respecto no han sido pacíficas, como bien se puede observar en las sentencias de constitucionalidad C-374, C-409, C-539 de 1997, C-1708 de 2000 y T 212 de 2001, discusión que solo quedó zanjada con posterioridad a la expedición de la Ley 793, concretamente a través de*

razón de su mera concreción sin alegar teorías sobre *normas programáticas* que durante mucho tiempo estuvieron vigentes en Venezuela[383]. Inclusive, pudiera fundamentar en una hermenéutica más progresista, la posibilidad de ejercer un *control de la convencionalidad* o inclusive un amparo o acción de tutela por parte del Estado, al verse este último como una «víctima» de la corrupción. Esto nos lleva a un problema sobre cómo debería el legislador acogerla, ya que, si bien encontramos un horizonte conceptual, éste a veces luce ausente por lo que el legislador ordinario debe aplicar algo más allá de la mera ponderación de bienes e intereses. Al contrario, el *comiso* autónomo no se encuentra consagrada en ninguna Constitución Latinoamericana, pero, es el término más recurrente de los tratados (Decomiso) suscritos por los Estados contra la corrupción y toda forma de delincuencia económica.

Sobre su **naturaleza**, la *extinción de dominio* no oculta su inclinación hacia la teoría del *enriquecimiento sin causa*, mientras que, el *comiso* autónomo se debate entre los apologistas de aquella tesis y los que determinan que es una *accesoriedad*, como de suyo ocurre en la legislación europea, sobre todo, la española que analizamos de forma pormenorizada en el capítulo anterior. Al respecto vale la pena resaltar lo que indica la LMEDO sobre la naturaleza jurídica de la extinción de dominio al establecer:

> **Artículo 2. Concepto.** La extinción de dominio es una consecuencia patrimonial de actividades ilícitas consistente en la declaración de titularidad a favor del Estado, de los bienes a que se refiere esta ley, por sentencia de autoridad judicial, sin contraprestación, ni compensación de naturaleza alguna (subrayado nuestro)

En el Ley mexicana[384], colombiana[385], peruana[386], salvadoreña[387] y guatemalteca[388] se ratifica que la *extinción de dominio* es una acción de carácter real

la sentencia C-740 de 2003, que con ponencia del magistrado Jorge Córdoba Triviño puso fin a la discusión, indicando que la naturaleza jurídica de la acción de extinción de dominio era «constitucional», lo cual dejaba esa acción a la par de las demás acciones constitucionales, como la tutela, de cumplimiento, populares y de grupo, con la salvedad de reconocer a la extinción de dominio como la única acción que está reservada para que el Estado asegure el cumplimiento de sus propios fines (...)».

383 Entendemos por normas programáticas «(...) *Normas que no contienen proposiciones imperativas ni establece mecanismos suficientes para asegurar su aplicación, sino que se limita a formular un programa de actuación, criterios u orientaciones de políticas legislativas, o a declarar derechos cuya consagración definitiva, dotando a las normas declarativas de eficacia plena, se deja a la intervención posterior del legislador secundario* (...)». REAL ACADEMIA ESPAÑOLA DE LA LENGUA. 2020, *Diccionario panhispánico del español jurídico*, RAE, Madrid https://dpej.rae.es/lema/norma-program%C3%A1tica [Consulta: 28 de agosto de 2020]

384 Artículo 3 de la *Ley Nacional de Extinción de Dominio* de 2019.

385 Artículo 16.4 de la Ley número 1.708 de 2014 contentiva del *Código de Extinción de Dominio*.

386 Artículo III, 3.11 del Decreto Legislativo 1.373 sobre extinción de dominio «(...) *3.11. Incremento patrimonial no justificado: aumento del patrimonio o del gasto económico de una persona natural o jurídica notoriamente superior al que normalmente haya podido percibir en virtud de su actividad laboral o económica lícita o de sus ingresos por cualquier otra causa lícita, existiendo elementos que permitan considerar razonablemente que dicho incremento patrimonial proviene de actividades ilícitas* (...)».

387 Véase Decreto legislativo 534/2013 y el 734/2017, éste último, contentivo de la reforma de la *Ley Especial de Extinción de Dominio de la Administración de los Bienes de Origen o Destinación Ilícita*. Artículo 6. Son presupuestos de la procedencia de la acción de extinción de dominio, los siguientes: (...) Omisis (...) c) Cuando se trate de bienes que constituyen un incremento patrimonial no justificado de toda persona natural o jurídica, que provengan de actividades ilícitas.

388 Véase Decreto legislativo 55-2010 de *Ley de Extinción de Dominio*. «(...) Artículo 4. Causales de procedencia de la extinción de dominio. Son causales de acción de extinción de dominio, las siguientes: (...) Omisis (...) b) *Cuando exista incremento patrimonial de toda persona, individual o jurídica, relacionada directa o indirectamente con una persona investigada o sometida a una acción de extinción de dominio, en virtud de las actividades ilícitas o delictivas previstas en la presente Ley*, y que exista información razonable de que dicho incremento tiene origen o se deriva de actividades

que interpone el Estado en razón de su disminución patrimonial e incremento sin causa de un particular, todo enmarcado dentro de conductas «ilícitas». Así, no queda dudas que los legisladores latinoamericanos han concebido una forma peculiar, diferente a la tradicional acción por enriquecimiento sin causa, para conductas que, si bien no requiere de una condenatoria penal, si están vinculados de alguna forma a la actividad delictual, sobre todo, aquellas que hemos descrita a lo largo de este libro como de criminalidad económica 2.0.

En lo atinente al **alcance**, la *extinción de dominio* es mucho más omnicompresiva que el *comiso* autónomo. En éste último se ha vinculado su aplicación a aquellos bienes enmarcados como réditos exclusivos de los delitos contra la corrupción, como apunta el artículo 54.1, c) de UNCAC, mientras que, la *extinción de dominio* abarca todos los comportamientos punibles que sean origen de «ilicitud», como en efecto, indica pormenorizadamente la Ley salvadoreña 534/2013 reformada por la 743/2017[389], que precisa mejor un catálogo de «conductas consideras ilícitas», dado que, en la LEY MODELO SOBRE EXTINCIÓN DE DOMINIO, no especifican cuáles ámbitos deben considerarse como «actividad ilícita».

Finalmente, en lo que respecta al **fundamento**, si bien ambas instituciones poseen una finalidad común como es prescindir de una condena penal para proceder a la recuperación de los activos producto de actividades ilícitas, en la *extinción de dominio* se afinca ese por qué de su existencia en la falta de consolidación o legitimidad del titular del derecho real propiedad, es decir, que la *ilicitud* para obtener dicho bien ha sido motivo suficiente para evitar consolidar el dominio o propiedad. Al respecto, la CORTE CONSTITUCIONAL Colombiana ha establecido[390]:

> «(...) Tratándose de una acción constitucional orientada a excluir el dominio ilegítimamente adquirido de la protección que suministra el ordenamiento jurídico, no pueden configurarse límites temporales, pues el solo transcurso del tiempo no tiene por qué legitimar un título viciado en su origen y no generador de derecho alguno. Mucho más si aún bajo el régimen constitucional anterior no fue lícita la adquisición del dominio de los bienes.
>
> El supuesto según el cual sólo se pueden adquirir y mantener derechos procediendo de acuerdo con el ordenamiento jurídico y no contra él, impone que el

ilícitas o delictivas anteriores a la acción de extinción de dominio, o de las personas que hayan podido lucrar o beneficiarse de los bienes, frutos, productos, ganancias, rendimientos o permutas provenientes, que se originen o deriven de actividades ilícitas o delictivas en cualquier campo, sin que demuestren suficiente y fehacientemente el origen lícito de los mismos. (...)».

389 Establece el artículo 5 de la *Ley Especial de Extinción de Dominio de la Administración de los Bienes de Origen o Destinación Ilícita,* lo siguiente: «Art. 5- La presente ley se aplicará sobre cualquiera de los bienes que se encuentran descritos en los presupuestos que dan lugar a la extinción de dominio y provengan de o se destinen a actividades relacionadas o conexas al lavado de dinero y activos, al crimen organizado, maras o pandillas, agrupaciones, asociaciones y organizaciones de naturaleza criminal, actos de terrorismo, tráfico de armas, tráfico y trata de personas, delitos relacionados con drogas, delitos informáticos, de la corrupción, delitos relativos a la Hacienda Pública y todos aquellos hechos punibles que generen beneficio económico u otro beneficio de orden material, realizadas de manera individual, colectiva, o a través de grupos delictivos organizados o estructurados. En los casos detallados, el juez de la causa deberá razonar fehacientemente la existencia de los presupuestos a fin que proceda la extinción de dominio e individualizar y determinar el origen o destinación ilícita de los bienes.

Para el caso de las organizaciones terroristas, tales como maras o pandillas y crimen organizado se presumirá el incremento patrimonial no justificado para efecto de la extinción de dominio».

390 CORTE CONSTITUCIONAL DE LA REPÚBLICA DE COLOMBIA. Sentencia C-740 de fecha 28.08.2003 (Caso: *Pedro Pablo Camargo Vs. Ley 793 de 2002*).

dominio ilícitamente adquirido no pueda convalidarse en ningún tiempo, pues, de lo contrario, de fijarse plazos para el ejercicio de la extinción de dominio, para desvirtuar ese supuesto bastaría con mantener ocultos los bienes ilícitamente adquiridos por el tiempo necesario para la improcedencia de la acción, con lo que se legitimaría un título viciado en su momento originario. De allí que el Estado se halle habilitado para perseguir el dominio ilícitamente adquirido sin consideración a la época de la ocurrencia de la causal que lo originó, pues ello equivaldría a establecer un saneamiento no previsto por el constituyente (...)» (subrayado nuestro)

A diferencia de la *extinción de dominio*, el *comiso* autónomo no cuestiona en sí la constitucionalidad del origen de la propiedad adquirida de forma ilícita, sino que, al concretarse los supuestos legales (presunciones de ley como indicamos en el capítulo tercero); sería procedente el *comiso* de bienes sin requerir una sentencia condenatoria penal previa.

Como pudimos explicar en los párrafos que preceden, encontramos diferencias no sólo en cuanto al aspecto semántico de los términos comiso y extinción de dominio, sino en cuanto al tratamiento, fuente, alcance y naturaleza evidente de estas modalidades de privación propietaria sin un proceso penal previo. Es por ello, que una vez verificada las principales patologías de ambas instituciones, sea necesario revisar cuál sería la más pertinente para el marco constitucional y legal venezolano, que como explicaremos en el siguiente capítulo, está repleto de una serie de inconvenientes y demás obstáculos que deberá sortear el legislador nacional de cara a una reforma integral sobre la materia. De plano, descartamos cualquier versión que obligue a asumir la *extinción de dominio* por el simple hecho de ser confección dogmático-jurídica latinoamericana.

V. LAS OPINIONES Y CONTROVERSIAS SOBRE LA INCONSTITUCIONALIDAD DE LA EXTINCIÓN DE DOMINIO POR VIOLENTAR LOS PRECEPTOS DE TRATADOS Y CONVENCIONES AMERICANAS SOBRE DERECHOS HUMANOS

Por mucho que la *extinción de dominio* sea generalizada en Latinoamérica, e inclusive, de rango constitucional como ocurre en Colombia y México; se han presentado fricciones entre aquellos que conciben a la *extinción de dominio* como una solución imprescindible contra la delincuencia económica y los que observan -expresa o vedada- que puede representar una flagrante violación a principios constitucionales relativos a los derechos de propiedad.

Como hemos explicado a lo largo del presente ensayo, la institución del *comiso* autónomo o *extinción de dominio* no ha sido de fácil aceptación en nuestros países, hasta el punto, un buen número de legislaciones latinoamericanas han realizado el cometido indicado en el artículo 54,1 c) UNCAC 2003[391] con respecto a la desvinculación del comiso de la sentencia condenatoria penal, pero, calificándolo expresamente como *extinción de dominio*. A ello se le suma el hecho de las discrepancias que

[391] En América Latina eran relativamente pocos los países que habían regulado con especial detenimiento al *comiso* autónomo o *extinción de dominio* como suele llamarse en esta porción geográfica, tal como advertía, JORGE, G. 2008, ... *La recuperación de activos de la corrupción* ... pp. 67-91, para la fecha en que aparece la publicación. Diez años después, desde 2017 en adelante, casi todos los países han asumido una ley especial que regula la extinción de dominio, bebiendo como fuente, la Ley Modelo sobre extinción de dominio de 2011 concebida por UNODC.

puede conllevar la aceptación de la tesis expansiva del Derecho penal a dos velocidades donde todo apunta que el mismo será menos garantista donde se flexibilizarán las reglas de imputación[392].

Sin embargo, a pesar de las polémicas, urge su aplicación inmediata porque los delitos de corrupción cada día carcomen las bases económicas de los Estados, hasta el punto de que se estima que los montos en recursos productos de sobornos en países en desarrollo o transición, rondan entre el orden de los 20.000 y 40.000 millones de dólares anuales[393]. Una cifra escandalosa que pudiera palidecer cualquier controversia constitucional derivada de mecanismos efectivos como ha sido la *extinción de dominio*.

Lo que, si podemos precisar en este momento, son las polémicas generadas a la luz de la hermenéutica de los principios constitucionales vigentes en relación a la aceptación de la *extinción de dominio*. A nuestro juicio, estas polémicas las calificamos como *problemas colaterales*, en razón que buena parte de ellos responde a una óptica determinada del estado social de Derecho sometida permanentemente a una evolución por sociedad. Ninguno de los que señalaremos tiene sello de ser infranqueable, es decir, de imposible superación. Esto nos lleva a la elucidación permanente de todo el sector doctrinal penal para determinar fórmulas equilibradas y así hacer operativo el *comiso* autónomo o *extinción de dominio* según se acoja cada término en una legislación específica.

El primer problema colateral es la *confrontación directa con las garantías constitucionales derivadas del Derecho penal*, más específicamente, del Derecho penal clásico o como le llama SILVA SÁNCHEZ, el «buen derecho penal liberal»[394]. Al respecto somos de la tesis que se superará en la medida que se consensue un marco actualizado garantista sobre lo que en sí debe resguardar el Derecho penal en la globalización y lo que puede ser optativo en razón a la peligrosa actividad criminal. Este consenso debe estar de la mano con la jurisprudencia de los más altos tribunales, a los efectos de otorgarle coercibilidad y facilitar su implementación, allanándole el camino al legislador formal sin que gravite el permanente miedo a que sus leyes sean anuladas por inconstitucionalidad a través del mecanismo del control concentrado o modelo vienés[395].

El segundo problema es la relativa a las *garantías sobre la presunción de inocencia y sus tensiones con la búsqueda del origen de la titularidad de los bienes* objeto de la *extinción de dominio*. Como se indicó, lo capital en la institución es prescindir de una sentencia condenatoria penal, pero, lograr que efectivamente los bienes objeto del procedimiento, tienen un claro origen ilícito, es decir, que por las vías reglamentadas en los ordenamientos jurídicos esa persona no hubiera podido adquirirlos. Es como señalar que se es inocente en principio y todo su patrimonio así lo es, pero ...,

---

392 SILVA SÁNCHEZ, J.M. 2011, *Ob. cit.*, pp. 83-84.

393 GREENBERG, T, SAMUEL, L., GRANT, W. y GRAY, L. 2009, *Ob. cit.*, p. XII.

394 SILVA SÁNCHEZ, J.M. 2011, *Ob. cit.*, pág. 165.

395 Sobre el control concentrado de la constitucionalidad, véase BREWER-CARÍAS, A.R. 1994, *El control concentrado de la constitucionalidad de las leyes*, Cuadernos de la Cátedra Fundacional de la Universidad Católica del Táchira, San Cristóbal. FERNÁNDEZ SEGADO, F. 2013, *La evolución de la justicia constitucional*, Dykinson, Madrid. TORRES DÍAZ, M.C. 2016, *La Justicia Constitucional desde el estudio crítico de casos: Análisis jurisprudencial*, en: AAVV. *XIV Jornadas de Redes de Investigación en Docencia Universitaria: investigación, innovación y enseñanza universitaria: enfoques pluridisciplinares*, Universidad de Alicante, Alicante, pp. 1303-1319.

los puntos suspensivos nos obligan a calificar preventivamente que no es así. Esta segunda colateralidad nos lleva a la tercera.

La tercera es la relativa al *régimen probatorio basado en indicios con los cuales los jueces verifican presunciones*. Si precisamente como afirma MUÑOZ SABATÉ, «probar o sucumbir»[396] es una garantía o límite del poder jurisdiccional, la cuestión de soportar toda esta actividad en pruebas indiciarias que posteriormente nos ayudarán en el razonamiento presuntorio; es un mecanismo telúrico que en buena medida dependerá del patrimonio hermenéutico del juez[397], de su preparación y de las formas con las cuales encara el argumento de las partes, así exista expresamente una *Ley sobre extinción de dominio*. No es fácil manejar los indicios y encaminarlos hacia presunciones porque en éstas últimas, siempre existirá un margen de incertidumbre. En todo caso, la superación de las sospechas constitucionales a este régimen probatorio dependerá de la claridad y precisión del legislador, pues, si somos contestes que no puede incluirse bajo ninguna circunstancia las denominadas presunciones *hominis*[398].

El cuarto problema colateral, y quizá más difícil, es la *superación de una cultura constitucional basada en concepciones clásicas*[399], donde, si bien hay que consolidar aquellas que nos articuló el estado de Derecho frente a las arbitrariedades propias del poder; también debemos aceptar que pondrían en peligro las bases misma de la sociedad ante una delincuencia económica organizada, tecnificada y sistematizada, que sabe ampararse bajo estos preceptos para, inclusive, protegerse del propio Estado. Si bien no somos contestes con el *snobismo* en el Derecho, los problemas más delicados en nuestros sistemas jurídicos e instituciones, pueden solventarse con un estudio comparativo equilibrado. Por otra parte, los Estados no pueden disponer de un doble rasero frente a su política criminal, el cual, por un lado, suscribe cuanto acuerdo internacional en materia penal sea acuñado; pero, por el otro, sostiene unas directrices criminales propias de un orden mundial acuñado por KELSEN y VEDROSS.

De esta forma, sabemos que estos cuatro problemas colaterales nunca serán resueltos en su totalidad, por más que el neo constitucionalismo[400] se autobautice como el remedio ante dilemas conflagatorios del *in dubio pro libertate o in dubio pro legislatore*. Lo determinante será que al momento de abordarse la extinción de dominio en nuestras legislaciones, tengamos siempre presente que las tensiones colaterales nos acompañarán en todo momento.

Precisamente estas tensiones se han suscitado en Colombia, que ha sido objeto de demandas internacionales por violación de los derechos fundamentales vinculadas a la *extinción de dominio*. En efecto, hasta la fecha en que cerramos la presente

---

396 MUÑOZ SABATÉ, L. 1993, *Técnica probatoria. Estudios sobre las dificultades de la prueba en el proceso,* Editorial Praxis, Barcelona, pp. 16 y ss y 47 y ss.

397 Al respecto, nos llama la atención las reflexiones que sobre este caso introduce ZAGREBELSKI, G. 2008, *Principios y votos. El Tribunal Constitucional y la política,* Editorial Trotta, Madrid, pp. 26-32.

398 Véase AGUILÓ REGLA, J. 2017, «Las presunciones hominis y las inferencias probatorias», *Derecho PUCP: Revista de la Facultad de Derecho,* Lima, nº 79, pp. 99-110.

399 Véase RUÍZ MIGUEL, C. 2013, *Constitucionalismo clásico y moderno. Desarrollos y desviaciones de los fundamentos de la teoría constitucional,* Tribunal Constitucional-Centro de Estudios Constitucionales, Lima.

400 Véase BERNAL PULIDO, C. 2009, *El neoconstitucionalismo y la normatividad del Derecho,* Ediciones de la Universidad Externado de Colombia, Bogotá, pp 59-76.

edición, se han admitido a procedimiento por la COMISIÓN INTERAMERICANA DE LOS DERECHOS HUMANOS (CIDH)[401], cuatro (04) casos directamente relacionados sobre la presunta violación de la presunción de inocencia -que se pudiera interpretar extensible hacia todas las materias más allá de lo penal, vgr. presunción propietaria de legitimidad- por la figura de la *extinción de dominio*.

Hasta el momento, la CORTE INTERAMERICANA DE LOS DERECHOS HUMANOS (CoIDH) no se ha pronunciado al fondo de estas controversias sobre si es violatoria a las garantías de los derechos fundamentales la *extinción de dominio*. En este aspecto, vale destacar lo esgrimido por CLAUDIO NASH sobre el papel de la Corte Interamericana en la lucha contra la corrupción[402]:

> «(...) No le compete a la Corte Interamericana desarrollar una solución categórica sobre cómo se debe combatir la corrupción con enfoque de derechos humanos, pero sí es necesario hacerse cargo de este complejo fenómeno desde una mirada más integral: a) que vaya más allá de la herramienta penal; b) que visibilice el férreo vínculo que existe entre corrupción y discriminación; c) que desarrolle estándares más exhaustivos para proteger los derechos de los que denuncian la corrupción; d) que permita considerar contextos de corrupción con estándares probatorios que se adecuen a los desafíos de probar estos actos y, por último; e) que las reparaciones (especialmente las garantías de no repetición) también reflejen la necesidad de adoptar medidas que permitan al Estado adaptar su diseño institucional para luchar contra la corrupción desde un enfoque de derechos humanos. (...)» (subrayado nuestro)

De las recomendaciones, sobresale la relacionada a ir más allá de la herramienta penal como estrategia para combatir la corrupción. La extinción de dominio es quizá una de estas nuevas formas, capaces de articular una legítima red de protección del ciudadano que sufre por los delitos económicos 2.0. La corrupción nos golpea a todos los ciudadanos y al propio Estado, sentándolo en el podio con el carácter de víctima.

Por otra parte, es quizá por eso que la CoIDH no se adentre en conocer de casos que luego serán emblemáticos o quizá instrumentalizados para someter a la extinción de dominio. Hasta el momento solo encontraremos las sentencias piloto relativas a la interpretación de los artículos que sobre los derechos de propiedad contempla la CONVENCIÓN AMERICANA DE LOS DERECHOS HUMANOS[403] y otros instrumentos.

---

401 Véase COMISIÓN INTERAMERICANA DE LOS DERECHOS HUMANOS. *Informe nº 55/12* de fecha 20/03/2012, petición número 179-05 (Caso: *Jesús Amado Sarría Agredo e hijos vs. Colombia*). *Informe nº 48/17* de fecha 25/05/2017, petición número 338-07 (Caso: *Luis Fernando Leyva Micolta vs. Colombia*), *Informe nº 101/17* de fecha 05/09/2017, petición número 12.414 (Caso: *Alcides Torres Arias, Ángel David Quintero y otros vs. Colombia*). Al respecto, también, véase SEPÚLVEDA, R. y SÁNCHEZ, D. «Polémicas demandas contra Colombia en la CIDH por extinción de dominio», en: *Diario El Tiempo*, Bogotá, edición de fecha 15 de marzo de 2020, en: https://www.eltiempo.com/justicia/investigacion/colombia-demandada-ante-la-cidh-para-devolver-bienes-expropiados-472842 [Consulta: 20 de marzo de 2020].

402 NASH ROJAS, C.; AGUILÓ BASCUÑÁN, P. y BASCUR CAMPOS, M.L. 2014, *Ob. cit.*, pág. 14.

403 Artículo 21 de la *Convención Americana de los Derechos Humanos* (Pacto de San José, 1969). En cuanto a las sentencias, véase, CORTE INTERAMERICANA DE DERECHOS HUMANOS, sentencia de 22 de noviembre de 2005 (Caso: *Palamara Iribarne vs. Chile*), sentencia del 15 de junio de 2005 (Caso: *Comunidad Moiwana vs. Suriname*).

Entre los alegatos de las partes afectadas por la *extinción de dominio* aplicada por el Estado colombiano, resalta el argumento de la presunción de legitimidad propietaria, es decir, vinculan obligatoriamente el principio universal de la presunción de inocencia con la legitimidad de adquisición inmobiliaria, inclusive, alegando criterios de la CoIDH pero sin conexión alguna con el carácter *in rem* de la *extinción de dominio*[404].

En efecto, tal como estudiamos en las líneas precedentes, es un argumento forzoso el proyectar una garantía universal hacia la propiedad, pues, de ser viable este alegato, la propiedad perdería su sello característico en un estado social de Derecho, como es su carácter social no sólo en el goce sino también en su origen.

404 Específicamente con el caso *Ricardo Canese vs. Paraguay*, de fecha 31 de agosto de 2004. En esta decisión, la Corte Interamericana hizo énfasis en el tema probatorio de la presunción de inocencia. Ahora bien, como apuntamos en las páginas precedentes, no estamos buscando en la extinción de dominio un tema sobre «culpabilidad» sino «ilicitud», ambos, conceptos con ámbitos materiales nítidamente diferentes. También, véase Corte Interamericana de los Derechos Humanos, sentencia de fecha 2 de febrero de 2001 (Caso: *Baena Ricardo vs. Panamá*) y Sentencia de 6 de febrero de 2001 (Caso: *Ivcher Bronstein vs. Perú*).

CAPÍTULO QUINTO:

EL COMISO AUTÓNOMO Y LA EXTINCIÓN DE DOMINIO. PAUTAS PARA SU FUTURA RECEPCIÓN EN VENEZUELA

I. DEL COMISO TRADICIONAL AL AUTÓNOMO EN VENEZUELA

Los capítulos precedentes fueron enfocados en el nacimiento, transformación y tendencias tanto del comiso autónomo como de la extinción de dominio fuera de Venezuela. En esta oportunidad, sólo haremos un repaso rápido a la recepción del comiso y sus dificultades en evolucionar hacia las figuras autónomas, o bien, acogernos como el resto de Latinoamérica a la extinción de dominio. Los pormenores de Venezuela se explican mejor en la edición internacional de este libro, publicada por la Editorial Jurídica Venezolana en diciembre de 2020.

Partiendo del comiso en su raíz clásica, o también directa, a través de las regulaciones coloniales que se mantendrían, inclusive, algunos mecanismos más allá de la Constitución de 1830 y anterior al primer Código Penal venezolano de 1863. Como lo indicamos *ut supra*, hablar de *comiso* en las nacientes repúblicas hispanoamericanas, era asumir tautológicamente el concepto de confiscación en razón de la deficiente técnica legislativa[405]. Así, *comiso* y *confiscación*, en el siglo XIX venezolano sería sumido como sinónimos, inclusive, en su primigenia ubicación en los textos constitucionales como veremos a continuación. Debemos advertir, que en Venezuela, la precisión del *comiso* tradicional ocurrió primeramente en las disposiciones aduaneras, e increíblemente, en las Constituciones muchísimo antes que la codificación penal, pues, ésta última, se inicia formalmente en 1863.

Hecha esta advertencia, si bien es cierto, la Constitución de 1811 abolió la confiscación, siguieron operando sus formas, especialmente, durante la guerra de independencia contra la corona española, donde se impuso como pena a los reos de «lesa majestad»[406]. Al finalizar la conflagración bélica independentista, se dictó la ley del 30 de junio de 1824, en cuyos considerandos manifestaba que «como el gobierno español confiscaba los bienes de todos los que defendían la causa de

---

405 Henao Ospina, M. 1981, *Ob. cit.*, pág. 177-178.

406 Chiossone, T. 1984, *Sanciones Penales y Administrativas en la Legislación Venezolana,* Instituto de Ciencias Penales y Criminológicas, Caracas, págs. 169-170.

Colombia, era una justa represalia que el gobierno de éste hiciera lo mismo con todos los que fuesen a la causa de España»[407].

Como expresa Brewer-Carías[408], disuelta la Unión Colombiana, las Constituciones de 1830, 1857 y 1858 prohibieron la confiscación. Las Constituciones de 1864 hasta el Estatuto provisional de 1922, no se pronunciaron al respecto, ello en el marco de la guerra federal que azotó a Venezuela (1858-1863) y la consolidación de un naciente modelo estatal centralizado (1899-1935)[409].

En la Constitución de 1925 al consolidarse el Fisco Nacional y la centralización fiscal, tributaria y administrativa de Venezuela[410], se estableció el principio que hasta la vigente Constitución Bolivariana de 1999 asumiría en cuanto a la interdicción de la confiscación: «*No se decretarán ni llevarán a cabo confiscaciones de bienes, salvo, únicamente, como medidas de represalias en guerra internacional contra los nacionales del país con el cual fuere la guerra, si éste hubiese decretado previamente la confiscación de los bienes de los venezolanos*».

Con la Constitución de 1925, el *comiso* expresamente deja de asociarse con la confiscación, en razón de la nueva legislación que sería dictada bajo su amparo, como por ejemplo la legislación sanitaria, específicamente, en materia de decomiso de alimentos en mal estado y que se expendan al público. De esta forma, el *comiso* se diferenciaba en Venezuela de la confiscación, en razón que el primero era asumido en las disposiciones administrativas sancionatorias, sea en salubridad o la tradicional aduanal.

Con la Constitución de 1936, una vez fallecido el General Juan Vicente Gómez, se extingue un régimen autocrático que se extendió por 27 años de gobierno (1908-1935) y que habría traído polémica por el enriquecimiento ilícito evidente de quienes conformaron o fueron allegados a dicho régimen político (gomecismo). Debe destacarse que será esta reforma de 1936 la que por primera vez asocie la confiscación constitucionalmente permitida con delitos contra la cosa pública, amén de introducirnos una forma muy sutil del futuro «comiso autónomo o extinción de dominio», que en ausencia del dictador quien había fallecido un año antes, tal como se concibió en su artículo 32 que establecía:

> Artículo 32. La Nación garantiza a los venezolanos:
>
> (...) Omisis (...)
>
> No se decretarán ni llevarán a cabo confiscaciones de bienes, salvo en los casos siguientes:
>
> 1. (...) Omisis (...)
>
> 2. Como medida de interés general para reintegrar al Tesoro Nacional las cantidades extraídas por los funcionarios públicos que hayan ejercido los car-

---

[407] Véase Arcaya, P.M. 1945, *La pena de la confiscación general de bienes en Venezuela,* Impresores Unidos, Caracas, págs. 320-321. Sobre los textos dictados por el bando republicano, véase Academia de Ciencias Políticas y Sociales. 1922, *Leyes y Decretos de Venezuela,* Ediciones de la Academia, Caracas, Tomos I al 4: (1811-1830).

[408] Brewer-Carías, A.R. 2008, *Ob. cit.,* Vol. I, pág. 325.

[409] Al respecto, véase Brewer-Carías, A.R. 1988, «El desarrollo institucional del Estado centralizado en Venezuela (1899-1935) y sus proyecciones contemporáneas», *Paramillo,* nº 7, págs. 450-452.

[410] Brewer-Carías, A.R. 1988, ... El desarrollo institucional del Estado centralizado ... págs. 456-457.

gos de Presidente de la República, Ministros del Despacho y de Gobernadores del Distrito Federal y de los Territorios Federales, cuando hayan incurrido, a juicio del Congreso Nacional, en delitos contra la cosa pública y contra la propiedad. La decisión a que se refiere este párrafo, se tomará en Congreso en sesiones ordinarias o extraordinarias por mayoría absoluta y deben ser aprobadas por las dos terceras partes de las Asambleas Legislativas de los Estados en la misma forma. La medida abarcará la totalidad de los bienes de los funcionarios y de su herencia y se efectuará de conformidad con las reglas de la ley especial que al efecto se dicte; y se aplicará retroactivamente a los funcionarios enumerados que hayan actuado durante los dos últimos períodos presidenciales. En los casos en que se dicte el reintegro extraordinario a que se refiere el párrafo anterior, las reclamaciones propuestas por los particulares contra el funcionario o particular afectado por el reintegro o su herencia, serán cubiertos con la cuota prudencial de bienes que en cada caso fije el Congreso Nacional al dictar la medida, y se sustanciarán y decidirán conforme al procedimiento especial que paute la ley a que se ha hecho referencia (...)» (subrayado nuestro)

Por primera vez se instaura en Venezuela un procedimiento confiscatorio expedito, sustanciado y decidido por el entonces Congreso Nacional, donde, éste último fungía como juez contra aquellos altos cargos del Ejecutivo Nacional y de los Ejecutivos Estadales (Presidentes de los estados), que se hayan enriquecido con los caudales públicos. La medida fue duramente criticada por la doctrina nacional del momento[411], en razón que el Congreso Nacional, como rama legislativa no puede asumir funciones propias de la jurisdicción. Ahora bien, si la Constitución en vez de haber concentrado este procedimiento al poder legislativo, lo hubiese atribuido al judicial, pudiéramos afirmar que Venezuela se habría catapultado como pionera en la consagración del *comiso* autónomo, e inclusive, una posible *extinción de dominio*.

El motivo real que conllevó a la incorporación de una suerte de confiscación de bienes de forma autónoma, se debe al espíritu político de la época que buscaba a cualquier precio enterrar la etapa gomecista, como medida social, civil, política, y por sobre todo, penal[412]. Desde entonces, se asume la confiscación constitucional como la única excepción para aquellos casos de delitos contra la cosa pública.

Las Constituciones posteriores eliminan la referencia del juicio autónomo legislativo de confiscación por delitos contra el erario público. La de 1945, vuelve a restituir el área original de la institución, relativa a los bienes confiscados de extranjeros en Venezuela que hayan incurrido en delitos propios de conflictos internacionales (traición, etc.). En igual sentido, la de 1947 y 1953 (ni siquiera hace mención) mantendrán inalterado este aspecto donde sólo a los extranjeros procede la confiscación.

La Constitución de 1961 -de corte democrático y con la duración más extensa de nuestra historia republicana- abordó ciertos aspectos de la confiscación/comiso aplicada al enriquecimiento ilícito de funcionarios. En efecto, como sostienen ARAUJO

---

411 LEPERVANCHE PARPACÉN, R. 1938, *Estudios sobre la Confiscación,* Caracas, págs. XIII-XIV.

412 LEPERVANCHE PARPACÉN, R. 1938, *Ob. cit.*, pág. 67. Explica CHIOSSONE (1984) que esta medida siempre fue polémica, hasta el punto que cuestiona el simple hecho que el constituyente contemple la confiscación penal sin juicio ni condenatoria en tribunales penales. *Ob. cit.*, págs. 32-33.

y SALOMÓN[413], hubo preocupación en el constituyente por contemplar medidas patrimoniales para quienes fueran hallados culpables de delitos contra la cosa pública; más sin embargo, la misma fue más por cuestiones semánticas y formales que por el contenido y fondo de las normas propuestas. En efecto, el artículo 102 del derogado texto constitucional se contemplaba:

> Artículo 102.- No se decretarán ni ejecutarán confiscaciones sino en los casos permitidos por el Artículo 250. Quedan a salvo, respecto de extranjeros, las medidas aceptadas por el derecho internacional.
>
> Artículo 250.- Esta Constitución no perderá su vigencia si dejare se observarse por acto de fuerza o fuere derogada por cualquier otro medio distinto del que ella misma dispone. En tal eventualidad, todo ciudadano, investido o no de autoridad tendrá el deber de colaborar en el restablecimiento de su efectiva vigencia.
>
> Serán juzgados según esta misma Constitución y las leyes expedidas de conformidad con ella, los que aparecieren responsables de los hechos señalados en la primera parte del inciso anterior y así como los principales funcionarios de los gobiernos que se organicen subsecuentemente, si no han contribuido a restablecer el imperio de esta Constitución. El Congreso podrá decretar, mediante acuerdo aprobado por la mayoría absoluta de sus miembros, la incautación de todo o parte de los bienes de esas mismas personas y de quienes se hayan enriquecido ilícitamente al amparo de la usurpación, para resarcir a la República de los perjuicios que se le hayan causado (subrayado nuestro)

Durante los años en que estuvo vigente la Constitución de 1961 (1961-1999), no hubo la activación de la incautación de bienes a que hacía referencia el artículo 250. Sin embargo, fue un antecedente bastante cercano al *comiso* autónomo, en razón que al revisarse su previsión, NO SE REQUERÍA DE CONDENA JUDICIAL sino que bastaba el fracaso de los alzados en intentonas golpistas contra el legítimo gobierno electo, pescados *in fraganti*, para que el Congreso procediera a la incautación de todo o parte de los bienes de los complotados.

1. El comiso en la Constitución de 1999

En la vigente Constitución, denominada «Constitución de la República Bolivariana de Venezuela» (CRBV)[414], existe una sutil dicotomía entre dos artículos que consagra la confiscación, y por ende, el *comiso* tanto tradicional, aunque en extrema interpretación, para el autónomo. De plano la redacción del vigente texto constitucional parece impedir al legislador concebir un instrumento para tal fin, mucho menos, para una *extinción de dominio*. En efecto, los artículos son el 116 y 271 constitucional que quedaron redactados bajo el siguiente tenor:

> «(...) **Artículo 116.** No se decretarán ni ejecutarán confiscaciones de bienes sino en los casos permitidos por esta Constitución. Por vía de excepción podrán ser objeto de confiscación, mediante sentencia firme, los bienes de personas naturales o jurídicas, nacionales o extranjeras, responsables de delitos cometidos

---

413 ARAUJO, A. E. y SALOMÓN DE PADRÓN, M. 1981, *Ob. cit.*, pág. 143.

414 Publicada en Gaceta Oficial de la República Bolivariana de Venezuela (extraordinario), N° 5.453 de fecha 24 de marzo de 2000. La Enmienda número 1 fue publicada en Gaceta Oficial de la República Bolivariana de Venezuela (extraordinario), N° 5.908 de fecha 19 de febrero de 2009.

contra el patrimonio público, los bienes de quienes se hayan enriquecido ilícitamente al amparo del Poder Público y de los bienes provenientes de las actividades comerciales, financieras o cualesquiera otras vinculadas al tráfico ilícito de sustancias psicotrópicas y estupefacientes (...)

Artículo 271. En ningún caso podrá ser negada la extradición de los extranjeros o extranjeras responsables de los delitos de deslegitimación de capitales, drogas, delincuencia organizada internacional, hechos contra el patrimonio público de otros Estados y contra los derechos humanos. No prescribirán las acciones judiciales dirigidas a sancionar los delitos contra los derechos humanos, o contra el patrimonio público o el tráfico de estupefacientes. Asimismo, previa decisión judicial, serán confiscados los bienes provenientes de las actividades relacionadas con los delitos contra el patrimonio público o con el tráfico de estupefacientes.

El procedimiento referente a los delitos mencionados será público, oral y breve, respetándose el debido proceso, estando facultada la autoridad judicial competente para dictar las medidas cautelares preventivas necesarias contra bienes propiedad del imputado o de sus interpósitas personas, a los fines de garantizar su eventual responsabilidad civil (...)» (subrayado nuestro)

A simple vista lucen los preceptos constitucionales coherentes. Sin embargo, observamos diferencias claves para fundamentar la posibilidad remota de contemplar el *comiso* autónomo, separado del *comiso* tradicional. Todo ello estriba en la redacción del articulado. Nótese que el artículo 116 hace mención genérica a «bienes» de personas responsables de delitos cometidos contra el patrimonio público o enriquecimiento ilícito, así como, de actividades provenientes al narcotráfico. En este orden de ideas, el artículo 116, ejusdem, se ubica dentro del catálogo de derechos fundamentales. En cuanto al 271, al contrario, precisa que los bienes confiscados serían los «provenientes de las actividades relacionadas con tales delitos o el tráfico de estupefacientes». Este último, se encuentra dentro del capítulo relativo al sistema socioeconómico de la República, por ende, dentro de lo que se conoce como Constitución económica.

Esta dicotomía sobre el empleo del término confiscación, fue debatida en la Asamblea Nacional Constituyente de 1999[415]. El primero que formula discrepancias con la redacción, fue el profesor y constituyente ALLAN R. BREWER-CARÍAS. En efecto, en el debate sugiere algunos cambios de redacción que más que ser gramaticales, eran «conceptuales», al sugerir que el texto debía quedar «(...) Y en la línea no debería hablarse: «por vía de excepción podrán ser objeto de confiscación», sino: «*por vía de excepción podrán ser objeto de incautación», que es realmente de lo que se trata (...)*».

El debate prosiguió hasta el punto de suscitarse graves discrepancias por el empleo del término «confiscación» cuando en verdad hacía alusión a la «incautación» y que buscaba dejarse muy en claro para evitar los futuros equívocos en el texto constitucional. El desaparecido constituyente JORGE OLAVARRÍA, expresaría:

«(...) Jugando con palabras delicadas. ¿No? Una cosa es la incautación y otra cosa es la confiscación de bienes. La incautación es una medida de tipo policial

[415] ASAMBLEA NACIONAL CONSTITUYENTE. 2000, *Actas y debates de la Asamblea Nacional Constituyente,* Ediciones ANC, Caracas, Vol. III, pág. 48. También, véase BREWER-CARÍAS, A.R. 1999, *Debate constituyente (Aportes a la Asamblea Nacional Constituyente).* Editorial Jurídica Venezolana, Caracas, Tomo II, págs. 70-85.

precautelativa; la confiscación ya es una apropiación por parte del Estado de un bien que ha sido indebidamente adquirido o cuya propiedad, presupone la Comisión, de un delito y eso sólo puede hacerse mediante sentencia firme. Nada impide que las fuerzas del orden incauten bienes que ostensiblemente sirvan, por ejemplo, para el narcotráfico, o cosas parecidas; pero la confiscación definitiva tiene que hacerse una vez que se demuestre la ilicitud de su posesión, etcétera, de manera que creo que hay que andarse con cuidado con este artículo, porque puede prestarse a toda clase de atropellos disfrazados de la lucha contra la corrupción o contra el delito (...)»[416] (subrayado nuestro)

El constituyente Freddy Gutiérrez, quiso en todo momento eliminar de la redacción del 116, el término «mediante sentencia firme», pues:

«(...) el planteamiento hecho por el constituyente Yoel Acosta Chirinos, tiene razón, lo estuvimos conversando antes, y se trata de que el acto de incautación se pueda llevar a cabo. Me pregunto, ¿en el caso del narcotráfico?, ¿en el caso de las personas que se han enriquecido como los banqueros que están ahora fuera del país?, y está planteado un problema de extradición; no se ha podido llevar a cabo ningún acto de incautación ni de expropiación, sencillamente porque no hay fundamentos.(Si nosotros esperamos mi querido vicepresidente, una sentencia firme para llevar a cabo un acto de confiscación sencillamente haríamos imposible el que el estado pueda resarcirse de los daños que al Estado le hayan causado. En ese sentido se prevé acá que ante el hecho notorio de un enriquecimiento ilícito, ante el hecho notorio, ostensible de propiedades del narcotráfico, el Estado pueda adelantar una acción de incautación de bienes. Así se estableció en la Constitución del 61, en el artículo 250, que se estableció el derecho del Congreso de la República, para ese entonces, de adelantar un acto de incautación de bienes.

En ese sentido planteo la conveniencia de apoyar la proposición adelantada por el comandante Acosta (...)»[417] (subrayado nuestro)

Esta era la opinión para introducir una figura autónoma de *comiso* pero que no requiriera sentencia firme penal, que si bien es cierto, pudo haber traído problemas posteriores como lo sugirió el constituyente Alberto Franceschi[418]:

«(...) Presidente. Para pedir que quede el artículo tal como está. No se trata al poner sentencia firme de proteger bienes de toda clase de malandros, sino de proteger a los ciudadanos de los abusos previsibles si no hay una sentencia firme, de manera que el artículo hay que dejarlo como está. (...)» (subrayado nuestro)

El artículo 116 abre la discutible hipótesis para contemplar la posibilidad del *comiso* autónomo, mientras que el 271, fundamenta el *comiso* tradicional o directo.

2. Los Códigos penales venezolanos y el comiso

En el plano de la infraconstitucionalidad, según la tesis kelsiana de la elaboración de Derecho por grados, el *comiso* fue contemplado en todos los códigos penales

416 *Actas y debates de la Asamblea Nacional Constituyente,* Tomo III, pp. 976-977.
417 *Actas y debates de la Asamblea Nacional Constituyente,* Tomo III, p. 977.
418 *Ibid.*

venezolanos, empezando por el primero de los aprobados en época republicana: el de 1863. Este Código fue copia exacta del Código Penal español de 1848, estudiado *ut supra*, contemplando el *comiso* como *pena accesoria*. Las posteriores reformas, como la de 1873 y 1904, serán el eco de las reformas del código español de 1870.

Venezuela se separará de la influencia española en la reforma del Código Penal de 1897, cuyo documento normativo fuente será el Código de ZANARDELLI de 1889. De esta forma, los Códigos de 1912, 1915, 1926, 1964, 2000 y el vigente 2005[419], resaltarán la influencia italiana de la codificación sarda. En todas las reformas, el *comiso* es considerado una pena accesoria, «necesariamente accesoria» como apunta el tratadista MENDOZA TROCONIS[420] tan igual como su tratamiento en España antes de 1995. En el Código Penal venezolano vigente, se tipifica de la siguiente manera:

> Título II: De las penas
>
> Artículo 10. Las penas no corporales son:
>
> (...) Omisis (...)
>
> 10. Pérdida de los instrumentos o armas con que se cometió el hecho punible y de los efectos que de él provengan.
>
> (...) Omisis (...)
>
> Artículo 33. Es necesariamente accesoria a otra pena principal, la pérdida de los instrumentos o armas con que se cometió el hecho punible y de los efectos que de él provengan; y se la ejecutará así: las armas serán decomisadas de conformidad con el Capítulo I del Título V del Libro Segundo de este Código; y los demás efectos serán asimismo decomisados y rematados para adjudicar su precio al respectivo Fisco Nacional, del Estado o Municipio, según las reglas del artículo 30. (subrayado nuestro)

El Código penal hace énfasis en decomisar las armas con las cuales se cometió el hecho punible, así como, los efectos o beneficios que se deriven una vez consumado el delito. En ambos casos, es imprescindible la preexistencia de una condena judicial-penal para proceder a la aplicación del mismo. La función preventiva de eliminar del tráfico comercial las armas empleadas por los delincuentes, y evitar así que vuelva a cometerse otros delitos, ha marcado al comiso tradicional penal venezolano. Por otra parte, como cualidad ejemplarizante, el Código ratifica el impedimento, al responsable penalmente hablando, que disfrute de los bienes o provechos que ha obtenido con el hecho punible en sí.

A pesar de la consagración constitucional de la confiscación para delitos contra la corrupción y el narcotráfico, como explicamos en las páginas anteriores, la

---

419 Publicado en Gaceta Oficial de la República Bolivariana de Venezuela (extraordinario) nº 5.768 de fecha 13 de abril de 2005.

420 MENDOZA TROCONIS, J.R. 1983, *Curso de Derecho Penal Venezolano*, Empresa El Cojo, Caracas, Parte General, Tomo III, pág. 251. Expone el profesor MENDOZA TROCONIS, la necesaria diferenciación entre el comiso de instrumentos para el hecho punible (*Strumenta sceleris*) y los efectos que de él provengan (*producta sceleris*). Aunque reafirme que es una pena la naturaleza jurídica esencial, expresa también la «(...) *confiscación de los objetos que constituyen el cuerpo del delito, de las armas con que se cometió y de los efectos que provengan de él, tiene un triple carácter: es tanto una «pena» como una «medida de orden público», sirve para retirar de la circulación o del comercio objetos dañosos, perjudiciales o de uso prohibido y como una «reparación civil» en el sentido de que la atribución de propiedad del Fisco puede servir para reparar el perjuicio causado con el delito* (...)» pág. 253.

legislación especializada punitiva sobre la materia, no escapó de esta tendencia generalizadora del Código Penal, sea cual sea sus diferentes etapas en el caso de *legislación anticorrupción*[421], de *narcotráfico*[422] o de *delincuencia organizada*[423], en la cual, el comiso es *una pena accesoria*.

En cualquiera de sus vertientes, el *comiso* aparece como una pena accesoria. Esto ha sido un problema hasta el momento. Ni en drogas, ni en delincuencia organizada, ni mucho menos contra la corrupción, inclusive, cuando ésta última comenzó a visualizarse como un problema más allá del Derecho penal, una vez se sanciona la LEY ORGÁNICA DE SALVAGUARDA DEL PATRIMONIO PÚBLICO (LOSPP)[424], donde se

---

[421] En Venezuela, la legislación penal especializada en combate contra la corrupción puede dividirse en cuatro etapas: 1era.- Inicia en 1912 con la *Ley de Responsabilidad de Funcionarios Públicos* (publicada en Gaceta Oficial de los Estados Unidos de Venezuela, ordinaria, Nº 11.637 de fecha 11 de junio de 1912) culminando en 1945 con la aprobación del Tribunal de responsabilidad administrativa creado por la Junta Revolucionaria de Gobierno; 2da.- Comienza al sancionarse la *Ley contra el Enriquecimiento Ilícito de Funcionarios y Empleados Públicos* de 1948, reformada en 1964, donde la sustanciación de las causas por esta tipología de delitos eran conocidas por los tribunales penales ordinarios. 3era.- Se estrena con la aprobación de la *Ley Orgánica de Salvaguarda del Patrimonio Público* de 1982, donde, el combate contra la corrupción comienza abordarse como especialidad dentro del sistema de competencias de la jurisdicción penal, hasta el punto de crearse tribunales especializados que juzgaban los casos de corrupción y una mayor ampliación de las facultades administrativas sancionatorias de la Contraloría General de la República. 4ta.- Con la puesta en vigencia, en 2003, de la *Ley contra la Corrupción*, ésta última, reformada por vía de Decreto Presidencial nº 1.410 con rango, valor y fuerza de Ley de dudosa constitucionalidad, en razón que los decretos-leyes tienen como límite la garantía de reserva legal al Parlamento sobre legislación tributaria y punitiva. La reforma fue publicada En Gaceta Oficial de la República Bolivariana de Venezuela (extraordinario) Nº 6.155 de fecha 19 de noviembre de 2014. Sobre los antecedentes históricos de la lucha contra la corrupción en Venezuela, véase PÉREZ LUCIANI, G. 1985, *Los derechos y garantías constitucionales y la Ley Orgánica de Salvaguarda del Patrimonio Público*, en: AAVV. *Archivo de Derecho Público y Ciencias de la Administración. Régimen Jurídico de Salvaguarda del Patrimonio Público*, Instituto de Derecho Público de la Facultad de Derecho de la Universidad Central de Venezuela, Caracas, Vol. VI, págs. 15-31.

[422] La legislación contra el tráfico de drogas se estrena con la publicación en Gaceta Oficial de la República de Venezuela (extraordinario), nº 3.411 de fecha 17 de julio de 1984 de la *Ley Orgánica sobre Sustancias Estupefacientes y Psicotrópicas (LOSEP)*, que sería modificada en 1993, para adaptarla a las disposiciones de la Convención de Viena de 1988. Sería publicada en la Gaceta Oficial de la República de Venezuela (extraordinario), nº 4.636 de fecha 30 de septiembre de 1993. La LOSEP será derogada por la *Ley Orgánica contra el Tráfico Ilícito y el Consumo de Sustancias Estupefacientes y Psicotrópicas* publicada en Gaceta Oficial de la República Bolivariana de Venezuela (G.O.), nº 38.337 de fecha 16 de diciembre de 2005. Finalmente, ésta última ley será derogada por la vigente *Ley Orgánica de Drogas*, publicada en Gaceta Oficial de la República Bolivariana de Venezuela (G.O.), nº 39.546 de fecha 5 de noviembre de 2010.

[423] Sobre la legislación contra la delincuencia organizada, apenas será en 2002 cuando Venezuela apruebe un instrumento especializado sobre la materia, al sancionarse la *Ley Aprobatoria de la Convención de las Naciones Unidas contra la Delincuencia Organizada Trasnacional*, publicada en Gaceta Oficial de la República Bolivariana de Venezuela (G.O.), nº 37.357 de fecha 4 de enero de 2002. Sin embargo, el instrumento propio venezolano será aprobado en 2005, cuando se sanciona la *Ley Orgánica contra la Delincuencia Organizada*, publicada en Gaceta Oficial de la República Bolivariana de Venezuela (extraordinario) nº 5.789 de fecha 26 de octubre de 2005. Esta última, será reformada en 2012, a la cual, se le agregan aspectos sobre financiación del terrorismo, para finalmente denominarse *Ley Orgánica contra la Delincuencia Organizada y Financiamiento al Terrorismo*, publicada en Gaceta Oficial de la República Bolivariana de Venezuela (G.O.) nº 39.912 de fecha 30 de abril de 2012.

[424] Publicada en Gaceta Oficial de la República de Venezuela (extraordinario) nº 3.077 de fecha 23 de diciembre de 1982.

estiman los costes que genera el fenómeno[425]; hubo intención de contemplar un *comiso* de tipo autónomo como ocurre en España con esta materia desde 2015.

En efecto, el artículo 104 de la derogada LOSPP determinaba:

«(...)

Penas accesorias

Artículo 104.- Sin perjuicio de las reparaciones, restituciones e indemnizaciones a que haya lugar, la aplicación de las penas principales de prisión y de prisión y multa, aparejan también la de pérdida de los instrumentos con los cuales se hubiere cometido el hecho punible y de los efectos que de él provengan; la inhabilitación política por el tiempo que dure la condena; el pago de las costas procesales y, una vez cesada la condena y por un tiempo igual al de ésta, la inhabilitación para ejercer cargos o funciones públicas (...)» (subrayado nuestro).

Al hablarse de *«pérdida de los instrumentos con los cuales se hubiere cometido el hecho punible y de los efectos que de él provengan»*, es una reedición de lo dispuesto en el artículo 33 del Código Penal, es decir, que se pierde la propiedad plena de aquellos bienes con los cuales se consumaba cualesquiera de los tipos previstos en Salvaguarda, tan igual como las ganancias obtenidas sea por peculado, concusión o cualquier otro delito.

En la actualidad, el simple hecho que Venezuela haya suscrito y adoptado[426] en la legislación interna la CONVENCIÓN DE LAS NACIONES UNIDAS CONTRA LA CORRUPCIÓN (UNCAC 2003); ni siquiera implicó una modificación sustancial al *comiso* tradicional en materia especializada de salvaguarda. Con la sanción y promulgación de la vigente LEY CONTRA LA CORRUPCIÓN[427], que derogó la antigua LEY ORGÁNICA DE SALVAGUARDA DEL PATRIMONIO PÚBLICO; se desperdició la oportunidad para incorporar las nuevas formas del *comiso*, sea cual sea las variedades y tipologías que explicaremos más adelante.

Se acoge a la tradición venezolana del comiso tradicional como accesoriedad, en este caso, la necesaria presencia de una sentencia ejecutoriada que determine y condene a un imputado por delitos de corrupción. Por otra parte, el artículo 98 *ejusdem*, reafirma el tenor de lo previsto en el artículo 271 de la Constitución vigente donde pareciera, en una interpretación literal del precepto, que la única forma para recuperar bienes producto de esta delincuencia *económica es a través de la confiscación*. En efecto, el citado precepto legal establece:

Artículo 98. En la sentencia definitiva el Juez podrá ordenar, según las circunstancias del caso, la confiscación de los bienes de las personas naturales o

425 Al respecto, véase NJAIM, H. 1985, *Costos y beneficios políticos de la Ley Orgánica de Salvaguarda del Patrimonio Público*, en: AAVV. *Archivo de Derecho Público y Ciencias de la Administración. Régimen Jurídico de Salvaguarda del Patrimonio Público*, Instituto de Derecho Público de la Facultad de Derecho de la Universidad Central de Venezuela, Caracas, Vol. VI, págs. 35-83.

426 En Venezuela, su adaptación al Derecho interno operó con la sanción y promulgación de la Ley Aprobatoria de la Convención de las Naciones Unidas contra la Corrupción, publicada en la Gaceta Oficial de la República Bolivariana de Venezuela (Ordinaria) nº 38.192 de fecha 23 de mayo de 2005.

427 Publicada en Gaceta Oficial de la República Bolivariana de Venezuela (extraordinario) nº 5.437 de fecha 07 de abril de 2003. Reformada en 2014, mediante Decreto Presidencial nº 1.410 con rango, valor y fuerza de ley, publicada en Gaceta Oficial de la República Bolivariana de Venezuela (extraordinario) nº 6.155 de fecha 19 de noviembre de 2014.

jurídicas, nacionales o extranjeras, que incurran o sean responsables de delitos establecidos en este Decreto con Rango, Valor y Fuerza de Ley que afecten gravemente el patrimonio público, a cuyo efecto solicitará ante las autoridades competentes, la repatriación de capitales de ser el caso.

Asimismo, el Juez podrá ordenar, según la gravedad del caso, la confiscación de los bienes de las personas que hayan incurrido en el delito de enriquecimiento ilícito tipificado en el artículo 47 de este Decreto con Rango, Valor y Fuerza de Ley, y consecuencialmente la repatriación de capitales.

Las autoridades competentes estarán encargadas de presentar y recibir directamente o por vía diplomática las solicitudes de asistencia legal en materia penal, referentes a la investigación o juzgamiento de los actos de corrupción, de conformidad con lo establecido en sus ordenamientos jurídicos y los acuerdos suscritos y ratificados por la República Bolivariana de Venezuela (subrayado nuestro).

El dispositivo, en vez de contemplar otras formas como ocurre en España con el *comiso* autónomo, e inclusive, pudiendo aclimatar la redacción del CÓDIGO DE EXTINCIÓN DE DOMINIO COLOMBIANO de 2014, reformado en 2017; prefirió asumir al pie de la letra las previsiones del artículo 271 de la Constitución de la República Bolivariana de Venezuela vigente que se inclina por la confiscación de bienes; perdiéndose una oportunidad para innovar en una materia donde además de ser adoptada como tratado (Art. 54 de la UNCAC), es una figura que perfectamente pudiera aplicarse en Venezuela a pesar de la regulación confiscatoria expresa constitucional, que reza:

«**Artículo 271**. En ningún caso podrá ser negada la extradición de los extranjeros o extranjeras responsables de los delitos de deslegitimación de capitales, drogas, delincuencia organizada internacional, hechos contra el patrimonio público de otros Estados y contra los derechos humanos. No prescribirán las acciones judiciales dirigidas a sancionar los delitos contra los derechos humanos, o contra el patrimonio público o el tráfico de estupefacientes. Asimismo, previa decisión judicial, serán confiscados los bienes provenientes de las actividades relacionadas con los delitos contra el patrimonio público o con el tráfico de estupefacientes.

El procedimiento referente a los delitos mencionados será público, oral y breve, respetándose el debido proceso, estando facultada la autoridad judicial competente para dictar las medidas cautelares preventivas necesarias contra bienes propiedad del imputado o de sus interpósitas personas, a los fines de garantizar su eventual responsabilidad civil (subrayado nuestro)

En la LEY ORGÁNICA DE DROGAS (LOD) vigente[428], también se ratifica el tema de la accesoriedad, cuando en su artículo 3.9, establece:

«(...)

Artículo 3. A los efectos de la interpretación de esta Ley, se entenderá por:

9. Decomiso. Es la privación definitiva del derecho de propiedad sobre cualquier bien que haya sido abandonado, en los términos previstos en esta Ley, decretada por un juez o jueza de control a favor del Estado (...)»

---

428 Publicada en Gaceta Oficial de la República Bolivariana de Venezuela (G.O.), nº 39.546 de fecha 5 de noviembre de 2010.

Este criterio será ratificado por el artículo 183, *ejusdem*, en su último párrafo que contempla:

«(...) **Artículo 183.**

... Omisis ...

Cuando exista sentencia condenatoria definitivamente firme, se procederá a la confiscación de los bienes muebles e inmuebles incautados preventivamente y se les destinará a los planes, programas y proyectos en materia de prevención, tratamiento, rehabilitación y reinserción social de las personas consumidoras de estupefacientes y sustancias psicotrópicas, así como a la prevención y represión de los delitos tipificados en esta Ley. En caso de sentencia absolutoria definitivamente firme, los bienes incautados preventivamente serán restituidos a sus legítimos propietarios o propietarias (...)» (subrayado nuestro)

Sin embargo, existe una peculiaridad en esta materia, y está relacionada a la concreción de un procedimiento especial para el decomiso de bienes, sobre todo, cuando se desconoce el titular de los mismos, pero, que es evidente su vinculación con actividades penalizadas en la LOD y en cierta forma, inclinada hacia la accesoriedad de un hecho punible. En efecto, el artículo 185 estatuye:

«(...)

Procedimiento especial en decomiso de bienes.

Artículo 185. Transcurrido un año desde que se practicó la incautación preventiva sin que haya sido posible establecer la identidad del titular del bien, autor, o partícipe del hecho, o éste lo ha abandonado, el o la fiscal del Ministerio Público solicitará al tribunal de control su decomiso. A tales fines, el tribunal de control ordenará al órgano rector que notifique mediante un cartel publicado en un diario de circulación nacional, el cual indicará las causas de la notificación, procediendo a consignar en el expediente respectivo la página en la cual fue publicado el cartel.

Dentro de los treinta días siguientes a la publicación del cartel, los legítimos interesados deberán consignar, ante el citado tribunal de control, escrito debidamente fundado y promover los medios probatorios que justifiquen el derecho invocado. Transcurrido el referido lapso, sin que los legítimos interesados hayan hecho oposición alguna, el juez o jueza acordará el decomiso del bien.

Si existiere oposición, el juez o jueza notificará al fiscal del Ministerio Público, para que, dentro de los cinco días siguientes a la notificación, conteste y consigne pruebas. Si no se ha presentado medio probatorio alguno o si el punto es de mero derecho, el juez o jueza decidirá sin más trámites de manera motivada dentro de los tres días siguientes al vencimiento del término anterior. Esta incidencia no interrumpirá el proceso penal.

En caso de haberse promovido medios probatorios, el juez o jueza convocará a una audiencia oral, que se celebrará dentro de los ocho días siguientes a la publicación del auto respectivo. En la audiencia el o la fiscal del Ministerio Público y el legítimo interesado, expondrán oralmente sus alegatos y presentarán sus pruebas. Al término de la audiencia, el juez o jueza decidirá de manera motivada. La decisión que dicte el juez o jueza es apelable por las partes, dentro de los cinco días siguientes.

Si el legítimo interesado no se presenta a la audiencia convocada por el tribunal, sin causa debidamente justificada, se declarará desistida su oposición y se acordará el decomiso del bien. Contra dicha decisión no se admitirá recurso alguno.

Cuando la decisión del tribunal de control mediante la cual acuerda el decomiso se encuentre definitivamente firme, el bien pasará a la orden del órgano rector. El juez o jueza ordenará a los órganos competentes, que expidan los títulos o documentos respectivos que acrediten la propiedad del bien a favor del órgano rector (...)»

Sobre la LEY ORGÁNICA CONTRA LA DELINCUENCIA ORGANIZADA Y FINANCIAMIENTO AL TERRORISMO (LOCDOFT)[429], asume la misma definición del comiso que la LOD analizada en la página precedente, e inclusive, dispositivos de similar redacción en lo que atañe al aseguramiento de bienes decomisados (art. 55), y hasta inclusive, un procedimiento especial en decomiso (art. 58), copiado al calco de la LOD. Lo único novedoso radica en la redacción del artículo 89, que se enmarca dentro del capítulo relativo a la cooperación judicial recíproca entre los Estados sobre esta materia. En su encabezado establece:

«(...) **Artículo 89.** Cuando el Estado decomise o confisque bienes conforme al presente capítulo, dispondrá de ellos en la forma prevista por su derecho interno y sus procedimientos judiciales y administrativos.

Al actuar a solicitud de la otra parte con arreglo a lo previsto en el presente artículo, el Estado venezolano podrá prestar particular atención a la posibilidad de concretar acuerdos a fin de:

1. Aportar la totalidad o una parte considerable del valor del producto y de los bienes, o de los fondos derivados de la venta de los mismos, a organismos intergubernamentales especializados en la lucha contra el tráfico ilícito y el uso indebido de estupefacientes y sustancias psicotrópicas o de otros delitos de delincuencia organizada y financiamiento al terrorismo.

2. Repartirse con otras partes conforme a un criterio preestablecido o definido para cada caso, dicho producto, bienes o los fondos derivados de la venta de estos, con arreglo a lo previsto por su derecho interno, sus procedimientos administrativos o los acuerdos bilaterales o multilaterales que hayan concertado a este fin.

3. Cuando el producto se haya transformado o convertido en otros bienes, éstos podrán ser objeto de las medidas aplicables al producto mencionado en el presente capítulo.

4. autación o embargo preventivo aplicable, se podrán decomisar o confiscar dichos bienes hasta le valor estimado del producto mezclado.

5. Dichas medidas se aplicarán asimismo a los ingresos u otros beneficios derivados:

a. Del producto;

b. De los bienes en los cuales el producto haya sido transformado o convertido; o,

c. De los bienes con los cuales se haya mezclado el producto de la misma manera y en la misma medida que éste. (...)»

429 Publicada en Gaceta Oficial de la República Bolivariana de Venezuela (G.O.) nº 39.912 de fecha 30 de abril de 2012.

En este rápido repaso por las legislaciones que atañen al presente ensayo, queremos abordar como punto final del capítulo sobre Venezuela, una situación atípica sobre la introducción del *comiso* autónomo. En efecto, hay un tratamiento relativo a la extinción de dominio que fue incorporada en la vigente LEY DE COMERCIO MARÍTIMO[430], que pudiera entenderse como un ensayo sobre *comiso* autónomo en Venezuela. Los artículos 92 al 112 contempla el embargo de buques vía acción *in rem,* en la cual, asumiendo los criterios plasmados en los tratados internacionales, pudiera el Estado quedarse con el navío por razones que éste sea en sí un peligro para la navegación[431], el medio ambiente[432] o inclusive seguridad costera[433]. Estas acciones son de *carácter patrimonial*, es decir, la legislación no la califica de civil pero tampoco es de naturaleza penal.

II. LA «ILICITUD» DE LA ADQUISICIÓN PROPIETARIA Y LA «EXTINCIÓN DE DOMINIO» Y SU POSIBLE FUNDAMENTO EN LA JURISPRUDENCIA CONSTITUCIONAL VENEZOLANA SOBRE EL DERECHO PROPIEDAD

Si bien en Venezuela no existe regulación legal o reglamentaria sobre la institución del *comiso* autónomo ni de la *extinción de dominio*, salvo el proyecto de ley aprobado en segunda discusión por la Asamblea Nacional en 2017, que abordaremos más adelante; la jurisprudencia constitucional desde la vigencia de la Constitución de 1961, siempre precisó aspectos básicos relativos a su naturaleza, limitaciones, contenidos y extensión. Sin embargo, el tema más abordado ha sido el relativo a la función social de la propiedad, en razón del principio constitucional inserto en Venezuela desde 1947. Como indica BREWER-CARÍAS, no es que la propiedad sea una función social en sí, sino que en la tradición jurisprudencial se ha buscado que dicha propiedad no sea incompatible con los intereses públicos[434].

Ahora bien, sabemos de antemano que la redacción de los artículos 116 y 271 pudieran entorpecer la introducción de la *extinción de dominio* en Venezuela, pues, recalca la figura de la «*confiscación*» para recuperar aquellos activos que han sido objeto de adquisición por delitos económicos (corrupción, drogas, delincuencia organizada). Es por ello que la jurisprudencia poco haya avanzado en relación a la **legitimidad del origen de la propiedad**, pues, no la cuestiona en razón de la consolidada concepción que aquella no es un «*derecho absoluto, sino elástico*»[435].

Sin embargo, en 2012, la Sala Constitucional de forma tímida vinculó el tema de la función social del dominio inmobiliario con la incidencia sobre el orden social. Como indicamos *ut supra*, en el caso colombiano, la *extinción de dominio* era una respuesta a la «contravía» de dicha propiedad con los valores y principios constitucionales. Es por ello que en base a lo dispuesto en la sentencia 881 de 2012, dictada por la Sala Constitucional, encontraríamos una primera fundamentación jurisprudencial para hacer nugatorio la sanción prevista en los artículos 116 y 271 constitucional.

---

430 Publicada en Gaceta Oficial de la República Bolivariana de Venezuela (G.O.) nº 38.351 de fecha 05 de enero de 2006.

431 Artículo 93, numeral 5. de la Ley de Comercio Marítimo.

432 Artículo 93, numeral 4. de la Ley de Comercio Marítimo.

433 Artículo 94, numeral 2. de la Ley de Comercio Marítimo.

434 BREWER-CARÍAS, A.R. 1980, *ob. cit.*, p. 84.

435 Véase CORTE SUPREMA DE JUSTICIA/SALA POLÍTICO-ADMINISTRATIVA. Sentencia de fecha 10 de agosto de 1977 (Caso: *Varios Vs. Municipalidad del Distrito Libertador del Distrito Federal*). TRIBUNAL SUPREMO DE JUSTICIA/SALA POLÍTICO-ADMINISTRATIVA. Sentencia nº 522 de fecha 13 de mayo de 2015 (Caso: *Promociones La Madrugada, C.A. Vs. Ministerio del Poder Popular para el Ambiente*).

Así, vale destacar lo que determinó la Sala Constitucional al respecto:

«(...) La propiedad privada en su doble dimensión como institución y como derecho individual, ha experimentado en nuestro siglo una transformación tan profunda que impide concebirla hoy como una figura jurídica reconducible exclusivamente al tipo abstracto descrito en el artículo 545 del Código Civil. Por el contrario, la progresiva incorporación de finalidades sociales relacionadas con el uso o aprovechamiento de los distintos bienes sobre los que el derecho de propiedad puede recaer, ha producido una diversificación de la institución dominical en una pluralidad de figuras o situaciones jurídicas reguladas con significado y alcance diversos. De ahí que esta Sala asuma el criterio, con general aceptación doctrinal y jurisprudencial, respecto de la flexibilidad o plasticidad actual del dominio, que se manifiesta en la existencia de diferentes tipos de propiedades dotadas de estatutos jurídicos diversos, de acuerdo con la naturaleza de los bienes sobre los que cada derecho de propiedad recae.

Tales consideraciones tienen, su fundamento en un dato histórico y material, en tanto que la propiedad como institución, incide directamente en orden social (sistema económico, político y cultural), por lo que cada sistema constitucional asume una postura sobre ella.

Así, si bien la Declaración de Derechos del Hombre y del Ciudadano, consagró en términos muy generales el derecho de propiedad entre los derechos «*naturales e imprescriptibles*», siendo su conservación, junto a la de la libertad, la seguridad y la resistencia a la opresión, «*el fin de toda asociación política*» (artículo 2 *eiusdem*), debe tenerse presente que bajo el vigente sistema constitucional no es posible derivar de su contenido, que el contenido del derecho de propiedad deba responder a los principios sistema económico de mercado, como ámbito natural, frente a otros sistemas, en tanto que esta sería una interpretación constitucional distorsionada, en el cual se asumirían criterios a nuestra realidad política y social, y se asumirían preceptos propios del siglo XIX, impulsados por una corriente doctrinaria, que enfatizaba la libertad «*natural*» del sistema frente a la numerosa y perjudicial regulación del Antiguo Régimen.

La propia «*teoría económica implica que los derechos de propiedad de redefinirán de tiempo en tiempo a medida que cambian los valores relativos de los usos diferentes de la tierra*» -Cfr. POSTNER, RICHARD A. *Análisis Económico del Derecho. Fondo de Cultura Económica*, México 2007, p. 101-, que en materia urbana se concreta en el deber de los órganos que ejercen el Poder Público de garantizar el derecho a acceder a una vivienda adecuada, mediante el ejercicio de sus competencias constitucional y legalmente establecidas, ya que como bien señaló esta Sala «*la propiedad privada, en su doble dimensión como institución y como derecho subjetivo, ha experimentado en nuestro siglo una transformación tan profunda que impide concebirla hoy como una figura jurídica limitada exclusivamente al tipo abstracto descrito en el Código Civil, sino que la misma ha sido reconducida en virtud de la progresiva incorporación de finalidades sociales relacionadas con el uso o aprovechamiento de los distintos tipos de bienes sobre los que el derecho de propiedad puede recaer, produciéndose una diversificación de la institución dominical en una pluralidad de figuras o situaciones jurídicas reguladas con un significado y alcance diversos, como entre ellos podría citarse el aprovechamiento del suelo, así como la delimitación y restricción del derecho de edificación en ciertos casos. (Vid. REY MARTÍNEZ, FERNANDO, La Propiedad Privada en la Constitución Española, Centro de Estudios Constitucional, pp. 304-327)*» (Cfr. Sentencia de esta Sala N° 403/06). (...)»[436] (subrayado nuestro. Cursivas originales de la Sala)

Al citar el tema de los valores y principios relativos a la propiedad dentro de un espacio temporal, también podemos hacer alusión a aquellos que son incuestionables como es la adquisición «legítima» de la propiedad, que perfectamente calzan cuando la Sala trae a colación la exposición del economista RICHARD POSTNER en la supra citada sentencia 881/2012.

Al cuestionarse siempre la estabilidad de la propiedad privada, poco o nada ha importado revisar su forma de adquisición, pues, ha estado siempre presente que todo es «expropiable». Por tanto, es lógico que tanto la antigua CORTE SUPREMA DE JUSTICIA como el actual TSJ, dediquen sus criterios jurisprudenciales a ratificar ese concepto relativo de propiedad[437], pues, ésta estará permanentemente sometida a un interés superior el cual siempre deberá «*prevalecer sobre el interés particular*»[438], aunque se deja abierta la puerta, pues, prosigue la SALA CONSTITUCIONAL en la sentencia 403/2006, para que:

«(...) En este contexto, se aprecia que la Constitución reconoce un derecho a la propiedad privada que se configura y protege, ciertamente, como un haz de facultades individuales sobre las cosas, pero también, y al mismo tiempo, como un conjunto de deberes y obligaciones establecidos, de acuerdo con las leyes, en atención a valores o intereses de la colectividad, es decir, a la finalidad o utilidad social que cada categoría de bienes objeto de dominio esté llamada a cumplir.

Por ello, la fijación del contenido esencial de la propiedad privada no puede hacerse desde la exclusiva perspectiva subjetiva del derecho o de los intereses individuales que a éste subyacen, **sino que debe incluir igualmente la necesaria referencia a la función social, entendida no como mero límite externo a su definición o a su ejercicio, sino como parte integrante del derecho mismo.**

(...)

No obstante lo expuesto, cabe advertir que la traducción institucional de tales exigencias colectivas no puede llegar a anular la utilidad meramente individual del derecho y, por tanto, la definición de la propiedad que en cada caso se infiera de las leyes o de las medidas adoptadas en virtud de las mismas, por lo que ello puede y debe ser controlado por esta Sala Constitucional o por los órganos judiciales, en el ámbito de sus respectivas competencias.

Finalmente, debemos advertir que entendiendo la propiedad privada, en su doble dimensión como institución y como derecho subjetivo, ha experimentado en nuestro siglo una transformación tan profunda que impide concebirla

436 Véase TRIBUNAL SUPREMO DE JUSTICIA/SALA CONSTITUCIONAL. Sentencia nº 881 de fecha 26 de junio de 2012 (Caso: *Municipio Iribarren vs. sentencia del juzgado superior contencioso-administrativo de la región centro-occidental*).

437 Véase TRIBUNAL SUPREMO DE JUSTICIA/SALA POLÍTICO-ADMINISTRATIVA. Sentencia nº 1269 de fecha 18 de septiembre de 2014 (Caso: *Industrias Venoco, C.A. Vs. Decreto nº 7.712 de la Presidencia de la República*).

438 Véase TRIBUNAL SUPREMO DE JUSTICIA/SALA POLÍTICO-ADMINISTRATIVA. Sentencia nº 196 de fecha 26 de febrero de 2013 (Caso: *Inversiones Alvean 2000 Vs. Decreto nº 8.857 de la Presidencia de la República*).

hoy como una figura jurídica limitada exclusivamente al tipo abstracto descrito en el Código Civil, sino que la misma ha sido reconducida en virtud de la progresiva incorporación de finalidades sociales relacionadas con el uso o aprovechamiento de los distintos tipos de bienes sobre los que el derecho de propiedad puede recaer, produciéndose una diversificación de la institución dominical en una pluralidad de figuras o situaciones jurídicas reguladas con un significado y alcance diversos, como entre ellos podría citarse el aprovechamiento del suelo, así como la delimitación y restricción del derecho de edificación en ciertos casos. (Vid. REY MARTÍNEZ, Fernando, «*La Propiedad Privada en la Constitución Española*», Centro de Estudios Constitucional, pp. 304-327). (...)»[439] (subrayado nuestro. Negrillas originales de la Sala)

Resaltamos estos párrafos de la sentencia parcialmente transcrita. Uno, que la Sala tiene el control sobre lo que pudiera implicar la ablación propietaria por confiscación previstos en los artículos 116 y 271 de la Constitución de 1999. Dos, que ese carácter relativo permitiría que por vía de reserva legal se pueda concebir o un comiso autónomo o una extinción de dominio, en razón de la «(...) *diversificación de la institución dominical* (...)». En este criterio, lo único que pudiera deslegitimar la propiedad es la confiscación, ésta última, prohibida de forma general en razón del principio de razonabilidad que «(...) *debe guiar el ajuste entre la actuación del Estado y la afectación de la esfera jurídica de un sujeto de derecho* (...)»[440].

El problema que trae consigo los artículos 116 y 271 para una adopción en nuestro país de la *extinción de dominio*, es la presunta indicación textual de la confiscación para los casos de enriquecimiento ilícito, drogas y otros delitos de lesa humanidad. Ahora bien, el problema estriba en la imprescindible sentencia condenatoria penal, es decir, que haya operado un proceso penal con todas sus garantías y que el fallo posea cosa juzgada. Así, se ratifica la tesis de la accesoriedad, donde, difícilmente pudiera entrar el concepto de *extinción de dominio* y/o de otras formas de *comiso* autónomo.

Para tratar de entender algunos aspectos sobre la introducción en un futuro cercano de la *extinción de dominio* o del *comiso* autónomo, como estudiaremos en el próximo capítulo al analizar el proyecto de *Proyecto de Ley de Recuperación de Activos producto de la Corrupción*, aprobado por la Asamblea Nacional en su segunda discusión en 2017; es imprescindible el estudio del Derecho comparado en aquellos Estados donde ha tenido campo fértil.

---

439 TRIBUNAL SUPREMO DE JUSTICIA/SALA CONSTITUCIONAL. Sentencia nº 403 de fecha 24 de febrero de 2006 (Caso: *Municipio Baruta del estado Miranda vs. Corte Primera de lo Contencioso-Administrativo*).

440 Véase TRIBUNAL SUPREMO DE JUSTICIA/SALA CONSTITUCIONAL. Sentencia nº 1092 de fecha 13 de julio de 2011 (Caso: *Impugnación del artículo 45 de la Ley de Tránsito Terrestre de 1996*). En la sentencia nº 1178 de fecha 13 de agosto de 2009 (Caso: *Impugnación de la Ley General de Bancos y otras Instituciones Financieras*), la Sala Constitucional ha dejado claro que: «(...) *La nueva imagen de la propiedad en el derecho contemporáneo viene caracterizada por una concepción renovadora de las relaciones sociales que acentúa la aptitud de los bienes y recursos para satisfacer las necesidades de la colectividad, y no solamente las exigencias del propietario particular. Ello enfatiza el carácter «social» del dominio privado que deja de ser un derecho natural replanteando el modo jurídico de relacionarse el ciudadano con la sociedad; de allí surge la función social de la propiedad que es un criterio de valoración de las situaciones subjetivas con los principios de solidaridad social, utilidad pública, bienestar colectivo y otros de interés general o social que hace ceder los poderes del propietario ante las legítimas demandas de la sociedad. Este es el sentido de las normas contenidas en los artículos 115 y 116 de la Constitución de la República Bolivariana de Venezuela* (...)».

Haremos referencia a la extinción de dominio colombiana, en razón de la situación casi análoga de nuestro Derecho al del vecino país. Además, como indicamos, el desarrollo en Colombia de la *extinción de dominio* ha sido terreno fértil para el debate constante sobre la institución, inclusive, donde las posibles trasmutaciones como instituto de carácter sancionatorio[441].

III. LA SOLUCIÓN PRESUNTAMENTE «PETREA» DE LA CONSTITUCIÓN VENEZOLANA DE 1999 Y LAS DIFICULTADES CONSTITUCIONALES PARA INCORPORAR AL COMISO AUTÓNOMO O A LA EXTINCIÓN DE DOMINIO

Como lo expresamos en el epígrafe anterior, así como lo transcribimos íntegramente, pareciera que la redacción de los artículos 116 y 271 de la Constitución venezolana, lucen como presuntas piedras de tranca. La confección de dichos preceptos constitucionales nos ubican en una situación normativa muy peculiar, la cual estriba de la integración de dos cláusulas constitucionales del texto fundamental en nuestro país vinculadas al tema del *comiso* en materia de enriquecimiento ilícito y tráfico de drogas. Una situación que pudiera, presuntamente, comprometer la incorporación tanto del *comiso* autónomo, pero, más especialmente a la *extinción de dominio*. Hacemos referencia a la pregunta ¿y si la interpretación literal de la Constitución de 1999 no permitiera la inclusión de ninguna de estas instituciones?

Sin entrar a la escrupulosidad lingüística que muchas veces huye el legislador, es menester solventar este posible escollo para así despejar cualquier obstáculo al tema de la inclusión del *comiso* autónomo como una hipotética *extinción de dominio* en una futura legislación nacional más acorde con el espíritu de la institución y de esta forma obtener, como apunta SANTANDER ABRIL[442], un *mecanismo totalmente depurado*.

Como hicimos mención *ut supra*, nuestra historia normativa vinculada al *comiso* en los casos de salvaguarda ha estado estrechamente supeditada a la tradición constitucional venezolana. En la Constitución de 1999, como se estudió, se incorporaron dos artículos que pudieran ser obstáculos tanto al mismo *comiso* como a la *extinción de dominio*, si atendemos su interpretación al pie de la letra y no como lo determina las nuevas tendencias de la hermenéutica constitucional[443]. En específico hacemos referencia al presunto carácter «pétreo» de los artículos 116 y 271 constitucional, cuya redacción final correspondió al constituyente HERMANN ESCARRÁ[444], que a

---

[441] SANTANDER ABRIL, G. 2018 ... *Naturaleza jurídica de la extinción de dominio* ... págs. 203-216.

[442] SANTANDER ABRIL, G. 2017, ... *La emancipación del comiso del proceso penal* ... pág. 431.

[443] Véase GARCÍA BELAUNDE, D. 1994, «La interpretación constitucional como problema», *Revista de Estudios Políticos*, nº 86, págs. 9-37. También, véase GUASTINI, R. 2018, *Interpretar y argumentar*, Centro de Estudios Políticos y Constitucionales, Madrid. También CLAUDIA NIKKEN. 2019, *Consideraciones sobre las fuentes del Derecho constitucional y la interpretación de la Constitución*, Editorial Jurídica Venezolana - CIDEP, Caracas.

[444] El abogado HERMANN ESCARRÁ MALAVÉ, que en 1999 fungió como uno de los redactores del proyecto de Constitución que finalmente fue aprobada en diciembre de ese año, dejó a un lado las advertencias formuladas por expertos en lo que atañe al tema de la *confiscación, incautación, comiso* y *lavado de activos*. Sería quien se limitaría a señalar que «ha quedado impecable la norma», cuando en realidad, encerraba futuros problemas al legislador que en su proceso de ponderación le costaría incorporar otra figura que no fuera la «**confiscación**» al momento de redactar las leyes penales sobre esta materia. Desde el 9 de agosto de 2017, el citado abogado se encuentra sancionado por el DEPARTAMENTO DEL TESORO DE LOS ESTADOS UNIDOS, en razón de su vinculación con el gobierno de NICOLÁS MADURO, así como, por otros presuntos fraudes institucionales [véase: https://www.treasury.gov/press-center/press-releases/Pages/sm0145.aspx]. En la actualidad, HERMANN

simple vista denota descuido y desconocimiento en los términos, muy a pesar que en esa constituyente se advirtió que se jugaban con «palabras delicadas»[445].

Al analizar con detenimiento el 271 constitucional tantas veces citado, se coló la expresión «(...) *deslegitimación de capitales* (...)», y no «legitimación», éste último, término correcto en la materia. La sugerencia de colocar «deslegitimación», proviene de las recomendaciones del antedicho abogado ESCARRÁ, supuestamente para adecuarlo a la acepción común en español, resaltando un desconocimiento técnico sobre los alcances y dimensiones de esta institución de carácter global transnacional. Con esta «pesada carga» del texto constitucional, no sólo cerramos las puertas a una de las áreas internacionales más precisadas y de intenso debate académico-forense, como es la lucha contra la corrupción y el crimen organizado; sino, que constitucionalizamos un concepto *inexistente* como es la alelada frase «*deslegitimación*».

Si nos apegamos a la letra de la ley bajo una exégesis férrea, casi hebraica y desconocedora de los valores constitucionales de un estado social de Derecho, es difícil asumir en Venezuela lo dispuesto en el artículo 54.1, c) de la UNCAC, en razón que sólo procedería la figura de la «*confiscación*». De igual forma, la *extinción de dominio* tendría cortapisas, pues, se alegaría la tesis que el texto constitucional contempla una manera de «extinguir la propiedad», como es la confiscación. En su interpretación clásica, el *comiso* autónomo y la *extinción de dominio* estarían prácticamente sujetos a interdicción por quienes no logran salir de los cánones hermenéuticos del buen Derecho penal liberal.

En contraposición tampoco debemos apegarnos a la tradición latinoamericana del desorden lingüístico que expuso en su tiempo el profesor HENAO al estudiar el *comiso* en Colombia, usando indistintamente el término con el de *confiscación*. Ni siquiera pudiéramos hacer una suerte de integración de las superadas[446] teorías del *mens legis - mens legislatoris*, autorizando al intérprete para que conjeturase qué fue lo que realmente deseaba el legislador (rectius el constituyente), máxime como afirman ECO y VATTIMO[447], también existe dos intenciones en la norma, la del intérprete y la de las partes en un proceso.

Por ello, calificamos como problema el tema constitucional y su errónea inclinación por la confiscación de bienes cuando la recta técnica legislativa indicaba

ESCARRÁ es diputado de la Asamblea Nacional (Parlamento nacional venezolano), y formó parte de la Asamblea Nacional Constituyente (ANC) conformada de forma irregular en 2017 y que, de manera insólita, no presentó siquiera una nueva propuesta de Constitución para el momento en que se auto disolvió en diciembre de 2020. Sobre los pormenores de la arbitraria ANC, véase BREWER-CARÍAS, A.R. y SOTO, C. 2017, *Estudios sobre la Asamblea Nacional Constituyente y su inconstitucional convocatoria*, Editorial Jurídica Venezolana, Caracas.

445 Expresión empleada por el constituyente de 1999, JORGE OLAVARRÍA. *Actas y debates de la Asamblea Nacional Constituyente*, Tomo III, pp. 976-977.

446 Sobre este particular de la teoría de las intenciones en la interpretación de la Ley, véase MARTÍN OVIEDO, J. 1972, *Formación y aplicación del Derecho*, Instituto de Estudios Políticos, Madrid, págs. 75-90.

447 Para la teoría hermenéutica contemporánea, la intención como criterio para definir un texto, es abordada desde una triple óptica: a.- La interpretación como búsqueda de la *intentio auctoris*; b.- La interpretación como hallazgo de la *intentio operis*; y, c.- La interpretación como imposición de la *intentio lectoris*. Para el caso de las normas de interpretación donde el legislador «sugiere» unos cánones interpretativos, la armonización de las tres intenciones argumenta la búsqueda del tercer horizonte del que no disponen las partes ni el juez para resolver el conflicto, pero, en el cual y por el cual están dispuestos a argumentar. VATTIMO, G. 1988, «La hermenéutica como Koiné», *Revista de Occidente*, nº 80, pág. 80. ECO, U. 2000, *Los límites de la interpretación*, Editorial Lumen, Barcelona, pág. 29.

dejar una cláusula abierta para que el legislador, y posteriormente, el intérprete judicial; determinaran este escollo que nos limita asumir plenamente un *comiso* autónomo o una *extinción de dominio*. Inclusive, buena parte de la literatura venezolana especializada sobre la materia anticorrupción se inclina abiertamente hacia la confiscación[448].

En estos casos de limitación constitucional, la sugerencia para dar cabida a los fundamentos de la teoría del Derecho penal a dos velocidades, la obligatoriedad de las disposiciones de la UNCAC y las orientaciones del Derecho comparado, específicamente, las soluciones asumidas en el espacio comunitario europeo y la presencia de una LEY MODELO PARA EXTINCIÓN DE DOMINIO; parte por aceptar que existe en materia de defensa de los derechos fundamentales la denominada supraconstitucionalidad[449].

En efecto, en materia de los derechos fundamentales se ha aceptado la existencia de normas que se encuentran en rango más elevado a los textos constitucionales de los Estados, en razón que la materia va más allá de los límites de la soberanía. Al ser un patrimonio común de todos los seres humanos, no puede alegarse condicionantes jurídicos por mucho que hayan sido previstos por un constituyente.

No es un derecho internacional de los derechos humanos, sino, un marco al cual el propio constituyente debe subordinarse, pues, los derechos fundamentales son y serán una fuente permanente y evolutiva del Derecho constitucional y del resto de los sistemas normativos. Por ello, en países donde no funciona una mecánica comunitaria -como Venezuela-, existe un mecanismo denominado *Control de la convencionalidad de los tratados, convenios y demás instrumentos regulatorios de los derechos fundamentales*[450].

La primera garantía existente es precisamente *la legislación*. Es el legislador quien articula a través del sistema de leyes, la exactitud sobre cómo debe ser moldeado un derecho fundamental. Y muchas veces, la garantía se formula con reglas odiosas, es decir, con un régimen sancionatorio contra aquellos que atenten contra los derechos fundamentales. En el caso que nos atañe, en Venezuela, existe el *derecho a una administración pública transparente* como lo establece el artículo 141 de la Constitución de 1999 en los siguientes términos:

> «(...) Artículo 141. La Administración Pública está al servicio de los ciudadanos y ciudadanas y se fundamenta en los principios de honestidad, participación, celeridad, eficacia, eficiencia, transparencia, rendición de cuentas y responsabilidad en el ejercicio de la función pública, con sometimiento pleno a la ley y al derecho (...)» (subrayado nuestro)

Ahora pudiera alegarse que el 116 y 271 también tienen el mismo rango que el 141 constitucional, a pesar que el primero de los citados es un «derecho fundamental» mientras que el segundo parte de la Constitución económica venezolana.

---

448 MORENO BRANDT, C. 2008, *El procedimiento en la Ley contra la Corrupción,* en: AAVV. *Comentarios a la Ley contra la Corrupción,* Vadell Hermanos Editores, Caracas, págs. 199-200.

449 Al respecto, véase BIDART CAMPOS, G. 2001, *Los derechos no enumerados en la Constitución,* en: AAVV. *Estudios de Derecho Público: Libro Homenaje a Humberto J. La Roche Rincón,* Ediciones del Tribunal Supremo de Justicia, Caracas, Vol. I, págs. 225-234.

450 Sobre los pormenores y funcionamiento del control de la convencionalidad en América Latina, véase BREWER-CARÍAS, A.R, JINESTA LOBO, E., HERNÁNDEZ-MENDIBLE, V. y SANTOFIMIO GAMBOA, J.O. 2015, *Estudios sobre el control de convencionalidad,* Editorial Jurídica Venezolana, Caracas.

Ante esta situación, el propio constituyente venezolano introduce un dispositivo para solventar los futurables escollos intranormativos. El artículo 23 *ejusdem*, contempla:

> «(...) Artículo 23. Los tratados, pactos y convenciones relativos a derechos humanos, suscritos y ratificados por Venezuela, tienen jerarquía constitucional y prevalecen en el orden interno, en la medida en que contengan normas sobre su goce y ejercicio más favorables a las establecidas en esta Constitución y en las leyes de la República, y son de aplicación inmediata y directa por los tribunales y demás órganos del Poder Público (...)» (subrayado nuestro)

El texto trajo polémica en la constituyente de 1999 como lo explica el profesor venezolano y ex Presidente de la COMISIÓN INTERAMERICANA DE LOS DERECHOS HUMANOS (CIDH), CARLOS AYALA CORAO[451]; en razón que para los más soberanistas era abrir las puertas a cualquier disposición internacional que perjudicara a Venezuela. Sin embargo, el artículo 23 lo que realmente efectúa es un proceso de sinceración sobre la materia, pues, en razón del principio de progresividad de los derechos fundamentales, buena parte de la regulación legislativa tiende a quedarse atrás ante los aportes diarios que formula la doctrina y la jurisprudencia, sobre todo, la jurisprudencia de las cortes de los derechos humanos como el caso de la CORTE EUROPEA o la CORTE INTERAMERICANA DE LOS DERECHOS HUMANOS con sede en San José de Costa Rica.

Al ser Venezuela co-suscribiente de la UNCAC 2003, aplicando lo preceptuado en el artículo 23 constitucional, todos aquellos mecanismos que traiga consigo la mejor garantía en dicha convención para materializar de forma efectiva los dispuesto en nuestro 141 *ejusdem*, debería ser referente «*obligatorio y de inmediata y directa aplicación*», es decir, que no podemos limitarnos a la supuesta vía de la *confiscación* que menciona el artículo 116 y 271 constitucional como sanción accesoria a los delitos que son relacionados con la corrupción, que a la final, cuando un funcionario público los comete e intervienen terceros no vinculados al delito, se verifica un proceso de conculcación a los derechos humanos de la población.

El *comiso* autónomo o *extinción de domino* es una de esas garantías que permitirá mejorar el combate contra la corrupción y por ende, una manera de restituir las situaciones jurídicas infringidas contra toda la población por delitos de salvaguarda contra el patrimonio público. De esta manera, tenemos que, el artículo 23 abre la puerta para fundamentar el *comiso* autónomo o la *extinción de dominio* en la futura legislación que lo contemple en Venezuela, quebrando la supuesta limitación de la engorrosa redacción constitucional de los artículos 116 y 271 que centraron su mirada en la confiscación. Postigo que también cuartea para su sustento teórico en la tesis del Derecho penal a dos velocidades y las disposiciones del artículo 54.1, c) de la UNCAC, o bien, la LMEDO en caso de asumirse la extinción de dominio.

El único problema que trae consigo esta solución, ha sido las trabas de corte político impuestas por el TRIBUNAL SUPREMO DE JUSTICIA en su Sala Constitucional desde hace más de una década. La aplicación del artículo 23 tiene una ventaja y también una debilidad institucional: *su interpretación por la Sala Constitucional del Tribunal Supremo de Justicia venezolano*. La Sala, en los 20 años de fundada, ha sobredimensionado

[451] AYALA CORAO, C. 2001, *La jerarquía constitucional de los tratados relativos a Derechos Humanos y sus consecuencias*, en: AAVV. *Bases y principios del sistema constitucional venezolano*, Universidad Católica del Táchira, San Cristóbal (Venezuela), Vol. I, págs. 167-240.

con su interpretación, las facultades que constitucional[452] y legalmente[453] le son atribuidas[454]. Además, incorporó maneras sobre cómo interpretar la Constitución, «(...) *comprometiéndose con la mejor teoría política que subyace con el sistema que se interpreta* (...)»[455].

Este anclaje fue expresamente empleado en 2003 cuando en un caso emblemático (*Impugnación por inconstitucionalidad de los artículos del código penal venezolano sobre leyes de desacato*), la Sala interpretó el artículo 23 de la Constitución[456]. De forma «asombrosa», dispuso en el fallo lo siguiente:

> «(...) Es la Sala Constitucional quien determina cuáles normas sobre derechos humanos de esos tratados, pactos y convenios, prevalecen en el orden interno; al igual que cuáles derechos humanos no contemplados en los citados instrumentos internacionales tienen vigencia en Venezuela (...)» (subrayado nuestro).

Lo dispuesto en este fallo desvirtúa la regla del artículo 23 constitucional, pues, tal como lo estudiamos, en el texto no existe atribución directa a ningún órgano constituido del Poder Público (ni siquiera jurisdiccional) para que fungiera como una suerte de «filtro» sobre cuál tratado se aplica o cual derecho debe tener vigencia en Venezuela[457]. En pocas palabras, crea una suerte de una inconstitucional suprema discrecionalidad judicial, trasladando, lamentablemente la fórmula de KLITGAARD a la Sala Constitucional del TSJ venezolano. Esto coloca en una situación de fragilidad la inclusión de los mecanismos previstos en el artículo 54.1, c) de la UNCAC o en la LEY MODELO SOBRE EXTINCIÓN DE DOMINIO, en razón que dependería de un control jurisdiccional previo de la Sala Constitucional para verificar la procedencia o no, por ejemplo, del *comiso* autónomo o la *extinción de dominio* en Venezuela en ausencia de una legislación que lo regule y aplique expresamente.

De esta manera, queda arbitrariamente en manos de un Tribunal Supremo, más específicamente de los 7 magistrados que conforman la Sala Constitucional, la viabilidad y legitimidad de la *extinción de dominio* o el *comiso* autónomo y su concreción en nuestro país. Sin embargo, a pesar de este criterio lamentablemente vinculante por

---

452 Artículo 335 de la Constitución de 1999: «El Tribunal Supremo de Justicia garantizará la supremacía y efectividad de las normas y principios constitucionales; será el máximo y último intérprete de esta Constitución y velará por su uniforme interpretación y aplicación. Las interpretaciones que establezca la Sala Constitucional sobre el contenido o alcance de las normas y principios constitucionales son vinculantes para las otras Salas del Tribunal Supremo de Justicia y demás tribunales de la República».

453 Artículo 25 de la Ley Orgánica del Tribunal Supremo de Justicia, publicada en la Gaceta Oficial de la República Bolivariana de Venezuela (ordinario), nº 39.483 de fecha 9 de agosto de 2010.

454 En efecto, la Sala Constitucional ha sido la principal fuente de polémicas en los 21 años de vigencia de la Constitución de 1999, erigiéndose en algo así como el supremo poder por sobre el resto de órganos del Poder Público. No en vano, el 31 de marzo de 2017, el ex constituyente y ex Fiscal General de la República (2002-2007), Isaías Rodríguez, afirmaría «(...) *la Sala Constitucional es quien tiene todo el poder en Venezuela* (...)». Declaraciones que se encuentran en el portal web oficial del Ministerio del Poder Popular para la Comunicación e Información (MINCI) [http://www.minci.gob.ve/isaias-rodriguez-sentencia-del-tsj-esta-ajustada-derecho/].

455 TRIBUNAL SUPREMO DE JUSTICIA/SALA CONSTITUCIONAL. Sentencia nº 1.309 de fecha 19 de julio de 2001 (Caso: *Hermann Escarrá Malavé*).

456 TRIBUNAL SUPREMO DE JUSTICIA/SALA CONSTITUCIONAL. Sentencia nº 1.942 de fecha 15 de julio de 2003 (Caso: *Nulidad de los delitos de desacato en el Código Penal*).

457 Véase ARTEAGA SÁNCHEZ, A. 2003, *Aspectos penales de la sentencia 1942,* en: AAVV. *Sentencia 1942 Vs. Libertad de expresión: comentarios a la decisión de la Sala Constitucional referida a las leyes de desacato,* Comisión Andina de Juristas, Caracas.

efecto constitucional, somos de la tesis que mientras no se plantee un recurso de inconstitucionalidad contra el proyecto de ley o una vez sancionada y publicada en Gaceta Oficial; no podemos dar por descartado el *comiso* autónomo o *extinción de dominio* en delitos contra la Corrupción o por el tráfico de estupefacientes y sicotrópicos.

Como punto final provisional, visto las complicaciones en Venezuela generadas por la jurisprudencia de la Sala Constitucional del TSJ, nos centraremos en la búsqueda de cómo pudiera ser la tipología y naturaleza del *comiso* autónomo o *extinción de dominio* en la futura legislación venezolana contra la corrupción que lo contemple. En todos los instrumentos legales venezolanos sólo se concibe es el comiso directo o tradicional. Lo ideal sería que operara una reforma constitucional modificando sustancialmente los artículos 116 y 271 del texto de 1999 enmendado en 2009.

Sin embargo, para la procedencia de esta solución, tendríamos que pasar primero por un cambio político integral, que implique la urgente modificación de algunos preceptos de 1999 en razón de su desatinada redacción, o como en el caso que nos atañe, la impertinente incorporación del mecanismo de la confiscación como -presunta y aparente- única herramienta para extinguir la propiedad de aquellos bienes adquiridos de forma ilícita.

IV. EL PROYECTO DE LEY DE RECUPERACIÓN DE ACTIVOS PROVENIENTES DE LA CORRUPCIÓN

Muy a pesar de las trabas innecesarias de la Sala Constitucional del TSJ, somos de la tesis que una nueva Asamblea Nacional -siempre y cuando sea electa de forma democrática y con las garantías electorales plenas- pueda sacar adelante una propuesta legislativa que de forma urgente incorpore o bien la figura del *comiso* autónomo o la *extinción de dominio.*

En 2017, la Asamblea Nacional del período constitucional 2016-2021, trabajó las figuras del *comiso* autónomo o *extinción de dominio* incorporándolos en un documento normativo denominado *Proyecto de Ley de Recuperación de Activos producto de la Corrupción*[458]. Sin embargo, la diatriba política de notoriedad comunicacional global que enfrenta con el Poder Ejecutivo (liderada por NICOLÁS MADURO); no ha podido siquiera darlo a conocer entre la comunidad jurídica venezolana. Poco se intimó en su momento sobre el contenido de la citada propuesta legislativa, en razón de las dificultades tanto operativas como presupuestarias a la que se ha sometido el parlamento nacional desde 2016 hasta la conclusión del período en enero de 2021, con un sinnúmero de sentencias de la Sala Constitucional del TSJ[459].

---

[458] El proyecto de Ley contempla el Capítulo III del Título III con el mote «De Acción de Extinción de Dominio», su artículo 56 que determina «(...) *La acción de extinción de dominio se ejercerá mediante un proceso autónomo e independiente de cualquier juicio o proceso penal o de otra naturaleza que se haya iniciado simultáneamente, o del que se haya desprendido, o tuviera origen, sin perjuicio de las excepciones establecidas en esta ley.*

En ningún caso procederá la prejudicialidad para impedir que se dicte sentencias definitivas o interlocutorias vinculadas con la declaratoria de extinción de dominio.

Las decisiones pronunciadas en un proceso penal no afectarán el ejercicio de la acción de extinción de dominio, salvo que los activos ilícitos perseguidos se hubiesen decomisado o confiscado como consecuencia de una condena penal definitivamente firme (...)».

[459] Véase URBINA MENDOZA, E., 2018, «Las funciones de gobierno ejercidas por la jurisdicción constitucional. ¿Es aceptable una modificación de la teoría de separación de poderes por un tribunal constitucional? El caso de la sala constitucional del Tribunal Supremo de Justicia de Venezuela 2016-2018», *Estudios de Deusto,* Vol. 66/2, pp. 461-497.

Hasta el momento en que cerramos el presente ensayo, sólo ha existido esta iniciativa de 2017 introducida ante la Asamblea Nacional de la República Bolivariana de Venezuela que lleva por título LEY DE RECUPERACIÓN DE ACTIVOS PRODUCTO DE LA CORRUPCIÓN[460] (LERAPC). A pesar de la soberana ponderación del legislador para la calificación de los textos normativos, y respetando los motivos legítimos de los proyectistas, nos inclinamos -tomando como referencia teórica lo expuesto en los capítulos precedentes- más hacia la denominación **«LEY SOBRE LA EXTINCIÓN DE DOMINIO Y ACCIONES PATRIMONIALES CONTRA LA CORRUPCIÓN»**.

Hay que tener mucho cuidado con los términos técnicos tales como recuperación de activos, *comiso* autónomo, *extinción de dominio*, lavado de activos, corrupción y otros que hemos estudiado a lo largo del presente ensayo. Su inclusión en un texto legislativo no puede ser porque «guste más al español», como lamentablemente ocurrió en la redacción del artículo 271 constitucional, que para adecuarlo supuestamente a ese español se plasmó en el texto la palabra «deslegitimación de capitales», cuando el término global correcto es «legitimación de capitales».

Si estamos contestes que ha sido el primer paso para comenzar a cercar la delincuencia económica en Venezuela, que ante el grave deterioro de la moral social; un instrumento definitorio sobre cómo debería entender nuestro país una lucha frontal contra esta lacra. Debemos recordar, tal como lo explicamos en el capítulo anterior al analizar la figura de la *extinción de dominio*, que cerrarnos dentro de las esferas epistemológicas del Derecho penal no es la solución para enfrentarnos a la empresa criminal de la corrupción. Es ir más allá de la simple «culpabilidad» y ampliar hacia los bienes el concepto de «ilicitud» de conformidad con los fines esenciales del estado social de Derecho.

1. Estructura del proyecto de Ley de Recuperación de activos producto de la Corrupción.

El proyecto de la LERAPC consta de 126 artículos y 6 disposiciones transitorias, que además de reglamentar lo concerniente a la lucha contra la corrupción, dedica espacios para la institución del *comiso* y más precisamente para la *extinción de dominio*, que según la propia exposición de motivos nos indica:

> «(...) En el Título III, la ley regula las acciones para la recuperación de activos, ubicándose dentro de los estándares internacionales y especialmente las recomendaciones que hace la iniciativa StAR, que enfatiza la necesidad de combinar el decomiso penal con las posibilidades que ofrecen las acciones civiles, para una mayor efectividad en la recuperación de activos.
>
> Adicionalmente, la ley introduce en nuestro ordenamiento jurídico la acción de extinción de dominio o decomiso sin condena, la cual es promovida por la Oficina de las Naciones Unidas contra la Droga y el Delito (UNDOC), como un mecanismo novedoso y una respuesta eficaz, en términos de política criminal, para combatir la corrupción, toda vez, que se trata de una acción que persigue activos de origen ilícito, sin importar en manos de quien estén y sin la necesidad de una condena penal.

---

460 El proyecto de ley fue introducido en 2018 y aprobado en segunda discusión el 4 de diciembre de 2018, como fue ampliamente reseñado por la prensa venezolana [https://www.eluniversal.com/politica/27419/parlamento-aprobo-ley-de-recuperacion-de-activos-asociados-a-hechos-de-corrupcion].

La acción de extinción de dominio ofrece innumerables ventajas a la hora de perseguir el producto del delito, dentro de las cuales resaltan, un menor estándar de pruebas, la posibilidad de juzgar en ausencia o de perseguir los activos en manos de interpuestas personas o de sus herederos, la posibilidad de recuperar el producto de actividades ilícitas que han dejado de ser delito y la posibilidad de ejercer acciones que no se retrasen en virtud de los recursos típicos del derecho penal.

Por esta razón, en este título se introduce en Venezuela la acción de extinción de dominio, basada en la ley modelo creada por la Oficina de las Naciones Unidas contra la Droga y el Delito (UNDOC) para América Latina y el Caribe, estableciéndose los supuestos en los que procede y su especial independencia del proceso penal.

Adicionalmente, se refuerza la legislación existente que regula el decomiso penal y las acciones civiles que pueden ser utilizadas para la recuperación de activos, estableciendo la forma de coordinar estas acciones con la extinción de dominio en la búsqueda de una eficiente recuperación.

En cuanto al decomiso penal, se le otorga competencia al juez penal para decretar medidas de aseguramiento sobre activos, cuyos titulares sean personas distintas al imputado y se regulan las situaciones en las cuales puede hacerse uso de esta potestad.

De igual forma, en cuanto a las acciones civiles, se establece la forma de calcular el daño producido al Estado por aquellos que participen o sean autores de actos de corrupción y la posibilidad de anular aquellos contratos en cuya formación se haya incurrido en actos de corrupción.

En el título IV se regula el procedimiento para las acciones civiles y la acción de extinción de dominio, estableciéndose un procedimiento judicial expedito, que se debe tramitar con independencia del proceso penal, bajo los parámetros establecidos en los artículos 26, 49 y 257 de la Constitución Nacional, favoreciendo la oralidad, simplificación y eficacia de los trámites.

Mediante este procedimiento se cumplen los estándares internacionales que permitirán el reconocimiento de las decisiones que se produzcan en otras jurisdicciones. En este sentido, se garantiza el derecho a la defensa, el debido proceso, el acceso a la doble instancia, se protegen los derechos de terceros de buena fe y la condena se logra a través de una sentencia con autoridad de cosa juzgada, dictada por un juez imparcial e independiente. (...)» (subrayado nuestro).

El proyecto contempla la interacción tanto del *comiso* penal clásico que lamentablemente lo identifica como «confiscación en sede penal» (empleando la equívoca jerga del texto constitucional de 1999) con la *extinción de dominio,* así como también, las acciones civiles[461]. Sobre este particular, vale destacar que sorprende la omisión de la exposición de motivos del proyecto de ley, hacer mención a la experiencia constitucional y legal latinoamericana -sobre todo la colombiana que ha contemplado desde 1936 la figura- de la *extinción de dominio,* puesto que, no sólo la UNCAC

[461] Artículo 46.- Las acciones que pueden intentarse en la República para la recuperación de activos son el decomiso o confiscación en sede penal, la extinción de dominio regulada en esta ley y las acciones civiles contempladas en el ordenamiento jurídico.

divisa ese «comiso sin condena», sino casi toda América Latina en los ordenamientos jurídicos que analizamos en el capítulo anterior (Colombia, Perú, El Salvador, Guatemala, Honduras y México) al precisar los pormenores de la *extinción de dominio.*

De esta forma, según el proyecto de ley comentado, tendríamos en el futuro, en Venezuela, tres tipos de ablaciones de la propiedad derivadas de la lucha contra la corrupción:

* El comiso tradicional o penal.
* La extinción de dominio.
* Las acciones civiles.

Nos interesa detenernos en la regulación de la futura *acción de extinción de dominio* que la califica como de carácter real y patrimonial (*in rem*)[462], además de una connotación *adjetiva* sin ambages[463], de carácter imprescriptible[464], quizá, siguiendo las tendencias latinoamericanas introducida por Colombia a nivel constitucional desde 1991 y sus diferentes leyes regulatorias estudiadas, aunque sorprendentemente, difiere mucho de lo propuesto en la LEY MODELO SOBRE EXTINCIÓN DE DOMINIO de 2011[465].

El artículo 56 del proyecto la consagra en los siguientes términos:

> «(...)
>
> **Independencia de la acción**
>
> **Artículo 56.-** La acción de extinción de dominio se ejercerá mediante un proceso autónomo e independiente de cualquier juicio o proceso penal o de otra naturaleza que se haya iniciado simultáneamente, o del que se haya desprendido, o tuviera origen, sin perjuicio de las excepciones establecidas en esta ley.
>
> En ningún caso procederá la prejudicialidad para impedir que se dicte sentencias definitivas o interlocutorias vinculadas con la declaratoria de extinción de dominio.
>
> Las decisiones pronunciadas en un proceso penal no afectarán el ejercicio de la acción de extinción de dominio, salvo que los activos ilícitos perseguidos se hubiesen decomisado o confiscado como consecuencia de una condena penal definitivamente firme. (...)»

De esta manera el *comiso* autónomo venezolano se identificaría plenamente dentro de las corrientes de la *extinción de dominio*, ésta última, institución civil enmarcada dentro de la política criminal en la lucha contra la corrupción y el tráfico de sustancias estupefacientes y sicotrópicas, la cual, estudiamos con mayor precisión en el capítulo pasado.

---

[462] Artículo 53 del proyecto de la LERAPC.

[463] Artículo 54 del proyecto de la LERAPC.

[464] Artículo 57 del proyecto de la LERAPC.

[465] El artículo 2.5 del proyecto de la LERAPC establece que la extinción de dominio es: «(...) **Extinción de dominio.** Declaración de titularidad a favor del Estado de los activos ilícitos, por sentencia, sin contraprestación ni compensación de naturaleza alguna para el detentador (...)». En la Ley Modelo para la Extinción de Dominio, se define a la misma en su artículo 2 «(...) **Articulo 2. Concepto.** La extinción de dominio es una consecuencia patrimonial de actividades ilícitas consistente en la declaración de titularidad a favor del Estado, de los bienes a que se refiere esta ley, por sentencia de autoridad judicial, sin contraprestación, ni compensación de naturaleza alguna (...)». Nótese que no existe una correspondencia, otorgándole el proyecto, efectos limitados.

Ahora bien, su aplicación no opera para cualquier caso. El proyecto regula los *indicios y presunciones* que debe sopesar el juez al momento de determinar la «ilicitud del origen de la propiedad del bien», en las siguientes causales:

«(...)

Causales

Artículo 55.- Se declarará el origen ilícito y extinguido el dominio sobre los activos que se encuentren en las circunstancias siguientes:

1. Sean producto directo o indirecto de actividades ilícitas en el territorio nacional o en el extranjero.

2. Se correspondan al objeto material de actividades ilícitas, salvo que la Ley disponga su destrucción.

3. Hayan sido utilizados como instrumentos para la ejecución de actividades ilícitas.

4. Provengan de la transformación o conversión parcial o total, física o jurídica del producto, instrumentos u objeto material de actividades ilícitas.

5. Formen parte de un incremento patrimonial no justificado de personas naturales o jurídicas, por no existir elementos que razonablemente permitan considerar que provienen de actividades lícitas.

6. Los que constituyan ingresos, rentas, frutos, ganancias y otros beneficios derivados de actividades ilícitas.

7. Los de procedencia lícita, mezclados material o jurídicamente con activos provenientes o vinculados a actividades ilícitas, de manera tal que sean inseparables.

8. Cuando se trate de activos declarados abandonados, de conformidad con lo establecido en esta ley.

9. Cuando se trate de activos de origen lícito cuyo valor sea equivalente a los que se encuentran considerados de origen ilícito dentro de los supuestos de los numerales anteriores y no haya sido posible su identificación, localización o aprehensión o habiéndolos encontrado, se acredite sobre éstos el derecho de un tercero de buena fe, conforme a la presente Ley.

Nótese que la ampliación del catálogo de indicios y presunciones, determinan y despejan pormenorizadamente algunas de las inquietudes manifestadas a lo largo del presente ensayo, relativas a las polémicas que trae consigo este peculiar método probatorio, máxime que fue por estas reglas las comenzaría el cimiento del *comiso* autónomo. Sin embargo, en relación a esta norma, consideramos que debería definirse que puede considerarse «ilícito», como en efecto y ejemplo, sí lo hace el Decreto 1.373 de *extinción de dominio* peruano[466] más allá de la definición que trae consigo el artículo 2.1 de la LERAPC.

Ahora bien, surge acá una situación bastante inconveniente y hasta contradictoria. Como observamos, en relación a los indicios y presunciones, el proyecto de

[466] Artículo I, 2.9 del Decreto Legislativo 1.373 sobre Extinción de Dominio.

LERAPC asume algunos componentes del Código Penal español en lo referente a los indicios, pero, obvia algunas hipótesis previstas en el artículo 6 de la LEY MODELO SOBRE EXTINCIÓN DE DOMINIO, que más allá de los indicios y presunciones, también indican cuándo debería operar una vez el juez compruebe dichos elementos[467].

Es importante detenernos en un componente indispensable para el proceso de *extinción de dominio*, de cara a la concreción de la LERAPC, y es el referente a la denominada *carga dinámica de la prueba* y el *balance de probabilidades* a los que hicimos alusión en el epígrafe final del capítulo tercero del presente ensayo. La LERAPC contempla el siguiente artículo:

«(...) **Carga y valoración de la prueba**

Artículo 77.- Los hechos que sean materia de discusión dentro del proceso deberán ser probados por la parte que esté en mejores condiciones de obtener los medios de prueba necesarios para demostrarlos, por lo que se seguirá el principio de la carga dinámica de la prueba.

El juez realizará en análisis probatorio, considerando los hechos suficientemente demostrados, a través de un balance de probabilidades. (...)» (subrayado nuestro)

Tan igual como el numeral 2.9 del artículo II del Decreto Legislativo 1.373 sobre extinción de dominio peruano, la actividad probatoria en este proceso *sui generis* implica cierta exigencia para amparar la pretensión procesal que es nada menos y nada más que declarar extinguida la propiedad de un bien o conjunto de bienes en razón de su *ilicitud* de origen. De esta forma, a la parte demandada se le exige la única prueba de acreditación del origen «lícito» de dicho bien, con la libertad probatoria debida y con la capacidad de las partes para hacer el correspondiente control de la prueba.

En el proceso, el Fiscal deberá ofrecer las pruebas o indicios concurrentes y razonables, de los cuales, permita inferir sin duda alguna o bien el origen o bien el destino ilícito del bien. Una vez que se admita la demanda, corresponderá al requerido demostrar lo contrario, es decir, que es bien posee una etiología lícita y que su función dentro del contexto de bienes del sistema jurídico es también ajustado a Derecho. Es por ello que estamos ante una *carga dinámica de la prueba*, pues, el

---

[467] «(...) **Artículo 6. Presupuestos de la extinción de dominio**. La extinción de dominio procederá sobre:
a. Bienes que sean producto de actividades ilícitas.
b. Bienes que sean instrumentos de actividades ilícitas.
c. Bienes que sean objeto material de actividades ilícitas.
d. Bienes que provengan de la transformación o conversión parcial o total, física o jurídica del producto, instrumentos u objeto material de actividades ilícitas.
e. Bienes de origen lícito utilizados para ocultar bienes de ilícita procedencia.
f. Bienes de origen lícito mezclados con bienes de ilícita procedencia.
g. Bienes que constituyan un incremento patrimonial no justificado, cuando existan elementos que permitan considerar razonablemente que provienen de actividades ilícitas.
h. Bienes que constituyan ingresos, rentas, frutos, ganancias y otros beneficios derivados de los anteriores bienes.
i. Bienes de origen lícito cuyo valor sea equivalente a cualquiera de los bienes descritos en los numerales anteriores, cuando no sea posible su localización, identificación, incautación, embargo preventivo o aprehensión material.
j. Bienes de origen lícito cuyo valor sea equivalente a cualquiera de los bienes descritos en los numerales anteriores, cuando se acredite el derecho de un tercero de buena fe sobre el mismo. (...)».

requerido o demandado no sólo se contentaría con presentar argumentos probatorios de corte pasivo contrarios a los aportados por la Fiscalía[468], sino también, otros que refuercen su dominio en relación al derecho real de propiedad, tales como, medios de pago para la compra del bien, forma, modo, recibos y facturas; la existencia de un crédito bancario legalmente otorgado, sus certificaciones de ingresos anuales antes de la adquisición del bien, etc.

La carga dinámica de la prueba tiene un reforzamiento racionalista en los principios de solidaridad, equidad, lealtad y buena fe procesal donde, la regla probatoria del *quien alega debe probar*, es reemplazada por *quien puede debe probar*. Con ello, no desconocemos ni queremos dar por eliminada la noción clásica de la carga de la prueba, sino, que busca complementarla en razón de la gravedad de los juicios de *extinción de dominio*, que como indicamos, es uno de los remedios radicales para combatir la delincuencia organizada.

En este sentido, el artículo 77 de la LERAPC se encuentra redactado casi con en los mismos términos que el previsto en Colombia en su Código de Extinción de Dominio (Ley 1708 de 2014, reformado en la Ley 1849 de 2017)[469], aunque con un condicionante muy peculiar y es el relativo al empleo del término «podrá», una vez evalúe el material probatorio sea para declarar con o sin lugar una *extinción de dominio*.

En este punto, vale la pena recordar lo que expresamos en el capítulo tercero sobre la redacción del artículo 127 SEXIES del Código Penal español, donde ese término «podrá», es una forma para otorgarle poderes discrecionales al juez en materia de comiso autónomo, tal como se denominada en España. En nuestro proyecto de LERAPC, debemos a toda costa evitar esta circunstancia, pues, sencillamente trasladaríamos la ecuación de KLITGAARD del funcionario corrupto al juez que debe condenar dicha corrupción.

En el caso venezolano, el artículo 77 de la LERAPC deberá concatenarse con lo previsto en los artículos 1354 del Código Civil y 506 del Código de Procedimiento Civil, incluyéndose este principio de *carga dinámica de la prueba*[470]. En este aspecto, visto que en la *extinción de dominio* al ser una *actio in rem*, no se indaga sobre la culpabilidad de un sujeto, sino a la «ilicitud del origen del bien». Es por ello, que, pretender aplicar por vía supletoria el Código Orgánico Procesal Penal (COPP), no sólo se desvirtuaría el tema de la carga probatoria, sino, la naturaleza misma del proceso mismo de *extinción de dominio*, ya que éste último, **no puede considerarse un proceso penal en su estricto sentido**[471].

---

468 CORTE CONSTITUCIONAL DE LA REPÚBLICA DE COLOMBIA. Sentencia C-086 de fecha 24.02.2016 (Caso: *Alejandro José Peñarredonda Franco y Helena Carolina Peñarredonda Franco vs. Inconstitucionalidad parcial del artículo 167 de la Ley 1564 de 2012 referido al Código General del Proceso*). Este fallo de la Corte Constitucional revisó pormenorizadamente los términos de la redacción del artículo 167 del Código General del Proceso, donde, hace mención precisamente a un problema que en materia de casos contra la corrupción, hemos hecho referencia en el capítulo tercero de este ensayo sobre las potestades discrecionales de los jueces en los procesos relativos o bien al *comiso* autónomo, o bien, a la *extinción de dominio*.

469 Artículo 152 del *Código de extinción de dominio*.

470 Al respecto, véase HÉCTOR FERNÁNDEZ VÁSQUEZ. 2005, *Aplicabilidad en Venezuela de la teoría de la carga dinámica de la prueba*, Caracas, Trabajo Especial de Grado presentado para la especialización en Derecho procesal de la Universidad Católica Andrés Bello, consultada en original http://biblioteca2.ucab.edu.ve/anexos/biblioteca/marc/texto/AAQ8793.pdf

471 Al respecto, véase lo explicitado MARTÍNEZ OSORIO, M.A. 2018, «La extinción de dominio es constitucional (Análisis de algunos puntos relevantes de la Sentencia 146-2014/107-2017)», *Revista de*

Junto a la carga dinámica de la prueba, el artículo 77 de la LERAPC incorpora el denominado *balance de probabilidades.* Tal como lo explicamos en el epígrafe final del capítulo tercero del presente ensayo, todo juicio sobre *comiso* autónomo o *extinción de dominio* recae más que todo en el tema de la prueba indiciaria, el cual, abordamos de forma suficiente. El *balance de probabilidades* permite una importante capacidad para reducir los errores judiciales en el tema de la apreciación probatoria, pues un estándar de preponderancia sirve para facilitar la aproximación de la verdad procesal con la verdad real[472].

Este balance es un estándar de prueba que está diseñado exclusivamente para procedimientos civiles, donde, al trabajar los indicios como prueba preponderante, se requiere demostrar que el hecho es más probable que improbable, que en nuestro procedimiento de extinción de dominio, implica que el **bien es más probable que sea de origen ilícito de que no lo sea**. Esto determina que la ilicitud sea demostrada contra toda duda razonable, o bien, evita desembocar en las denominadas pruebas diabólicas (*probatio diabolica*), donde siempre están inmiscuidos inmuebles.

Como hemos podido revisar, en este repaso sobre el *comiso* autónomo y la *extinción de dominio* a nivel global y continental -de cara a las precisiones de la LERAPC- a pesar de las discusiones necesarias y los debates a nivel académico que deben efectuarse en Venezuela, su revisión no ha tenido el suficiente empuje en relación con la importancia estratégica de la materia. Sabemos que existen graves problemas políticos presentes en el país. La Asamblea Nacional desde 2016 se ha visto cercada judicialmente por la Sala Constitucional del Tribunal Supremo de Justicia, inclusive, declarándola en una insólita y alelada tesis abstracta de «desacato judicial»[473] por presuntos incumplimientos de las decisiones dictadas por esta última en ejercicio abusivo de sus facultades constitucionales.

Sin embargo, no podemos detenernos en este capítulo de la historia republicana, pues, hay que salir adelante. Por ello, es necesario proponer un debate abierto

---

Derecho Constitucional, nº 109, pág. 26 «(...) En el proceso penal, el acusado no está obligado a presentar alguna prueba que demuestre su inocencia, correspondiendo al ministerio público probar, más allá de la duda razonable, su culpabilidad. En cambio, en el proceso de extinción de dominio, al no discutirse tales aspectos, sino la validez de los actos que han dado lugar a la propiedad o su mal uso para afectar a los derechos de los demás ciudadanos, los intervinientes tienen iguales posibilidad de presentar prueba y controvertir la presentada por la contraparte, viéndose desmejorada su expectativa de una sentencia favorable si no acreditan probatoriamente lo que alegan. En suma, nos encontramos ante un estándar de prueba menos exigente que el que resulta aplicable en el proceso penal (...)»(subrayado nuestro).

472 Véase LORROCAU TORRES, J. 2012, «Hacia un estándar de prueba civil. Towards a civil standard of proof», *Revista chilena de Derecho,* Vol. 39, nº 3, en: https://scielo.conicyt.cl/scielo.php?script=sci_arttext&pid=S0718-34372012000300008 [edición digital. Consulta: 12 de agosto de 2020]. Explica este autor: «(...) Si existe una línea de investigación favorable para conocer el caso, todas las pruebas que se enmarca dentro, serán preferentes y tienen prioridad por sobre las evidencias que conducen a otras indagaciones que suponen riesgos inaceptables (por ejemplo, si un litigante frustra una investigación útil cabe una inferencia probatoria contra sus intereses). Mientras el demandado mantiene el derecho de negarse a testificar contra sí mismo en casos penales y civiles, las consecuencias de invocar ese derecho difieren, dependiendo de la naturaleza del proceso y la presencia del balance de probabilidades, el tribunal puede hacer una inferencia adversa de su silencio el cual se tomará en cuenta al momento de la sentencia (...)» (subrayado nuestro).

473 Véase TRIBUNAL SUPREMO DE JUSTICIA/SALA CONSTITUCIONAL. Sentencia nº 808 de fecha 02 de septiembre de 2016 (Caso: *Constitucionalidad de la Ley de Reforma Parcial del Decreto Nº 2165 con Rango y Fuerza de Ley Orgánica que Reserva al Estado las Actividades de Exploración y Explotación de Oro, así como las Conexas y Auxiliares*).

sobre la figura del *comiso* autónomo y la *extinción de dominio,* de cara al éxito concordado internacionalmente si realmente queremos que Venezuela pueda algún día recuperar sus recursos, los cuales, fueron ilegalmente saqueados.

2. Comparativo entre el Código de Extinción de Dominio colombiano y el proyecto de LERAPC venezolano.

Como ejercicio pedagógico, queremos resaltar la estructura fundamental que debe contener un texto normativo completo sobre la *extinción de dominio,* de cara a la optimización futura del proyecto de LERAPC. Para ello compararemos lo previsto en la Ley 1708-2014 y la LERAPC, en trece (XIII) bloques temáticos, a saber (véase la página siguiente): VIENEN CUADROS

I. Independencia de la extinción de dominio de la responsabilidad penal	
Colombia Art. 18	Venezuela Arts. 56 y 72

II. Reglas de Prejudicialidad (eliminación)	
Colombia Art. 18, primer aparte	Venezuela Art. 56, primer aparte Art. 72, primer aparte

III. La eliminación de las excepciones previas y minimización de incidentes procesales	
Colombia Art. 130	Venezuela Art. 72

IV. Abreviación de lapsos procesales	
Colombia Arts. 20, 42, 133, 134 y 135	Venezuela Arts. 47, 54, 74, 75, 76, 79, 85 y 97

V. Prelación de la acción de extinción de dominio en despachos judiciales	
Colombia Arts. 25	Venezuela inexistente

VI. Estímulos para quien colabore con la justicia	
Colombia Arts. 120 y 133 parágrafo único	Venezuela Arts. 12, ordinal 13, 26, ordinal 6, 101, 102, 104 y 105

VII. **Estructura del procedimiento**	
Colombia Arts. 116, 117, 122, 123, 126, 130 y 132	Venezuela Arts. 66, 69, 70, 72, 73, 74, 76, 79, 81 y 85
VIII. Medidas cautelares	
Colombia Arts. 13.1, 26 párrafo 1, 20.2, 62, 87, 88, 89, 92, 96, 99, 103, 110, 111, 112, 113, 126, párrafo segundo, 132.2	Venezuela Art. 12, numerales 6, 7, 18 y 19. Art. 15, 62,7 87, 88, 89, 90, 91, 93, 94, 95
IX. Existencia de un procedimiento abreviado de extinción de dominio	
Colombia Arts. 133, 134 y 135	Venezuela Arts. 75, 85 y 97
X. Medios probatorios y de la investigación	
Colombia Arts. 13.4°, 13.5°, 13.7°, 26.2, 29.1°, 116.1 a. 118.2, 122, 126.3, 141.1, 141.2, 141.3, 142, 143, 148 al 202, 207 y 208	Venezuela Arts. 12.1, 12.3, 15, 66, 76, 77 y 78 110, 116
XI. Reglas probatorias - Carga dinámica de la prueba - balance de probabilidades	
Colombia Arts. 148 al 157	Venezuela Arts. 76, 77 y 78
XII. El control de legalidad sobre las apelaciones (recurso judicial ad-hoc)	
Colombia Arts. 37, 61, 65, 66, 67, 71, 72, 142 y 147	Venezuela Arts. 70, 81, 82, 83, 84 y 92
XIII. Régimen de cooperación judicial internacional	
Colombia Arts. 203 al 214	Venezuela Arts. 106 al 126

Como hemos podido apreciar, sin entrar a juzgar sobre la pertinencia o no de la regulación venezolana en el proyecto de LERAPC, queremos dejar una guía referencial para la comparación del articulado entre la Ley 1708 de 2014 colombiana, ésta última, producto de más de 30 años de reformas y evolución jurisprudencial; y, la LERAPC.

EL FUTURO DEL COMISO AUTÓNOMO Y LA EXTINCIÓN DE DOMINIO. REFLEXIONES FINALES PARA SU ESTUDIO GLOBAL Y VENEZOLANO

Hemos querido a lo largo de la presente obra, analizar de forma sumaria la novísima institución del *comiso* autónomo y la *extinción de dominio,* la cual, como revisamos, fue introducida por los Tratados y Convenios Internacionales contra la delincuencia económica, así como en la tradición legislativa colombiana desde 1936, pasando por su constitucionalización en 1991 y el acabado Código de 2014, reformado en 2017. También, cotejamos otros proyectos transnacionales como la LEY MODELO SOBRE LA EXTINCIÓN DE DOMINIO de 2011, creado por UNODC.

No dudamos que es una institución que adquirirá relevancia -y polémica- en la medida que las cifras y bienes relacionados con la actividad criminal organizada, sea cual sea su variante, adquieran proporciones capaces de destruir las economías, las bases sociales mismas de naciones en vías de desarrollo, así como la posibilidad plausible de transformar un país en Estado fallido.

Esto se agrava en la medida que la «sociedad incivil» como tantas veces acotamos, se tecnifica, e inclusive, concurre la asistencia trasnacional donde ninguna frontera es límite ante las ambiciones desmesuradas, como ocurrió en Latinoamérica con el caso *Odebrecht,* o en Europa con las prácticas de la alemana *Siemmens.* Ni se diga sobre el perjuicio visible e invisible que genera el narcotráfico en todo el continente americano u otras prácticas de delincuencia organizada. Es por ello que, tras revisar en las páginas que preceden los pormenores del comiso autónomo en sus diferentes manifestaciones -incluyendo la *extinción de dominio-,* fortalezas y también debilidades; nos conducen a formular una serie de perspectivas para su futuro, con el fin de contribuir para la construcción de una legislación eficaz y eficiente sobre esta temática, amén de la permanente discusión académica y forense.

La delincuencia económica no sólo penetra sistemas económicos, sino que en algunas latitudes, como es el caso venezolano y la corrupción, han sido capaces de poner en jaque todo el sistema sanitario nacional hasta el punto que buena parte de venezolanos naturalizados, de origen español, han sido víctimas de la falta de atención hospitalaria, en muchos casos, conduciendo a una inevitable muerte.

El **primer desafío** que nos convoca estas reflexiones es la relectura y reinterpretación de los instrumentos internacionales referenciales -y que a su vez fundamentan- a la figura del *comiso* autónomo y la *extinción de dominio,* como son, en primer término, la UNCAC 2003 que lo contempla expresamente y la Ley Modelo sobre Extinción de Dominio de 2011. También, tomando como base un proceso interpretativo progresivo, tanto la CNUCTISS 1989 como la CNUCDOT 2000, pudieran fundamentar e inspirar para una nueva forma de *comiso* autónomo en materia de drogas y delincuencia organizada trasnacional.

En efecto, las Convenciones suscritas por los países donde abarcó metodológicamente nuestro estudio, debe ser no una suerte de fuente sagrada principal por antonomasia, sino, unos parámetros mínimos y límites para la política criminal asumida por los Estados. La delincuencia económica, como bien se estudió, no es un problema sociológico sino de corte organizativo racional, lo que obliga al replanteamiento permanente de la política criminal sobre esta materia. Poco o nada se cumple si en nuestras legislaciones asumimos el comiso autónomo sólo a título nominal para cumplir las formalidades que nos asisten como Estados suscribientes de convenios como el de *Viena sobre drogas*, el de *Palermo sobre crimen organizado* y el de *Mérida sobre corrupción*.

El **segundo reto** estriba en lectura permanente a los convenios por la política criminal unilateral de cada Estado co-suscribiente, también influirá en los organismos supranacionales encargados de diseñar, ejecutar y controlar los programas internacionales contra la corrupción. Dichos organismos deben confiarse exclusivamente en el Sistema de Naciones Unidas y no unilateralmente a los Estados. Pudiera emplearse una nueva modalidad de convenios internacionales entre Estados considerados «fallidos», precisamente para tecnificar aún más la delincuencia organizada, y de esta manera, transformarse en una suerte de bloque paradisíaco-penal.

Este *feedback* será cada vez más imprescindible, en la medida que entendamos las arraigadas patologías que nos identifican como una sociedad del riesgo global. Peligros que, si no los detenemos a tiempo, o por lo menos minimizamos, serían atentatorios contra las propias bases de nuestras sociedades y de las instituciones que conforman al Estado. No en vano se identifica a la corrupción como una lacra del mismo nivel que el tráfico de estupefacientes, el genocidio y el terrorismo. Todas son formas de esa «sociedad incivil» que busca destruir los delicados y tardíos mecanismos que han soportado nuestra civilización moderna. Basta recordar lo que significó 2019 para Venezuela, cuando más allá de una crisis eléctrica, vivimos el colapso total del servicio producto de la desinversión ocasionada por la gran corrupción. El 2020, con plena pandemia de Covid-19, potenció las desgracias de una sociedad desamparada por un Estado voraz que prefiere premiar la «lealtad revolucionaria» antes que la dignidad e igualdad de los ciudadanos.

El **tercer desafío** destaca la creciente influencia teórica del Derecho penal a dos velocidades. En cierta medida, su epistemología ofrece sustento doctrinal para las necesarias transformaciones y encauzamiento de la expansión del *iuspenalismo* en los últimos años, que, además, implica por administrativizar el Derecho penal en la medida que éste sea quizá el último instrumento de cohesión social. Al fallar todas las antiguas argamasas valóricas de la sociedad, como la ética pública y las tradiciones políticas institucionales, sólo queda la amenaza de punibilidad que impide la materialización ciudadana de conductas antijurídicas. Así, al entender que el Derecho penal se transforma en un Derecho de gestión ordinaria de grandes problemas sociales (como el administrativo), éste asume una transformación en sus bases y principios más sensibles.

Por ello, es necesario distinguir cuál Derecho penal será el que -provisoriamente- asuma esa gestión social de una sociedad globalizada y amenazada. Es lógico que el Derecho penal de primera velocidad, relativo al que sólo sanciona con la pena de privación de libertad, no sea el que deba expandirse, y por tanto, quedan salvaguardadas sus garantías y reglas de imputación.

Será el de segunda velocidad, que entiende que la punición no sólo es con cárcel, sino con otras sanciones que sean efectivas formas para enfrentar a la delincuencia en globalización, que es *fundamentalmente delincuencia económica;* aquella que fortalecerá figuras como el comiso autónomo más allá de su dinámica y naturaleza jurídica. El *comiso* autónomo y la *extinción de dominio* debe considerarse en sí una consecuencia alternativa y complementaria de este nuevo Derecho penal donde se relajan los principios del Derecho penal liberal que todos asumimos en nuestras Constituciones y en el imaginario colectivo social.

Cuarto desafío, si estas transformaciones en globalización obligan a trasmutar instituciones clásicas en otras, que terminarían ocupando otras ramas del Derecho para hacerlas más fuertes, como el *comiso*, entonces, tiene mucho sentido la emancipación de éste último -en terminología de SANTANDER ABRIL- de la esfera penal hacia nuevas figuras con fundamento en viejas instituciones. Hacemos referencia al nuevo enfoque sobre la naturaleza civil del *comiso* autónomo, que como bien se emplea en América Latina, es una *extinción de dominio.* Ello nos obliga a salir de la territorialidad penal para enmarcarnos dentro del derecho de daños, materia propia del nuevo DERECHO PATRIMONIAL DE LAS OBLIGACIONES cuyos contenidos se han consolidado por más de tres siglos.

Si buscamos un *comiso* autónomo o como le denominan en España «sin condena», tenemos que enfocarlo hacia fundamentos que lo calibren con todos los aspectos propios del combate contra la delincuencia económica. Batalla que no sólo debe librarse en el ámbito penal, sino en todas las esferas posibles, y que la institución de la extinción de dominio precisa, integrando desde el Derecho constitucional hasta las peculiaridades propias del Derecho de las obligaciones.

Como **quinto reto** no cabe dudas que este marco del Derecho Penal Económico Internacional ha transformado al comiso, posibilitando un desdoblamiento de su naturaleza jurídica. Nos explicamos. Si abordamos al *comiso* directo o tradicional, lo más plausible sea enmarcarlo dentro de la tesis de la accesoriedad como lo contempló el Código Penal Español luego de 1995. Allí no hay duda alguna. Ahora bien, cuando buscamos responder a la pregunta ¿qué es el *comiso* autónomo?, las respuestas son más polémicas. No queda dudas que esta última categoría participa activamente más de la esfera civil (rectius: patrimonial) que de la penal.

Sobre esta última afirmación, debemos ser cuidadosos con lo planteado en la doctrina al calificarlo como «puramente civil», pues, el *comiso* no sólo debe entenderse como «acción», en el sentido procesal del término, sino como «institución civil conexa con hecho de connotación penal que dispara el comiso sin condena a través de la imputación». En ello debemos ser cuidadosos. El *comiso* posee una faceta sustantiva como adjetiva, y esta diferenciación es básica al momento de clarificar no sólo el régimen procesal aplicable, sino también, cualquier disposición supletoria que lo haga más efectivo. Sobre este punto, quizá en Latinoamérica no sea tan polémica con la figura de la *extinción de dominio,* que en esencia, a pesar de su carácter constitucional en Colombia, en el resto de las legislaciones que han acogido, enfoca su esencia a un problema de la esfera patrimonial más que personal.

Como acción civil, es una acción *in rem,* es decir, se persigue procesalmente son los bienes independientemente si existe una condenatoria penal al sospechoso de corrupción. Más, sin embargo, toda acción es a la vez un derecho y un cauce para hacer cumplir judicialmente una pretensión procesal, y por ello, debemos ir más allá de la mera calificación del *comiso* autónomo o *extinción de dominio* como una *actio in rem.* Hay que también encuadrarlo ontológicamente, pero sin separarnos del origen penal, más precisamente del penal internacional, que ha causado la creación de esta categoría novedosa de *comiso.* De esta manera, debemos siempre hacer hincapié en que no sólo cuando se le califica de «civil» al comiso autónomo responda exclusivamente a una nomenclatura procesal como una *actio in rem.* También, debe ser civil, porque su esencia proviene del Derecho civil patrimonial en razón de la política criminal, más específico, del derecho de daños en la señera forma para hacer cumplir la responsabilidad civil, conocida como enriquecimiento injusto o sin causa como pretensión de dicha *actio in rem.*

El **sexto desafío** del futuro sobre el *comiso* autónomo y la *extinción de dominio,* opera en un doble carácter civil, sustantivo y adjetivo, el comiso autónomo encuentra una de sus principales debilidades en el tema probatorio en razón que no existe una «plena prueba» de que el origen de los bienes objeto del *comiso* sean producto de un «*Acuerdo corrupto*», pues, como hemos reafirmado en las argumentaciones plasmadas en este ensayo, este comiso no requiere condenatoria penal previa que determine la responsabilidad penal. Aunque parezca paradójico, sería esta temática probatoria la que comenzaría a construir los cimientos para el comiso autónomo, tal como lo contemplaron originalmente la CNUCTISS 1988 y la CNUCDOT 2000.

Como se reparó, no puede aplicar el juez la rigurosidad probatoria, sino, que debe manejarse fundamentalmente por la prueba indiciaria para así fundamentar su decisión en presunciones de ley. La justicia del comiso autónomo tiene un paralelismo con la justicia cautelar o precautelativa, donde al sentenciador no le es otorgada discrecionalidad judicial alguna, sino, que su deber es precisar los indicios para sustentar las presunciones que determinarán el origen ilícito de los bienes decomisados sin condena penal. En pocas palabras, en el comiso autónomo el juez no tiene la absoluta libertad para ponderar situaciones, sino que, o decreta el comiso o no lo decreta en razón de verificar o no la prueba indiciaria.

Este particular nos lleva a afirmar sobre la peligrosa redacción del último aparte del artículo 127 sexies del Código Penal español, donde abre una hendija para que el juez pueda, discrecionalmente, considerar el quantum de los bienes objeto del decomiso autónomo. El término de la norma que indica «*El juez o tribunal podrá*», nos enmarca en un aspecto telúrico y que puede perfectamente trasladar la ecuación de Klitgaard hacia el ámbito judicial, pues, no queda muy claro qué ocurriría con los casos de corrupción de venezolanos en España con enriquecimiento ilícito proveniente de Venezuela. De permitir este tipo de trasmutaciones, estaríamos tecnificando entonces una nueva manera de hacerle fraude al propio comiso autónomo para algunos delitos que no atenten contra la convivencia armoniosa de la sociedad española como son los patrimonios de las prácticas corruptas o ilícitas en otras latitudes, potenciando la discrecionalidad judicial que no queda exenta de las tentaciones de grupos de poder con capacidad para influir de manera decisiva en todo el sistema judicial.

El **séptimo reto** para el futuro, si queremos un *comiso* autónomo o *extinción de dominio* fortalecida en todas sus dimensiones, no podemos dejar a un lado los cuatro (04) problemas colaterales que conlleva su materialización y que deberá debatirse en esta década. Estas son: 1) La *confrontación directa con las garantías constitucionales derivadas del Derecho penal*, más específicamente, del Derecho penal clásico. 2) Las *garantías sobre la presunción de inocencia y sus tensiones con la búsqueda del origen de la titularidad de los bienes* objeto del comiso autónomo. 3) El *régimen probatorio basado en indicios, carga dinámica de la prueba y balance de probabilidades son los requisitos concurrentes para el abordaje de la actividad probatoria en la extinción de dominio.* Y, 4) La necesaria *superación de una cultura constitucional basada en concepciones clásicas.*

Sería irresponsable para cualquier legislador pasar por alto estas advertencias o polémicas colaterales, que en definitiva, serán quienes faciliten moldear un *comiso* autónomo o *extinción de dominio* capaz de responder a los requerimientos mínimos internacionales pero a su vez con efectividad nacional. Debería generar suspicacias para cualquier sistema jurídico-penal o política criminal contra la delincuencia económica que silencie o minimice estas cuatro situaciones y realidades, puesto que, el genuino éxito de un *comiso* autónomo integrado al comiso tradicional o penal, así como, a las clásicas acciones civiles de responsabilidad de esta naturaleza; devendrán de las formas para solventar estos escollos.

Como **octavo reto** prospectivo, debemos advertir la existencia de una marcada indisciplina lingüística en el idioma español, tanto en la conceptualización como las diferentes manifestaciones del comiso. Se habla de «comiso» y «decomiso» como si fueran términos sinónimos, siguiendo la senda de su acepción común prevista en la gramática de la lengua española. Lo correcto, ante la evolución del mismo es que utilicemos la voz «comiso» cuando hagamos alusión a su versión tradicional (directo) donde se incluiría el denominado «ampliado» y el de «terceros».

Mientras tanto, el término «decomiso», denotaría todas las posibles versiones del *comiso* autónomo, comiso sin condena o no penal, asociado a la expresión «*extinción de dominio*» a la cual le dedicamos íntegramente todo el capítulo cuarto del presente ensayo. Esta escrupulosidad deviene de la debida protección a la soberanía del legislador en colocarle un nombre a un instituto, esto como consecuencia de sus tradiciones históricas. Por ello, no en vano la versión en español de la Directiva 2014/42/UE (Art. 2.4) como la UNCAC 2003 (Art. 2, g), la CNUCDOT 2000 (Art. 2, g) y la CNUCTISS 1988 (Art. 1, f) asumen la expresión «decomiso» quizá con miras a unificar términos en nuestra lengua. Lo importante es no dejar que su empleo usual, expresado en el DLE, sea quien guíe el nominativo en futuro de la institución.

Como **noveno reto** al futuro, la precisión lingüística indicada en los párrafos anteriores, debe obligatoriamente, alejarnos de la tradición latinoamericana de confundirlo con la *confiscación*, ésta última, una sanción evidente total que en la medida que el constitucionalismo se profundiza como convicción occidental, quedan cada vez menos reducto para su inclusión. La *confiscación* nació como una forma arbitraria de privar bienes por parte del Estado, que es odiosa y en buena medida no sujeta a ningún procedimiento sino al cuidado que tengan las administraciones públicas una vez deciden echarle guante.

Por ello, en nuestras Constituciones es un error ubicarlas como una forma para combatir la corrupción y la legitimación de capitales, ya que, si bien todas son expresiones miserables de la organización criminal, vivimos un siglo que debe estar cada vez más alejado de toda noción de venganza pública. En Venezuela debemos sortear esta dificultad, pues, el constituyente de 1999 fue poco cuidadoso al abordar el mecanismo, hasta el punto que, en los debates hubo advertencias que fueron desoídas.

Como **décimo desafío** al futuro, queremos hacer mención expresa en aquellos países cuyo texto constitucional -como el caso venezolano- coliden abiertamente con el *comiso* autónomo y lo confunden con la *confiscación*. En estas hipótesis no sólo puede hacerse valer el carácter de vinculante el haber suscrito la UNCAC, la CNUCTISS y la CNUCDOT, sino también el carácter supraconstitucional de todas. Debemos recordar que es tendencia globalizadora el incluir cláusulas constitucionales donde otorguen un carácter de preeminencia sobre el Derecho interno, todos los tratados o convenios relativos a los derechos fundamentales. No sólo implica que se recepciona en los Estados esa particular forma de derecho. También se aplica la garantía constitucional prevista cuyo primer frente es la legislación. La legislación es en sí quien determina las garantías de los derechos fundamentales, entendiendo por las mismas, su forma de materialización, vías para hacerlo y requisitos de tiempo, modo y lugar.

Para el caso venezolano, tras revisar integralmente el instituto del *comiso* autónomo, debemos precisar algunos aspectos que no han quedado muy claros en nuestro país. Hacemos referencia al proyecto de Ley de Recuperación de Activos producto de la Corrupción (LERAPC), que como la estudiamos, posee elementos que no se corresponden con una coherente política criminal para luchar contra la corrupción. Lo primero que debe formularse es el cambio mismo del nombre de la ley, calificándola como **Ley sobre la extinción de dominio y acciones patrimoniales contra la corrupción**.

Como **undécimo** desafío, para una exitosa experiencia de lo anteriormente señalado, en el caso de implementarse un proceso de extinción de dominio, debe tomarse muy en cuenta lo precisado en los artículos 16.3 y 18.2 del **Estatuto para la transición** -aprobado en enero de 2019- el establecimiento de una *Comisión Internacional contra la Impunidad en materia de corrupción*. Ante las dificultades internas, sería positivo que se diseñara y ejecutara en Venezuela la misma experiencia de las jurisdicciones especiales en Centroamérica, con un marco de integridad en su desempeño y un sistema situacional de cumplimiento (códigos de conducta, canales de denuncia, sistemas de evaluación de desempeño, reglas del *compliance*, etc.), tan igual como fueron monitoreadas permanentemente por los organismos especializados del Sistema de Naciones Unidas contra la delincuencia organizada y corrupción. Sólo así pudiéramos precisar una jurisdicción de *extinción de dominio* eficiente, transparente e inmune a cualquier tentación crematística que pudiera aparecer por la naturaleza de los fines que persigue.

Dentro de esta jurisdicción, será necesario la creación de una Fiscalía especial para la *extinción de dominio,* de carácter autónoma, con facultades amplias y enmarcadas dentro del programa de vigilancia supranacional anteriormente explicado. Sabemos que la etapa más compleja y difícil de toda *extinción de dominio,* es la relativa a la investigación y obtención de evidencias, y es por ello de seguir el camino que exitosamente ha formulado la legislación colombiana, peruana, e inclusive la norteamericana, en donde, la Fiscalía posee la exclusiva cualidad por su competencia y la naturaleza de la investigación. La recuperación de activos es la consecuencia de la aplicación tanto del *comiso* directo, como del autónomo o *extinción de dominio.* Segundo, estas dos vías no pueden ser reguladas erróneamente bajo un esquema de subsidiaridad sino de alternabilidad y complementariedad. Dependerá de las diligencias y estrategias del Ministerio Público especializado su interposición, sea por el abundante o nulo cúmulo probatorio o indiciario.

Finalmente, nuestra reflexión va encaminada hacia la exploración y profundización sobre los estudios que debe dispensársele al *comiso* y a la *extinción de dominio.* Conminamos a toda la comunidad, académica o no, relativa a la lucha contra la delincuencia económica, para el estudio más pormenorizado del *comiso* como sanción alternativa y complementaria, así como sus manifestaciones latinoamericanas agrupada bajo el término *extinción de dominio.*

BIBLIOGRAFÍA

Academia de Ciencias Políticas y Sociales. *Leyes y Decretos de Venezuela,* Caracas, 1922, Ediciones de la Academia de Ciencias Políticas y Sociales de Venezuela.

Aguado Correa, Teresa. «Comiso: crónica de una reforma anunciada. Análisis de la Propuesta de Directiva sobre embargo y decomiso de 2012 y del Proyecto de reforma del Código Penal de 2013», *InDret. Revista para el análisis del Derecho,* Nº 1, 2014, Barcelona, Universitat Pompeu Fabra (ISSN: 1698-739X).

- «Decomiso de los productos de la delincuencia organizada (Garantizar que el delito no resulte provechoso)», *Revista Electrónica de Ciencia Penal y Criminológica,* nº 15-05, 2013, Granada, Universidad de Granada (ISSN: 1695-0194).
- *El comiso,* Madrid, 2000, Edersa (ISBN: 84-7130-986-6).

Aguiló Regla, Josep. «Las presunciones hominis y las inferencias probatorias», *Derecho PUCP: Revista de la Facultad de Derecho,* Lima, nº 79, 2017.

- *Teoría general de las fuentes del Derecho,* Barcelona, 2000, Ariel Editores (ISBN: 84-344-1643-3).

Alcaraz, Enrique, Hughes, Brian y Gómez, Adelina. *El español jurídico,* Barcelona, 2014, Ariel (ISBN: 978-84-344-1872-1).

Alexy, Robert. *Teoría de la Argumentación jurídica,* Madrid, 1993, Centro de Estudios Constitucionales.

- *Teoría de los derechos fundamentales,* Madrid, 1993, Centro de Estudios Políticos y Constitucionales.

De Ángel Yagüez, Ricardo. *Derecho de las obligaciones en Europa: algunos rasgos de la evolución en las dos últimas décadas,* Barcelona, 2013, J.M. Bosch Editor.

- «Constitución y derecho de daños», *Estudios de Deusto,* Vol. 55, nº 1, 2007.

Araujo, Ana Elvira y Salomón de Padrón, Magdalena. *Estudio comparativo entre la nacionalización y la reserva, la expropiación, la confiscación, la requisición y el comiso.* En. AAVV. *Archivo de Derecho Público y Ciencias de la Administración. El Régimen Jurídico de las Nacionalizaciones en Venezuela, Homenaje del Instituto de Derecho Público al Prof. Antonio Moles Caubet.* Caracas, Instituto de Derecho Público de la Facultad de Derecho de la Universidad Central de Venezuela, 1981 (1972-1979).

Arcaya, Pedro Manuel. *La pena de la confiscación general de bienes en Venezuela, estudio de historia y derecho,* Caracas, 1945, Imp. Unidos.

Arias Rodríguez, José Manuel. «Algunas reflexiones sobre la política anticorrupción en la Unión Europea», *Diario La Ley,* Nº 7989, 2012.

ARTEAGA SÁNCHEZ, ALBERTO. *Aspectos penales de la sentencia 1942,* en: AAVV. *Sentencia 1942 Vs. Libertad de expresión: comentarios a la decisión de la Sala Constitucional referida a las leyes de desacato,* Caracas, 2003, Comisión Andina de Juristas (ISBN: 980-6689-00-3).

ASAMBLEA NACIONAL CONSTITUYENTE. *Actas y debates de la Asamblea Nacional Constituyente,* Caracas, 2000, ediciones ANC.

ATAZ LÓPEZ, JOAQUÍN. «La buena fe contractual», en: BERCOVITZ RODRÍGUEZ-CANO, R.; MORALEJO IMBERNÓN, N.I. y QUICIOS MOLINA, M.S. (Coord.), *Tratado de contratos,* Valencia, 2009, Tirant Lo Blanch.

ATIENZA, MANUEL. *El Derecho como argumentación,* Barcelona, 2006, Editorial Ariel.

AYALA CORAO, CARLOS. *Las inconstitucionalidades del régimen jurídico de las zonas de seguridad decretadas en Caracas,* en: AAVV. *El Derecho Público a Comienzos del siglo XXI: Estudios en Homenaje al Profesor Allan R. Brewer-Carías,* Madrid, 2003, Thompson-Civitas.

- *La jerarquía constitucional de los tratados relativos a Derechos Humanos y sus consecuencias,* en: AAVV. *Bases y principios del sistema constitucional venezolano,* San Cristóbal (Venezuela), 2001, Universidad Católica del Táchira.

BACIGALUPO, SILVINA. *La responsabilidad penal de las personas jurídicas,* Madrid, 1998, Bosch Editorial (ISBN: 84-7676-473-1)

BARONI UZCÁTEGUI, RICARDO. *Consideraciones acerca del procedimiento administrativo aplicable para la imposición de la pena de comiso de mercancías,* en: PARRA ARANGUREN, FERNANDO (Dir.). *Ensayos de Derecho Administrativo. Libro homenaje a Nectario Andrade Labarca,* Caracas, 2004, Ediciones del Tribunal Supremo de Justicia (ISBN: 980-6487-56-7).

BASEL INSTITUTE ON GOVERNANCE, INTERNATIONAL CENTRE FOR ASSET RECOVERY. *Rastreo de activos ilegales. Una guía para operadores,* Basel Institute on Governance, Basilea, 2016.

BAUMAN, ZYGMUNT. *La globalización. Consecuencias humanas,* México DF, 1999, Fondo de Cultura Económica (ISBN: 1578-8946).

BECK, URLICH. *La sociedad del riesgo global,* Madrid, 2002, Siglo XXI (ISBN: 84-323-1083-2).

- *¿Qué es la globalización?. Falacias del globalismo, respuestas a la globalización,* Barcelona, 1998, Paidós (ISBN: 84-493-0528-4).

BELTRÁN, MANUEL. *Originalismo e interpretación. Dworkin Vs. Bork: una polémica constitucional,* Madrid, 1989, Editorial Civitas.

BENITO SÁNCHEZ, CARMEN DEMELSA. «Análisis de las principales iniciativas supranacionales en la lucha contra la corrupción», *Iustitia,* Nº 6, 2008, Bucaramanga, Universidad Santo Tomás (ISSN: 1692-9403).

BERDUGO GÓMEZ DE LA TORRE, IGNACIO. «El soborno internacional: Normas, obstáculos y propuestas», *Derecho & Sociedad,* nº 52, 2019.

- «Política criminal contra la corrupción: la reforma del decomiso», *Revista Penal,* nº 40, 2017, Madrid, Ediciones Tirant Lo Blanch (ISSN: 1138-9168).

BERDUGO GÓMEZ DE LA TORRE, IGNACIO. - FABIÁN CAPARRÓS, EDUARDO. A. - RODRÍGUEZ GARCÍA, NICOLÁS. *Recuperación de activos y decomiso. Reflexiones sobre los sistemas penales iberoamericanos,* Valencia, Editorial Tirant Lo Blanch, 2017 (ISBN: 978-84-9169-554-7).

BERNAL PULIDO, CARLOS. *El neoconstitucionalismo y la normatividad del Derecho,* Bogotá, 2009, Ediciones de la Universidad Externado de Colombia (ISBN: 978-958-710-429-5).

BELLO GORDILLO, CHRISTIAN. y POLAINO NAVARRETE, MIGUEL. *La ley penal en el tiempo: fundamento, alcances y límites,* Barcelona, 2020, J.M. Bosch Editor.

BETTI, EMILIO. *Teoria generale del negozio giuridico,* Torino, 1960, UTET

BIALOSTOSKY, SARA. «La lucha del Derecho romano contra la corrupción de los funcionarios públicos. Crimen Repetundarum», en: *Revista de la Facultad de Derecho de México,* Vol. 58, nº 250, 2008, México D.F., Universidad Autónoma de México (ISSN 0185-1810).

BIDART CAMPOS, GERMÁN. *Los derechos no enumerados en la Constitución,* en: AAVV. *Estudios de Derecho Público: Libro Homenaje a Humberto J. La Roche Rincón,* Caracas, 2001, Ediciones del Tribunal Supremo de Justicia (ISBN: 980-6487-10-9).

BLANCO CORDERO, ISIDORO. «El debate en España sobre la necesidad de castigar penalmente el enriquecimiento ilícito de empleados públicos», en: *Revista Electrónica de Ciencia Penal y Criminología,* nº 19, 2017, Granada, Universidad de Granada (ISSN: 1695-0194).

- «El decomiso sin condena en la Unión Europea. Análisis de la propuesta de directiva sobre el embargo preventivo y el decomiso de los productos de la delincuencia». En: *Crisis financiera y derecho penal económico,* Edisofer Buenos Aires, Madrid, 2014 (ISBN: 9788415276272)
- «Armonización - aproximación de las legislaciones en la Unión Europea en materia de lucha contra los productos del delito: comiso, organismos de recuperación de activos y enriquecimiento ilícito», en *Espacio Europeo de libertad, seguridad y justicia: últimos avances en cooperación judicial penal,* Arangüena Fanego, Coral (dir.), ed. Lex Nova, Valladolid, 2010 (ISBN: 978-84-9898-212-1).
- «Comiso ampliado y presunción de inocencia», en *Criminalidad Organizada, Terrorismo e Inmigración,* Puente Aba, Luz María (Directora); Rodríguez Moro, Luis; Zapico Barbeito, Mónica (coordinadores), (Editorial Comares), Granada, 2008 (ISBN: 978-84-9836-421-7).

BOVINO, ALBERTO. «La víctima como sujeto público y el Estado como sujeto sin derechos», *Urbe et ius: revista de opinión jurídica,* nº 2, 2004..

BOEHM, FRÉDERIC. y GRAF LAMBSDORFF, JOHANN. «Corrupción y anticorrupción: una perspectiva neo-institucional», *Revista de Economía Institucional,* Vol. II, Nº 21, 2009, Bogotá, Universidad Externado de Colombia (ISSN: 0124-5996).

Brewer-Carías, ALLAN Randolph. *El procedimiento administrativo global para la protección de las personas ante la Interpol, frente a los estados.* San José de Costa Rica, 2015, IJSA (ISBN: 978-9977-13-609-7)

- Las Constituciones de Venezuela, Caracas, 2008, Ediciones de la Academia de Ciencias Políticas y Sociales, Tomo I (ISBN: 978-980-6396-50-0).
- *Debate constituyente (Aportes a la Asamblea Nacional Constituyente).* Caracas, 1999, Editorial Jurídica Venezolana.
- «El desarrollo institucional del Estado centralizado en Venezuela (1899-1935) y sus proyecciones contemporáneas», *Paramillo,* nº 7, 1988, San Cristóbal (Venezuela).

- *Urbanismo y propiedad privada,* Caracas, 1980, Editorial Jurídica Venezolana.

BREWER-CARÍAS, ALLAN RANDOLPH, JINESTA LOBO, ERNESTO, HERNÁNDEZ-MENDIBLE, VÍCTOR y SANTOFIMIO GAMBOA, JAIME ORLANDO. *Estudios sobre el control de convencionalidad,* Caracas, 2015, Editorial Jurídica Venezolana (ISBN: 978-980-365-320-0).

BREWER-CARÍAS, ALLAN RANDOLPH. y SOTO, CARLOS. *Estudios sobre la Asamblea Nacional Constituyente y su inconstitucional convocatoria,* Caracas, 2017, Editorial Jurídica Venezolana (ISBN: 978-980-365-403-0).

BRÜNNER, JOSÉ JOAQUÍN. *Globalización y postmodernidad,* México DF, 1998, Fondo de Cultura Económica (ISBN: 9567083932).

CAJARVILLE PELUFFO, JUAN. «Retroactividad de las normas jurídicas. Reflexiones provisorias», *Revista de Derecho Público* (Uruguay), nº 46, 2014.

CANDELA ROVIRA, SANTIAGO MANUEL. *El comiso de bienes y ganancias del delito en la legislación penal,* Elche, 2015, Universitas Miguel Hernández, tesis consultada en original.

CAPITANT, HENRY. *De la causa de las obligaciones,* Madrid, 2005, Analecta.

CARRARA, FRANCESCO. *Programa de derecho criminal. Parte general,* Bogotá, D.C., 1957, Editorial Temis.

CARRILLO DEL TESO, ANA. 2019, «El «fundido negro» de la prueba en la persecución de la delincuencia económica», en: *La emancipación del comiso del proceso penal: su evolución hacia la extinción de dominio y otras formas de comiso ampliado,* en: RODRÍGUEZ-GARCÍA, N., GONZÁLEZ-CASTELL, A.C. y RODRÍGUEZ-LÓPEZ, F. *Corrupción: Compliance, Represión y Recuperación de Activos,* Valencia, 2019, Tirant Lo Blanch.

CARRILLO DEL TESO, ANA - MYERS GALLARDO, ALFONSO *Corrupción y delincuencia económica: prevención, represión y recuperación de activos.* Rato Legis, Salamanca, 2015 (ISBN: 978-84-16324-05-7).

CASTELLS, MANUEL. *La era de la Información,* Madrid, 2000, Editorial Alianza (ISBN: 978-84-206-4740-1).

CHIOSSONE, TULIO. *Sanciones Penales y Administrativas en la Legislación Venezolana,* Caracas, 1984, Instituto de Ciencias Penales y Criminológicas.

CHOCLÁN MONTALVO, JOSÉ ANTONIO. «El comiso y la confiscación: medidas contra las situaciones patrimoniales ilícitas», *Estudios de Derecho judicial,* nº 28, 2000, Madrid, Consejo General del Poder Judicial (ISSN: 1137-3520).

COMPORTI, MARCO. «Ideologia e norma nel diritto di proprietá», *Rivista Diritto Civile,* anno XXX, 1984, Parte Prima.

CONILL, JESÚS. «Globalización y ética», *Razón y fe,* Tomo 243, 2001, Madrid, Universidad de Comillas (ISSN: 0034-0235).

CONSEJO DE EUROPA. *Fiscalía Europea.* En: https://www.consilium.europa.eu/es/policies/eppo/

CONTRERAS LÓPEZ, REBECA. *Globalización y Derecho Penal Económico,* Guía de clases Master DPEI-IAEU, Madrid, 2019.

Convención de las Naciones Unidas contra el tráfico ilícito de estupefacientes y sustancias psicotrópicas, 20 de diciembre de 1988.

Convenio de Nueva York, de las Naciones Unidas para la represión de la Financiación del Terrorismo, de fecha 9 de diciembre de 1999.

Convención de Palermo de las Naciones Unidas contra la Delincuencia Organizada Transnacional, de fecha 15 de noviembre de 2000.

Convención de las Naciones Unidas contra la Corrupción, de fecha 31 de octubre de 2003.

CORTIÑAS-PELÁEZ, LEÓN. «Teoría general de los cometidos del Poder Público», *Revista de Administración Pública,* nº 111, 1986, Madrid, Centro de Estudios Políticos y Constitucionales (ISSN: 0034-7639).

DA SILVA MOREIRA, PEDRO. *Deferencia al legislador: la vinculación del juez a la ley en el Estado constitucional,* Madrid, 2019, Centro de Estudios Políticos y Constitucionales.

DELGADO LÓPEZ, LUIS MARÍA. «El comiso en los delitos relativos al tráfico de drogas», *Manuales de formación continuada,* nº 37, 2006, Madrid, Consejo General del Poder Judicial (ISSN: 1575-8735).

DELGADO TOVAR, WALTER y GALVEZ VILLEGAS, TOMÁS ALADINO. *La acción de pérdida de dominio y otras pretensiones en el proceso penal,* Lima, 2006, Juristas Editores.

Diario Oficial de la Unión Europea, nº L. 127 de fecha 29 de abril de 2014.

DÍAZ AZNARTE, MARÍA TERESA. *Teoría general de la sucesión de normas en el tiempo: (una reflexión crítica sobre los principios ordenadores de la eficacia temporal de las leyes),* Valencia, 2002, Tirant Lo Blanch.

DÍAZ CABIALE, JOSÉ ANTONIO. «El decomiso tras las reformas del Código Penal y la Ley de Enjuiciamiento Criminal de 2015», *Revista Electrónica de Ciencia Penal y Criminología,* Nº 18-10, 2016, Granada, Universidad de Granada (ISSN: 1695-0194).

DÍAZ ROMERO, CARMEN. «Normativa internacional en la lucha contra el fraude y la corrupción: Metodología y herramientas», *Revista internacional de transparencia e integridad,* nº 5, 2017.

DÍEZ-PICAZO Y PONCE DE LEÓN, LUIS. *La doctrina del enriquecimiento sin causa,* Bogotá, 2011, Ediciones de la Pontificia Universidad Javeriana/Depalma/Grupo editorial Ibáñez (ISBN: 9789587490596).

- *La prescripción extintiva en el Código civil y en la jurisprudencia del Tribunal Supremo,* Navarra, 2007, Cizur Menor-Thomson Civitas.

DURÁN SILVA, CARMEN. «Las presunciones legales iuris tantum en la figura del decomiso», *Revista General de Derecho Procesal,* Nº 48, 2019, Madrid, IUSTEL (ISSN: 1696-9642).

ECO, UMBERTO. *Los límites de la interpretación,* Barcelona, 2000, Editorial Lumen (ISBN: 84-264-1214-9).

FABIÁN CAPARRÓS, EDUARDO A. «Blanqueo de capitales, enriquecimiento ilícito y decomiso de bienes. Debate sobre la presunción de inocencia». En: *Corrupción y desarrollo,* Tirant lo Blanch, Valencia, 2017, (ISBN: 9788491690030).

FATF. *Financial Action Task Force-Thirty years 1989-2019.* [http://www.fatf-gafi.org/publications/fatfgeneral/documents/fatf-30.html].

FERNÁNDEZ-AJENJO, JOSÉ ANTONIO. «El control interno y el control externo en la lucha contra la corrupción: su nuevo papel en el entorno de la gobernanza y la accountability», *Cuenta con IGAE,* Nº 27, 2011.

FERNÁNDEZ-ARMESTO, JUAN. «La globalización, un fenómeno a gobernar», *Razón y fe,* Tomo 238, 1998, Madrid, Universidad de Comillas (ISSN: 0034-0235).

FERNÁNDEZ SEGADO, FRANCISCO. *La evolución de la justicia constitucional,* Madrid, 2013, Dykinson (ISBN: 978-84-9031-600-9).

FOURASTIÉ, J. 1979, *Les Trente Glorieuses, ou la révolution invisible de 1946 à 1975,* Fayard, París.

GADAMER, HANS-GEORG. *Verdad y método,* Salamanca, 1993, Ediciones Sígueme.

GARCÍA BELAUNDE, DOMINGO. «La interpretación constitucional como problema», *Revista de Estudios Políticos,* nº 86, 1994, Madrid, Centro de Estudios Políticos y Constitucionales (ISSN: 0048-7694).

GARCÍA DE ENTERRÍA, EDUARDO. *La garantía constitucional del patrimonio de los ciudadanos: expropiación forzosa y responsabilidad patrimonial del legislador en derecho comparado,* En: AAVV. *El Derecho público a comienzos del siglo XXI. Estudios Homenaje al profesor Allan R. Brewer-Carías,* Madrid, 2003, Instituto de Derecho Público de la UCV-Editorial Civitas, Tomo III (ISBN: 84-470-2094-0).

- *Reflexiones sobre la ley y los principios generales del Derecho,* Madrid, 1984, Editorial Civitas (ISBN: 84-7398-264-9).
- *La lucha contra las inmunidades del poder en el Derecho Administrativo,* Madrid, 1983, Aranzadi (ISBN: 84-7398-259-2).

GARCÍA FIGUEROA, ALFONSO JAIME. *Neoconstitucionalismo y ponderación,* en: *Ponderación y derecho administrativo,* Madrid, 2009, Marcial Pons (ISBN: 978-84-9768-675-4).

GARCÍA MAYNEZ, EDUARDO. *Introducción al estudio del Derecho,* México, 1980, Porrúa.

GARRIDO CARRILLO, FRANCISCO JAVIER. *Indicios, presunciones e inversión de la carga de la prueba: Hacia una política de decomiso total,* en: SUÁREZ LÓPEZ, J.M., BARQUÍN SANZ, J., BENÍTEZ ORTÚZAR, I.F., JIMÉNEZ DÍAZ, M.J., SÁINZ CANTERO CAPARRÓS, J.E. (Coordinadores) *Estudios jurídicos penales y criminológicos: en homenaje a Lorenzo Morillas Cuevas,* Madrid, 2018, Dykinson (ISBN: 9788491488187).

GASCÓN ABELLÁN, MARINA. *La técnica del precedente y la argumentación racional,* Madrid, 1993, Editorial Tecnos.

GASCÓN INCHAUSTI, FERNANDO. «Mutuo reconocimiento de resoluciones judiciales en la Unión Europea y decomiso de bienes», en: *Cuadernos Digitales de Formación. Reconocimiento y ejecución de resoluciones penales en el espacio judicial europeo.* Madrid, 2010, Consejo General del Poder Judicial, Vol, 6 (Sin ISBN).

GHESTIN, JACQUES. *Traité de Droit Civil. Les Obligations. Les effets du contrac, avec le concours de Marc Billau,* París, 1992, L.G.D.J.

GIDDENS, ANTHONY. *Un mundo desbocado. Los efectos de la globalización en nuestras vidas,* Madrid, 2000, Editorial Taurus (ISBN: 84-306-0385-9).

- *Consecuencias de la modernidad,* Madrid, 1997, Editorial Alianza (ISBN: 84-206-2928-6).

GLEASON, PAUL y GOTTSELIG, GLENN. *Unidades de Inteligencia Financiera. Panorama general,* (traducción de Adriana Russo y Carlos Viel), Washington D.C., 2004, Fondo Monetario Internacional - Grupo Banco Mundial (ISBN: 1-58906-363-5).

GÓMEZ RIVERO, MARÍA. DEL CARMEN. «La recuperación de activos procedentes del delito: ¿hacia el delito de enriquecimiento ilícito?, *Cuadernos de Política Criminal,* nº 121, 2017, Madrid, Dykinson (ISSN: 0210-4059).

GÓMEZ TOMILLO, MANUEL, JAVATO MARTÍN, ANTONIO, TAPIA BALLESTEROS, PATRICIA. *Límites entre el derecho sancionador y el derecho privado: daños punitivos, comiso y responsabilidad patrimonial derivada de infracciones administrativas,* Madrid, 2012, Lex Nova (ISBN: 978-84-9898-350-0).

GONZÁLEZ AGUDELO, GLORIA. «La crisis sanitaria como pretexto para el debate público sobre funciones, formación y profesionalidad de la policía», *Revista Electró-*

nica de Estudios Penales y de la Seguridad: REES, nº 6, 2020, San José de Costa Rica, Editorial Jurídica Continental (ISSN: e-2531-1565).

GONZÁLEZ-CANO, MARÍA ISABEL. «Fiscalía Europea y represión del fraude contra los intereses financieros de la Unión Europea», en: RODRÍGUEZ-GARCÍA, N., GONZÁLEZ-CASTELL, A.C. y RODRÍGUEZ-LÓPEZ, F. *Corrupción: Compliance, Represión y Recuperación de Activos,* Valencia, 2019, Tirant Lo Blanch.

- *El decomiso como instrumento de la cooperación judicial en la Unión Europea y su incorporación al proceso penal español,* Tirant lo Blanch, Valencia, 2016 (ISBN: 978-84-9143-398-9).

GONZÁLEZ NAVARRO, ANTONIO LUIS. «El Comiso», *Revista de Derecho Penal,* nº 42, abril-mayo de 2004, Bogotá D.C.

GREENBERG, THEODORE; SAMUEL, LINDA; GRANT, WINGGATE y GRAY, LARISSA. *Recuperación de activos robados. Guía de buenas prácticas para el decomiso de activos sin condena,* Bogotá, 2009, Banco Internacional de Reconstrucción y Fomento/Banco Mundial (ISBN: 978-958-8307-67-1).

GUASTINI, RICARDO. *Interpretar y argumentar,* Madrid, 2018, Centro de Estudios Políticos y Constitucionales (ISBN: 9788425917899).

GUERRERO IRAOLA, JERÓNIMO; GIORDANO CARLOS JOSÉ. «Progresividad o regresividad en materia de derechos económicos, sociales y culturales. Claves para pensar Nuestra América (2015-2019), *Question,* Nº 50, Vol 1., 2016, Buenos Aires, Universidad de La Plata, págs. 90-97 (ISSN: 1669-6581).

HAN CHEN, PABLO LEONTE. «Algunas reflexiones sobre la reforma al Código Orgánico Procesal Penal Venezolano», *Capítulo Criminológico,* nº 29, Maracaibo, junio 2001, Universidad del Zulia (ISSN: 0798-9598).

HASSEMER, WINFRED. «Consideraciones sobre la víctima del delito», *Anuario de derecho penal y ciencias penales,* Tomo 43, Fasc/Mes 1, 1990, Madrid, Ministerio de Justicia (ISSN: 0210-3001).

HELD, DAVID. y MCGREW, Anthony. *Globalización/Antiglobalización. Sobre la reconstrucción del orden mundial,* Barcelona, 2003, Editorial Paidós (ISBN: 84-493-1415-1).

HENAO OSPINA, MARINO. «El comiso: análisis de la institución», *Revista Derecho Penal y Criminología,* Vol. 4, Nº 15, 1981, Bogotá, Instituto de Ciencias Penales y Criminológicas.

HERNÁNDEZ BRAVO DE LAGUNA, J.H. «La Teoría del Estado fallido: Estados débiles, Estados aparenciales y otras formas fallidas de Estado», en: BELTRÁN-TEJERA, E. (Edit.), ALFONSO CARRILLO, J.M. (Edit.), GARCÍA GALLO, A. (Edit.) y RODRÍGUEZ DELGADO, O. (Edit.) *Libro Homenaje al Prof. Dr. Wolfredo Wildpret de la Torre,* San Cristóbal de la Laguna (Tenerife), 2009, Instituto de Estudios Canarios.

HERNÁNDEZ-MENDIBLE, VÍCTOR. *La regulación de los bienes necesarios para la satisfacción del interés general,* en: CANÓNICO SANABRIA, ALEJANDRO. *Temas relevantes sobre los contratos, servicios y bienes públicos,* Caracas, 2014, Editorial Jurídica Venezolana (ISBN: 978-980-365-246-3).

HOOD, CHRISTOPHER. «Accountability and Transparency: siamese twins, matching parts or awkward couple», *West European Politics,* nº 33, 2010.

IBARRA MORENO, CARLOS EMILIO. «De la inseguridad a la incertidumbre: el desplazamiento forzado interno en el noreste de México», *Trabajo social,* Nº 16, 2014.

IGLESIAS SEVILLANO, HÉCTOR. «La jurisprudencia ante el derecho global», *Revista de derecho UNED,* nº 27, 2021.

IRUJO, JOSÉ MARÍA. «La lavadora de fondos en España de un exviceministro chavista: un laberinto de 53 millones», en: *Diario El País,* edición del 1º de junio de 2019 [https://elpais.com/internacional/2019/05/27/actualidad/1558970548_641126.html].

JIMÉNEZ PIERNAS, CARLOS. «Estados débiles y Estados fracasados», *Revista española de Derecho internacional,* Vol. 65, nº 2, 2013.

JIMÉNEZ SÁNCHEZ, FERNANDO, *El olvido de los determinantes socio-políticos de la corrupción y el fracaso de las reformas anticorrupción,* Salamanca, 2019, material de clases.

JORGE, GUILLERMO. *Recuperación de activos de la corrupción en Argentina. Recomendaciones de política institucional y agenda legislativa,* Buenos Aires, 2009, Universidad de San Andrés-Asociación Civil por la Igualdad y la Justicia.

- *La recuperación de activos de la corrupción,* Buenos Aires, 2008, Editores del puerto (ISBN: 978-987-1397-19-8).

LARES MARTÍNEZ, ELOY. *Manual de Derecho administrativo,* Caracas, 2001, Ediciones de la Universidad Central de Venezuela (ISBN: 980-00-1824-7).

LEPERVANCHE PARPACÉN, RENÉ. *Estudios sobre la Confiscación,* Caracas, 1938.

LIMA MALVIDO, MARÍA DE LA LUZ. «Las víctimas del delito y el abuso del poder del terrorismo», *Eguzkilore: Cuadernos del Instituto Vasco de Criminología,* Nº 20, 2006, San Sebastían, Instituto Vasco de Criminología (ISSN: 0210-9700).

LINFANTE VIDAL, ISABEL. *La interpretación jurídica en la teoría del Derecho contemporáneo,* Madrid, 1999, Centro de Estudios Políticos y Constitucionales.

LLOREDO ALIX, LUIS MANUEL. «Rudolf von Jhering: nuestra tarea (1857). En torno a la jurisprudencia de conceptos: surgimiento, auge y declive», *Eunomía: Revista en Cultura de la Legalidad,* Nº 4, 2013, Madrid, Universidad Carlos III (ISSN-e 2253-6655).

LÓPEZ RUÍZ, IVÁN. «El derecho a la defensa y el procedimiento administrativo para imponer la pena de comiso (Reseña jurisprudencial), *Revista de Derecho Financiero,* Nº 2, abril-junio 2004, Caracas, Asociación Venezolana de Derecho Tributario (ISSN: 1690-7035).

LORENZO SALGADO, JOSÉ MANUEL. *Directiva 2014/42/UE sobre el embargo y el decomiso de los instrumentos y del producto del delito y la extensión al blanqueo en 2015 del comiso ampliado, previsto inicialmente para la criminalidad organizada transnacional,* en: SOUTO, MIGUEL ABEL (Coord.) y SÁNCHEZ STEWART, NELSON. (Coord.) *VI Congreso Internacional sobre prevención y represión del blanqueo de dinero,* Valencia, 2019, Tirant lo Blanch (ISBN: 9788413130927).

LORROCAU TORRES, JORGE. «Hacia un estándar de prueba civil. Towards a civil standard of proof», *Revista chilena de Derecho,* Vol. 39, nº 3, 2012.

LUHMANN, NIKLAS. *La ciencia de la sociedad,* Barcelona, 1996, Anthropos.

MANTILLA VALBUENA, SILVIA CRISTINA. «Más allá del discurso hegemónico: narcotráfico, terrorismo y narcoterrorismo en la era del miedo y la seguridad global», *Papel político,* Vol. 13, nº 1, 2008, Santa Fe de Bogotá, Pontificia Universidad Javeriana (ISSN-e: 0122-4409).

MANZANARES, SAMANIEGO, JOSÉ LUIS. *Código Penal (Adaptado a la Ley Orgánica 5/2010, de 22 de junio). Comentarios y jurisprudencia,* Granada, 2010, Editorial Comares, Tomo I: Parte General (ISBN:8498367468).

- «Las penas patrimoniales en la propuesta de anteproyecto del Nuevo Código Penal», *Documentación jurídica. Monográfico dedicado a la propuesta de anteproyecto del Nuevo Código Penal,* Vol. 1, 37/40, 1983, Madrid, Ministerio de Justicia.

MARCH POQUET, JOSEP M. «Economía Pública y corrupción. Una ordenación de las propuestas anticorrupción», *Revista de Economía Pública, Social y Cooperativa,* Nº 91, 2017, Madrid, Centro Internacional de Investigación e Información sobre la Economía Pública, Social y Cooperativa, CIRIEC-España (ISSN: 0213-8093)

MARTÍN OVIEDO, JOSÉ. *Formación y aplicación del Derecho,* Madrid, 1972, Instituto de Estudios Políticos.

MARTÍNEZ ARRIETA MÁRQUEZ DE PRADO, CRISTINA. *El decomiso y la recuperación y gestión de activos procedentes de actividades delictivas,* Tirant lo Blanch, Valencia, 2018 (ISBN: 9788491698975).

MARTÍNEZ MEJÍA, WENDY. *Intereses difusos y colectivos en el Derecho penal Ambiental,* 2007. Consultado en Red Iberoamericana de Escuelas Judiciales, en: http://www.riaej.com/content/intereses-difusos-y-colectivos-en-el-derecho-penal-ambiental.

MARTÍNEZ OSORIO, MARTÍN ALEXANDER. «La extinción de dominio es constitucional (Análisis de algunos puntos relevantes de la Sentencia 146-2014/107-2017)», *Revista de Derecho Constitucional,* nº 109, 2018, San Salvador, Corte Suprema de Justicia de la República de El Salvador - Centro de Documentación Judicial.

MARTÍNEZ SÁNCHEZ, WILSON ALEJANDRO. *La extinción de dominio y la acción de extinción de dominio en Colombia,* en: AAVV. *La extinción de dominio en Colombia. Nuevo Código de extinción de dominio colombiano,* Bogotá, 2015, Oficina de las Naciones Unidas contra la Droga y el Delito.

MARTY, GABRIEL. y RAYNAUD, PIERRE. *Droit civil,* París, 1962, Sirey.

MASSINI, CARLOS IGNACIO. *La desintegración del pensar jurídico en la edad moderna,* Buenos Aires, 1980, Editorial Abeledo-Perrot.

MATA BARRANCO, NORBERTO. JAVIER. «Las distintas modalidades de decomiso después de la Ley Orgánica 1/2015, de 30 de marzo», *La Ley Penal: Revista de Derecho penal, procesal y penitenciario,* nº 124, 2017, Madrid, Wolters Kluwer (ISSN: 1697-5758).

MATALLÍN EVANGELIO, ÁNGELA. (Dir.) GÓRRIZ ROYO, ELENA. (Coord.). *Comentarios a la reforma del Código Penal de 2015,* Valencia, 2015, Tirant lo Blanch (ISBN: 9788490867037).

MATTAR DE ABOUHAMAD, GUITTA. y CHIOSSONE, TULIO. *Sanciones Penales y Administrativas en la Legislación Venezolana,* Caracas, 1984, Instituto de Ciencias Penales y Criminológicas.

MATUS ACUÑA, JEAN PIERRE. «La política criminal de los Tratados internacionales», *Ius et Praxis,* Vol. 13, Nº 1, 2007, Talca, Universidad de Talca (Chile) (ISSN:0717-2877).

MAYAUDÓN, JULIO ELÍAS. «Comentarios a la reforma de la Fiscalía General de la República al Código Orgánico Procesal Penal y su adecuación a la Constitución Nacional», *Relación Criminológica,* nº 8, 2000, Valencia (Venezuela), Universidad de Carabobo (ISSN: 1316-8517)

MAZEAUD, HENRI y LEÓN y TUNC, ANDRÉ. *Tratado Teórico y Práctico de la Responsabilidad Civil Delictual y Contractual,* Buenos Aires, 1962, Ediciones Jurídicas Europa-América, Tomo Segundo, Vol. 1.

MAZEAUD, HENRY, LEÓN. Y JEAN. *Lecciones de Derecho civil,* Buenos Aires, 1960, Ediciones EJEA.

Mendoza Troconis, José Rafael. *Curso de derecho penal venezolano: parte general,* Caracas, 1988, Empresa El Cojo, 12 edición.

Merkl, Adolf. *Teoría general del derecho administrativo,* Madrid, 1953, Editorial Revista de Derecho Privado.

Messineo, Francesco. *Doctrina General el Contrato,* Buenos Aires, 1962, Ediciones EJEA.

Miguel Arteaga, María Belén de. «La Mafia Roja: el crimen organizado en Rusia», en: Fernández Rodríguez, M.; Prado Rubio, E.; y Martínez Peñas, L. (Coord.) *Estudios sobre derechos humanos,* Segovia, 2017, Omnia Mutantur Editores.

Ministerio del Poder Popular para la Comunicación e Información (MINCI) de la República Bolivariana de Venezuela [http://www.minci.gob.ve/isaias-rodriguez-sentencia-del-tsj-esta-ajustada-derecho/].

Mommsen, Theodor. *Derecho romano,* Bogotá, D.C., 1991, Editorial Temis.

Montero Aroca, Juan, Gómez Colomer, Juan Luis y Barona Villa, Silvia. *Derecho jurisdiccional I, parte general,* Valencia, 2019, Tirant lo Blanch (ISBN: 9788413139210).

Moreno Brandt, Carlos. *El procedimiento en la Ley contra la Corrupción,* en: AAVV. *Comentarios a la Ley contra la Corrupción,* Caracas, 2008, Vadell Hermanos Editores (ISBN: 980-212-350-1).

Moreno Catena, Víctor Moreno. *Sobre la presunción de inocencia.* En: AAVV. *El proceso penal en la encrucijada: homenaje al Dr. César Crisóstomo Barrientos Pellecer,* Barcelona, 2015, Universitat Jaume I (ISBN: 978-84-16356-06-5).

Moya Millán, Édgar José. *Elementos de finanzas públicas y derecho tributario,* Caracas, 2003, Mobil-Libros (ISBN: 980-07-6269-8)

Müller Creel, Oscar. «La extinción de dominio en la legislación mexicana. Su justificación jurídico-valorativa», *Criterio jurídico,* Vol. 9, nº 2, Pontificia Universidad Javeriana Cali (ISSN: e-1657-3978).

Muñoz Conde, Francisco y García Arán, Mercedes. *Derecho Penal. Parte General,* Valencia, 2010, Tirant lo Blanch, 6ta edición (ISBN: 978-84-9876-921-0).

Muñoz Sabaté, Luis. *Técnica probatoria. Estudios sobre las dificultades de la prueba en el proceso,* Barcelona, 1993, Editorial Praxis.

Naím, Moisés. *El fin del Poder,* Caracas, 2016, Libros de El Nacional. (ISBN: 978-980-388-750-6).

Náquira, Jaime. *Blanqueo de activos a través del mercado cambiario y comiso de bienes,* Santiago de Chile, 2018, material de clases.

Nash Rojas, Claudio; Aguiló Bascuñán, Pedro y Bascur Campos, María Luisa. *Corrupción y Derechos Humanos: Una mirada desde la Jurisprudencia de la Corte Interamericana de Derechos Humanos,* Santiago de Chile, 2014, Centro de Derechos Humanos-Facultad de Derecho de la Universidad de Chile.

Navas Garcés, Alberto Enrique. *Ley de extinción de dominio. Referencias a sus aspectos básicos,* México, 2019, Tirant Lo Blanch México.

Neira Pena, Ana. - Pérez-Cruz Martín, Agustín. «El decomiso sin condena y la constitucionalidad de las presunciones legales sobre el origen ilícito de los bienes objeto de decomiso», en: *El proceso penal: Cuestiones fundamentales,* Tirant lo Blanch, Valencia, 2016 (ISBN: 978-84-9119-628-0).

Njaim, Humberto. *Costos y beneficios políticos de la Ley Orgánica de Salvaguarda del Patrimonio Público,* en: AAVV. *Archivo de Derecho Público y Ciencias de la Administración.*

Régimen Jurídico de Salvaguarda del Patrimonio Público, Caracas, 1985, Instituto de Derecho Público de la Facultad de Derecho de la Universidad Central de Venezuela, Vol. VI.

NUÑEZ LAGOS, RAFAEL. *El enriquecimiento sin causa en el Derecho español,* Madrid, 1934, Editorial Reus.

OFICINA DE LAS NACIONES UNIDAS CONTRA LA DROGA Y EL DELITO. *Acción mundial contra la Corrupción. Los documentos de Mérida,* Viena, 2005, Naciones Unidas.

OFICINA DE LAS NACIONES UNIDAS CONTRA LA DROGA Y EL DELITO. *Ley Modelo sobre Extinción de Dominio,* 2011.

ONTIVEROS ALONSO, MIGUEL. «Noncompliance», en: RODRÍGUEZ-GARCÍA, NICOLÁS. y RODRÍGUEZ-LÓPEZ, FERNANDO. *Compliance y justicia colaborativa en la prevención de la corrupción,* Valencia, 2020, Tirant Lo Blanch.

- *La responsabilidad penal de las personas jurídicas: fortalezas, debilidades y perspectivas de cara al futuro,* Valencia, 2014, Tirant lo Blanch. DURRIEU, N. (Dir.) y SACCANI, R. (Dir.) *Compliance, anticorrupción y responsabilidad penal empresarial,* Buenos Aires, 2018, La Ley editores (ISBN: 978-84-9033-959-6).

ORGANIZACIÓN DE LAS NACIONES UNIDAS. *Comentarios a la Convención de las Naciones Unidas contra el tráfico ilícito de estupefacientes y sustancias sicotrópicas, 1988,* Nueva York, 1999, Publicaciones de las Naciones Unidas (ISBN: 92-1-348054-7).

ORTIZ MÁRQUEZ, JOSÉ MANUEL. *La prescripción y el comiso.* En: AAVV. *Algunas cuestiones relativas a las reformas de derecho penal y procesal penal,* Bilbao, 2014, Universidad de Deusto, Cuadernos penales José María Lidón nº 10 (ISBN: 978-84-15759-41-6).

PAREDES CASTAÑÓN, JOSÉ MANUEL. *El riesgo permitido en el Derecho penal. (Régimen jurídico-penal de las actividades peligrosas).* Madrid, 1995, Ministerio de Justicia e Interior. Centro de Publicaciones (ISBN: 84-7787-394-1).

PAREJO ALFONSO, LUCIANO. *La disciplina urbanística,* Madrid, 2012, Iustel (ISBN: 978-84-9890-174-0).

PARLAMENTO EUROPEO. *Resolución del Parlamento Europeo de fecha 11 de junio de 2013, sobre la delincuencia organizada, la corrupción y el blanqueo de dinero: recomendaciones sobre las acciones o iniciativas que han de llevarse a cabo (Informe provisional) (2012/ 2117 (INI)).*

PASTOR ALCOY, FERNANDO. *Tratado de la prescripción penal: aplicación en todas las reformas del Código penal,* Barcelona, 2019, Atelier.

- *Prueba de indicios, credibilidad del acusado y presunción de inocencia,* Valencia, 2003, Tirant lo Blanch (ISBN: 84-8442-751-X).

PECES-BARBA MARTÍNEZ, G *Curso de derechos fundamentales. Teoría general,* Madrid, 1995, BOE (ISBN:84-340-0814-9).

PEÑA-HUERTAS, ROCÍO DEL PILAR, TERNERA-BARRIOS, FRANCISCO. y RUIZ-GONZÁLEZ, LUIS ENRIQUE. «Baldíos, teorías de la propiedad y altas cortes en Colombia», *Revista Jurídicas,* 16 (1), 2019.

PERELMAN, CHAÏM. *Interpretación jurídica,* Maracaibo, 1974, Centro de Estudios de Filosofía del Derecho de la Universidad del Zulia.

PÉREZ CABALLERO, JESÚS. *El elemento político en los crímenes contra la humanidad: la expansión de la figura al crimen organizado transnacional y el caso de las organizaciones de narcotraficantes mexicanas en el sexenio 2006-2012,* Madrid, 2015, Dykinson.

Pérez Luciani, Gonzalo. *Los derechos y garantías constitucionales y la Ley Orgánica de Salvaguarda del Patrimonio Público,* , en: AAVV. *Archivo de Derecho Público y Ciencias de la Administración. Régimen Jurídico de Salvaguarda del Patrimonio Público,* Caracas, 1985, Instituto de Derecho Público de la Facultad de Derecho de la Universidad Central de Venezuela, Vol. VI.

Piga Rivero, Antonio y Alfonso Galán, María Teresa. «Consideraciones éticas y médico legales sobre la pandemia Covid 19 en España», *Actualidad del derecho sanitario,* nº 280, 2020, Madrid, Instituto de Fomento Sanitario (ISSN: 1136-6869).

Pino Abad, M. *La pena de confiscación de bienes en el derecho histórico español,* Madrid, 2014, Dykinson.(ISBN: 978-84-9031-970-3).

Planiol, Marcel. y Ripert, Georges. *Tratado práctico de Derecho civil francés,* La Habana, 1935, Edición castellana de Marío Díaz Cruz, Cultural, S.A.

Porchy-Simon, Stèphanie. *Droit civil. Les obligations,* París, 2008, Dalloz (ISBN: 2-247-06887-1).

Procuraduría General del Estado de la República del Perú. *Compendio de Jurisprudencia de extinción de dominio,* Lima, 2021, PGE-Basel Institute on Governance.

Ramón Ribas, Eduar. «La transformación jurídica del comiso: de pena a consecuencia accesoria», *Estudios penales y criminológicos,* Nº XXIV, 2002-2003, Santiago, Universidad de Santiago de Compostela (ISSN: 1137-7550).

Restrepo Medina, Manuel Alberto. *El comiso: análisis sistemático e instrumentación cautelar,* Bogotá, D.C., 2007, Ediciones Universidad del Rosario (ISBN: 978-958-8298-56-6).

Ripert, George. y Boulanger, Jean. *Traité de Droit civil,* París, 1957, LGDJ.

Rivera Morales, Rodrigo. *Las pruebas en el derecho venezolano,* San Cristóbal, 2004, Editorial Jurídica Santana-Universidad Católica del Táchira.

Robertson, Roland. *Globalisation or Glocalisation?.* En: Robertson, Roland y White, Kathleen. *Globalisation. Critical concepts in Sociology*, Londres, 2003, Routledge (ISBN: 978-0415236874).

Roca Sastre, Ramón María. y Puig Brutau, José. *Estudios de Derecho Privado. Obligaciones y Contratos,* Madrid, 2009, Aranzadi/Thomson Reuters (ISBN: 9788499031798).

Rodríguez-Arana, Jaime. *Reflexiones sobre el Poder Público,* Santiago de Compostela, 2011, Andavira (ISBN: 978-84-8408-609-3).

Rodríguez de Santiago, José María. *La ponderación de bienes e intereses en el derecho administrativo,* Madrid, 2000, Marcial Pons (ISBN: 84-7248-756-3).

Rodríguez García, Nicolás. *Decomisa que algo queda como estrategia dominante e influyente en los sistemas penales para poner freno a la sociedad incivil.* En: AAVV. *Derecho y proceso: Liber Amicorum del profesor Francisco Ramos Méndez,* Barcelona, 2018, Atelier (ISBN: 9788417466336).

- *El decomiso de activos ilícitos,* Pamplona, 2017, Editorial Aranzadi-Thomson-Reuters (ISBN: 978-84-9177-092-3).
- *Corrupción y responsabilidad penal de las personas jurídicas,* en: AAVV. *El estado de derecho colombiano frente a la corrupción: retos y oportunidades a partir del Estatuto Anticorrupción de 2011,* Bogotá, 2011, Ediciones de la Universidad del Rosario (ISBN: 978-958-738-324-9).
- «La corrupción de funcionario público extranjero en el derecho penal chileno a la luz del Convenio de la OCDE de 1997: aspectos procesales», en *Chile en el club de los países desarrollados,* Cheyre, J.E., Olivares Tramón, J.M. y

RODRÍGUEZ GARCÍA, N. (Coord.), Santiago de Chile, 2010, Ediciones de la Pontificia Universidad Católica de Chile.

RODRÍGUEZ LÓPEZ, FERNANDO. *Análisis económico de la corrupción,* Salamanca, 2019, documentación aportada para el Bloque II, Unidad 1 del programa de master en Iberoamericano de Políticas Anticorrupción.

RODRÍGUEZ MORALES, ALEJANDRO J. «Aspectos fundamentales del nuevo Código Orgánico Procesal Penal», *Revista de la Facultad de Ciencias Jurídicas y Políticas de la Universidad Central de Venezuela,* nº 116, 2000, Caracas, UCV (ISSN: 0798-4456).

ROIG TORRES, MARGARITA. «La regulación del comiso. El modelo alemán y la reciente reforma española», *Estudios Penales y Criminológicos,* Vol. XXXVI, 2016, Santiago de Compostela, Universidad de Santiago de Compostela (ISSN: 1137-7550)

ROJAS PICHLER, PABLO ANDRÉS. «El delito de enriquecimiento ilícito y su proyección en los convenios internacionales sobre corrupción», *Revista Penal México,* Nº 7, 2015, México D.F., Instituto Nacional de Ciencias Penales (ISSN: 2007-4700).

ROSE-ACKERMAN, SUSAN. «The law economics of bribery and extortion», *Annual review of law and social science,* Vol. 6, 2010.

RUÍZ MIGUEL, CARLOS. *Constitucionalismo clásico y moderno. Desarrollos y desviaciones de los fundamentos de la teoría constitucional,* Lima, 2013, Tribunal Constitucional-Centro de Estudios Constitucionales (ISBN: 9786124541148).

SÁINZ-CANTERO CAPARRÓS, JOSÉ. *Criminalidad organizada y delitos económicos,* Guía de clases Master DPEI-IAEU, Madrid, 2019.

SÁNCHEZ BARRICARTE, JESÚS JAVIER. *El crecimiento de la población mundial: Implicaciones socioeconómicas, ecológicas y éticas,* Valencia, 2008, Tirant Lo Blanch (ISBN: 978-84-9876-123-8).

SÁNCHEZ BUENO, MARÍA TERESA. «Acción de simulación y acción pauliana o revocatoria», en: DÍEZ-PICAZO GIMÉNEZ, I. y MARTÍNEZ-SIMANCAS SÁNCHEZ, J. (Coord.) *Estudios sobre derecho procesal,* Madrid, 1996, Banco Central Hispanoamericano-SOPEC.

SÁNCHEZ FERRIZ, REMEDIO. «Reflexiones constitucionales desde el confinamiento», *Actualidad jurídica iberoamericana,* Nº 12, 2, 2020, Madrid, Instituto Iberoamericano de Derecho (ISSN: 2386-4567).

SANTANDER ABRIL, GILMAR. *Naturaleza jurídica de la extinción de dominio: fundamentos de las causales extintivas,* Bogotá, 2018, Tesis de maestría en Derecho penal, consultada en original, Universidades Santo Tomás de Aquino y Salamanca, dirigida por el prof. NÉSTOR CAMILO SÁNCHEZ.

- *La emancipación del comiso del proceso penal: su evolución hacia la extinción de dominio y otras formas de comiso ampliado,* En: AAVV. *Combate del Lavado de Activos desde el Sistema Judicial,* Washington D.C., 2017, Ediciones de la Organización de Estados Americanos (OEA) - Departamento contra la Delincuencia Organizada Trasnacional, 5ta edición (ISBN: 978-0-8270-6789-9).
- *La nueva estructura del proceso de extinción de dominio,* en: AAVV. *La extinción de dominio en Colombia. Nuevo Código de extinción de dominio colombiano,* Bogotá, 2015, Oficina de las Naciones Unidas contra la Droga y el Delito.

ROMANO, SANTI. *La revoca delle atti giuridici privati,* Pádova, 1955.

SARASQUETA, ANTXÓN. *Una visión global de la globalización*, Pamplona, 2003, Eunsa (ISBN: 84-313-2113-X).

SEBRELI, JUAN JOSÉ. «Globalidad y localismos, dos mitos hoy», *Cuadernos Hispanoamericanos*, n° 612, 2001, Madrid, Agencia Española de Cooperación Internacional (ISSN: 0011-250X).

SERVIN, ANDRÉS. «Globalización y sociedad civil en los procesos de integración», *Nueva Sociedad*, Universidad Central de Venezuela, n° 147, 1997, Caracas (ISSN: 0251-3552).

SEVERO GIANNINI, MASSIMO y ORTEGA ÁLVAREZ, LUIS IGNACIO. *El Poder Público: estados y administraciones públicas,* Madrid, 1991, Civitas (ISBN: 84-7398-902-3).

SILVA SÁNCHEZ, JESÚS MARÍA. *La expansión del Derecho penal. Aspectos de la Política criminal en las sociedades postindustriales,* Buenos Aires, 2011, Euro Editores (ISBN: 9788496261914).

SORIANO DÍAZ, RAMÓN LUIS. *Teoría y práctica de la guerra justa del presidente Obama,* Sevilla, 2018, Aconcagua Libros (ISBN: 978-84-946439-7-2).

SOROS, GEORGE. *Globalización,* Barcelona, 2002, Editorial Planeta (ISBN: 84-08-04551-2).

SOUTO, KELLY. «Nervis Villalobos, dirigente chavista, investigado en España por sus propiedades, confiscadas por la Audiencia Nacional», en: *Diario El correo digital,* edición de 3 de junio de 2019 [https://elcierredigital.com/investigacion/379353706/villalobos-chavista-investigado-audiencia-nacional.html El correo digital].

TABLANTE, CARLOS. y MORALES, M. *Impacto de la corrupción de los derechos humanos,* México, 2018, Instituto de Estudios Constitucionales de Querétaro (ISBN: 978-607-7822-43-1).

TANZI, VITO. «Corruption around the world. Causes, consequences, scope and cures», *International Monetary Fund Staff papers,* N° 4, Vol. 45, 1998.

TERNERA BARRIOS, FRANCISCO. y MANTILLA ESPINOSA, FABRICIO. «El concepto de derechos reales», *Revista de Derecho Privado,* Universidad de los Andes, n° 36, 2006, Bogotá (E-ISSN: 1909-7794).

TORO LLANOS, VÍCTOR. «El proceso de pérdida de dominio como causal de extinción del derecho de propiedad», *Actualidad jurídica,* Tomo 168, 2007, Lima.

TORRES DÍAZ, MARÍA CONCEPCIÓN. *La Justicia Constitucional desde el estudio crítico de casos: Análisis jurisprudencial,* en: AAVV. *XIV Jornadas de Redes de Investigación en Docencia Universitaria: investigación, innovación y enseñanza universitaria: enfoques pluridisciplinares,* Alicante, 2016, Universidad de Alicante (ISBN: 978-84-608-7976-3).

TRANSPARENCIA VENEZUELA. *La Gran corrupción y los derechos humanos en Venezuela,* Caracas, 2018.

TRIBUNAL SUPREMO DE JUSTICIA DE VENEZUELA/SALA CONSTITUCIONAL, fuente en línea en www.tsj.gob.ve

TROCONIS, MOISÉS. «A propósito de la propuesta de reforma del Código Orgánico Procesal Penal», *Revista de Derecho Constitucional,* n° 2, 2000, Caracas.

TOURAINE, A. 1969, *La sociedad postindustrial,* Ariel, Barcelona

UPRIMMY, INÉS MARGARITA. «La protección internacional de los Derechos Humanos en el sistema de Naciones Unidas», en: ERAZO, XIMENA (Coord.), *Políticas públicas para un estado social de derechos: el paradigma de los derechos universales,* LOM Editores, Santiago de Chile, 2007 (ISBN: 978-956-00-0020-0).

URBINA MENDOZA, EMILIO J. *Las declaratorias de terrenos urbanos como ejidos municipales en Venezuela,* Caracas, 2021, Editorial Jurídica Venezolana-Cuadernos de la

Cátedra Fundacional «Allan R. Brewer-Carías» de Derecho Administrativo de la Universidad Católica Andrés Bello.

- *Los procesos de conversión de terrenos urbanos en ejidos municipales y su declaratoria,* en: AAVV. *Libro Homenaje a la Academia de Ciencias Políticas y Sociales en el centenario de su fundación 1915-2015,* Academia de Ciencias Políticas y Sociales, Caracas, 2015 (ISBN: 978-980-244-798-5).
- «Ética de la Interpretación jurídica», *Revista Táchira Siglo XXI,* nº 22, 2002.

USLANER, ERIC. M. «Confianza y corrupción: sus repercusiones en la pobreza». En: *Capital social y reducción de la pobreza en América Latina y el Caribe: en busca de un nuevo paradigma,* CEPAL, Santiago de Chile, 2003.

VARGAS, EDMUNDO. «La lucha contra la corrupción en la agenda regional e internacional. Las convenciones de la OEA y ONU», *Nueva Sociedad,* nº 194, 2004, Caracas, Universidad Central de Venezuela (ISSN: 0251-3552).

VARGAS GONZÁLEZ, PATRICIA. *El comiso del patrimonio criminal,* Salamanca, 2012, Tesis doctoral consultada en original, dirigida por el prof. EDUARDO FABIÁN CAPARRÓS.

VÁSQUEZ, MAGALY. *Nuevo derecho procesal penal venezolano: las instituciones básicas del Código Orgánico Procesal Penal,* Caracas, 1999, Universidad Católica Andrés Bello.

VATTIMO, GIANNI. «La hermenéutica como Koiné», *Revista de Occidente,* nº 80, 1988, Madrid, Fundación José Ortega y Gasset (ISSN: 0034-8635).

VÁZQUEZ-PORTOMEÑE SEIJAS, FERNANDO. *La lucha contra la corrupción en la agenda internacional: algunas reflexiones sobre el ámbito y contenidos de la Convención de las Naciones Unidas contra la Corrupción.* En: AAVV. *Represión penal y estado de derecho: homenaje al profesor Gonzalo Quintero Olivares,* Pamplona, 2018, Aranzadi (ISBN: 978-84-1309-027-6).

VIEHWEG, THEODOR. *Tópica y jurisprudencia,* Madrid, 1963, Editorial Taurus.

VILLAMARÍN LÓPEZ, MARÍA LUISA. «Inversión de la carga de la prueba y presunción de inocencia desde una perspectiva europea», *Revista de estudios europeos,* Nº Extra 1, 2017, Universidad de Valladolid (ISSN: 1132-7170).

VON THUR, ANDREAS. *Derecho civil, Teoría General del Derecho civil alemán,* Buenos Aires, 1946, Depalma.

WRÓBELWSKI, JÈRZY. *Constitución y teoría general de la interpretación,* Madrid, 2001, Editorial Civitas.

ZAGREBELSKI, GUSTAVO. *Principios y votos. El Tribunal Constitucional y la política,* Madrid, 2008, Editorial Trotta (ISBN: 978-84-9879-001-6).

ZAMORA MANZANO, JOSÉ LUIS. *Algunos aspectos sobre el régimen fiscal aduanero en el derecho romano: reglamentación jurídica del portorium, control de mercancías y comiso por fraude fiscal.* Madrid, 2009, Dykinson (ISBN: 978-84-9849-390-0).

ZARAGOZA AGUADO, JAVIER. *El Delito de Blanqueo de Capitales. Legislación, Doctrina y Jurisprudencia,* En: AAVV. *Combate del Lavado de Activos desde el Sistema Judicial,* Washington D.C., 2017, Ediciones de la Organización de Estados Americanos (OEA) - Departamento contra la Delincuencia Organizada Trasnacional, 5ta edición (ISBN: 978-0-8270-6789-9).

ZÚÑIGA RODRÍGUEZ, Laura. *Criminalidad de empresa y criminalidad organizados. Modelos para armar en el derecho penal,* Lima, 2013, CEDPE: Jurista Editores.

EL COMISO AUTÓNOMO Y LA EXTINCIÓN DE DOMINIO
EN LA LUCHA CONTRA LA CORRUPCIÓN,
de RAFAEL S. JIMÉNEZ TAPIA y EMILIO J. URBINA MENDOZA, se imprimió
en la República Argentina en noviembre de 2021.

Made in United States
Orlando, FL
14 September 2026

87733241R00127